MINISTÈRE DE L'INSTRUCTION PUBLIQUE

ANNALES

DU

MUSÉE GUIMET

(BIBLIOTHÈQUE D'ÉTUDES)

TOME DEUXIÈME

DU MÊME AUTEUR :

Mâdhava et Mâlatî, drame en dix actes et un prologue de Bhavabhoûti, traduit du Sanskrit et du Prâkrit, par G. Strehly, avec Préface de A. Bergaigne. — Leroux, 1885.

Priyadarsikâ, drame en quatre actes avec un prologue et un intermède de Srîharchadéva, traduit du Sanskrit et du Prâkrit, par G. Strehly. — Leroux, 1888.

CHALON-SUR-SAONE
IMPRIMERIE FRANÇAISE ET ORIENTALE DE L. MARCEAU

MÂNAVA DHARMA ÇÂSTRA

LES LOIS DE MANOU

TRADUITES DU SANSKRIT

PAR

G. STREHLY

ANCIEN ÉLÈVE DE L'ÉCOLE NORMALE SUPÉRIEURE
PROFESSEUR AU LYCÉE MONTAIGNE

PARIS

ERNEST LEROUX, ÉDITEUR

28, RUE BONAPARTE, 28

—

1893

PRÉFACE

Le Code des Lois de Manou est le premier livre sanskrit qui ait été traduit dans une langue européenne. Dès la fin du siècle dernier, en 1794, Sir William Jones en donnait une traduction anglaise qui, malgré l'état imparfait où se trouvait alors la philologie sanskrite, est une œuvre d'un très grand mérite. Les défauts qu'on pourrait lui reprocher sont imputables à l'époque où elle a été écrite, plutôt qu'à l'auteur lui-même, et ne l'ont pas empêchée de rester la base de tous les travaux postérieurs concernant le Mânava Dharma Sâstra. En 1833, un savant français, Loiseleur-Deslongchamps, publiait à son tour une traduction du Code de Manou, la seule qui ait paru en notre langue jusqu'à ce jour. Elle est généralement exacte et fidèle, à part quelques erreurs de détail, et d'une allure élégante ; parfois même les difficultés du texte y sont rendues avec un rare bonheur d'expression. On pourrait souhaiter seulement pour la commodité des lecteurs non indianistes, que l'intelligence des passages obscurs fût facilitée par un commentaire plus suivi et plus abondant. Cette publication[1], bien que rééditée en 1850, a disparu de la circulation, et il est difficile aujourd'hui de se la procurer. Le professeur Jolly a donné dans la *Zeitschrift für vergleichende*

1. L'édition de 1833, que nous n'avons pas eue sous les yeux, a été reproduite en 1841 dans la collection des Livres sacrés de l'Orient publiée par Pauthier, Paris, Firmin Didot. La 2e édition a paru dans la nouvelle collection des Moralistes anciens publiée par Lefèvre, V. Lecou, Paris, 1850.

Rechtswissenschaft (vol. III), une version allemande du livre VIII et du début du livre IX (vers 1-102). Ces dernières années ont vu éclore encore deux nouvelles traductions en langue anglaise. La première a paru dans la *Trübner's Oriental Series* en 1884. Elle est due à M. Arthur Coke Burnell que la mort a malheureusement empêché de mettre la dernière main à son ouvrage. Ce soin a été confié à M. Edward W. Hopkins, qui l'a complété en traduisant les cinq derniers livres. Malgré les inconvénients d'une collaboration posthume, qui semble devoir nuire à l'unité de l'œuvre, celle-ci n'en est pas moins appelée à rendre de précieux services; le texte est serré de très près et traduit avec une fidélité et une concision extrêmes. D'autre part, en 1886, M. Bühler a publié une traduction dans la collection dirigée par le professeur Max Müller et connue sous le nom de « Sacred Books of India », Oxford, Clarendon-Press. Comme il fallait s'y attendre de la part d'un indianiste aussi éminent, ce travail est un chef-d'œuvre, tant par la netteté et l'élégance d'une interprétation impeccable, que par l'érudition riche et variée du commentaire perpétuel qui l'accompagne.

Après tant d'excellents ouvrages suscités par le livre de Manou, c'était le cas de répéter un mot célèbre : « Tout est dit, il ne reste plus rien qu'à glaner après les anciens et les habiles d'entre les modernes. » Aussi lorsque mon maître et ami M. Regnaud[1], le savant professeur de l'Université lyonnaise, me proposa de la part de M. de Milloué d'insérer dans les *Annales du Musée Guimet* une nouvelle traduction du Mânava Dharma Sâstra, destinée à remplacer celle de Loiseleur-Deslongchamps, j'hésitai d'abord à me charger de cette entreprise, tant par une juste défiance de mes propres forces, que parce que je sentais que j'aurais toujours à lutter contre

1. Je suis élève du regretté A. Bergaigne, mais je dois aussi beaucoup aux excellents conseils de M. Regnaud.

le bien dire de mes devanciers, et que même si je réussissais à faire une œuvre à peu près satisfaisante, je n'aurais jamais que le mérite secondaire d'avoir suivi sans m'égarer la voie qu'ils m'avaient si magistralement tracée. Mes scrupules ont cédé pourtant aux considérations suivantes. Le Code des Lois de Manou est un de ces livres d'un caractère universel et en quelque sorte humanitaire, qui n'intéressent pas seulement l'érudit, le philologue, l'indianiste; les questions qu'il traite méritent d'attirer l'attention du grand public. Le philosophe peut y chercher des matériaux pour l'histoire des idées morales dans l'antiquité; le jurisconsulte peut lui demander des renseignements sur la conception du droit civil et criminel dans le pays qui passe pour avoir été le berceau des races européennes [1]. Or, comme on l'a dit, l'ouvrage de Loiseleur-Deslongchamps est dès longtemps épuisé, et malgré les mérites réels de sa traduction, il y a lieu, après celles qui ont paru depuis, de faire autre chose qu'une simple réimpression de l'édition de 1850. D'autre part, les traductions en langues étrangères, pour excellentes qu'elles soient, ne sont pas accessibles aux personnes qui n'ont de ces langues qu'une connaissance imparfaite, voire même nulle, et ne laissent apercevoir l'original qu'à travers un double décalque, ce qui en affaiblit encore davantage l'impression. On a donc pensé qu'une nouvelle traduction française, mettant à profit les résultats acquis et accompagnée d'un commentaire explicatif un peu moins sobre que celui de Loiseleur-Deslongchamps, pourrait obtenir un accueil favorable auprès du grand public. Voici les principes qui m'ont guidé dans l'exécution de mon travail. Voulant avant tout que mon interprétation fût intelligible à tous, j'ai évité autant que possible d'émailler le texte français de mots sanskrits, bien qu'il soit parfois plus

1. Cette opinion a été fortement battue en brèche dans ces derniers temps.

commode et plus sûr de transcrire purement et simplement un terme spécial de droit ou de religion[1] que de lui chercher en notre langue un équivalent qui risque d'être inexact et insuffisant. Tout en serrant de fort près le texte de Manou, il m'a fallu remédier presque constamment à sa désespérante concision par des explications et des paraphrases tirées du commentaire hindou; ces additions à l'original sont indiquées par l'emploi de parenthèses. Enfin, pour ne pas dérouter le lecteur, j'ai adopté dans la transcription des noms propres ou autres un système qui n'est pas à l'abri de la critique et que je crois devoir justifier. Dans le texte même de ma traduction je me sers de la graphie la plus simple et la plus naturelle, c'est-à-dire celle qui reproduit le son traditionnel[2] de la lettre sanskrite quand il y a lieu, et ne tiens aucun compte des phonèmes propres à l'alphabet hindou, pour lesquels le nôtre ne possède point d'équivalents. Ainsi je transcris richi et non ṛshi, Soudra[3] et non Çūdra, Tchândâla et non Cāṇḍāla, Vichnou et non Vishṇu. Par contre, dans les notes, qui ont un caractère plus savant et où j'ai été amené parfois à reproduire à titre d'éclaircissement des mots et des expressions du texte ou du commentaire sanskrits, il m'a bien fallu recourir au système artificiel généralement admis pour la transcription des caractères dévanâgaris en lettres latines. Il en résulte qu'on verra le même mot figurer avec deux orthographes légèrement différentes, suivant qu'il se trouve

1. Par exemple le mot putrikâ désigne « une fille qu'un père sans enfant mâle prend au lieu de fils, en tant qu'il revendique pour fils le fils de celle-ci ». Je rends ce terme par « substituée » ou « déléguée, » ce qui n'est qu'un à peu près: il eût été plus aisé et moins compromettant de garder le mot sanskrit.

2. La valeur véritable de toutes les lettres sanskrites n'est pas toujours bien connue.

3. J'écris Soudra et non Soûdra, parce qu'en français il n'est pas d'usage de distinguer par l'écriture les deux sons de *ou*, et que d'ailleurs ce mot reparaît constamment.

dans la traduction ou dans une citation faite en note. On me pardonnera, je l'espère, cette apparente contradiction dont je donne par avance la raison. Les notes qui accompagnent pas à pas la traduction tantôt fournissent les notions mythologiques qui peuvent n'être pas connues de tous et pour le complément desquelles on pourra recourir au Dictionnaire de Dowson (*Classical Dictionary of hindu Mythology*), tantôt apportent des explications et des exemples empruntés au célèbre exégète hindou Koullouka dont j'ai presque toujours suivi l'interprétation. Enfin, pour faire profiter dans une certaine mesure le lecteur des travaux de mes devanciers, dans tous les passages (et ils sont nombreux) qui admettent plusieurs sens, j'ai reproduit en regard de celui que j'adoptais, les diverses interprétations suivies par les autres traducteurs [1].

Il me reste à dire quelques mots du Livre des Lois et à résumer brièvement la question des origines et de la date probable du Mânava Dharma Sâstra, telle qu'elle a été posée et résolue par les divers savants qui s'en sont occupés. M. Max Müller, M. Fr. Johœntgen dans un travail intitulé : *Ueber das Gesetzbuch des Manu* (Berlin, 1863), M. Burnell et surtout M. Bühler, dans l'important et instructif Mémoire dont il a fait précéder sa traduction, ont réuni en un faisceau tous les arguments intrinsèques et extrinsèques qui pouvaient éclairer cette obscure question. Il faut bien l'avouer, aucun de ces arguments pris à part n'est tout à fait péremptoire et de nature à apporter une certitude absolue; mais leur réunion donne aux hypothèses de ces savants un caractère de vraisemblance d'autant plus acceptable, qu'ils sont arrivés par des voies un peu diverses à des conclusions assez

1. Je désigne en abrégé dans les notes par L. la traduction de Loiseleur-Deslongchamps, par B. celle de Bühler, et par B.H. celle de Burnell et Hopkins.

analogues, surtout en ce qui concerne les sources de l'ouvrage.

Loin de nous fournir aucun renseignement sur son véritable auteur, le Mânava Dharma Sâstra débute par une attribution tout à fait fantaisiste du livre au Créateur lui-même. Il est dit en effet dans le préambule que les grands richis ou sages vont trouver Manou, fils de Svayambhou, l'être existant par lui-même, et le prient de leur exposer en détail la loi des quatre castes. Manou consent à leur requête, et après avoir tracé dans les cinquante-sept premiers vers une sorte de cosmogonie, il cède la parole au grand sage Bhrigou, lequel a appris de sa bouche le livre révélé à lui Manou par Brahmâ, et va le leur réciter en entier. Sans voir dans cette attribution mythologique, bien conforme aux habitudes et aux traditions de l'Inde, une intention arrêtée de surprendre la crédulité des lecteurs, on ne peut s'empêcher de constater qu'elle contribuait à donner une origine surnaturelle à une œuvre humaine, à lui assurer une place à part parmi d'autres compositions analogues, et à imposer à la croyance universelle des peuples un traité qui d'abord n'avait eu d'autorité que dans le cercle assez restreint d'une secte religieuse. Déjà du reste le commentateur hindou Medhâtithi reconnaissait que le début n'est qu'une introduction et que l'ouvrage commence réellement au livre II.

Les Manuels de lois ne manquent pas dans la littérature sanskrite[1], et à côté de celui de Manou plusieurs nous ont été conservés. Les noms de Yâdjnavalkya, d'Âpastamba, de Vichnou, de Brihaspati, de Baudhâyana, de Nârada et d'autres dont la liste serait longue, nous prouvent que chaque école brâhmanique a été préoccupée de donner à ses secta-

1. Consulter à ce sujet l'article de Stenzler dans le volume II des *Indische Studien* de Weber, p. 232 sqq.

teurs des guides précis et détaillés de la loi religieuse et morale. A l'origine il a existé un certain nombre de Traités écrits en prose aphoristique par les précepteurs des diverses écoles védiques pour l'usage de leurs élèves et dont l'autorité très circonscrite ne dépassait pas les limites mêmes de la secte dans laquelle ils étaient enseignés. Ces Manuels appelés Soutras n'étaient en général considérés que comme des compositions purement humaines, malgré leur prétention à se rattacher aux doctrines du Véda. C'étaient les institutions fragmentaires, éparses dans les anciens livres sacrés, que les Brâhmanes arrangeaient pour la commodité de leur enseignement en enfilades d'aphorismes ou Soutras, et qui, outre les six sciences accessoires du Véda ou Védângas, rituel, grammaire, phonétique, métrique, étymologie et astronomie, comprenaient encore la Loi sacrée[1]. Les principales questions traitées dans les Dharma-Soutras sont les suivantes : les règles de conduite, les règles de pénitence, la décision des procès, l'administration de la justice, et incidemment les principes de la politique[2] des rois et du gouvernement. Ces Soutras dont l'antiquité est assez reculée (M. Max Müller leur assigne comme limites entre 600 et 200 avant J.-C.) ont servi de base aux Manuels versifiés ou Smritis métriques, qui sont d'origine relativement plus moderne, ainsi que le prouvent tant le caractère des doctrines et la forme de l'exposition, que l'emploi du sloka ou distique épique dont l'apparition dans la littérature sanskrite ne paraît pas devoir être reportée à une date très ancienne. Chacun des Manuels versifiés repose vraisemblablement sur un Soutra

1. Les Soutras relatifs aux rites domestiques et aux sacrements s'appellent Grihya Soutras. La *Bibliotheca Indica* a imprimé les Grihya Soutras d'Âsvalâyana.

2. Les ouvrages qui traitent spécialement de la politique s'appellent Niti-Sâstras.

antérieur dont il reproduit la doctrine, et qui avait été composé pour servir de manuel à telle ou telle école religieuse. Or, parmi les anciennes écoles védiques, nous savons qu'il y en avait une connue sous le nom de Mânavas formant une des six subdivisions de la secte Maitrâyanîya dont les disciples étaient adhérents du Yadjour-Véda Noir. Notre Mânava Dharma Sâstra ne serait donc qu'une refonte, un *rifacimento* d'un Mânava Dharma Soutra; le ou les remanieurs, soit pour lui donner plus d'autorité et le rendre obligatoire à l'universalité des Âryas, soit qu'ils crussent réellement aux origines sacrées de l'œuvre, l'ont mis dans un cadre légendaire; et l'on voit en même temps l'avantage qui résultait de l'attribution du livre au demi-dieu[1] Manou. En effet, dès les premiers temps, le mythique Manou, l'ancêtre primordial de l'humanité, l'*urmensch* comme diraient les Allemands, était considéré comme le fondateur de l'ordre social et moral, le révélateur des rites religieux et des maximes légales; et outre cela, une supercherie étymologique, dont les Hindous sont assez coutumiers, permettait de retrouver son nom dans l'adjectif dérivé Mânava, et d'entendre par Mânava Dharma Sâstra le Code de Manou aussi bien que le Code des Mânavas[2].

Telle est, résumée en peu de mots, la thèse de M. Max Müller, thèse aujourd'hui admise sans contestation et que M. Bühler a reprise pour son compte en l'appuyant d'une argumentation si solide et si serrée qu'il lui a donné presque la certitude d'un fait historique. Que le Livre des Lois de Manou sous sa forme actuelle soit un remaniement d'un ouvrage antérieur, c'est ce qui éclate aux yeux du lecteur même

1. Proprement le *richi* Manou.

2. Il n'est pas impossible toutefois que l'école des Mânavas tirât son nom de Manou et prétendît se rattacher tout particulièrement à lui. Quant à la théorie de Manou père de l'humanité, elle est plutôt philologique que brâhmanique.

le moins prévenu, tant par les défauts de composition et les hors-d'œuvre qui nuisent à la rigueur du plan, que par les doctrines contradictoires qui s'y heurtent à chaque pas et dont le désaccord s'expliquerait mal dans une œuvre de premier jet. On a déjà fait remarquer que l'attribution mythologique du début semblait trahir la préoccupation de donner une autorité surnaturelle à une composition purement humaine et par là de l'imposer à la croyance universelle des Âryas. Or, rien de pareil ne se trouve dans les Dharma Soutras, ou Manuels particuliers des écoles védiques. Tout ce qui est dit dans le premier livre au sujet de la création du monde, de l'origine des castes, ainsi que l'espèce de table des matières qui le termine assez maladroitement est une addition postérieure, étrangère au véritable sujet[1]. Ce caractère est même si sensible qu'il n'a pas laissé d'inspirer quelques scrupules à des commentateurs indiens ordinairement portés à envisager toutes ces traditions mythologiques avec les yeux d'une foi aveugle. Autant pourrait-on en dire du livre XII, qui renferme un long exposé philosophique basé sur les doctrines enseignées dans les écoles Sânkhya, Yoga et Védânta. La classification des actions humaines sous trois chefs relatifs aux qualités de Bonté (sattva), de Passion (rajas) et d'Obscurité (tamas), ainsi que la longue péroraison traitant de la transmigration et de la béatitude finale, forment une digression fort intéressante à coup sûr, mais assez déplacée dans un Manuel de lois proprement dit. Le livre VII lui-même, consacré à la politique et au gouvernement des rois, bien qu'il se rattache plus directement au plan général, pourrait

1. A un certain point de vue pourtant on pourrait trouver que cette cosmogonie est assez en sa place dans un ouvrage qui a la prétention d'être une sorte d'encyclopédie philosophique, morale et religieuse, embrassant tout ce qui concerne le commencement et la fin des choses, et rendant compte de l'arrangement universel.

bien être encore un hors-d'œuvre, les matières qu'il traite se trouvant plus à leur place dans un Nîti Sâstra (*Manuel de Politique*) que dans un Dharma Sâstra. Quant aux contradictions, non seulement elles fourmillent au cours de l'ouvrage, mais encore parfois elles s'étalent côte à côte, sans que l'auteur prenne la peine de les concilier entre elles, ou tout au moins de nous indiquer quelle est la théorie qu'il approuve. Ainsi la vente des filles interdite au livre III, v. 51-54, est autorisée au livre VIII, v. 204. Même incertitude en ce qui concerne l'autorisation des femmes ou des veuves à avoir des enfants avec d'autres qu'avec leurs époux (livre IX, v. 57 sqq.). Dans le chapitre des pénitences nous voyons imposer pour la même faute une série d'expiations différentes, chaque terme de l'énumération étant relié au précédent par un simple « ou bien », qui ne laisse aucunement apercevoir la préférence de l'auteur. C'est comme une gradation de châtiments, qui va parfois d'une extrême rigueur à une indulgence assez commode. Il paraît vraisemblable qu'on se trouve en présence de doctrines d'époque différente, attestant un relâchement successif dans la sévérité primitive des expiations imposées aux pécheurs ; car il serait peu admissible qu'on proposât ainsi l'alternative entre des pénalités si différentes, le choix ne pouvant être douteux et devant nécessairement incliner vers la pénitence la plus douce. On serait même tenté d'en inférer qu'il y a eu là une série de remaniements successifs d'un premier texte, maladroitement placés ou du moins conservés les uns à côté des autres, et par suite, d'attribuer au livre de Manou une pluralité de composition. Mais ce serait aller trop loin dans la voie de l'induction. En effet, M. Bühler fait remarquer que ces oppositions, dont les commentateurs ne se montrent pas médiocrement embarrassés, peuvent s'expliquer d'une façon très naturelle; l'auteur, suivant un usage commun chez les Hindous, place en regard diverses opinions ayant cours, et donne en dernier lieu la sienne, qui est une réfutation des précédentes, les nécessités métriques et la forme concise du sloka ne lui permettant pas de marquer plus explicitement que la dernière théorie énoncée est justement celle qu'il préconise. Enfin la littérature sanskrite elle-même nous fournirait au besoin le témoignage qu'il a existé plusieurs rédactions du Code de Manou. Outre qu'il est fait allusion à un Brihan Manou (le grand Manou) et à un Vriddha Manou (le vieux Manou), on connaît aussi la tradition d'après laquelle le Livre des Lois aurait existé originairement en 100,000 vers, arrangés en 1,080 chapitres, successivement réduits à 12,000 par Nârada et à 4,000 par Soumati, fils de Bhrigou, notre texte lui-même n'ayant que 2,685 slokas. Cette tradition cache sous ses extravagantes exagérations un fonds probable de vérité; elle semble indiquer que la Manou Sanhitâ sous sa forme actuelle serait le dernier anneau et le plus parfait d'une chaîne de recensions successives et de remaniements progressifs d'un texte primitif, sans qu'il soit possible d'établir avec certitude si le *rifacimento* définitif est dû à un seul remanieur, ce qui est vraisemblable, ou s'il porte la trace de plusieurs retouches faites par des mains diverses.

Le Mânava Dharma Sâstra a conquis une place à part parmi tous les Manuels de lois dont la littérature hindoue est si riche, et les raisons de cette prééminence sont aisées à déterminer. Que l'attribution du livre à Manou ait été l'effet d'un habile calcul pour gagner la faveur publique, ou qu'elle ait été le résultat d'une confusion involontaire entre le nom du héros mythologique et celui de l'école religieuse où était né le Mânava Dharma Soutra, en un mot que la légende ait été fabriquée tout d'une pièce, ou qu'elle se soit formée petit à petit, la vénération qui s'attachait justement à l'ancêtre primordial de l'humanité a rejailli sur l'œuvre dont on lui attribuait la paternité. Les légendes qui de bonne heure se sont groupées autour de son nom et se sont de plus en plus développées avec le temps, expliquent la popularité dont le Code de lois a joui parmi les Hindous. Les accessoires mythologiques qui y ont été rattachés après coup, tout en nuisant à la régularité du plan, à ne considérer les choses qu'au point de vue purement littéraire et humain, devaient en imposer au public brâhmanique, pour lequel toutes ces légendes étaient des articles de foi, et qui admettait leur autorité sans la discuter. L'esprit religieux qui anime les pages du début et celles de la fin donne à l'ouvrage un caractère de grandeur sereine et majestueuse qui commandait le respect du croyant et faisait de l'ouvrage entier non pas seulement un livre quelconque, mais le livre par excellence. Ajoutons que d'autres mérites particuliers concouraient à lui assurer la faveur générale, je veux dire son caractère complet, son arrangement régulier, son intelligibilité, et, dans une certaine mesure, son esprit juridique et son bon sens pratique, bien que M. Bühler le déclare inférieur, au point de vue du droit, aux traités analogues de Yâdjnavalkya et de Nârada. Ce fait s'explique selon lui par cette hypothèse que la Manou Smriti a été rédigée à une époque où le traitement systématique de la science du droit avait commencé, mais n'avait pas encore atteint un grand degré de perfection, ni réalisé les progrès que cette science a faits à une époque plus récente dans les écoles juridiques spéciales. Enfin le livre de Manou a pour nous autres Européens un intérêt tout spécial, parce que mieux que tout autre il reflète la vieille civilisation théocratique de l'Inde, l'esprit religieux et philosophique du monde brâhmanique, la vie sociale et morale de la race hindoue ; et l'on n'a pas de peine à croire, comme l'atteste M. Burnell (Introd., p. xvi), que de nos jours encore l'administration judiciaire de l'Inde anglaise essaye dans ses rapports avec les indigènes de se baser sur le Code suranné de Manou, tel que l'a fait connaître au siècle dernier la traduction de Sir William Jones.

Quelle est l'époque probable de la composition du Mânava Dharma Sâstra? Ici encore on en est réduit à des conjectures, et toutes les hypothèses que l'on peut former se ressentent de la désespérante incertitude qui règne dans toute la chronologie hindoue. Sir William Jones lui attribuait une très haute antiquité (entre 1200 et 500 avant J.-C.). Chézy et Loiseleur-Deslongchamps inclinent dans le même sens. Mais aujourd'hui il y a une tendance générale à ramener les productions de la littérature hindoue à des dates beaucoup plus rapprochées de notre époque, et celles que propose Sir William Jones nous paraissent inadmissibles. M. Bühler se basant sur l'emploi du sloka épique, indique comme *terminus a quo* l'époque des grandes épopées indiennes du Mahâbhârata. Malheureusement la date de ce poème flotte elle-même dans le vague. M. Weber a établi que le Mahâbhârata était connu de Dion Chrysostome dans la deuxième moitié du premier siècle de notre ère et que Mégasthène qui était dans l'Inde en 315 avant J.-C. n'en parle point; tirant un argument du silence[1] de cet auteur, il en conclut que la date probable du Mahâbhârata doit être placée entre les deux. D'autre part la postériorité incontestable des traités de Yâdjnavalkya et de Nârada donnerait selon M. Bühler le *terminus ad quem*, qu'il fixerait vers 500 de notre ère. Le commentaire de l'exégète hindou Medhâtithi fournit encore un point de repère assez précieux. Ce savant vivait, selon toute vraisemblance,

1. Cet argument est assez peu probant.

au IXe siècle de notre ère, et il cite fréquemment les leçons et les opinions variées de ses prédécesseurs, dont quelques-uns sont mentionnés avec la qualité de « très anciens ». Ce n'est donc pas une hypothèse trop aventurée que d'admettre avec M. Bühler que ceux qu'il désigne de la sorte devaient être antérieurs de trois ou quatre cents ans. Si donc au VIe ou Ve siècle de notre ère le texte de Manou était déjà assez obscurci [1] pour nécessiter des gloses et des commentaires, et si les interprètes ne s'accordaient plus entre eux sur le sens de certains passages, on peut en inférer sans trop de témérité que l'original lui-même remontait à une date sensiblement plus ancienne. Enfin [2] certaines mentions faites par Manou, celle des Yavanas (Iônes ou Grecs), désignant sans doute les Gréco-Bactriens, sujets des successeurs d'Alexandre, des Sakas (Scythes) et des Pahlavas, dont le nom serait une corruption de Parthavas, nom indigène des Parthes, déterminent M. Bühler, dont nous résumons ici la savante discussion, à assigner comme limite la plus haute à l'antiquité du Mânava Dharma Sâstra le troisième siècle avant notre ère. C'est donc dans une époque flottant entre 200 avant J.-C. et 200 après, que se placerait la composition du Code de Manou.

Par des arguments un peu différents, M. Burnell est arrivé à des conclusions assez analogues à celles qu'on vient d'énoncer. Toutefois il serait porté à rapprocher encore des temps modernes les limites entre lesquelles le Mânava Dharma Sâstra aurait été écrit. Il a même essayé d'en déterminer la date avec une précision plus rigoureuse; mais les preuves

1. Les gloses ne prouvent pas toujours que l'obscurité d'un texte résulte de son ancienneté. La concision inhérente à l'emploi du sloka les rendait nécessaires, et elles peuvent très bien avoir été contemporaines du texte.

2. Ces arguments perdent de leur valeur si on admet la théorie des rédactions successives.

sur lesquelles il s'appuie ont un caractère beaucoup trop conjectural pour qu'on puisse considérer comme acquis à l'histoire les résultats auxquels il est parvenu. Voici les principaux points de son argumentation : nous avouons qu'elle ne nous a guère convaincu. Les doctrines philosophiques de Manou sont directement inspirées du fameux système athéiste Sânkhya attribué au sage Kapila. Or, cette doctrine aurait fleuri[1] entre 100 avant J.-C. et 700 de notre ère, époque à laquelle elle fut supplantée par le système Védânta. D'autre part le témoignage de Medhâtithi précédemment rapporté donne à supposer que le texte de Manou existait au Ve ou au VIe siècle de notre ère. L'addition du chapitre VII concernant la politique et la conduite des rois, qui forme un accessoire étranger aux anciens Dharma Soutras, prouverait que le livre a été composé pour servir de manuel à un roi, et vraisemblablement à quelque roi puissant et protecteur des lettres. Les troubles qui désolèrent l'Inde au premier siècle de notre ère forcent à rejeter après cette époque la date de la composition du Dharma Sâstra et à la placer entre 100 et 500 après J.-C. Établissant alors un rapprochement entre la dénomination de Mânava portée par une des écoles religieuses des sectateurs du Yadjour-Véda Noir et le titre de Mânavya que prennent sur les inscriptions les rois de la dynastie des Tchâloukyas, M. Burnell serait porté à voir le protecteur et l'inspirateur d'une œuvre telle que le Code de Manou dans le fondateur même de cette dynastie, Poulakésî ou Polakésî, qui florissait vers 500 après J.-C.

Ces hypothèses sont plus ingénieuses que solides, et les conclusions auxquelles elles aboutissent sont beaucoup trop aventurées pour qu'il soit possible de les adopter sans scrupule. D'ailleurs 500 après J.-C. est une date bien récente pour

1. Cela n'est pas absolument sûr.

un traité qui porte par endroits un cachet d'archaïsme incontestable. Il est plus prudent de se résigner à une indication approximative des deux termes extrêmes entre lesquels peut se placer la rédaction de notre texte, sans vouloir en déterminer la date avec une précision incompatible avec l'absence absolue de documents historiques. La plupart des arguments qu'on invoque pour obtenir un point de repère chronologique sont des arguments *a silentio* dont la valeur est toujours contestable. Ainsi nulle part Manou ne mentionne expressément le Bouddhisme, à moins qu'on ne veuille considérer la qualification de nâstika (négateur d'un autre monde, athée) comme spécialement dirigée contre les sectateurs de Sâkya-Mouni. Si l'on voulait tirer une conséquence de cette omission, on pourrait en conclure que le Mânava Dharma Sâstra est antérieur au Ve siècle avant J.-C. (en admettant comme date probable de la mort de Bouddha 477 avant notre ère). Mais comme le remarque M. Johœntgen (p. 84, *op. cit.*) : « Jusqu'au temps d'Asoka (263 avant J.-C.) les Bouddhistes constituaient seulement une des nombreuses sectes avec lesquelles les Brâhmanes orthodoxes avaient à lutter. Il serait donc plus que téméraire de rejeter au Ve ou au VIe siècle avant notre ère toute œuvre de la littérature indienne qui ne mentionne pas les Bouddhistes. »

Sous sa forme actuelle le texte de Manou renferme d'assez nombreuses obscurités. Les nécessités métriques, l'obligation de renfermer chaque précepte dans les limites étroites du distique, donnent parfois à la pensée une concision embarrassante. Aussi de bonne heure ce texte a-t-il suscité dans l'Inde même de nombreux commentateurs [1].

Le plus ancien commentateur dont le nom nous soit par-

1. Du reste l'usage des commentaires est constant dans l'Inde pour tous les ouvrages de même nature, lors même qu'ils sont d'une clarté relative.

venu est Medhâtithi fils de Vîrasvâmin, auteur d'un Manubhāshya (commentaire de Manou), qui vivait entre 900 et 1000 après J.-C. M. Burnell le croit originaire du Dekhan, tandis que M. Bühler incline à lui donner le Kachmir comme lieu natal. Son savoir fort étendu lui avait valu le surnom de sans-pareil (asahāya). On s'accorde à louer la richesse de son érudition, tout en lui reprochant la diffusion, l'obscurité et aussi une certaine indécision à choisir entre les opinions contradictoires qu'il cite.

Après lui vient Govindarâdja fils de Mâdhava, auteur d'une Manuṭīkā (ṭīkā = bhāshya), dont la date est inconnue. M. Jolly suppose qu'il vivait au XIIe ou au XIIIe siècle de notre ère.

Nârâyana dont la date est difficile à déterminer, mais qui n'a certainement pas dû écrire plus tard que dans la deuxième moitié du XIVe siècle, est l'auteur d'un commentaire intitulé Manvarthavivṛti (Élucidation des significations de Manou) ou Manvarthanibandha (Traité des significations de Manou).

Mais le plus fameux des exégètes du Dharma Sâstra est Koullouka (Kullūka-bhaṭṭa[1]) fils de Divâkara, auteur de la Manvarthamuktāvali (Collier de perles des significations de Manou). Il était Bengali de naissance et écrivit son œuvre à Bénarès (Vārāṇasī) ; on place son existence au XVe siècle. Le texte établi par lui aussi bien que le commentaire qui l'accompagne ont joui et jouissent encore dans l'Inde d'une popularité exceptionnelle. Pourtant M. Jolly estime que son œuvre n'est que la réédition de celle de Govindarâdja. Suivant M. Bühler, une des principales raisons qui ont contribué à la rendre populaire, c'est qu'elle a été écrite et approuvée à Bénarès, la ville sainte et le grand centre littéraire des

1. Bhaṭṭa est un titre honorifique porté par les savants.

Hindous. Ce savant le proclame d'ailleurs inférieur à son devancier Medhâtithi.

Après Koullouka se placent encore dans l'ordre chronologique Râghavânanda Sarasvatî, auteur d'une Manvarthacandrikā (Clair de lune des significations de Manou) qui suit simplement la Manvarthamuktāvali (M. Bühler le place vers la fin du XVIe ou le commencement du XVIIe siècle) ; et enfin Nandana, auteur d'une œuvre toute moderne et sans valeur.

Le Mânava Dharma Sâstra a été conservé dans un certain nombre de manuscrits écrits en plusieurs variétés de caractères. C'est, nous l'avons dit, Koullouka qui a établi le premier *textus receptus*. Il a paru plusieurs éditions dans notre siècle. Les principales sont :

1° L'édition de l'Hindou Babû-Râm, publiée à Calcutta, 1813.

2° Celle de Sir G.-C. Haughton, 1825, accompagnée d'une reproduction de la traduction anglaise de Sir William Jones.

3° Celle de Loiseleur-Deslongchamps, 1830-1833. Le Musée Guimet possède la copie du texte, écrite de la main même de ce savant, qui est une merveille d'exécution calligraphique.

4° Celle de Jîbânanda ou Jîvânanda, dans la collection des Dharma Sâstras, Calcutta, 1874. Cette édition a le mérite de reproduire *in-extenso* le commentaire de Koullouka. Malheureusement l'exécution typographique laisse un peu à désirer, tant au point de vue de la netteté que de la correction.

5° Celle de M. Jolly, publiée dans la *Trübner's Oriental Series*, 1887, recommandable autant par le soin critique avec lequel le texte a été établi, que par la correction et la beauté de l'exécution matérielle. C'est le texte de M. Jolly que nous avons suivi dans notre traduction, sauf en deux ou trois passages où nous avons préféré la leçon autorisée par Koullouka; nous avons eu soin d'ailleurs de signaler en note ces infractions à la règle que nous nous étions proposée.

Enfin l'*Annual Report* de la Société asiatique de Bengale annonce dans son numéro de février 1892 une nouvelle édition du Mânava Dharma Sâstra par le Pandit Bhîma Sena Sarman, précédée d'une longue et importante introduction écrite en sanskrit et en hindi, où l'auteur « explique ses » raisons pour republier l'ouvrage de Manou, et promet de » jeter beaucoup de lumière nouvelle dans son commentaire. » Sept fascicules ont déjà paru et le Pandit en est encore au » milieu de son introduction dans laquelle il discute l'iden- » tité de Manou, la date à laquelle il a dû écrire, l'objet du » Livre des Lois et autres questions de ce genre ». Malheureusement l'impression de notre travail était déjà trop avancée lorsque nous avons eu connaissance de la dissertation du savant indien, pour qu'il nous ait été possible d'en profiter.

Un index[1] placé à la fin de ce volume permettra au lecteur de retrouver facilement toutes les indications dont il pourrait avoir besoin; les renvois de cet index se rapportent aussi bien aux notes[2] qu'au texte même de la traduction.

1. On trouvera avant l'index une liste, heureusement peu étendue, d'*errata* qui nous ont échappé dans la correction des épreuves.

2. Les numéros des notes correspondent à ceux des vers.

TABLE DES MATIÈRES

		Pages
LIVRE I.	La Création. Résumé des matières contenues dans l'ouvrage	1-20
LIVRE II.	Fondement de la Loi. Sacrements ; initiation, noviciat	21-55
LIVRE III.	Le Maître de maison ; Mariage et Devoirs religieux	57-95
LIVRE IV.	Les Devoirs du Maître de maison ; Subsistance, étude du Véda, devoirs moraux, aliments permis ou défendus	97-131
LIVRE V.	Aliments permis ou défendus ; Causes d'impureté et Purifications ; Devoirs des femmes	133-156
LIVRE VI.	L'Ermite, l'Ascète	157-170
LIVRE VII.	Le Roi	171-200
LIVRE VIII.	Lois civiles et criminelles	201-255
LIVRE IX.	Devoirs des Époux ; L'Héritage ; Suite des Lois civiles et criminelles	257-304
LIVRE X.	Castes mêlées ; Occupations des castes ; Temps de détresse	305-323
LIVRE XI.	Pénitences et Expiations	325-363
LIVRE XII.	Transmigration des Ames ; Béatitude finale	365-383

LES LOIS DE MANOU

LIVRE PREMIER

La Création.
Résumé des matières contenues dans l'ouvrage.

1. Manou était assis, absorbé dans la méditation; les Grands Sages s'approchèrent de lui, et l'ayant dûment salué, lui tinrent ce langage :

2. « Bienheureux ! Daigne nous exposer exactement et par ordre les devoirs de toutes les castes (principales) et des castes intermédiaires.

1. *Manou :* ce nom désigne quatorze ancêtres mythologiques de l'humanité, dont chacun gouverne la terre pendant une période de 306,720,000 ans, dite Manvantara (un âge de Manou). Le plus ancien de ces Manous est Svâyaṃbhuva issu de Svayaṃbhû (l'être existant par lui-même). C'est à ce premier de tous les Manous qu'est attribué le Livre des Lois. — *Absorbé dans la méditation :* mot à mot « ayant une seule fin », qui est l'identité du moi avec l'âme suprême. — *Les Grands Sages :* le nom de ṛshi (sage) désigne les personnages inspirés auxquels les hymnes védiques ont été révélés. Il y en a plusieurs classes parmi lesquels on distingue les Grands Sages ou Maharshis au nombre de sept. — *Dûment :* on peut aussi rattacher cet adverbe au verbe suivant. — Avant ce premier verset, certains manuscrits en insèrent un autre dont voici le sens : « Ayant adoré le Brahme existant par lui-même, dont le pouvoir est sans bornes, je vais dire les diverses lois éternelles promulguées par Manou. » J'emploie la forme Brahme pour traduire *brahman*, mot neutre qui désigne le dieu suprême impersonnel, l'absolu, et Brahmâ pour traduire *brahman*, mot masculin qui désigne le créateur de l'univers.

2. *Les castes principales :* c'est-à-dire Brâhmanes, Kchatriyas, Vaisyas et Soudras. Les castes intermédiaires sont celles qui sont issues du mélange

3. Toi seul en effet, ô Seigneur, tu connais les effets, la vraie nature et le but de cet ordre universel (établi par) l'Être existant de lui-même, inconcevable et insondable. »

4. Ainsi dûment interrogé par eux, Celui dont le pouvoir est sans bornes, après avoir rendu à tous ces Sages magnanimes leurs salutations, répondit : « Écoutez ! »

5. Ce (monde) était obscurité, inconnaissable, sans rien de distinctif, échappant au raisonnement et à la perception, comme complètement dans le sommeil.

6. Alors l'auguste Être existant par lui-même, lui qui n'est pas développé, développant cet (univers) sous la forme des grands éléments et autres, ayant déployé son énergie, parut pour dissiper les ténèbres.

7. Cet (Être) que l'esprit seul peut percevoir, subtil, sans parties distinctes, éternel, renfermant en soi toutes les créatures, incompréhensible, parut spontanément.

des autres. Les trois premières castes sont appelées *dvija*, deux fois nées, c'est-à-dire régénérées par le sacrement de l'initiation. Cette qualification désigne quelquefois plus particulièrement la caste brahmanique.

3. On peut aussi faire de Svayaṃbhuvaḥ un adjectif se rapportant à vidhānasya : le sens est alors « ce système universel existant par lui-même ». C'est ainsi que traduit Loiseleur. [Je désignerai par L. la traduction de Loiseleur, par B. celle de Bühler et par B. H. celle de Burnell et Hopkins; par Kull. le commentaire de Kullūka.] L'*Être existant par lui-même :* c'est-à-dire Brahmā.

4. L'adverbe *dûment* peut aussi être rapporté au verbe qui signifie vénérer.

5. *Tamobhutam :* « consistant en ténèbres ». Les commentateurs s'accordent à expliquer *tamas* par mūlaprakṛti, la nature comme cause primordiale de tout ce qui est, conformément au système Sankhya. Ce dernier représente une des six écoles philosophiques de l'Inde et a été fondé par le sage Kapila. Sur les doctrines philosophiques des Hindous, consulter les Essais de Colebrooke.

6. On peut aussi réunir mahābhūtādi à vṛttaujāḥ et en faire un seul composé de dépendance : le sens serait alors : « Ayant déployé son énergie sur les grands éléments et les autres (principes) » — par « grands éléments » il faut entendre les cinq suivants : terre, eau, feu, air, éther.

7. *Parut* « sous la forme du monde sensible ». Svayam udbabhau (que L. traduit par « déploya sa propre splendeur ») semble un jeu de mots étymologique pour expliquer Svayaṃbhū, par une confusion volontaire des racines bhā briller et bhū être.

8. Voulant tirer de son corps les diverses créatures, il produisit d'abord par la pensée les eaux, et y déposa sa semence.

9. Cette (semence) devint un œuf d'or, aussi brillant que le soleil, dans lequel il naquit lui-même (sous la forme de) Brahmâ, le père originel de tous les mondes.

10. Les eaux sont appelées Nârâs, car elles sont filles de Nara; comme elles ont été son premier séjour (ayana), il en a pris le nom de Nârâyana.

11. De cette cause (première) indistincte, éternelle, renfermant en soi l'être et le non-être, est issu ce Mâle connu dans le monde sous le nom de Brahmâ.

12. Dans cet œuf le bienheureux demeura toute une année; puis, de lui-même, par l'effort de sa seule pensée, il divisa l'œuf en deux.

13. De ces deux moitiés il fit le ciel et la terre, et entre les deux l'atmosphère, et les huit points cardinaux, et l'éternel séjour des eaux.

8. *Par la pensée*, c'est-à-dire « rien qu'en le voulant ». — On peut aussi entendre abhidhyāya par « après avoir médité ». L. traduit : « Ayant résolu dans sa pensée de faire émaner, etc. ». — *Sa semence* ou bien d'une façon plus générale « une semence, un germe ».

9. *Lui-même* ou encore « spontanément ». Svayam fait allusion au nom de Svayaṃbhū dont Brahmā est l'incarnation première. On peut aussi traduire « dans lequel naquit spontanément Brahmā ». — *Tous les mondes* ou suivant L. « tous les êtres ».

10. Explication par un jeu de mots du nom de Nārāyaṇa (qui a pour séjour les eaux). Nara, l'homme, désigne ici l'homme par excellence, le prototype de l'humanité, Brahmā. Dans les anciennes légendes théogoniques connues sous le nom de Purāṇas, ce surnom désigne ordinairement Vichnou.

11. *Ce mâle*, Purusha : allusion à l'hymne Puruṣha attribué à Nārāyaṇa, Rig Véda, 10, 90. — Suivant les commentateurs, la cause première c'est l'Ame suprême, le Paramâtman.

12. *Le bienheureux :* terme de vénération d'un emploi fort général : il s'applique non seulement aux divinités telles que Vichnou, etc., mais aussi à des mortels ayant un caractère de sainteté. Suivant Kull. il faut entendre ici par le mot *année* une année de Brahmâ. Sur la durée de celle-ci cf. le v. 72 du même livre.

13. *Les huit points cardinaux :* c'est-à-dire les quatre principaux, N., E., S., O., et les quatre intermédiaires N.-E., S.-E., N.-O., S.-O.

14. De lui-même il tira l'Esprit, renfermant en soi l'être et le non-être, et de l'Esprit il tira le sentiment du *moi* qui a conscience de la personnalité et qui est maître ;

15. Et aussi le grand (principe), l'âme, et tous les (objets) qui possèdent les trois qualités, et successivement les cinq organes des sens qui perçoivent les choses matérielles.

16. (Prenant) des particules subtiles de ces six (principes) dont le pouvoir est illimité, (et les) combinant avec des éléments (tirés) de lui-même, il en créa tous les êtres.

17. Et parce que ces six (sortes de) particules subtiles (émanées) du corps de Brahmâ entrent (çrî) dans ces (créatures), les Sages ont appelé sa forme visible corps (çarîra).

18. C'est ce (corps) que pénètrent les grands éléments avec (leurs) fonctions, ainsi que l'Esprit par (ses) particules subtiles, lui qui perpétuellement crée tous les êtres.

14. *De lui-même :* toujours le double sens de ātman qui est à la fois un substantif signifiant « l'âme, le moi » et un pronom réfléchi, ipse. L. traduit ici par l'âme suprême (?) — L'épithète de sadasadātmakam, déjà employée au v. 11 est obscure ; suivant B. « qui est à la fois réel et non réel ». B. H. « qui est et qui n'est pas ». L. « qui existe par sa nature et n'existe pas (pour les sens) ». — Abhimantar est traduit dans le Dictionnaire de Saint-Pétersbourg par « celui qui désire ». B. H. traduit « gouverneur ». L. « moniteur ».

15. *Le grand principe,* le mahat est appelé aussi l'intelligence (buddhi). Du reste on pourrait rapporter mahāntam à ātmānam, « le grand ātman ». Suivant Kull. le mahat est appelé l'âme « parce qu'il est produit par l'âme ou bien parce qu'il rend service à l'âme ». — *Les trois qualités* sont celles qui sont énumérées au livre XII, v. 24 : sattva, la bonté, rajas la passion, et tamas l'obscurité.

16. *Ces six principes* sont, suivant Kull., l'ahankāra ou sentiment du *moi* et les cinq tanmātra ou éléments subtils qui produisent en se transformant les éléments plus grossiers, tels que l'éther, l'air, le feu, l'eau et la terre. Peut-être, comme le remarque B. H., ces six principes sont-ils tout simplement le manas ou sens interne combiné aux cinq grands éléments.

17. Jeu de mots étymologique sans aucune valeur, comme tous ceux qui émaillent le texte de Manou : çrî et çarîra n'ont aucun rapport. — *La forme visible* mūrti. Je traduis par cette périphrase à défaut d'un synonyme de corps. B. H. traduit : « Comme les éléments subtils des formes corporelles de cet un dépendent de ces six, les sages... etc. ». L. : « Et parce que ces six molécules imperceptibles émanées de la substance de cet Être suprême, pour prendre une forme, se joignent à ces éléments et à ces organes des sens ».

18. *Les grands éléments* ou tout bonnement « les éléments ».

19. Des particules constitutives subtiles de ces sept principes tout-puissants naît ce (monde) périssable (sorti) de l'impérissable.

20. Chacun d'eux acquiert la qualité de celui qui le précède immédiatement et possède, dit-on, un nombre de qualités proportionnel à son rang dans la série.

21. Dans le commencement il régla d'après les paroles du Véda le nom, la fonction et la condition de chaque chose individuellement.

22. Et le Seigneur créa la troupe subtile des dieux doués de vie, dont la nature consiste dans l'action et des Sâdhyas, ainsi que le sacrifice éternel.

23. Du feu, du vent et du soleil, il exprima pour l'accomplissement du sacrifice les trois Védas éternels, appelés le Rig-Véda, le Yadjour-Véda et le Sâma-Véda,

24. Le temps, les divisions du temps, les stations lunaires,

19. *Les sept principes :* le texte porte *purusha* « mâle ou esprit », c'est-à-dire ici principe créateur. Ces sept purusha sont d'après le commentaire : le manas ou sens interne, l'ahaṅkāra ou sentiment du moi et les cinq tanmātra ou éléments subtils, cf. v. 16.

20. *Chacun d'eux :* c'est-à-dire « de ces éléments » ; ce vers signifie que dans la série des éléments, le premier a une qualité, le second la même qualité plus une autre, etc. Ainsi l'éther n'a qu'une qualité, le son ; l'air a deux qualités, le son et la tangibilité ; le feu en a trois, son, tangibilité, couleur ; l'eau en a quatre, son, tangibilité, couleur, saveur ; la terre enfin, les quatre précédentes, plus l'odeur.

22. *Subtile*, c'est-à-dire « qu'on ne peut percevoir par les sens, invisible ». — Karmātmanām, expression obscure. Peut-être faut-il prendre karman au sens de sacrifice, ainsi que le remarque B. ; le composé signifierait alors « dont la nature est le sacrifice », ou « dont la divinité dépend de l'accomplissement du sacrifice, qui ne subsistent que par le sacrifice ». — Les Sâdhyas sont une classe de divinités inférieures ; ils personnifient les rites et prières des Védas et habitent avec les dieux ou dans la région intermédiaire entre le ciel et la terre. Leur nombre varie suivant les autorités : il est de douze ou de dix-sept.

23. *Il exprima* : dudoha signifie littéralement « traire ». — *Les trois Védas ;* il y en a un quatrième qui n'est pas mentionné ici, l'Atharva-Véda ; ce dernier est d'origine plus récente. On voit que les Védas sont des espèces d'entités divines. Suivant un autre mythe, ils sont éternels et sortis de la bouche de Brahmâ à chacun des âges successifs (kalpa) de la création.

les planètes, les fleuves, les mers, les montagnes, les plaines, les lieux accidentés,

25. L'ascétisme, la parole, le plaisir, le désir, la colère ; et dans son désir de donner l'existence à ces êtres, il créa cette création.

26. Mais pour distinguer les actions, il sépara le juste de l'injuste, et donna aux créatures ces conditions opposées deux à deux, telles que le plaisir et la peine, etc.

27. Mais avec les atomes périssables des cinq (éléments) dont on a parlé, tout cet (univers) a été formé dans l'ordre régulier.

28. La fonction à laquelle le Seigneur a attaché chaque (être) à l'origine est aussi celle que cet (être) a spontanément prise au fur et à mesure qu'il était de nouveau créé.

29. Le caractère nuisible ou inoffensif, doux ou cruel, vertueux ou méchant, vrai ou faux, qu'il a assigné à chaque (être) lors de la création, s'est imprimé spontanément en celui-ci (lors des créations subséquentes).

30. De même que dans la succession des saisons celles-ci prennent d'elles-mêmes leurs attributs distinctifs, ainsi (dans la succession des existences) les (êtres) doués d'un corps (prennent) chacun leurs fonctions propres.

31. Mais pour la multiplication des individus il fit sortir de sa bouche, de ses bras, de ses cuisses et de ses pieds le Brâhmane, le Kchatriya, le Vaisya et le Soudra.

26. *Le juste et l'injuste:* dharma, adharma, ou si on préfère, le devoir et le non-devoir, la vertu et le vice. — *Le plaisir et la peine*, etc. : l'énumération complète comporterait encore l'amour et la haine, la faim et la soif, le froid et le chaud, et ainsi de suite.

27. *Périssables.* Suivant Kull. cette épithète fait allusion à la transformation des éléments subtils (tanmâtra) en éléments grossiers ou grands éléments (mahâbhûta) : c'est à cause de ce changement qu'ils sont appelés périssables.

30. *Doués d'un corps* (dehin), c'est-à-dire les créatures animées ; — *les fonctions* (karman), c'est-à-dire que chacun accomplit les actes ou les fonctions qui conviennent spécialement à la forme sous laquelle il renaît.

31. *La multiplication des individus :* c'est-à-dire » pour propager l'espèce

32. Divisant son propre corps en deux, le Seigneur devint moitié mâle, moitié femelle; dans cette (femelle) il engendra Virâdj.

33. Mais sachez, ô les meilleurs des Dvidjas, que ce mâle Virâdj, après avoir pratiqué les austérités, me créa spontanément, moi le créateur de tout cet (univers).

34. A mon tour, désireux de produire des êtres, après avoir pratiqué de très rudes austérités, je créai d'abord dix Grands Sages seigneurs des créatures,

35. Marîtchi, Atri, Anguiras, Poulastya, Poulaha, Kratou, Pratchétas, Vasichtha, Bhrigou et Nârada.

36. Ceux-ci créèrent sept autres Manous pleins de splendeur, les dieux, les demeures des dieux et les Grands Sages doués d'une puissance illimitée,

37. Les Yakchas, les Râkchasas, les Pisâtchas, les Gandharvas, les Apsarâs, les Asouras, les Nâgas et les Sarpas, les Souparnas et les diverses classes des Mânes.

humaine », à moins qu'il ne faille entendre avec B. « pour la prospérité des mondes ». — La subordination des castes hindoues a pour fondement cette provenance des diverses parties du corps de Brahmâ.

32. *Moitié mâle* : c'est-à-dire qu'une des moitiés du corps devint un mâle, l'autre moitié une femelle.

36. *Devanikāyān* : B. entend par là les « classes des dieux ». On pourrait aussi en faire un composé possessif : « ceux qui ont leur demeure parmi les dieux. » — *Les sept Manous.* Les Manous, c'est-à-dire les créateurs successifs dans les divers manvantaras sont au nombre de quatorze, et celui qui règne actuellement est le septième. Sur la période dite Manvantara, cf. v. 79.

37. *Yakchas*, sortes de génies au service du dieu des richesses Kouvera. Les Râkchasas et les Pisâtchas sont des démons qui hantent les cimetières, troublent les sacrifices, tourmentent les ermites et se repaissent de chair humaine. Les Gandharvas sont les musiciens célestes. Les Apsarâs sont les nymphes du paradis d'Indra, leur nom qui signifie « qui se meut dans les eaux » rappelle le mythe grec d'Aphrodité. D'après le Râmâyana et les Pourânas, elles sortirent de la mer que les dieux et les démons barattaient pour obtenir l'ambroisie; elles jouent souvent le rôle de tentatrices auprès des ascètes que leurs austérités ont rendus redoutables aux dieux mêmes. Les Asouras sont les démons ennemis des dieux, comparables aux Titans des Grecs. Les Nâgas et les Sarpas sont des demi-dieux ayant la face d'un homme, la coiffe et le corps d'un serpent, qui peuplent la région infernale appelée Pâtâla. Leur roi est Vasouki. Les Souparnas, sortes d'oiseaux

38. Les éclairs, le tonnerre et les nuages, les arcs-en-ciel incomplets et les arcs-en-ciel complets, les météores, les tourbillons, les comètes et les apparitions lumineuses de toutes sortes,

39. Les Kinnaras, les singes, les poissons, les divers oiseaux, le bétail, les bêtes sauvages, les hommes et les carnassiers pourvus d'une double rangée de dents,

40. Les vermisseaux, les vers, les sauterelles, les poux, mouches et punaises, tous les insectes ailés qui piquent et toutes les espèces d'êtres privés de mouvement.

41. C'est ainsi que, sur mon ordre, ces Sages magnanimes créèrent par la vertu de leurs austérités tout cet ensemble d'êtres animés et inanimés, chacun selon ses actes.

42. Je vais vous dire maintenant quel est l'acte propre assigné ici-bas à chacune des créatures ainsi que leur classement d'après leur mode de naissance.

43. Le bétail, les bêtes sauvages, les carnassiers pourvus d'une double rangée de dents, les Râkchasas, les Pisâtchas et les hommes naissent d'une matrice.

44. Naissent d'un œuf les oiseaux, les serpents, les crocodiles, les poissons, les tortues et autres espèces qui vivent sur terre ou dans l'eau.

mythiques dont le chef est Garouda. Les Mânes ou Pitris sont les ancêtres des dieux, des génies et du genre humain (cf. III, 192), mais ce nom désigne aussi les ancêtres décédés (les Mânes des Latins) auxquels on offre des sacrifices funéraires consistant en boulettes de riz et libations d'eau.

38. Rohitendradhanûñshi : les commentateurs voient dans ce mot un composé copulatif et distinguent deux sortes d'arc-en-ciel. Rien n'empêcherait d'ailleurs de prendre rohita comme une épithète de remplissage appliquée à l'arc-en-ciel et de traduire simplement par « les arcs-en-ciel ».

39. Les Kinnaras sont des musiciens célestes habitant le paradis de Kouvera : il sont représentés avec un corps d'homme surmonté d'une tête de cheval.

41. Yathâkarma veut dire, suivant le commentaire de Medhâtithi, « conformément à ses actes dans une autre existence ». C'est en vertu de ses actes antérieurs que tel ou tel être naît parmi les dieux, les hommes ou les animaux. On pourrait aussi entendre cette expression dans un autre sens : « ayant telle ou telle forme selon l'œuvre à laquelle ils sont destinés ».

44. La distinction entre les animaux nés d'une matrice et ceux nés d'un

45. De l'humidité chaude proviennent les insectes ailés qui piquent, les poux, mouches et punaises ; ils sont engendrés par la chaleur ainsi que tous les autres de même espèce.

46. Toutes les plantes proviennent par germination de graines ou de boutures : (il en est ainsi) des plantes annuelles (qui) périssent avec la maturité de leurs fruits, et portent en abondance fleurs et fruits.

47. Les (végétaux) qui ont des fruits sans avoir de fleurs sont appelés *princes des forêts ;* ceux qui ont à la fois fleurs et fruits sont appelés arbres.

48. Mais les diverses sortes de broussailles et de buissons, les (diverses) espèces de graminées, les plantes rampantes et grimpantes proviennent aussi de graines ou de boutures.

49. Enveloppées d'une obscurité multiforme en punition de leurs actes (antérieurs), ces (créatures) ont une conscience interne et sont sensibles au plaisir ou à la peine.

œuf est purement superficielle, puisque « omne animal nascitur ex ovo ». D'une manière générale on peut remarquer que toute cette classification naturelle est sans valeur scientifique.

46. Au lieu de taravaḥ du texte de Jolly, L. a adopté la leçon sthâvarâḥ « les corps privés de mouvement ». *Boutures*, proprement tiges (kāṇḍa) mises. en terre pour repousser, opposées aux graines (bīja).

47. Distinction entre vanaspati et vṛksha : tels par exemple le sapin opposé au pommier. — Ubhayataḥ, littéralement « des deux côtés », par suite « à la fois », sens autorisé par le commentaire. B. H. traduit : « ceux qui ont des fleurs et aussi ceux qui portent des fruits (sont) tous deux appelés arbres », et L. « soit qu'ils portent aussi des fleurs ou seulement des fruits, ils reçoivent le nom d'arbres sous ces deux formes. »

48. Guccha, gulma : distinction encore plus artificielle que la précédente. Le désaccord des commentateurs entre eux justifie le vague de ma traduction « buissons et broussailles ». Peut-être l'auteur en employant deux termes synonymes, a-t-il voulu simplement désigner toute espèce de broussailles. Je ne saisis pas bien la nuance marquée par L. « les arbrisseaux croissant soit en buisson soit en touffe ». B. H. « les plantes à une tige et à plusieurs tiges ». Suivant Medhâtithi, il s'agit « de plantes à une ou plusieurs racines ». B. traduit : « les plantes à plusieurs tiges croissant d'une ou plusieurs racines ».

49. *Ces créatures :* suivant B. le démonstratif *ete* désigne seulement les plantes : mais je crois qu'il vaut mieux l'entendre des plantes et des animaux. — *Multiforme :* l'explication de ce terme se trouve au livre XII,

50. Telles sont les (diverses) conditions (des êtres), commençant à Brahmâ et aboutissant aux (végétaux), dans cette succession d'existences toujours terrible et perpétuellement changeante.

51. Après avoir ainsi créé tout cet (univers) et moi-même, celui dont le pouvoir est incompréhensible se résorba de nouveau en lui-même, remplaçant une période par une autre.

52. Quand le Divin s'éveille le monde se meut : quand il dort en repos, alors tout (l'univers) sommeille.

53. Or quand il dort en repos, les êtres corporels, dont la nature consiste dans l'action, suspendent leurs fonctions et l'Esprit tombe dans l'inertie.

54. Quand tous en même temps s'absorbent dans cette grande âme, alors cette âme de tous les êtres repose dans une douce quiétude.

55. Mais quand cette (âme) est retournée dans l'obscurité, elle demeure longtemps unie aux organes des sens sans accomplir sa fonction ; alors elle se dépouille de sa forme corporelle.

56. Lorsque, devenant revêtue d'éléments subtils, elle

v. 42 sqq. Les existences inférieures sont le produit de l'obscurité, une des trois qualités fondamentales de la matière, et cette obscurité se manifeste sous plusieurs formes.

51. *En lui-même* : Je ne puis admettre le sens de L. «absorbé dans l'Ame suprême ». — *Une période par une autre* : c'est-à-dire la période de création sṛshṭikāla par la période de destruction pralayakāla.

52. *Sommeille* : nimīlati signifie littéralement « ferme les yeux ». L. traduit, « se dissout ».

55. *Obscurité* : Voici en quels termes Kull. commente ce vers : « Entrant dans l'obscurité (c'est-à-dire) la cessation de la connaissance, pendant longtemps elle reste unie aux organes des sens, mais sans accomplir ses fonctions propres, telles que l'expiration et l'inspiration (de l'air) et autres : alors elle sort de sa forme corporelle (c'est-à-dire) de son premier corps pour aller dans un autre. »

56. *Revêtue d'éléments subtils* : aṇumātrika. Suivant Sananda cité par Kull. ces éléments subtils consistent dans le puryashṭaka, mot qui désigne les *huit* parties constituantes, à savoir bhūta, les principes élémentaires, indriya les organes des sens, manas l'esprit ou sens interne, buddhi l'intel-

entre dans une semence végétale ou animale, alors unie (à ceux-ci) elle reprend une forme corporelle.

57. Ainsi en s'éveillant et en dormant (tour à tour) l'Éternel anime et détruit perpétuellement toute cette (collection d'êtres) mobiles et immobiles.

58. Après avoir composé ce Livre (des lois) il me l'enseigna lui-même d'abord, selon la règle, et moi je l'ai enseigné (à mon tour) à Marîtchi et aux autres Sages.

59. Bhrigou que voici vous récitera ce livre d'un bout à l'autre, car ce Sage l'a appris en entier de moi. »

60. Ainsi interpellé par Manou, Bhrigou le grand Sage, charmé dans son cœur, dit à tous ces Sages : « Écoutez !

61. De ce Manou issu de l'Être existant par lui-même descendent six autres Manous magnanimes et très puissants, qui ont chacun produit des créatures,

62. Svârotchicha, Auttami, Tâmasa, Raivata, le glorieux Tchâkchoucha et le fils de Vivasvat.

63. Ces sept Manous tout-puissants, Svâyambhouva et les autres, ont, chacun pendant sa période, produit et protégé tout ce (monde d'êtres) mobiles et immobiles.

64. Dix-huit *niméchas* (clins d'œil) font une *kâchthâ*, trente *kâchthâs* font une *kalâ*, trente *kalâs* font un *mouhoûrta,* et autant de *mouhoûrtas* font l'espace d'un jour et d'une nuit.

65. Le soleil marque la division du jour et de la nuit pour les dieux et pour les hommes ; la nuit est pour le sommeil des êtres, le jour pour l'accomplissement de leurs fonctions.

66. Pour les Mânes, un mois (humain) représente un jour et une nuit ; et il se divise en deux quinzaines (lunaires) : la

ligence, vāsanā les idées, karma les actes, vāyu le souffle vital, avidyā l'ignorance.

62. Vivasvat est le nom du Soleil : le septième Manou est appelé vaivasvata, c'est-à-dire « fils du Soleil ».

63. Cette période est ce qu'on appelle un manvantara ou âge de Manou.

65. *Pour les dieux et pour les hommes :* mot à mot : « le jour et la nuit divins et humains ».

66. Le mois lunaire des Hindous est divisé en deux quinzaines (paksha,

(quinzaine) noire est (pour eux) le jour destiné aux actions, et la (quinzaine) blanche la nuit réservée au sommeil.

67. Pour les dieux, une année (humaine) représente une nuit et un jour, et voici quelle en est la division : la marche du soleil vers le Nord fait le jour, la marche du soleil vers le Sud fait la nuit.

68. Maintenant apprenez en peu de mots quelle est la durée d'une nuit et d'un jour de Brahmâ et de chaque âge du monde, suivant l'ordre :

69. Quatre mille années (divines) forment, dit-on, l'âge Krita : le crépuscule (qui le précède) est d'autant de centaines d'années, et pareillement le crépuscule (qui le suit).

70. Dans les trois autres âges, précédés et suivis chacun d'un crépuscule, il y a une diminution progressive de un sur le chiffre des mille et des cents.

71. Les quatre âges (humains) qui viennent d'être mentionnés, formant un total de douze mille ans, s'appellent un âge des dieux.

72. Mais sachez que mille âges des dieux additionnés ensemble font un jour de Brahmâ, et que sa nuit est d'égale durée.

littér. aile) : la quinzaine blanche finit avec le jour de la pleine lune, et la quinzaine noire avec le jour de la nouvelle lune.

68. Les âges du monde (yuga) sont au nombre de quatre, kṛta, tretā, dvāpara, kali, et correspondent aux quatre âges de la mythologie classique.

69. *Dit-on : on* représente l'autorité des Sages qui ont révélé la loi. — *Autant de centaines*, c'est-à-dire quatre.

72. Voici en chiffres le tableau comparatif de ces diverses durées :

Age kṛta	: 400 + 4.000 + 400 =	4.800 ans.
Age tretā	: 300 + 3.000 + 300 =	3.600 ans.
Age dvāpara	: 200 + 2.000 + 200 =	2.400 ans.
Age kali	: 100 + 1.000 + 100 =	1.200 ans.
		12.000 ans.

Ces 12.000 années divines représentent 4.320.000 années humaines, puisque l'année humaine est 1/360e de l'année divine. Un jour de Brahmâ se compose donc de 4.320.000.000 d'années humaines au bout desquelles commence la nuit de Brahmâ, c'est-à-dire la dissolution (pralaya) du monde.

73. Ceux qui savent que le saint jour de Brahmâ finit avec mille âges (des dieux), et que sa nuit est d'égale durée, ceux-là (seuls) connaissent la (véritable division) des jours et des nuits.

74. A l'expiration de ce jour et de cette nuit, Lui, qui était endormi, se réveille, et en se réveillant il crée l'Esprit renfermant en soi l'être et le non-être.

75. Poussé par le désir de créer (qui est en Brahmâ), l'Esprit opère la création et produit l'éther auquel on reconnaît la propriété du son.

76. L'éther en se transformant donne naissance à l'air, pur, puissant, véhicule de toutes les odeurs, auquel on attribue la propriété de la tangibilité.

77. Puis l'air en se transformant donne naissance à la lumière brillante, qui éclaire et dissipe les ténèbres : on lui reconnaît la propriété de la couleur.

78. La lumière en se transformant (donne naissance à) l'eau qui a pour propriété la saveur; de l'eau (provient) la terre qui a pour propriété l'odeur : telle est la création à l'origine.

79. Cet âge des dieux, dont il a été parlé plus haut, (soit) douze mille (années divines), multiplié par soixante-onze, est ce qu'on appelle ici-bas une période de Manou.

80. Innombrables (sont) les périodes de Manou, les créations et les destructions (du monde) : comme en se jouant, l'Être suprême les répète indéfiniment.

81. Dans l'âge Krita, la Justice a quatre pieds et elle est entière, la Vérité aussi; aucun bien pour les hommes ne dérive de l'injustice.

74. Suivant Kull. manas peut s'entendre ici de deux manières : ou bien Brahmâ fait émaner son propre esprit (svīyam manaḥ sṛjati) et l'applique à la création du monde; ce manas n'avait pas cessé d'exister (anashṭa) pendant la destruction intermédiaire du monde (avântara pralaya); — ou bien le mot manas désigne le grand principe intellectuel, le mahat.

75. *On* comme au v. 69 désigne les Sages.

81. *Quatre pieds :* il est dit au livre VIII, v. 16, que la Justice, Dharma,

82. Mais dans les autres (âges) par suite du gain (illicite), la Justice est successivement privée d'un pied : par le vol, le mensonge et la fraude, la Justice est graduellement diminuée d'un quart (dans chacun d'eux).

83. (Les hommes), exempts de maladies, obtiennent l'accomplissement de tous leurs vœux, et vivent quatre cents ans dans l'âge Krita : dans l'âge Tretâ et les suivants, leur vie est successivement diminuée d'un quart.

84. La vie des mortels, telle qu'elle est mentionnée dans le Véda, les bénédictions (résultant) des (bonnes) œuvres, et le pouvoir (surnaturel) des êtres corporels, portent en ce monde des fruits en rapport avec les âges.

85. Autres sont les devoirs des hommes dans l'âge Krita, autres dans l'âge Tretâ et l'âge Dvâpara, autres dans l'âge Kali, en raison de la décroissance de ces âges.

86. Dans l'âge Krita, l'austérité est considérée comme (la vertu) suprême; dans l'âge Tretâ, (c'est) la science (divine); dans l'âge Dvâpara, on dit que c'est le sacrifice, et dans l'âge Kali, la libéralité seule.

87. Pour la conservation de toute cette création, le Très-Resplendissant assigna des occupations distinctes aux (êtres) sortis de sa bouche, de ses bras, de ses cuisses et de ses pieds.

88. Aux Brâhmanes il assigna l'enseignement et l'étude (du Véda), (le droit) de sacrifier et de diriger le sacrifice d'autrui, de donner et de recevoir (les aumônes);

est un taureau. Ces quatre pieds sont une allégorie : ils désignent suivant le commentaire, soit les quatre vertus fondamentales (tapojñânayajñadânam) : austérité, science, sacrifice et libéralité, ou bien les quatre castes.

82. *D'un quart :* pâda signifie à la fois pied et quart. Le mot dharma signifie tout ensemble la justice, le devoir, la loi sacrée, la vertu, les mérites spirituels : nous n'avons pas d'équivalent en français.

84. *Mentionnée dans le Véda*, veut dire suivant Kull. « une vie de cent années ». — *Des œuvres*, c'est-à-dire l'accomplissement des sacrifices. — *En rapport avec les âges*, veut dire que ces fruits sont soumis à une décadence graduelle comme les âges du monde eux-mêmes.

89. Aux Kchatriyas il assigna la protection des peuples, le don (des aumônes), le sacrifice, l'étude (du Véda) et le détachement des plaisirs sensuels;

90. Aux Vaisyas (il assigna) la garde des troupeaux, le don (des aumônes), le sacrifice, l'étude (du Véda), le commerce, le prêt d'argent et l'agriculture.

91. Mais le seul devoir que le Seigneur ait imposé aux Soudras, c'est de servir humblement ces (trois autres) castes.

92. L'homme est déclaré plus pur (dans les parties situées) au-dessus du nombril: voilà pourquoi l'Être existant par lui-même a dit que sa bouche est ce qu'il y a de plus pur en lui.

93. Parce qu'il est sorti de la partie supérieure (de Brahmâ), parce qu'il est l'aîné, et parce qu'il possède le Véda, le Brahmâne est de droit seigneur de toute cette création.

94. Car c'est lui que l'Être existant par lui-même, après s'être livré aux austérités, créa d'abord de sa propre bouche, pour faire parvenir les offrandes aux Dieux et aux Mânes et pour (assurer) la conservation de tout cet (univers).

95. Quel être serait supérieur à celui par la bouche duquel les habitants des cieux et les Mânes consomment sans cesse les offrandes destinées aux uns et aux autres?

96. Parmi les êtres, on considère comme supérieurs ceux qui sont animés, parmi les (êtres) animés, ceux qui subsistent par l'intelligence, parmi les intelligents les hommes, parmi les hommes les Brâhmanes,

97. Parmi les Brâhmanes ceux qui sont instruits (dans le Véda), parmi ceux qui sont instruits, ceux qui connaissent

89. Au lieu de samâdiçat « il assigna », une autre leçon porte samâsataḥ « en un mot. »

91. *Humblement*, sans murmurer. L. « sans déprécier leur mérite. »

95. Les offrandes destinées aux dieux s'appellent havya, celles destinées aux Mânes kavya : les deux mots sont souvent liés ensemble. — *Par la bouche duquel :* quand le prêtre sacrificateur mange le beurre clarifié de l'offrande aux dieux, ces derniers sont censés le manger par sa bouche.

97. *Qui connaissent leur devoir :* kṛtabuddhayaḥ signifie proprement « qui ont pris une ferme résolution » (Dictionnaire de Saint-Pétersbourg) ;

leur devoir, parmi ceux qui connaissent leur devoir, ceux qui l'accomplissent, parmi ceux qui l'accomplissent, ceux qui annoncent la Sainte-Écriture.

98. La naissance même du Brâhmane est une éternelle incarnation de la Loi sacrée : car il est né pour (l'accomplissement de) la Loi sacrée et il est destiné à l'absorption en Brahme.

99. Car un Brâhmane en naissant naît au premier rang sur cette terre, seigneur de toutes les créatures, (préposé) à la garde du trésor de la Loi sacrée.

100. Tout ce qui existe dans le monde est la propriété du Brâhmane : en effet par l'excellence de son origine il a droit à tout.

101. C'est de son propre (bien) que le Brâhmane se nourrit, s'habille et fait l'aumône : c'est par la générosité du Brâhmane que les autres hommes subsistent.

102. Pour déterminer les devoirs du Brâhmane et ceux des autres (castes) suivant leur ordre, le sage Manou, issu de l'Être existant par lui-même, composa ce livre.

103. Un Brâhmane instruit doit l'étudier avec soin et l'enseigner exactement à ses disciples, mais nul autre (n'a ce droit).

104. Un Brâhmane qui étudie ce livre et qui est fidèle à ses vœux, n'est jamais souillé d'aucun péché en pensée, en parole ou en action.

mais le commentaire autorise l'interprétation que nous avons suivie. — *Ceux qui annoncent la Sainte-Ecriture*, traduit brahmavâdinaḥ (texte de Jolly) : mais il y a une autre leçon qui porte vedinaḥ, suivie par B. et B. H. « ceux qui connaissent le Véda. » L. traduit : « ceux que l'étude des livres saints conduit à la béatitude. »

98. *L'absorption en Brahme* ou délivrance finale (moksha) est le but suprême où l'âme arrive après une série de transmigrations : le suicide religieux usité dans l'Inde a pour but de hâter cette délivrance.

100. *Il a droit à tout :* Kull. ajoute « sarvagrahaṇayogyo bhavati », il est autorisé à tout prendre, — ce qui semble impliquer que le vol n'existe pas pour le Brâhmane.

104. Saṃçitavrataḥ est traduit par B. « qui accomplit fidèlement les devoirs

105. Il sanctifie l'assemblée (où il se trouve), sept de ses ancêtres et sept de ses descendants et mérite seul (la possession de) toute la terre.

106. Ce (livre) est une excellente (source de) bénédictions, il accroît l'intelligence, il donne gloire et longue vie, il (assure) la délivrance suprême.

107. Dans ce (livre) est exposée en entier la Loi, ainsi que le bien et le mal des actions, et la règle éternelle de conduite des quatre castes.

108. La règle de conduite est la loi suprême, (elle est) enseignée par la Révélation et la Tradition: aussi un Dvidja qui désire le bien de son âme doit-il toujours y être attentif.

109. Un Brâhmane qui s'écarte de la règle de conduite ne recueille pas le fruit du Véda; mais celui qui observe la règle de conduite, obtient une récolte complète.

110. Ainsi les Sages, voyant que la Loi dérive de la règle de conduite, ont pris la règle de conduite pour base principale de toute austérité.

(prescrits en ce livre).» Mais le sens ordinaire de vrata est « vœu religieux ». Il faut lire, je crois, saṃçita de la racine çā + sam et non çaṃsita de la racine çaṃs (leçon adoptée par Jolly).

105. La pensée contenue dans ce vers est développée au livre III, v. 183 sqq. De même que la présence de certaines personnes est une souillure pour une assemblée, ainsi celle d'un Brâhmane instruit efface la souillure contractée par l'admission de personnes indignes. — Par *assemblée* il faut entendre une réunion de gens à l'occasion d'une solennité, d'un repas funéraire, d'un sacrifice.

106. On peut rapporter *excellent* à *livre*.

107. *Le bien et le mal des actions :* Kull. explique ainsi : « Le fruit bon ou mauvais des actions suivant qu'elles sont permises ou défendues. » Pour les Hindous, la récompense des actions est inséparable de leur caractère moral.

108. *La règle de conduite* (ācāra) comprend un ensemble d'usages et de pratiques, tels que rincement de la bouche, onctions avec du beurre, etc., dont il sera question plus loin. — Au livre II, v. 10, ces termes de *Révélation* et de *Tradition* sont expliqués : la Çruti c'est le Véda, la Smṛti c'est le Code des Lois. — Ātmavān « qui désire le bien de son âme », cette traduction est justifiée par le commentaire « ātmahitecchuḥ ».

111. L'origine du monde, la règle des Sacrements, l'observance des vœux, la conduite (du disciple envers le maître) et l'excellente prescription du bain,

112. Le choix d'une épouse, la description (des diverses sortes) de mariages, le rituel des (cinq) grands sacrifices et les rites éternels des sacrifices funéraires,

113. La description des (divers) moyens d'existence, les devoirs du Snâtaka, les aliments permis et défendus, la purification des personnes et celle des objets,

114. Les règlements concernant les femmes, la condition d'ascète, (les moyens d'arriver à) la délivrance finale, le renoncement au monde, tous les devoirs d'un roi, la décision des procès,

115. La règle pour interroger les témoins, les devoirs du mari et de la femme, la loi de partage (des successions), (les lois sur) le jeu et l'éloignement des êtres nuisibles,

116. (Les règlements concernant) la conduite des Vaisyas et des Soudras, l'origine des castes mixtes, la loi pour toutes les castes en cas de calamité, et la règle des pénitences,

117. Les trois sortes de transmigrations, résultant des actions (bonnes ou mauvaises), (les moyens d'arriver à) la délivrance finale et l'examen du bien et du mal dans les actions,

118. Les lois éternelles des (diverses) contrées, des castes,

111. L'élève en théologie contracte des vœux, est astreint à certains devoirs envers le maître spirituel, et son temps d'études terminé, prend un bain religieux après lequel il est dit snâtaka (qui s'est baigné).

115. L. traduit : « Les statuts qui concernent le témoignage et l'enquête ». Mais c'est plus naturel, comme le fait d'ailleurs le commentaire, de considérer sâkshipraçna comme un composé de dépendance. — *Êtres nuisibles :* littér. « les épines » ; « l'éloignement des épines » est une métaphore pour dire « le châtiment des criminels ».

117. Les trois sortes de transmigrations sont expliquées tout au long dans le livre XII : après la mort, les âmes suivant les qualités dont elles sont douées (bonté, passion, obscurité), passent dans une existence supérieure, intermédiaire ou inférieure.

118. Cette énumération du v. 111 au v. 119 forme un sommaire des ques-

des familles, les lois des hérétiques et (celles) des associations (de marchands ou autres), (voilà ce que) Manou a exposé dans ce livre.

119. Comme Manou jadis, à ma demande, a exposé le contenu de ce livre, à votre tour maintenant apprenez-le de moi-même.

tions traitées dans l'ouvrage de Manou. Elle eût été mieux placée au début même du livre.

LIVRE DEUXIÈME

Fondement de la Loi.
Sacrements : initiation, noviciat.

1. Apprenez cette Loi que suivent les hommes instruits (dans les Védas), que reconnaissent dans leur cœur les gens vertueux, toujours exempts de haine et de passion.

2. L'amour de soi n'est point louable, et pourtant le détachement de soi-même n'existe point ici-bas; car l'étude du Véda et l'accomplissement des actes prescrits par le Véda ont pour mobile l'amour de soi.

3. En effet le désir (des récompenses) a pour racine l'espoir (d'un avantage) ; les sacrifices ont leur origine dans l'espoir ; les vœux (religieux) et les observances ascétiques, tout cela est reconnu comme provenant de l'espoir (d'un avantage).

1. *Que reconnaissent dans leur cœur :* hṛdayenābhyanujñāta. Le sens de cette expression est obscur. L : « (devoirs) qui sont gravés dans les cœurs ». B. H. « (loi) qui est reconnue par l'esprit ».

2. *L'amour de soi :* kāmātmatā est commenté par phalābhilāshaçīlatvam : « la tendance à désirer une récompense » c'est-à-dire à agir par intérêt. B. H. dans une note fait remarquer justement que dans l'ancienne religion védique l'espoir d'une récompense matérielle, d'un avantage immédiat est le but avoué du sacrifice dont la devise est : « donnant, donnant ».

3. Saṅkalpamūla est une expression difficile : saṅkalpa signifie « résolution » et l'on pourrait entendre ainsi : « le désir est la racine de la résolution (d'agir) ». Mais le commentaire explique saṅkalpa par « anena karmaṇā idam ishṭam phalam sādhyata iti », etc. : « c'est l'idée qu'on se fait que tel avantage désiré peut être obtenu par telle action ». Saṅkalpa est donc

4. Nulle part ici-bas on ne voit une action quelconque (accomplie) par un homme sans désir : car tout ce qu'on fait a pour mobile le désir.

5. Celui qui accomplit exactement ces (actes prescrits par les livres saints) entre dans l'immortalité, et (même) ici-bas obtient (l'accomplissement) de tous ses désirs tels qu'il les a conçus.

6. La base de la Loi c'est le Véda tout entier, ainsi que la Tradition et la bonne conduite de ceux qui le connaissent, et les coutumes des gens vertueux et le contentement intérieur.

7. Tous les devoirs qui ont été assignés par Manou à chacun sont exposés dans le Véda : car (Manou) possède l'omniscience.

8. Après avoir entièrement examiné tout ce (système) avec l'œil de la science, l'homme instruit devra, conformément à l'autorité de la Révélation, s'attacher à son devoir.

9. Car l'homme qui se conforme à la Loi établie par la Révélation et la Tradition acquiert ici-bas une bonne renommée, et après la mort la félicité suprême.

10. Par Révélation il faut entendre le Véda et par Tradition le Livre des lois ; tous deux doivent être au-dessus de toute discussion sur n'importe quel point, car c'est d'eux que procède le devoir.

l'espoir d'un avantage. — *Les vœux*, par exemple ceux d'un étudiant brâhmane. — Yamadharma, mot à mot « règle de répression (des désirs sensuels) ». L. « de l'espérance (d'un avantage) naît l'empressement ». B. H. « l'égoïsme a sa racine dans l'espoir d'une récompense ».

5. Amaraloka, « l'immortalité » c'est-à-dire « l'absorption en Brahmâ ou la délivrance finale ». (Kull.)

6. *La bonne conduite :* çila suivant Govindarâja, c'est « la suppression de l'affection et de la haine », suivant Kull. treize qualités composent la bonne conduite, telles que « l'amitié pour les Brâhmanes, la piété envers les Dieux et les Mânes, la douceur, etc. ».—Âcāra « les coutumes », telles que « porter une couverture ou un vêtement d'écorce ». (Kull.) — *Le contentement intérieur*, c'est-à-dire la conscience qui guide les actions.

11. Tout Dvidja qui s'appuyant sur le rationalisme méprise ces deux sources, doit être chassé par les gens de bien comme athée et contempteur du Véda.

12. Le Véda, la Tradition, la coutume des gens vertueux et le contentement de soi-même, voilà ce qu'on déclare être manifestement le quadruple fondement de la Loi.

13. La connaissance de la Loi est prescrite pour ceux qui sont détachés des richesses et des plaisirs : pour ceux qui veulent connaître la Loi, la Révélation est l'autorité suprême.

14. Mais en cas de divergence entre deux textes sacrés, tous deux sont reconnus comme Loi : car tous deux ont été déclarés par les Sages avoir force de Loi.

15. (Par exemple) le texte védique dit qu'on peut accomplir le sacrifice en tout temps, après le lever (du soleil), avant son lever, ou lorsque ni soleil ni étoiles ne sont visibles.

16. Personne autre, sachez-le, n'est qualifié pour (l'étude de) ce livre, que celui pour lequel on accomplit les cérémonies, depuis celle de la conception jusqu'à celle des funérailles, avec récitation des formules sacrées.

11. Dvidja « régénéré », signifie un homme des trois premières castes, régénéré par l'investiture du cordon sacré : le Brâhmane est souvent désigné par la périphrase « le meilleur des dvidjas ». — Le dogme n'admet aucune discussion, il exige une foi aveugle.

12. *Manifestement* peut être rapporté à « on déclare ». — *Fondement :* lakshaṇa signifie proprement « signe distinctif, caractéristique ».

13. *Pour ceux qui sont détachés*, etc., et non pour les autres, parce que, dit Kull., « pour ceux qui par désir des richesses et des plaisirs, et dans le but de gagner des avantages terrestres, obéissent à la loi, les œuvres sont sans fruits ».

15. *Le sacrifice :* l'Agnihotra ou sacrifice du feu, désigné par ce vers, consiste dans deux séries d'offrandes, dont l'une a lieu le matin, l'autre le soir. — Le moment où « ni le soleil ni les étoiles ne sont visibles » c'est le crépuscule ; samayādhyushite signifie proprement « quand (le soleil) est à moitié levé ». Nous avons suivi la paraphrase de Kull.

16. Les *cérémonies* auxquelles il est fait ici allusion ne sont pratiquées que pour les hommes des trois premières castes : aussi la lecture de ce livre est interdite aux Soudras.

17. La région créée par les Dieux, qui s'étend entre les deux rivières divines la Sarasvatî et la Drichadvatî s'appelle Brahmâvarta.

18. La coutume qui s'est perpétuée par transmission dans ce pays, parmi les (quatre) castes (principales) et les castes mixtes, est ce qu'on appelle la coutume des gens vertueux.

19. La région des Kourous, (celle) des Matsyas, (celle) des Pantchâlas et (celle) des Soûrasénakas, voilà (ce qui forme) en effet le pays des Brahmarchis, venant immédiatement après le Brahmâvarta.

20. (C'est de la bouche) d'un Brâhmane originaire de ce pays (que) tous les hommes sur terre doivent apprendre leurs us et coutumes respectifs.

21. Le pays situé entre l'Himavat et le Vindhya, à l'est de Vinasana et à l'ouest de Prayâga s'appelle Madhyadesa.

22. De la mer Orientale à la mer Occidentale, entre ces deux montagnes (s'étend la région que) les Sages appellent Âryâvarta.

23. Le pays où erre naturellement l'antilope à taches noires doit être considéré comme propre à l'accomplissement du sacrifice : (le pays) au delà est la région des Mletchchas.

17. *Créée par les dieux :* devanirmita est traduit par L. « digne des dieux » et par B. H. « fixée par les dieux ». — La Sarasvatî (aujourdhui Sarsouti) descend de l'Himâlaya et se perd dans les sables du désert. Comme divinité c'est la Minerve de l'Inde, la déesse de l'éloquence et du savoir, l'inventrice du Sanskrit et de l'écriture dite Devanâgarî. La Drichadvatî est probablement le Kâgar avant sa jonction avec la Sarsouti.

19. Les Brahmarchis sont des Sages de caste brâhmanique.

21. Himavat = Himâlaya. Le Vindhya est une chaîne qui sépare l'Inde centrale du Dekhan. Vinasana signifie « disparition, perte (de la Sarasvatî) ». Cette région est située au N. O. de Delhi. — Prayâga, aujourd'hui Allahâbad, au confluent de la Djemna et du Gange. Madhyadesa, signifie « pays du milieu ».

22. Âryâvarta signifie « contrée des Aryens. »

23. *La région des Mletchchas :* « qui n'est pas propre au sacrifice », ajoute Kull. Ce mot désigne les étrangers, les barbares, mot à mot : « ceux qui baragouinent ». Cf. pour le sens le grec βάρϐαρος = lat. balbus et le russe niemetz « allemand, étranger », tiré de l'adjectif niemoï, muet.

24. Que les Dvidjas résident de préférence dans ces pays ; quant au Soudra, pressé par les besoins de la vie, il peut habiter n'importe où.

25. On vous a exposé succinctement l'origine de la Loi et la naissance de tout cet (univers) : apprenez (maintenant) les devoirs des castes.

26. Pour les Dvidjas, (c'est) avec les saints rites prescrits par le Véda (que) doivent être accomplies (les cérémonies telles que celle de) la conception et autres sacrements, qui sanctifient le corps et le purifient dans ce monde et dans l'autre.

27. Par les offrandes au feu pendant la grossesse, par la cérémonie qui suit la naissance, par (celle de) la tonsure, par (celle de) l'investiture du cordon sacré d'herbe moundja, est effacé chez les Dvidjas le péché (originel contracté) dans la semence (du père) et le sein (de la mère).

28. Par l'étude (du Véda), par les vœux, par les offrandes au feu, par (le vœu d'étudier) les trois Védas, par les offrandes (aux Dieux, aux Sages et aux Mânes), par (la procréation) des enfants, par les (cinq) grands sacrifices et par les (autres) rites, le corps devient digne de l'absorption en Brahmâ.

29. Avant de couper le cordon ombilical, on doit accomplir le rite de la naissance pour un (enfant) mâle ; on doit lui faire goûter (dans une cuiller d') or du miel et du beurre clarifié, tout en récitant les formules sacrées.

30. Que le père (accomplisse, ou s'il est absent) fasse accomplir la cérémonie de l'imposition du nom, le dixième ou le douzième (jour après la naissance), ou en un jour lunaire

28. *Les vœux :* « les pratiques ascétiques telles que l'abstention de miel, de viande, etc. ». (Kull.)

29. *Le rite de la naissance* ou jātakarman. — Le texte dit qu'on doit faire goûter à l'enfant « de l'or, du miel et du beurre ». Il est évident qu'il faut entendre par là que le miel et le beurre ont été mis en contact avec un objet en or, par exemple une cuiller, une pièce de monnaie, un anneau, etc.

30. Le texte dit simplement « qu'il fasse accomplir » kārayet : nous avons

propice, à un moment favorable, sous une heureuse constellation.

31. Que (la première partie du) nom exprime, pour un Brâhmane une idée de faveur propice, pour un Kchatriya une idée de force; pour un Vaisya une idée de richesse; pour un Soudra une idée d'abaissement.

32. Que (la deuxième partie du nom) exprime, pour un Brâhmane une idée de félicité; pour un Kchatriya une idée de protection; pour un Vaisya une idée de prospérité; pour un Soudra une idée de servitude.

33. Que (le nom) d'une femme soit facile à prononcer, (n'exprime) rien de dur, ait un sens clair, soit agréable, propice, terminé par une voyelle longue, renfermant une parole de bénédiction.

34. Au quatrième mois il faut accomplir pour l'enfant la (cérémonie de la première) sortie de la maison, au sixième (mois, celle de la première) alimentation avec du riz, ou tout autre rite propice exigé par (les traditions de) la famille.

35. La cérémonie de la tonsure pour tous les Dvidjas doit se faire, conformément à la loi, dans la première ou la troisième année, d'après les prescriptions de la Révélation.

36. La huitième année après la conception doit avoir lieu l'initiation d'un Brâhmane, la onzième (celle) d'un Kchatriya, la douzième (celle) d'un Vaisya.

suppléé comme en maint autre endroit le commentaire entre parenthèses. — *L'imposition du nom*, en sanskrit nāmadheya.

31. « Nomen omen » dit un proverbe latin.—*La première partie :* les noms hindous sont presque toujours des composés.

32. L. traduit pushṭi, prospérité, par « libéralité » (?) — Cette règle pour le choix des éléments composants du nom, comme le remarque B. H., a fini par tomber en désuétude.

34. La première de ces deux cérémonies s'appelle nishkramaṇa, la seconde annaprâçana : anna signifie en général « aliment » et en particulier « riz ».

35. La cérémonie de la tonsure, cūḍākarman, consiste à raser le crâne en laissant une touffe de cheveux.

36. *L'initiation*, upanāyana ; cette cérémonie est marquée par l'investiture

37. (L'initiation) d'un Brâhmane qui aspire à exceller dans la science sacrée doit se faire dans la cinquième année, celle d'un Kchatriya qui souhaite la puissance dans la sixième, celle d'un Vaisya désireux (de richesses) en ce monde dans la huitième.

38. Jusqu'à la seizième année pour un Brâhmane, la vingt-deuxième pour un Kchatriya, la vingt-quatrième pour un Vaisya, (l'époque de la communication de) la Sâvitrî n'est point passée.

39. (Mais) ce terme expiré, les (hommes des) trois (castes) qui n'ont pas été initiés en temps voulu deviennent des excommuniés, exclus de la Sâvitrî et méprisés des Âryas.

40. Avec ces gens, non purifiés selon les rites, le Brâhmane ne devra en aucun cas, même en détresse, contracter aucun lien, soit par (l'enseignement) du Véda, soit par mariage.

41. Les novices suivant l'ordre (de leur caste) doivent porter (pour vêtement de dessus) des peaux d'antilope noire, de gazelle et de bouc, et (pour vêtement de dessous des étoffes de) chanvre, de lin et de laine.

42. La ceinture d'un Brâhmane doit être faite d'un triple cordon d'herbe *moundja* unie et douce; (celle) d'un Kchatriya d'une corde en herbe *moûrvâ;* (celle) d'un Vaisya de fil de chanvre.

43. A défaut de l'herbe *moundja* (et des autres, les cein-

du cordon sacré et de la ceinture, cf. v. 169, et par la communication de la prière dite Sâvitrî, cf. v. 77.

38. *La seizième année* « après la conception ».

39. *Excommuniés*, vrâtyas. — *Des âryas* : c'est-à-dire « des honnêtes gens ».

40. Comme le remarque B. H., la cérémonie appelée vrâtyastoma permet à ces parias de rentrer dans le giron de la communauté aryenne.

41. *Novice*, brahmacârin : c'est la première période de la vie d'un Dvidja qui vient de recevoir l'initiation ; ensuite il passe à l'état de gṛhastha ou maître de maison. — *Suivant l'ordre de leur caste :* cela veut dire que le Brâhmane porte une peau d'antilope, le Kchatriya une peau de gazelle, le Vaisya une peau de bouc, etc.

42. *Moundja*, Saccharum muñja; *moûrcâ*, Sanseveria Roxburghiana.

43. *Kousa*, Poa cynosuroïdes; *asmântaka*, Spondias mangifera; *balbadja*,

tures) devront être faites en *kousa*, en *asmântaca*, en *balbadja*, triples, avec un seul nœud, ou avec trois, ou avec cinq.

44. Le cordon sacré d'un Brâhmane doit être en coton, enroulé sur (l'épaule) droite et triple, (celui) d'un Kchatriya en fil de chanvre, (celui) d'un Vaisya en fil de laine.

45. Suivant la loi, un Brâhmane doit (porter) un bâton de *vilva* ou de *palâsa*, un Kchatriya (un bâton) de *vata* ou de *khadira*, un Vaisya (un bâton) de *pîlou* ou d'*oudoumbara*.

46. Le bâton d'un Brâhmane doit être assez long pour atteindre ses cheveux, (celui) d'un Kchatriya doit s'élever au niveau de son front, (celui) d'un Vaisya au niveau de son nez.

47. Que tous les bâtons soient droits, sans défaut, d'un aspect agréable, sans rien qui inspire la terreur aux gens, garnis de leur écorce, non entamés par le feu.

48. Ayant pris le bâton désiré, après avoir adoré le soleil et tourné autour du feu (sacré), de gauche à droite, (le novice) ira, suivant la règle, demander l'aumône.

49. Un initié Brâhmane en demandant l'aumône (à une

Saccharum cylindricum. — La première de ces trois herbes est pour le brahmane, la deuxième pour le kchatriya, la troisième pour le vaisya. — *Avec un seul nœud, ou avec trois ou avec cinq* : « Suivant les usages de la famille ». (Kull.) — *Triples*, c'est-à-dire en trois cordes.

44. ūrdhvavṛtam signifie littéralement « porté sur le haut (du corps) ». Mais Kull. l'explique par dakshiṇāvartitam. — La traduction de B. « tordu vers la droite » est un peu vague : j'ai suppléé « épaule ».

45. *Vilva*, Ægle marmelos ; *palâsa*, Butea frondosa ; *vata*, Ficus indica ; *khadira*, Mimosa catechu ; *pîlou*, Careya arborea ou Salvadora persica ; *oudoumbara*, Ficus glomerata.

46. *Atteindre ses cheveux* : par cette expression un peu vague, il faut entendre la touffe qui est au sommet du crâne, puisque évidemment le bâton du Brâhmane doit être le plus long des trois.

48. *Le bâton désiré* : uktalakshaṇam, « avec les marques particulières susmentionnées », ajoute le comm. de Kull. Il ne me paraît pas exact de traduire par « un bâton à son choix », le choix du bâton n'étant pas libre ainsi qu'on vient de le voir. — *Après avoir adoré le soleil*, ou simplement « s'étant placé en face du soleil ».

49. *A une femme* : le vers suivant montre en effet que l'initié doit demander l'aumône à une femme. Voici suivant Kull. les trois formules : « Madame,

femme) mettra le mot « madame » au commencement (de sa requête), un (initié) Kchatriya (le mettra) au milieu, un (initié) Vaisya à la fin.

50. Qu'il demande d'abord l'aumône à sa mère, ou à sa sœur, ou à la propre sœur de sa mère, ou à (toute autre femme) qui ne le rebutera point.

51. Après avoir ramassé assez d'aumônes pour ses besoins, et en avoir fait la déclaration sincère à son précepteur, qu'il mange la face tournée vers l'Est, s'étant purifié en se rinçant la bouche.

52. En mangeant la face tournée vers l'Est, (il s'assure) une longue vie; vers le Midi, la gloire; vers l'Ouest, la prospérité; vers le Nord (la récompense de) la vérité.

53. S'étant rincé la bouche, que le Dvidja prenne toujours sa nourriture dans le recueillement; son repas terminé, qu'il se rince la bouche convenablement, et asperge d'eau les trous (de son visage).

54. Qu'il honore toujours sa nourriture et la mange sans dédain; qu'il se réjouisse à sa vue; qu'il se rassérène, et souhaite d'en avoir toujours autant.

55. Car la nourriture qu'on honore donne toujours force et virilité : celle qu'on mange sans l'honorer détruit ces deux choses.

56. Qu'il ne donne ses restes à personne; qu'il ne mange pas dans l'intervalle (des repas réglementaires); qu'il ne fasse aucun excès de nourriture, et qu'il n'aille nulle part, sans avoir fait ses ablutions (après le repas).

donnez-moi l'aumône. -- Donnez-moi, Madame, l'aumône. — Donnez-moi l'aumône, Madame ».

52. *La vérité :* « s'il désire le fruit de la vérité, qu'il mange la face tournée vers le nord». (Kull.)

53. *Les trous :* c'est-à-dire les yeux, les oreilles, les narines.

54. *Qu'il souhaite d'en avoir toujours autant :* explication du commentaire; le texte porte simplement « pratinandet, qu'il s'en réjouisse. »

56. Tathāntarā « dans l'intervalle », c'est-à-dire suivant Kull. « entre les deux repas, celui du matin et celui du soir. »

57. L'excès de nourriture est contraire à la santé, à la longévité (et empêche de parvenir) au ciel; c'est un vice, et il est blâmé parmi les hommes; on doit donc l'éviter.

58. Que le Brâhmane fasse toujours le rincement de la bouche avec la partie de la main consacrée à Brahme, ou avec celle qui est consacrée à Ka ou aux trente (Dieux), mais jamais avec celle qui est consacrée aux Mânes.

59. On appelle consacrée à Brahme la partie située à la base du pouce; consacrée à Ka celle qui est située à la base du (petit) doigt; consacrée aux Dieux, celle qui est au bout (des doigts); consacrée aux Mânes, celle qui est en dessous de ces deux (entre le pouce et l'index).

60. Qu'il commence par ingurgiter trois fois de l'eau, puis qu'il essuie deux fois sa bouche, et (enfin) qu'il asperge d'eau les trous (de son visage), sa poitrine et sa tête.

61. Celui qui connaît la loi et qui tient à la pureté devra toujours (employer) de l'eau qui ne soit ni bouillante ni mousseuse, pour se rincer la bouche, (en se servant de) la partie de la main (prescrite), dans un lieu écarté, la face tournée vers l'Est ou le Nord.

62. Un Brâhmane est purifié par l'eau qui descend jusqu'à sa poitrine, un Kchatriya par (celle) qui atteint sa gorge, un Vaisya par (celle) qu'il prend dans sa bouche, un Soudra par (celle) qu'il touche du bout (de sa langue et de ses lèvres).

57. *Empêche de parvenir au ciel*, « parce qu'il empêche d'accomplir les sacrifices et autres devoirs pieux en vue de mériter le ciel ». (Kull.) — Apuṇyam signifie suivant L. « cause l'impureté », suivant B. « empêche (l'acquisition du) mérite spirituel. »

58. Sur la différence de Brahme et Brahmâ cf. la note du v. 98, I. — Ka ou Pradjâpati désigne le Seigneur des créatures, le créateur.

59. Tayoradhaḥ « en dessous de ces deux », expression vague : Kull. la la précise en ces termes « aṅgushṭhapradeçinyor madhye. »

60. *Sa poitrine :* âtman signifie ici « le siège de l'âme », c'est-à-dire la poitrine ou le cœur.

62. *Qui descend jusqu'à sa poitrine :* le texte dit hṛdgâbhiḥ, mais je pense qu'il faut traduire ici par « poitrine » plutôt que par « cœur » : on voit en effet que suivant la caste la purification s'opère par une absorption plus ou moins avancée de l'eau.

63. Un Dvidja est appelé *Oupavîtin* quand sa main droite est levée, *Prâtchînâvîtin* quand c'est sa gauche, et *Nivîtin* quand le cordon pend à son cou.

64. La ceinture, la peau (qui lui sert de manteau), son bâton, son cordon sacré, son pot à eau, il doit les jeter à l'eau quand ils sont détériorés, et en prendre d'autres en récitant les formules sacrées.

65. La (cérémonie de la) tonsure est fixée à la seizième année pour un Brâhmane, à la vingt-deuxième pour un Kchatriya, et pour un Vaisya (elle doit se faire) deux (ans) plus tard.

66. Toute cette série (de cérémonies) doit être accomplie pour les femmes en vue de purifier leur corps, dans le temps et dans l'ordre voulus, mais sans (accompagnement de) formules sacrées.

67. La cérémonie du mariage est reconnue (comme remplaçant) la consécration védique pour la femme, les devoirs qu'elle rend à l'époux (comme remplaçant) la résidence (du novice) auprès du maître spirituel, les soins domestiques (comme remplaçant) l'entretien du feu sacré.

68. Ainsi (vous) a été décrit le rite de l'initiation d'un Dvidja, qui symbolise (sa seconde) naissance et qui purifie : apprenez maintenant les devoirs imposés (à l'initié).

69. Après avoir initié le disciple, le précepteur spirituel lui enseignera d'abord (les règles de) la pureté, (celles de) la bonne conduite, l'entretien du feu (sacré) et les dévotions du matin et du soir.

63. *Quand sa main droite est levée :* « et que le cordon sacré ou son vêtement, passant sous l'aisselle droite, repose sur l'épaule gauche » (Kull.); inversement dans le cas suivant; dans le troisième cas le cordon ne passe sous aucun des deux bras.

65. *La tonsure* : Keçânta désigne la touffe de cheveux qu'on laisse au sommet de la tête en rasant le reste. — *La seizième année* après la conception.

66. *Formules sacrées* ou prières, mantras.

69. Ces dévotions sont appelées sandhyâs, et ont lieu, comme l'indique le nom, au crépuscule.

70. Mais un (novice) au moment d'étudier (le Véda) devra se rincer la bouche suivant (les prescriptions du) livre, et recevra sa leçon, le visage tourné vers le Nord, après avoir fait un salut respectueux au Véda, portant des vêtements propres, et maître de ses sens.

71. Au commencement et à la fin (de la lecture) du Véda, il ne manquera pas de toucher les pieds de son précepteur, et il étudiera en joignant les mains : car c'est là ce qu'on appelle l'hommage au Véda.

72. Avec les mains croisées, qu'il prenne les pieds de son précepteur (de manière à) toucher de la (main) gauche le (pied) gauche, et de la (main) droite le (pied) droit.

73. Sur le point de commencer la récitation, le précepteur, toujours infatigable, lui dira : « Oh ! récite. » (Quand le précepteur dira) : « Repose-toi », (le disciple) s'arrêtera.

74. Qu'il prononce toujours la syllabe OM au commencement et à la fin (de la récitation) du Véda ; car (la leçon) qui n'est pas précédée de la syllabe OM s'efface ; si elle n'en est pas suivie, elle ne laisse pas de traces.

75. Assis sur (des brins d'herbe *kousa*) dont les pointes sont tournées à l'Est, purifié par des brins d'herbe *kousa* (tenus dans ses deux mains) et purgé par trois suspensions d'haleine, il est digne de prononcer la syllabe OM.

76. Les sons A, U, M, le Seigneur des créatures les a exprimés des trois Védas, ainsi que les mots Bhoûh, Bhouvah et Svah.

70. *Le livre*, çâstra, désigne les lois de Manou. — Ce salut appelé añjali consiste à incliner légèrement la tête en rapprochant l'une de l'autre les paumes des mains, et en les élevant à la hauteur du front.

71. *L'hommage au Véda* Brahmâñjali; Brahman est synonyme de Véda.

74. La syllabe OM ou mieux AUM (o = A + U) est un monosyllabe sacré qui précède toutes les invocations : les trois lettres qui la composent symbolisent les trois Védas. Plus tard elle a figuré la Trimoûrti ou Trinité hindoue : A = Vichnou, U = Çiva, M = Brahmâ.

75. Pavitraiḥ kuçaiḥ karadvayasthaiḥ pavitrîkṛtaḥ « s'étant purifié par des moyens de purification (qui sont) des brins d'herbe kousa tenus dans les deux mains ». Kull. — La suspension d'haleine, prâṇâyâma est une pratique d'ascétisme usitée dans l'Inde.

76. Ces trois mots signifient terre, atmosphère, ciel : on les appelle viâhṛtis.

77. Des trois Védas aussi le Seigneur des créatures qui habite au plus haut des cieux a trait, stance par stance, cet hymne qui commence par « *tad* » (appelé) la Sâvitrî.

78. Un Brâhmane instruit dans les Védas, qui aux deux crépuscules, murmure cette syllabe (OM) et cet (hymne de la Sâvitrî), précédé des (trois) mots (Bhoûh Bhouvah et Svah), acquiert (tous) les mérites spirituels que procure (la récitation des trois) Védas.

79. Un Dvidja qui récite mille fois (par jour) dans un lieu écarté cette triple (invocation) est absous au bout d'un mois même d'une grande faute, comme le serpent (est délivré) de sa dépouille.

80. Le Brâhmane, le Kchatriya et le Vaisya qui négligent cette invocation et (l'accomplissement) en temps voulu des rites qui leur sont propres, encourent le blâme des gens vertueux.

81. Sachez que les trois grandes paroles impérissables, précédées de la syllabe OM et (suivies) de la Sâvitrî à trois stances, sont la bouche (même) du Véda.

82. Celui qui pendant trois ans récite sans relâche tous les jours cette (invocation) ira rejoindre la divinité suprême, léger comme l'air et revêtu d'un corps éthéré.

83. Le monosyllabe (OM) est la suprême divinité, les suspensions d'haleine la plus parfaite austérité ; mais rien n'est supérieur à la Sâvitrî ; la vérité vaut mieux que le silence.

77. *A trait :* métaphore consacrée. — *Qui habite au plus haut des cieux :* parameshṭhin. — *Hymne*, ṛc, d'où le nom de Rig Véda. — *Tad :* pronom démonstratif neutre qui commence l'invocation (Rig Véda, III. 62, 10). La Sâvitrî est aussi appelée Gâyatrî : C'est une invocation au soleil considéré comme Savitar, vivificateur. — *Stance par stance*. B. traduit « un pied (pâda) de chaque (Véda) », il y a en effet trois pâdas.

79. *Dans un lieu écarté :* mot à mot « en dehors du village ».

81. *Bouche du Véda :* brahmaṇo mukham, c'est-à-dire le moyen le plus sûr d'arriver à la félicité suprême. L. : « la partie principale du Véda ». B. « le portail du Véda et la grille conduisant à l'union avec Brahman ».

82. *La divinité suprême :* Brahman.

84. Tous les rites védiques, (tels que) l'offrande au feu, et (les autres) sacrifices passent; mais sachez que la syllabe (OM) est impérissable: (elle est) Brahme et le Seigneur des créatures.

85. L'offrande consistant dans la prière murmurée est dix fois plus efficace que le sacrifice régulier; (la prière) récitée assez bas pour n'être pas entendue l'est cent fois plus; (la prière) mentale l'est mille fois plus.

86. Les quatre sacrifices domestiques accompagnés des sacrifices réguliers, tous ensemble ne valent pas la seizième partie du sacrifice consistant dans la prière murmurée.

87. Il est hors de doute qu'un Brâhmane peut arriver à la béatitude rien que par la prière murmurée; qu'il accomplisse ou non les autres (rites), un Brâhmane est appelé l'ami (de toutes les créatures).

88. Que le sage s'efforce de réfréner ses organes égarés dans les séductions des objets des sens, comme un cocher ses chevaux.

89. Les onze organes que les anciens sages ont nommés, je vais les énumérer exactement, comme il convient, et dans l'ordre :

90. Les oreilles, la peau, les yeux, la langue et le nez cinquième, l'anus, les parties sexuelles, les mains, les pieds et (l'organe de) la parole dixième.

84. *Passent,* svarûpataḥ phalataçca « en ce qui concerne leur forme et leurs résultats ». (Kull.) — Jeu de mots sur aksharam signifiant à la fois « la syllabe om » et « impérissable ». Il est évident que la leçon de Kull. akshayam, quoique donnant le même sens, doit être rejetée, puisqu'elle supprime le jeu de mots.

86. *Les quatre sacrifices domestiques,* les pâkayajñas « sont parmi les cinq grands sacrifices, les quatre autres que le brahmayajña, à savoir le vaiçvadevahoma, le balikarman, le nytiaçrâddha et l'atithibhojana ». (Kull.) — Les sacrifices réguliers sont ceux tels que « celui de la nouvelle et de la pleine lune, etc. ». (Kull.)

87. Maitro brâhmana ucyate : On peut aussi construire, comme le fait B. : « Lui qui est l'ami (de toutes les créatures) il est déclaré (être un vrai) Brâhmane. » L. : « Il est dit (justement) uni à Brahme. » En n'offrant pas de sacrifice il 'immole pas de victimes, et par suite ne fait aucun mal aux créatures.

91. Il y en a cinq, l'oreille et ceux qui suivent (qu'on appelle) organes des sens; cinq, l'anus et ceux qui suivent, qu'on appelle organes de l'action.

92. Sachez que le onzième est le sens interne (ou esprit) qui par sa qualité tient de la nature des deux (catégories énoncées); quand il est dompté, ces deux catégories de cinq sont (aussi) domptées.

93. Par l'attachement des organes (aux plaisirs sensuels) il est hors de doute qu'on se met en état de péché, tandis qu'en les maîtrisant on parvient à la béatitude.

94. Le désir ne s'éteint nullement par la jouissance des objets désirés; il ne fait que croître davantage, comme le feu (sur lequel on répand) du beurre clarifié.

95. (Comparez) un homme qui obtiendrait toutes ces (jouissances sensuelles) et un homme qui renoncerait à toutes : le renoncement à tous les plaisirs des sens est préférable à leur satisfaction.

96. Ces (organes) attachés à la sensualité ne sauraient être aussi bien réfrénés par le renoncement (aux plaisirs sensuels) que par la (recherche) constante de la connaissance.

97. (L'étude des) Védas, la libéralité, les sacrifices, les observances pieuses, les austérités, ne conduiront jamais à la félicité suprême celui dont le cœur est corrompu.

98. L'homme qui entend, touche, voit, goûte ou sent, sans éprouver ni plaisir ni peine, peut être considéré comme ayant dompté ses sens.

99. Mais quand parmi tous les organes un seul s'échappe, alors la sagesse de l'homme s'échappe, ainsi que l'eau par le trou d'une outre.

92. Comme le remarque B. H. « ces onze organes des sens et de l'action, en y joignant les deux principes de l'intelligence et de la conscience, constituent les treize instruments de connaissance de la doctrine Sânkhya ».

99. Prajñā « sagesse » ou suivant Kull. « tattvajñānam, connaissance de la vérité ». — Pādāt « d'une outre » (?); pāda signifie « pied » : faut-il lire pātrāt « d'un vase » ? Le commentaire du reste est précis : « rien que par un seul trou le liquide s'échappe d'un récipient à eau fait d'une peau. » Pāda désigne peut-être un des *pieds* de la peau de chèvre formant l'outre.

100. Celui qui tient en bride l'ensemble de ses organes, et qui dompte son sens interne, peut atteindre tous ses désirs, sans mortifier sa chair par l'ascétisme.

101. Au crépuscule du matin qu'il murmure la Sâvitrî debout jusqu'à l'apparition du soleil; à celui du soir (qu'il la murmure) assis jusqu'à ce que toutes les étoiles soient visibles.

102. En murmurant (la Sâvitrî) debout au crépuscule du matin, il efface les péchés de la nuit : (en la murmurant) assis au crépuscule du soir, il efface la souillure contractée pendant le jour.

103. Celui qui ne (fait pas sa prière) debout le matin et assis le soir, doit être exclus comme un Soudra de toutes les cérémonies des Dvidjas.

104. Observant la règle journalière (de la prière) qu'il répète même la Sâvitrî dans le voisinage d'un cours d'eau, retiré dans une forêt, domptant ses sens et recueilli.

105. Pour (l'étude des) traités complémentaires du Véda, ou pour la récitation journalière, on ne doit tenir aucun compte des règles d'interruption, non plus que pour les formules (accompagnant) l'offrande au feu.

106. Il n'y a point d'interruption pour la (récitation) journalière, car elle est appelée l'oblation du Véda; le

100. L. : « Doit vaquer à ses affaires sans macérer, etc. », me paraît inexact; artha signifie « l'objet qu'on a en vue ».

102. Il s'agit des fautes commises sans le savoir, ajñānakṛtam. (Kull.)

104. *Même :* Ce mot « api » est éclairci par le commentaire : « Quand il n'est pas en état de réciter d'autres textes védiques. »

105. Les traités complémentaires sont appelés Vedāṅgas (membres du Véda) ; ils sont au nombre de six et traitent les matières suivantes : phonétique, métrique, grammaire, étymologie, astronomie et cérémonial religieux. — Les règles d'interruption ou de suspension de la lecture védique sont expliquées au livre IV, 101 sqq : les éclairs, le tonnerre, les météores sont des causes de suspension.

106. *L'oblation du Véda :* Brahmasattra. B. « le perpétuel sacrifice offert à Brahman ». — La fin de ce vers est obscure. Vashaṭ est l'exclamation qui annonce la fin du sacrifice; cela revient à dire : « Quand la lecture est

sacrifice où le Véda sert d'offrande est méritoire (même) quand une interruption de lecture remplace l'exclamation « *vachat* ».

107. Pour celui qui pur et maître de ses sens, pratique pendant un an la récitation (journalière du Véda) selon la règle, coulent toujours le lait doux, le lait aigre, le beurre clarifié et le miel.

108. Le Dvidja qui a été initié doit entretenir le feu sacré, vivre d'aumônes, dormir sur le sol, et complaire à son précepteur jusqu'à (l'accomplissement de la cérémonie du) retour à la maison.

109. Selon la loi sacrée dix (sortes de personnes) peuvent être admises à étudier (le Véda) : le fils du précepteur, un (jeune homme) docile, celui qui communique une science, celui qui observe la loi, celui qui est pur, celui qui est dévoué, celui qui est capable, celui qui fait des présents, celui qui est honnête, (enfin) un parent.

110. On ne doit point parler sans être interrogé, ni (répondre) à une question déplacée ; le sage, même quand il sait, doit se conduire dans le monde comme (s'il était) un simple d'esprit.

111. De deux personnes dont l'une répond d'une manière

suspendue, ce qui équivaut à la fin du sacrifice. » Voici du reste les diverses interprétations des traducteurs : L. « même lorsqu'il est présenté dans un moment où la lecture des livres sacrés doit être interrompue ». B. « (même) quand (des phénomènes naturels exigeant) une cessation de l'étude du Véda prennent la place de l'exclamation Vashaṭ ». B. H. : « le sacrifice du Véda, est méritoire avec (le mot) Vashaṭ qui ne devrait pas être prononcé. » Le sens général me paraît être celui-ci : « Le Brahmasattra garde ses mérites indépendamment des causes accidentelles qui nécessitent l'interruption de la lecture du Véda. »

107. *Coulent toujours le lait doux*, etc. : c'est-à-dire « ses offrandes sont agréées par les Dieux et les Mânes, et ceux-ci lui accordent l'accomplissement de tous ses désirs ».

108. Cette cérémonie s'appelle Samâvartana.

109. *Dévoué ;* âpta signifie suivant B. « une personne unie par le mariage ou l'amitié ».

111. *L'une :* c'est-à-dire celle qui a manqué à la loi, et dans le cas où

illégale, et l'autre interroge d'une manière illégale, l'une mourra ou encourra l'inimitié (de l'autre).

112. Là où l'on ne trouve ni vertu, ni richesse, ni l'obéissance requise, on ne doit point semer la science (sacrée) non plus que le bon grain dans une terre stérile.

113. Qu'un interprète du Véda meure avec sa science, plutôt que de la semer sur un sol stérile, (fût-il) même dans une extrême détresse.

114. La Science sacrée alla trouver un Brâhmane et lui dit: « Je suis ton trésor, garde-moi, ne me donne pas à un détracteur; de la sorte je serai toute-puissante.

115. » Si tu connais un disciple pur et maître de ses sens, enseigne-moi à ce Brâhmane, comme à un gardien vigilant de (ce) trésor. »

116. Mais celui qui acquiert sans permission le Véda de quelqu'un qui le récite, est coupable de vol du Véda, et sera précipité en enfer.

117. On doit d'abord saluer celui dont on reçoit la science des choses du monde, du Véda ou de l'Être suprême.

118. Un Brâhmane maître de ses passions, ne sût-il que la Sâvitrî, est supérieur à celui qui possédant les trois Védas n'est pas maître de ses passions, qui mange de tout et trafique de tout.

119. On ne doit point s'asseoir sur une couche ou sur un siège occupé par un supérieur, et quand on est installé sur une couche ou sur un siège, on doit se lever (à l'approche d'un supérieur) et le saluer.

les deux ont manqué à la loi, toutes deux seront punies. — *L'inimitié de l'autre :* ou peut-être plus généralement « l'inimitié parmi les hommes ».

115. On peut prendre brahmacārin « disciple » comme un adjectif = chaste.

116. *L'enfer :* le naraka un des trente-six enfers énumérés par Manou.

117. Ādhyātmikam est suivant Kull. « brahmajñānam, la connaissance de Brahme, de l'Être suprême. — *On :* c'est-à-dire le novice, l'étudiant.

118. *Qui mange de tout :* c'est-à-dire qui ne s'abstient pas des aliments prohibés.

119. Un supérieur désigne ici surtout un *guru* ou maître spirituel : la pre-

120. Car les esprits vitaux d'un jeune homme montent en l'air (comme pour s'exhaler de son corps) à l'approche d'un vieillard ; en se levant (respectueusement) et en le saluant, il les retient.

121. Celui qui a coutume de saluer et d'honorer toujours les personnes âgées, croît en quatre (choses) : longévité, science, gloire, force.

122. Après (la formule du) salut, un Brâhmane qui aborde quelqu'un de plus âgé doit décliner son nom en disant : « Je suis un tel. »

123. Aux personnes qui ne comprennent pas (le sens) du salut (accompagné) de la déclaration du nom, le sage doit dire : « C'est moi », et (il doit faire) de même à toutes les femmes.

124. Dans la salutation, il doit prononcer après son nom le mot « Ho ! » ; car les sages déclarent que la nature de « Ho ! » est la même que celle des noms propres.

125. « Puisses-tu avoir une longue vie, mon cher ! » C'est en ces termes qu'il faut répondre à la salutation d'un Brâhmane, et la voyelle de la fin de son nom, avec la lettre qui précède, doit être prononcée longue.

126. Le Brâhmane qui ne connaît pas la manière de répondre à un salut, ne mérite pas d'être salué par l'homme instruit ; il est comme un Soudra.

mière partie du vers peut être entendue différemment : « On ne doit point s'asseoir sur une couche ou un siège à l'approche d'un supérieur ».

120. Le commentaire dit que les esprits vitaux du jeune homme « désirent sortir de son corps » à l'approche d'un vieillard, sans indiquer la raison de ce phénomène.

123. *Qui ne comprennent pas*, « par ignorance du sanskrit ». (Kull.)

124. Ho ! en sanskrit bhoḥ ; c'est-à-dire que bhoḥ représente le nom des personnes interpellées.

125. *Mon cher :* saumya signifie littéralement « doux comme le soma ». — *La voyelle* « a ou les autres ». (Kull.) — D'après le commentaire de Nand. et de Nâr. B. traduit ainsi : « la voyelle *a* doit être ajoutée à la fin du nom (de la personne interpellée), la syllabe précédente étant allongée de manière à durer trois temps » ; ainsi Devadatta se prononcerait Devadattā 3 a. — J'ai suivi la leçon qui sépare plutaḥ de pūrvāksharaḥ au lieu de réunir en un seul mot pūrvāksharaplutaḥ. (Edit. Jolly.)

127. En abordant un Brâhmane on s'informera de sa prospérité, un Kchatriya, de sa santé, un Vaisya, de l'état de ses affaires ; (enfin on demandera) à un Soudra s'il n'est pas malade.

128. On ne doit point interpeller par son nom celui qui a été initié (pour l'accomplissement d'un sacrifice), fût-il plus jeune : celui qui connaît la loi lui adressera la parole en commençant par « Ho ! » ou « Seigneur ».

129. En parlant à une femme qui est l'épouse d'un autre, ou qui n'est pas sa parente par le sang, il doit dire « Madame » ou « chère sœur ».

130. A ses oncles maternels et paternels, à son beau-père, à des prêtres officiants, à ses maîtres spirituels, il doit dire : « Je suis un tel », en se levant (à leur approche, alors même qu'ils seraient) plus jeunes que lui.

131. Une tante maternelle, la femme d'un oncle maternel, une belle-mère, et une tante paternelle doivent être honorées comme la femme d'un maître spirituel ; elles lui sont égales.

132. Chaque jour on doit se prosterner aux pieds de la femme d'un frère, si elle est de la même caste; quant aux femmes des (autres) parents par le sang ou par alliance, c'est (seulement) au retour d'un voyage qu'on doit embrasser (leurs pieds).

133. Envers la sœur de son père ou de sa mère, envers sa sœur aînée, on doit se comporter comme envers une mère : (cependant) une mère est plus vénérable qu'elles.

134. L'égalité entre concitoyens, est (limitée par une diffé-

127. Les quatre formules sont kuçala, anāmaya, kshema, ārogya.

128. Les mots bhoḥ et bhavat.

129. *Madame :* bhavati.

130. *Prêtre officiant*, ṛtvij. — Le mot guru désigne non seulement le maître spirituel, le précepteur, mais encore toute personne vénérable à un titre quelconque, par exemple par sa science, ses austérités, etc.

132. Jñāti et saṃbandha, parenté par le sang et parenté par alliance; ou bien, suivant Kull., « parents du côté du père et parents du côté de la mère ».

134. Cela veut dire que deux concitoyens sont considérés comme égaux

rence d'âge) de dix ans ; entre artistes, de cinq ans ; entre Brâhmanes instruits, de trois ; entre parents par le sang (elle est limitée) par une très petite (différence d'âge).

135. Sachez qu'un Brâhmane de dix ans et un Kchatriya de cent ans sont (l'un par rapport à l'autre comme) un père et un fils ; seulement de ces deux, c'est le Brâhmane qui est le père.

136. La richesse, la parenté, l'âge, les actes (religieux) et la science sacrée, voilà les cinq choses qui commandent le respect ; chacune d'elles, (en commençant par) la dernière, est plus vénérable (que celle qui précède).

137. L'homme des trois (premières) castes qui est le mieux pourvu de ces cinq choses en quantité et en degré, mérite d'y être honoré ; et même un Soudra entré dans la dixième (décade de son âge).

138. Il faut céder le pas à une personne en voiture, à un nonagénaire, à un malade, à un homme chargé d'un fardeau, à une femme, à un Brâhmane qui a terminé ses études, à un prince, à un marié.

139. Parmi (toutes) ces (personnes), quand elles sont réunies en même temps, (c'est) le Brâhmane ayant terminé ses études, et le prince (qui) doivent être honorés (de préférence) ; de ces deux derniers, (c'est) le Brâhmane (qui) a droit à être honoré par le roi.

140. Le Brâhmane qui, après avoir initié un disciple, lui enseigne le Véda ainsi que la règle du sacrifice et la doctrine ésotérique, est appelé son précepteur.

pourvu qu'il n'y ait pas plus de dix ans de différence d'âge entre eux. — *Brâhmane instruit*, çrotriya ; on verra plus loin la valeur exacte de ce terme.

137. *Y :* (atra) c'est-à-dire « parmi ces castes. »

138. *Nonagénaire :* mot à mot celui qui est dans la dixième décade. — *Un Brâhmane qui a terminé ses études :* un Snâtaka, celui qui a pris le bain final. — *Un prince :* râjan est peut-être un simple synonyme de kchatriya.

139. *Honorés :* c'est-à-dire qu'on doit leur céder le pas. L. entend la fin du vers autrement : « le Brâhmane doit être traité avec plus de respect que le kchatriya. »

140. *La règle du sacrifice*, kalpa — la doctrine ésotérique, c'est-à-dire les

141. Mais celui qui pour gagner sa vie enseigne seulement une portion du Véda, ou les parties accessoires du Véda, est appelé le sous-précepteur.

142. Le Brâhmane qui accomplit suivant la règle la cérémonie de la conception et les autres, et qui donne (à l'enfant) la (première) nourriture, est appelé le maître spirituel.

143. Celui qui ayant été choisi accomplit (pour un autre) l'entretien du feu (sacré), les oblations domestiques et l'Agnichtoma et autres sacrifices, est appelé son prêtre officiant.

144. Celui qui remplit véritablement les deux oreilles (d'un élève) avec le Véda, doit être considéré (par lui) comme un père et comme une mère; (l'élève) ne doit jamais l'offenser.

145. Le précepteur est dix fois plus vénérable que le sous-précepteur, le père cent fois plus que le précepteur, la mère mille fois plus que le père.

146. De celui qui vous a donné le jour et de celui qui vous a donné (la connaissance du) Véda, le dernier est le père le plus vénérable : car la naissance (spirituelle) que le Véda communique à un Dvidja est éternelle en ce monde et dans l'autre.

Upanishads. L'objet de ces traités est d'établir le sens mystique du texte védique ; ils discutent aussi certaines questions de métaphysique, telles que l'origine de l'univers, la nature de la divinité et de l'âme.

141. Les parties accessoires sont les Vedâṅgas — le sous-précepteur upâdhyâya, et au vers précédent, le précepteur âcârya.

142. Cette cérémonie s'appelle Garbhâdhâna ou Nisheka. — *Nourriture :* spécialement le riz.

143. L'Agnyâdheya est l'acte d'allumer le feu sacré — les pâkayajñas, mot à mot « les sacrifices de cuisson ». — Agnishṭoma signifie louange d'Agni.

146. Brahmajanman : B. traduit : « car la naissance en vue du Véda (assure) une éternelle (récompense) dans cette (vie) et après la mort. » On a déjà expliqué le sens de dvidja « régénéré par l'initiation, né une seconde fois ». — Le vers 146 est en contradiction avec le v. 145. Faut-il accepter l'explication de Kull. d'après laquelle l'âcârya désigne ici celui qui « après l'initiation enseigne la Sâvitrî et rien de plus », ou plutôt n'est-il pas probable, comme le remarque B., « que ces deux opinions en contradiction sont placées ici côte à côte, parce que toutes deux sont basées sur d'anciennes traditions » ?

147. Il faut considérer comme une existence (purement matérielle celle qu'a reçue l'enfant) quand son père et sa mère l'ont engendré par leur mutuelle affection, et qu'il est né de la matrice (de sa mère).

148. Mais la (seconde) naissance qu'un précepteur sachant tout le Véda lui communique, suivant la loi, par la Sâvitrî, est la vraie; (elle est) exempte de vieillesse et de mort.

149. Qu'il sache que l'homme qui lui a communiqué le bienfait du Véda, (que cet avantage soit) petit ou grand, est appelé en ce (traité) son père spirituel, à cause du bienfait (de la communication) du Véda.

150. Le Brâhmane qui a donné la naissance (spirituelle) par le Véda, et celui qui enseigne (à quelqu'un) ses devoirs, fût-il un enfant, est, suivant la loi, le père (de celui-ci), pour âgé qu'il soit.

151. Kavi fils d'Anguiras tout jeune enseigna ses parents plus âgés; en les prenant (comme élèves), il leur disait : « Enfants! » en vertu de (la supériorité de) sa science.

152. Pleins de colère ils consultèrent les Dieux à ce sujet, et les Dieux s'étant assemblés, dirent : « L'enfant a parlé comme il faut. »

153. L'ignorant est en effet un enfant, celui qui enseigne le Véda est un père ; car (les Sages) ont appelé l'ignorant un enfant, et celui qui enseigne le Véda un père.

154. Ce n'est ni par les années, ni par les cheveux blancs, ni par les richesses, ni par la parenté (qu'on est supérieur) ; les Sages ont fait cette loi : « Celui qui a appris (le Véda en entier) est grand parmi nous. »

149. *En ce traité:* le texte dit seulement « iha, ici » commenté par çâstre. En général, dans Manou, iha signifie ici-bas par opposition à l'autre vie.

151. Pitṛn, mot à mot « ses pères » c'est-à-dire ses parents qui avaient l'âge d'être ses pères, ou bien, suivant Kull., « ses oncles maternels, les fils de ceux-ci, etc. ». — Parigṛhya « les prenant (comme élèves) » signifie d'après Nand. « parce qu'il les surpassait en science (jñânena) ». Anguiras est l'un des sept grands Richis et un des dix ancêtres primordiaux de l'humanité.

153. Ce vers peut-être mis dans la bouche des Dieux.

154. *Le Véda en entier :* c'est-à-dire les Védas et les Aṅgas.

155. Chez les Brâhmanes (c'est) la science (qui) constitue la supériorité; chez les Kchatriyas (c'est) le courage; chez les Vaisyas (c'est) la richesse en grains (et autres biens); chez les Soudras (c'est) seulement l'âge.

156. On n'est pas âgé parce que l'on a des cheveux gris ; celui qui jeune encore est instruit dans le Véda, les Dieux le considèrent comme âgé.

157. Un Brâhmane ignorant est comme un éléphant en bois ou un daim en cuir ; tous trois ne portent que le nom.

158. Comme un eunuque est improductif avec les femmes, comme une vache est stérile avec une vache, comme un don fait à un ignorant ne porte point de fruits, ainsi un Brâhmane sans (la connaissance) des hymnes (védiques) est inutile.

159. Il faut procéder sans brutalité pour donner aux créatures l'instruction en vue de leur bien; le (maître) qui désire (respecter) la loi doit employer des paroles douces et aimables.

160. Celui dont le langage et la pensée sont toujours purs, et constamment gardés avec soin, recueille tous les fruits que procure le Védânta.

161. On ne doit jamais montrer de mauvaise humeur, même quand on a du chagrin ; on ne doit point offenser autrui en actions ni en pensées ; on ne doit point proférer une parole blessante et qui vous empêcherait d'entrer au ciel.

162. Qu'un Brâhmane fuie toujours les honneurs comme du poison ; qu'il recherche toujours le mépris à l'égal de l'ambroisie.

156. *Agé*, et par suite vénérable.

158. *Inutile :* « parce qu'il est privé des fruits que procurent les sacrifices prescrits par la Çruti et la Smṛti ». (Kull.)

160. Par Védânta (fin du Véda, texte formant la conclusion d'un Véda) il faut entendre ici les Upanishads et la doctrine théologico-philosophique qu'ils renferment.

161. Alokya signifie extraordinaire, inconvenant, déplacé. Kull. l'explique par « svargâdiprâptivirodhin, empêchant d'obtenir le ciel et le reste ».

162. L'ambroisie, amṛta, est le breuvage des Dieux donnant l'immortalité. Suivant une légende célèbre les Dieux et les Démons (Asouras) se réunirent

163. Car (quoique) méprisé, il s'endort le cœur léger et s'éveille le cœur léger, il marche le cœur léger en ce monde; tandis que le contempteur périt.

164. Un Dvidja sanctifié par cette succession de cérémonies, doit, pendant qu'il demeure chez son précepteur, se livrer progressivement aux austérités qui préparent à (l'étude du) Véda.

165. Un Dvidja doit étudier le Véda tout entier avec la doctrine ésotérique, (en accompagnant cette étude) de diverses pratiques d'austérité et d'observances prescrites par les règles.

166. Un Brâhmane qui veut pratiquer l'ascétisme doit constamment étudier le Véda, car l'étude du Véda est considérée comme la plus excellente des austérités pour un Brâhmane en ce monde.

167. Certes, il pratique la plus parfaite des austérités jusqu'au bout des ongles, le Dvidja qui, bien que portant une guirlande de fleurs, s'adonne journellement à l'étude du Véda dans la mesure de ses moyens.

168. Un Dvidja qui, négligeant l'étude du Véda met son application ailleurs, tombe bientôt, de son vivant même, dans la condition d'un Soudra, ainsi que sa postérité.

169. La première naissance d'un Dvidja lui vient de sa mère, la deuxième de l'investiture de la ceinture d'herbe *moundja*, la troisième de l'initiation pour le sacrifice, d'après la déclaration du texte révélé.

170. Parmi ces (trois), la naissance par le Véda est symbolisée par l'investiture de la ceinture d'herbe *moundja;* dans celle-ci, la Sâvitrî (est dite) la mère, et le précepteur est dit le père.

pour baratter la mer : le mont Mandara leur servit de moulinet et le serpent Vâsouki de corde pour le mettre en mouvement. De cette opération sortit l'amṛta que les Dieux et les Asouras se disputèrent; il finit par rester la propriété des premiers.

165. *Doctrine ésotérique :* cf. v. 140, note.

169. En général il n'est question pour un Dvidja que de deux naissances.

171. Le précepteur est appelé le père (du novice), parce qu'il (lui) communique le Véda; car avant la prise de la ceinture d'herbe *moundja* aucun acte pieux ne lui est permis.

172. (Jusqu'à la cérémonie de l'investiture), il ne doit réciter (aucun) texte védique, excepté dans les rites funèbres; car il n'est pas supérieur à un Soudra, tant qu'il n'a pas pris une seconde naissance par le Véda.

173. Une fois initié, on exige qu'il s'astreigne aux observances et qu'il apprenne progressivement le Véda, en se conformant aux règles.

174. La peau de bête, le cordon (sacré), la ceinture, le bâton ainsi que les vêtements prescrits (pour le novice au moment de l'initiation, tous) ces (objets doivent être renouvelés) dans (l'accomplissement) des vœux.

175. Voici les observances que doit pratiquer un novice qui habite chez son maître spirituel, en réfrénant tous ses organes pour augmenter son austérité.

176. Chaque jour, après s'être baigné et purifié, il offrira des libations aux Dieux, aux Sages et aux Mânes, il honorera les divinités, et mettra le combustible (dans le feu sacré).

177. Qu'il s'abstienne de miel, de viande, de parfums, de guirlandes, d'essences, de femmes, de toutes (substances) aigries, ainsi que de tous sévices à l'égard des créatures,

178. D'onguents, de collyre pour les yeux, de porter des souliers et une ombrelle, de désirs sensuels, de colère, de cupidité, de danser, de chanter ou de jouer d'un instrument,

179. Du jeu, des querelles, de la calomnie et du mensonge, de regarder ou de toucher une femme, ou de frapper le prochain.

180. Qu'il couche toujours seul, qu'il ne répande jamais

174. Cf. ce qui a été dit dans les vers 41-47. La fin du vers est très obscure : l'idée de « renouvelés » est suppléée par le commentaire : navâni karttavyâni. B. traduit : « Le même cérémonial (doit être usité de nouveau) à (l'accomplissement) des vœux. »

(volontairement) sa semence; car celui qui volontairement répand sa semence, rompt son vœu.

181. Le Dvidja novice qui a répandu involontairement sa semence en songe, doit se baigner, adorer le soleil, et répéter trois fois la formule : « Revienne à moi, etc. »

182. Qu'il apporte un pot d'eau, des fleurs, du fumier de vache, de l'argile, de l'herbe *kousa* autant qu'il en faut (à son précepteur), et qu'il aille chaque jour demander l'aumône.

183. Le novice, étant pur, ira chaque jour demander l'aumône dans les maisons des gens qui ne négligent pas les sacrifices védiques et qui sont renommés pour (la manière dont ils remplissent) leurs devoirs.

184. Qu'il ne mendie pas chez les parents de son précepteur, ni chez ceux de son père ou de sa mère ; mais s'il ne peut rien obtenir dans les maisons étrangères (qu'il s'adresse à eux), en évitant de commencer par les premiers.

185. A défaut de ceux qui ont été mentionnés précédemment, qu'il parcoure tout le village, étant pur et retenant ses paroles ; mais qu'il évite les gens accusés (de péchés mortels).

186. Ayant rapporté d'un lieu éloigné le combustible, qu'il le mette à l'air, et que soir et matin il alimente le feu sacré, sans jamais se lasser.

187. Si, sans être malade, il néglige pendant sept jours d'aller chercher l'aumône et d'alimenter le feu sacré, il devra faire la pénitence (prescrite) pour un novice qui a violé le vœu de chasteté.

181. « Punar mām etu indriyam : revienne à moi ma force. » (Taittirīya-Āraṇyaka, I, 30.)

184. *Les parents de son père ou de sa mère :* ou bien peut-être « les parents et alliés ». Voici comment Kull. commente la fin du vers : « d'abord il demandera aux parents maternels (bandhu); s'il n'obtient rien chez eux, aux parents paternels (jñāti); s'il n'obtient rien chez eux, (il demandera) même aux parents du guru. »

186. Vihāyasi, « à l'air » signifie suivant Kull. « sur le toit ». B. : « n'importe où, excepté sur le sol ».

187. La pénitence pour celui qui a violé son vœu de chasteté (avakīrṇin) est spécifiée au livre XI, v. 119.

188. Le novice doit constamment subsister d'aumônes et ne pas recevoir sa nourriture d'une seule (personne) ; pour un novice, subsister d'aumônes est déclaré l'équivalent de jeûner.

189. S'il est invité à une cérémonie en l'honneur des Dieux ou des Mânes, il peut manger à son gré (la nourriture donnée par une seule personne), autant que le permettent ses vœux, et (à condition de) se conduire comme un ascète ; (en cela) il n'enfreint pas ses vœux.

190. Les Sages ont prescrit cette règle de conduite seulement pour le Brâhmane ; elle n'est pas imposée au Kchatriya et au Vaisya.

191. Qu'il en ait reçu l'ordre ou non de son précepteur, (l'élève) doit s'appliquer toujours à l'étude, et faire ce qui peut être agréable à son maître.

192. Disciplinant son corps, sa parole, ses organes des sens et son esprit, il doit se tenir les mains jointes regardant la face de son précepteur.

193. Qu'il ait toujours le bras (droit) libre, qu'il ait une bonne tenue, et qu'il soit bien couvert ; quand on lui dit : « Asseyez-vous », qu'il s'asseye, le visage tourné vers son précepteur.

194. En présence de son précepteur, il doit toujours avoir une nourriture, des habits, des ornements inférieurs (à ceux du maître), il doit se lever avant lui et se coucher après lui.

195. Il ne doit pas répondre (à son précepteur) ni converser (avec lui) étant couché, assis, mangeant ou debout avec la face tournée d'un autre côté.

189. *Comme un ascète :* ṛshivat mot à mot « comme un Sage » : cet adverbe a l'air de faire pléonasme avec vratavat.

193. *Libre*, mot à mot « découvert ». — *Droit* est fourni par le commentaire. — Il y a une autre leçon susaṃyataḥ « recueilli » au lieu de susaṃvṛtaḥ « bien couvert » ; *bien couvert :* c'est-à-dire « vêtu décemment ».

195. Je réunis tishṭhan a parāṅmukhaḥ. B. distingue les deux idées : « ni debout, ni la face détournée ». Mais alors on ne voit pas bien quelle position doit prendre l'élève s'il n'est « ni couché, ni assis, ni debout ».

196. Il doit le faire debout quand (le précepteur) est assis, en l'abordant quand il est debout, en allant à sa rencontre quand il s'approche, en courant après lui quand il court,

197. En se plaçant en face de lui quand il a le visage tourné d'un autre côté, en allant auprès de lui quand il est éloigné, en se penchant vers lui quand il est couché ou qu'il est arrêté près de lui.

198. Son lit ou son siège doivent toujours être bas, quand il est en présence de son précepteur ; à la portée des yeux de son précepteur il ne doit point s'asseoir à son aise.

199. Il ne doit point prononcer le nom de son (précepteur) tout court, même derrière son dos, ni contrefaire sa démarche, son langage, ses gestes.

200. Si son maître est quelque part l'objet d'une médisance ou d'une calomnie, qu'il se bouche les oreilles, ou qu'il (quitte) la place pour aller ailleurs.

201. Celui qui médit de son précepteur devient âne (dans une autre vie) ; celui qui le calomnie devient chien ; celui qui vit sur le bien (de son précepteur) devient ver, celui qui en est envieux (devient) insecte.

202. Il ne doit point, étant à distance, saluer le (précepteur par l'intermédiaire d'une autre personne) ni étant en colère, ni en présence d'une femme : s'il est en voiture ou sur un siège, qu'il descende pour lui adresser la parole.

197. Nideçe ca eva tishṭhataḥ peut s'entendre différemment en rapportant nideçe à l'élève : « l'élève doit se tenir à proximité quand le maître est debout. » B. traduit : « lorsque le maître est couché ou qu'il est à une place plus basse, » ce qui justifie le fait de se pencher vers lui. Malheureusement nideçe n'a guère ce sens. Kull. l'explique par nikaṭe « à proximité ».

199. *Tout court :* « sans y ajouter une épithète honorifique. » (Kull.)

201. La différence entre kṛmi ver, et kīṭa insecte, est un peu vague. Suivant le commentaire le second mot désignerait un insecte plus gros.

202. *Étant à distance :* Kull. ajoute : « mais s'il est dans l'impossibilité de venir lui-même, il est exempt de blâme. »

203. Il ne doit point s'asseoir avec son précepteur contre le vent ou sous le vent, ni dire quoi que ce soit hors de la portée des oreilles du précepteur.

204. Il peut s'asseoir avec son précepteur dans une voiture traînée par des bœufs, des chevaux, des chameaux, sur une terrasse, sur du gazon, sur une natte, sur une pierre, sur une planche, dans un bateau.

205. Si le précepteur de son précepteur est présent, qu'il se comporte (avec lui) comme si c'était son (propre) précepteur ; mais sans la permission de son précepteur, il ne peut saluer ses propres (parents) qui ont droit à son respect.

206. Telle doit être également sa conduite constante envers ceux qui lui enseignent la science (sacrée), envers ses parents paternels, envers les gens qui le détournent du péché ou qui lui donnent de bons conseils.

207. Envers ses supérieurs il doit toujours se comporter comme envers son précepteur, et de même envers les fils de son précepteur, s'ils sont nés de femmes de la même caste, et envers les parents de son précepteur.

208. Le fils du précepteur soit plus jeune, soit du même âge (que lui), soit étudiant dans (la science de) l'accomplisse-

---

203. Kull. explique ainsi pratīvāta et anuvāta : « contre le vent, c'est quand le vent vient de l'endroit où est le précepteur à l'endroit où est le disciple, et sous le vent, quand le vent vient de l'endroit où est le disciple à l'endroit où est le précepteur. »

204. *Gazon* : prastara est traduit par B. : « un lit de gazon ou de feuilles », par L. et B. H. « un endroit pavé ». Certaines éditions ont srastara, litière.

205. *Qui ont droit à son respect* : tels que « la mère, le père, l'oncle paternel, etc. ». (Kull.)

206. *Ceux qui lui enseignent la science* « autres que le précepteur, tels que le sous-précepteur, etc. ». (Kull.) — Svayonishu : « parents, tels que l'oncle paternel, etc. »

207. *Supérieurs* : « les gens éminents en science et en austérité ». (Kull.) — āryeshu : ārya signifie noble, ou qui appartient aux trois premières castes. Kull. explique par « samānajātishu, de même caste ». L. traduit « s'ils sont respectables par leur âge ». — *Parents* par le sang « tels que l'oncle paternel, etc. ». (Kull.)

208. Je fais dépendre yajñakarmaṇi de çishyo, ce qui me paraît la construction la plus naturelle. Mais Kull. explique différemment : « il a droit

ment du sacrifice, quand il donne l'enseignement (à la place de son père), a droit aux mêmes hommages que le précepteur.

209. (L'élève) ne doit point frictionner les membres du fils de son précepteur, ni l'aider à se baigner, ni manger ses restes, ni lui laver les pieds.

210. Les épouses du précepteur ont droit aux mêmes hommages que lui-même, si elles sont de la même caste; mais si elles appartiennent à des castes différentes, il doit les honorer (seulement) en se levant et en saluant.

211. (Le soin de) parfumer, de servir dans le bain, de frictionner, de coiffer la femme du précepteur ne le regarde point.

212. (L'élève) qui a vingt ans révolus, et qui distingue le bien du mal, ne doit point saluer la jeune femme de son précepteur (en touchant) ses pieds.

213. Il est dans la nature des femmes de faire pécher les hommes ici-bas; aussi les Sages ne s'abandonnent-ils point aux femmes.

214. Car les femmes peuvent égarer en ce monde non seulement l'ignorant, mais même l'homme instruit, (en le rendant) esclave de l'amour et de la colère.

215. On ne doit point être assis à l'écart avec une mère, une sœur, une fille; car la troupe des sens est puissante, et entraîne même l'homme instruit.

216. Mais un jeune (élève) peut à son gré se prosterner à terre devant les épouses (encore) jeunes de son précepteur, conformément à la règle, en disant : « Je suis un tel. »

217. Au retour d'un voyage, il doit toucher les pieds des femmes de son précepteur, et les saluer chaque jour, en observant les pratiques des gens vertueux.

aux hommages comme un guru, quand il assiste à un sacrifice, soit comme prêtre officiant, soit sans avoir cette dernière qualité (c'est-à-dire comme simple assistant). »—*A la place de son père :* le commentateur Nand. entend ainsi : « quand le père est occupé à un sacrifice ».

214. On peut entendre ainsi la fin du vers : « lorsque celui-ci est sujet à la luxure et à la colère ».

218. Comme un homme creusant avec une bêche arrive jusqu'à l'eau, ainsi un (élève) docile parvient à la science renfermée dans son précepteur.

219. Qu'il ait les cheveux rasés ou tombants ou en toupet ; que jamais le soleil ne se couche ni ne se lève sur lui (dormant) dans le village.

220. Si le soleil se lève ou se couche pendant qu'il est endormi, (que sa faute) soit volontaire ou involontaire, il devra jeûner un jour en récitant à voix basse (la Sâvitrî).

221. Car celui que le soleil à son lever ou à son coucher trouve endormi, et qui ne fait pas pénitence, encourt un grand péché.

222. S'étant rincé la bouche, étant pur et recueilli, en un lieu sans souillure, qu'il récite chaque jour les prières prescrites, aux deux crépuscules, conformément à la règle.

223. Si une femme ou si un Soudra fait un (acte) quelconque (tendant au) bien (suprême), qu'il s'y applique (aussi) avec ardeur, ainsi qu'à (tout autre acte) où son esprit trouvera plaisir.

224. (Les uns) disent que le souverain bien (consiste) ici-bas dans la vertu et la richesse (réunies) ; (suivant d'autres, il consiste dans) le plaisir et la richesse, ou dans la vertu seule, ou dans la richesse seule ; mais l'opinion juste (est qu'il consiste dans) l'union de ces trois (choses).

225. Un précepteur, un père, une mère, un frère aîné ne doivent point être traités avec irrévérence, surtout par un Brâhmane, eût-il été offensé par eux.

220. B. H. et L. traduisent ainsi : « si à son insu le soleil se lève ou se couche pendant qu'il est endormi volontairement ».

221. L. traduit : « celui qui se couche et se lève sans se régler sur le soleil », ce qui fait supposer qu'au lieu de sûryeṇa il a lu en deux mots sûrye na.

223. *Tout autre acte :* « permis par la loi ». (Kull.)

224. *La vertu :* ou le devoir dharma, ou « (l'acquisition du) mérite spirituel ». (B.)

225. Kull. place le vers 226 avant le vers 225.

226. (Car) un précepteur est l'image de Brahme, un père l'image du Seigneur des créatures, une mère l'image de la terre, un propre frère l'image de vous-même.

227. Le mal que se donnent un père et une mère pour mettre au monde un enfant ne saurait être compensé même par des centaines d'années.

228. On doit toujours faire ce qui est agréable à ceux-ci, ainsi qu'au précepteur ; en contentant ces trois (personnes), on gagne tout (le prix des) austérités.

229. L'obéissance à ces trois (personnes) est déclarée la plus parfaite des austérités, et sans leur permission, on ne doit accomplir aucun autre acte pieux.

230. Car ils sont les trois mondes, ils sont les trois ordres, ils sont les trois Védas, ils sont appelés les trois feux sacrés.

231. Le père en effet est déclaré être le feu Gârhapatya, la mère le feu Dakchina, le précepteur le feu Âhavanîya ; cette triade de feux est très vénérable.

232. (Celui qui devenu) maître de maison ne néglige pas ces trois, conquiert les trois mondes, et dans un corps rayonnant, pareil à un Dieu, il goûtera la félicité dans le ciel.

233. Par la piété envers sa mère il obtient ce (bas) monde ; par la piété envers son père (il obtient) le monde intermédiaire ; mais par l'obéissance à son précepteur, il parvient au monde de Brahmâ.

234. En respectant ces trois (personnes) on remplit tous ses

230. *Les trois mondes :* la terre, l'atmosphère, le ciel. — *Les trois ordres :* il y a quatre ordres ou degrés dans l'existence du Brâhmane, étudiant, maître de maison, ermite et ascète mendiant. Par les « trois ordres » le commentaire entend ou bien les trois premiers, en commençant par celui d'étudiant et en exceptant celui d'ascète, ou bien les trois derniers, en commençant par celui de maître de maison et en exceptant celui d'étudiant. — *Les trois feux* (cf. le v. suivant) sont le feu gârhapatya ou feu entretenu par le maître de maison, le feu dakshiṇa ou feu de l'autel, placé vers le Sud, et le feu âhavanîya, ou feu du sacrifice qui doit recevoir les oblations et qui est placé vers l'Est.

233. *Le monde intermédiaire :* l'atmosphère située entre le ciel et la terre. — Le monde de Brahmâ désigne le ciel.

devoirs ; mais pour celui qui ne les honore pas, toutes les œuvres pies sont stériles.

235. Aussi longtemps que ces trois (personnes) sont en vie, qu'il n'accomplisse aucun autre (devoir religieux de sa propre impulsion) ; qu'il leur témoigne une soumission constante, heureux de faire ce qui leur est agréable et utile.

236. Qu'il les tienne au courant de tout ce qu'il fait avec leur consentement en vue de l'autre monde, en pensée, en parole et en action.

237. (En honorant) ces trois (personnes), toutes les obligations d'un homme sont remplies ; c'est là évidemment le devoir par excellence ; tout autre devoir est déclaré secondaire.

238. Un croyant peut recevoir un enseignement pur même d'un homme de caste inférieure, la loi la plus haute même de (l'être) le plus vil, la perle des femmes même d'une famille basse.

239. On peut tirer l'ambroisie même du poison, un bon conseil même d'un enfant, une (règle de) bonne conduite même d'un ennemi, de l'or même d'une (gangue) impure.

240. On peut recevoir les femmes, les perles, la science, la (connaissance du) devoir, la pureté, un bon conseil, et les divers arts de n'importe qui.

241. En cas de nécessité, il est enjoint d'apprendre le Véda (même) d'un autre qu'un Brâhmane ; aussi longtemps que dure l'instruction, on doit servir (un tel) précepteur et lui obéir.

242. Un novice qui aspire à la félicité suprême ne doit point demeurer jusqu'à la fin de sa vie chez un précepteur non Brâhmane, ou même chez un Brâhmane non instruit (dans la totalité des Védas).

238. *Un homme de caste inférieure :* un Soudra. — *L'être le plus vil :* par exemple « un cāṇḍāla ». (Kull.)

240. Au lieu de « les femmes et les perles » Kull. entend striyo ratnāni par « les femmes perles », ce qui est en effet plus conforme au vers 238.

241. *En cas de nécessité :* c'est-à-dire « quand on n'a pas un instituteur Brâhmane ». (Kull.)

242. *La félicité :* moksha ou la délivrance finale. — *La totalité des Védas :* c'est-à-dire le Véda et les Aṅgas.

243. Toutefois s'il désire demeurer jusqu'à la fin de ses jours dans la maison de son précepteur, qu'il le serve avec zèle jusqu'à ce qu'il soit délivré de son corps.

244. Le Brâhmane qui sert son précepteur jusqu'à la dissolution de son corps entre directement dans la demeure éternelle de Brahme.

245. Celui qui connaît son devoir ne doit faire aucun cadeau à son précepteur avant (son retour à la maison); mais quand, congédié par son précepteur, il est sur le point de prendre le bain (final), qu'il lui offre un présent suivant ses moyens,

246. Un champ, de l'or, une vache, un cheval, un parasol, des sandales, un siège, du grain, des légumes, des vêtements, afin d'être agréable à son précepteur.

247. Si son précepteur meurt, il servira le fils de celui-ci (pourvu qu'il soit) vertueux, ou sa veuve, ou son parent (le plus proche) jusqu'à la sixième génération, comme si c'était le précepteur lui-même.

248. Si aucun de ceux-ci n'est en vie, qu'il prenne la demeure, le siège et les occupations (de son précepteur), qu'il s'applique au service du feu (sacré) et se rende digne de l'union avec Brahmâ.

249. Le Brâhmane qui accomplit ainsi son noviciat, sans enfreindre ses vœux, arrive à la condition suprême et ne renaît plus sur cette terre.

245. *Le bain final* : Snāna d'où son nom de snātaka.

247. *Vertueux* : « vidyādiguṇayukte, ayant la science et les autres qualités ». (Kull.) — *Le parent jusqu'à la sixième génération* (inclusivement) : le sapiṇḍa. — Ceci est dit de l'élève qui veut passer sa vie dans le noviciat, rester dans la maison de son précepteur.

248. Vers un peu obscur. Sthānāsanavihāravant peut être considéré comme renfermant trois substantifs déterminés par le suffixe *vant*, ou bien on peut prendre, ainsi que le fait B. : vihāravant comme un adjectif « occupé à » déterminant les deux substantifs précédents sthāna la position debout āsana la position assise. D'où la traduction de B. : « Il devra servir le feu sacré debout (le jour), assis (la nuit) et ainsi finir sa vie. » — Deham sādhayet, mot à mot « qu'il perfectionne son corps », c'est-à-dire, « qu'il rende l'âme unie à son corps propre à l'union avec Brahmâ ». (Kull.)

LIVRE TROISIÈME

Le Maître de maison : Mariage et Devoirs religieux.

1. Le vœu (d'étudier) les trois Védas (dans la maison) du précepteur doit être observé durant trente-six ans, ou la moitié ou le quart de ce temps, ou bien jusqu'à ce qu'on les possède à fond.

2. Celui qui a étudié dans l'ordre voulu les (trois) Védas, ou deux Védas ou un seul Véda, et n'a jamais enfreint les règles du noviciat, peut entrer dans l'ordre de maître de maison.

3. Renommé pour (l'accomplissement) de ses devoirs, ayant reçu de son père (charnel ou spirituel) l'héritage du Véda, il devra, orné d'une guirlande et assis sur un lit de repos, être honoré d'abord (du présent) d'une vache (et d'un mélange de miel et de lait sûri).

4. Après avoir, avec l'assentiment de son précepteur, pris le bain final et accompli suivant la règle la cérémonie du retour à la maison, que le Brâhmane épouse une femme de même caste ayant les signes (qui présagent la prospérité).

5. (Une personne) qui n'est pas parente jusqu'au sixième

2. *Maître de maison :* gṛhastha. L. d'après le commentaire de Medh. traduit : « Après avoir étudié dans l'ordre une branche (çâkhâ) de chacun des Livres sacrés, ou bien de deux, ou même d'un seul. »

3. *De son père :* ou de son précepteur qui est pour lui comme un père spirituel.—*D'abord*, c'est-à-dire, avant son mariage.—Le madhuparka ou don de miel, est un mélange de miel et de lait sûri ou de beurre que l'on offre à un hôte ; le mot désigne aussi la cérémonie de la réception accompagnée de l'offre de ce plat.

4. Cette cérémonie s'appelle samâvartana. Le texte dit seulement « étant retourné à la maison ». — On appelle lakshaṇa certains signes sur le corps, qui sont considérés comme de bon augure.

degré de sa mère, et n'appartient pas à la famille de son père, (voilà celle) qu'on recommande à un Dvidja (de choisir) pour le mariage et l'union conjugale.

6. Même quand elles seraient grandes et riches en vaches, chèvres, brebis, grains et biens (de toutes sortes), voici les dix familles qu'il doit éviter, en s'unissant à une épouse :

7. Celle où l'on néglige les sacrements, celle où il n'y a pas d'enfant mâle, celle où l'on n'étudie pas le Véda, celle où le système pileux est trop développé, celle où règnent les hémorroïdes, la phtisie, la dyspepsie, l'épilepsie, la lèpre blanche et l'éléphantiasis.

8. Il n'épousera point une jeune fille rousse, ayant un membre de trop, maladive, trop peu ou trop velue, bavarde ou (ayant les yeux) rouges,

9. Ni celle dont le nom est tiré d'une étoile, d'un arbre, d'un fleuve, ou qui porte un nom barbare, un nom de montagne, d'oiseau, de serpent, ou un nom d'esclave, ou un nom inspirant la terreur.

10. La femme qu'il épouse doit avoir le corps exempt de difformités, un nom de bon augure, la démarche d'un flamant ou d'un éléphant, le duvet et les cheveux fins, les dents petites et les membres délicats.

11. Un homme sensé n'épousera point une (fille) sans frère ou de père inconnu, par crainte (dans le premier cas d'épouser) une fille *substituée*, (dans le second cas, de contracter une union) illicite.

9. *Un nom barbare*, antya est remplacé dans le commentaire par mleccha — mais antya signifie exactement : le dernier. On peut donc entendre par là : « un nom d'une basse caste. »

10. *Un nom de bon augure :* ou bien « un nom agréable ». — La comparaison avec le flamant ou l'éléphant éveille une idée de grâce et de beauté féminine chez les Hindous.

11. Le texte est d'une concision extrême : « putrikā dharma çaṅkayā, par crainte de la loi relative à la putrikā » — putrikā « fille substituée », c'est une fille qu'un père sans enfant mâle prend à la place d'un fils, dans l'espoir qu'elle aura un enfant mâle, et avec l'intention d'adopter ce dernier en lieu et place de fils propre, cf. IX, 127. Notre traduction, qui suit l'inter-

12. Aux Dvidjas il est enjoint d'épouser en premier lieu une femme de même caste; mais pour ceux que l'amour pousse (à un second mariage), voici suivant l'ordre (des castes) les (femmes) qui doivent être préférées.

13. Il est déclaré qu'un Soudra (ne peut épouser) qu'une (femme) Soudrâ, un Vaisya une Soudrâ ou une (personne) de sa propre caste, un Kchatriya (peut choisir dans) les deux (castes) précédentes ou dans sa propre caste, un Brâhmane dans toutes ces trois (castes) et dans la sienne propre.

14. En aucune histoire il n'est raconté qu'une femme Soudrâ (soit devenue la première) épouse d'un Brâhmane ou d'un Kchatriya, même en cas de nécessité.

15. Les Dvidjas qui par folie épousent une femme de la dernière caste, font bientôt tomber leur famille et leurs descendants à la condition de Soudras.

16. Selon Atri et (Gotama) fils d'Outathya, celui qui épouse une Soudrâ déchoit (immédiatement de sa caste); suivant Saounaka, (il déchoit) à la naissance d'un fils, suivant Bhrigou, lorsque ce (fils) a un enfant (mâle).

prétation de Kull., sépare putrikâdharma en putrikâ + adharma, composé copulatif : putrikâ se rapporte au premier cas, la fille sans frère, et adharma, péché, chose illicite, au deuxième, la fille d'un père inconnu, qui pourrait être par exemple parente ou issue d'une union illicite.

14. *En aucune histoire :* par histoire, il faut entendre ici quelque récit mythologique pouvant autoriser une pareille dérogation. — *En cas de nécessité,* c'est-à-dire « à défaut d'une femme de même caste. »

16. Atri, un des six seigneurs de la création engendrés par Manou, et aussi un Richi auteur de plusieurs hymnes védiques : il est cité ici comme législateur. Gotama ou Gaoutama auteur d'un Dharma-çâstra (édité par Stenzler) où se trouvent des règles relatives au mariage. — Bhrigou est aussi un des six seigneurs de la création, et c'est dans sa bouche même qu'est mis le récit des lois de Manou ; il est curieux qu'il se cite ici à la troisième personne. Voici comment B. entend la fin du vers : « Suivant Bhṛgu, celui qui a un rejeton (mâle) d'une (femme Soudrâ seulement) ». — Tadapatyatayâ, littéralement « par la qualité de celui-ci d'avoir une progéniture » (celui-ci se rapporte au fils, suta, précédemment énoncé). — Suivant Kull., la première règle s'applique spécialement à un Brâhmane, la deuxième au Kchatriya, la troisième au Vaisya, de sorte que la déchéance serait plus ou moins immédiate selon la caste.

17. Le Brâhmane qui met dans son lit une Soudrâ va en enfer; s'il a d'elle un fils, il est déchu de sa qualité de Brâhmane.

18. Les Dieux et les Mânes ne mangent point les (offrandes) de celui qui se fait assister par une (femme Soudrâ) dans les rites en l'honneur des Dieux, des Mânes et des hôtes, et lui-même ne va point au ciel.

19. Pour celui qui boit l'écume des lèvres d'une Soudrâ, qui a été au contact de son haleine, ou qui en a un fils, aucune purification n'est prescrite.

20. Apprenez maintenant en peu de mots les huit (modes) de mariage (propres) aux quatre castes, prospères ou funestes en ce monde et dans l'autre.

21. (Ce sont les modes dits) de Brahmâ, des Dieux, des Saints, du Seigneur de la création, des mauvais Esprits, des Musiciens célestes, des Démons, et enfin le huitième et le plus vil, celui des Vampires.

22. Quels sont ceux qui sont autorisés pour chaque caste, quels sont les qualités et les défauts de chacun d'eux, (c'est ce que) je vais vous expliquer complètement, ainsi que les bonnes ou mauvaises qualités des enfants (qui en naissent).

23. Sachez que les six (premiers) dans l'ordre sont autorisés pour un Brâhmane, les quatre derniers pour un Kchatriya, les mêmes, sauf le rite des Démons, pour un Vaisya et un Soudra.

24. Suivant l'opinion de (certains) sages, les quatre premiers sont permis à un Brâhmane, un seul, le rite des Démons, à un Kchatriya, et le rite des mauvais Esprits à un Vaisya ou à un Soudra.

17. « Le Brâhmane qui néglige d'épouser une femme de sa caste, et qui, soit par le destin, soit par amour, épouse une Soudrâ ». Kull.

20. On peut détacher strī de vivāhān : « mariages avec des femmes des quatre castes. »

21. Rites Brāhma, Daiva, Ārsha, Prājāpatya, Āsura, Gāndharva, Rākshasa, Paiçāca. Cf. pour tous ces noms I, 37.

24. Le texte dit « poètes » et le commentaire « connaisseurs, sages ». Comme le fait observer B., malgré les efforts des commentateurs pour

25. Mais ici (dans ce traité), sur les cinq (derniers), trois sont déclarés légitimes et deux illégitimes : le rite des Vampires et celui des mauvais Esprits ne doivent jamais être usités.

26. Soit séparés, soit réunis, les deux rites précédemment énoncés, celui des Musiciens célestes et celui des Démons, sont déclarés légitimes pour un Kchatriya.

27. (Quand un père) donne sa fille, après l'avoir vêtue et honorée (par des cadeaux), à un homme instruit dans le Véda et vertueux, qu'il a volontairement invité, (c'est ce qu'on) appelle le mode de Brahmâ.

28. (Quand un père) ayant paré sa fille, la donne au cours d'un sacrifice à un prêtre officiant qui accomplit dûment le rite, (c'est ce qu'on) appelle le mode des Dieux.

29. (Quand un père) donne sa fille suivant la règle, après avoir reçu du prétendant un taureau avec une vache, ou deux couples (de ces animaux) pour (l'accomplissement) d'un sacrifice, (c'est ce qu'on) appelle le mode des Saints.

30. (Lorsqu'un père) donne sa fille avec cette formule : « Pratiquez tous deux vos devoirs ensemble », et avec les honneurs (dus, c'est ce qu'on appelle) le mode du Seigneur de la création.

réconcilier ces opinions contradictoires, on voit qu'il y a divergence de vues sur les différents rites permis du mariage.

26. « Si entre une femme et un homme il existe au préalable un lien d'affection réciproque (rite Gāndharva), et que l'épouseur s'empare de la (jeune fille) par un combat ou autre moyen analogue et l'enlève (rite Rākshasa), alors il y a réunion des deux rites. » Kull.

27. Certains commentateurs rapportent arcayitvā « ayant honoré » au fiancé.

28. Dans ce cas, remarque B. H., « le prêtre qui accomplit le sacrifice reçoit la jeune fille comme une partie de ses honoraires. »

29. Dharmataḥ est rendu différemment par les divers traducteurs : B. H. « légalement » ; L. « pour l'accomplissement d'une cérémonie religieuse » ; B. « pour l'accomplissement de la loi sacrée ». Kull. explique ainsi : « dharmārtham yāgādi siddhaye, en vue de la loi sacrée, pour l'accomplissement d'un sacrifice ou autre ». Il faut entendre par là que ce n'est pas une gratification que le père reçoit : cf. III, 53.

31. (Quand le prétendant) après avoir donné aux parents et à la jeune fille des cadeaux proportionnés à ses moyens, reçoit sa fiancée de son plein gré, (c'est ce qu'on appelle) le mode des mauvais Esprits.

32. L'union volontaire d'un jeune homme et d'une jeune fille doit être regardée comme le mode des Musiciens célestes : elle naît du désir, et a pour but final le plaisir sexuel.

33. Le rapt, avec effraction, blessures ou meurtre (des parents), malgré les pleurs et les cris de la jeune fille, s'appelle le mode des Démons.

34. Quand (un homme) se rend maître par surprise d'une jeune fille endormie, ivre ou folle, c'est le mode des Vampires, le huitième et dernier et le plus exécrable (de tous).

35. Pour les Brâhmanes, le don d'une fille (précédé de libations) d'eau est le plus approuvé : pour les autres castes, (la cérémonie se fait) au gré de chacun.

36. Écoutez maintenant, ô Brâhmanes, l'exposé complet que je vais vous faire des qualités que Manou a attribuées à chacun de ces (modes) de mariage.

37. S'il est vertueux, le fils d'une femme mariée suivant le mode de Brahmâ délivre du péché dix de ses ancêtres, dix de ses descendants, et lui-même vingt et unième.

38. De même le fils d'une femme épousée suivant le mode des Dieux (délivre) sept ancêtres et sept descendants ; le fils d'une femme épousée suivant le mode des Saints, trois (ancêtres) et trois (descendants) ; le fils d'une femme épousée suivant le mode du Seigneur de la création, six (ancêtres) et six (descendants).

39. Les quatre (premiers modes de) mariage dans l'ordre

31. *De son plein gré :* « et non comme dans le mode ârsha, pour se conformer aux prescriptions de la loi sacrée ». (Kull.) Ce mode implique une sorte d'achat de la fiancée.

32. C'est l'union libre dont on voit un exemple fameux dans la pièce de Sakountalâ.

35. *Au gré de chacun :* ou bien « par (l'expression) du consentement mutuel ». (B.)

énoncé, à commencer par le mode de Brahmâ, donnent naissance à des enfants qui brillent par la connaissance des Védas, et sont estimés des gens de bien,

40. Possédant les qualités de beauté et de bonté, riches, renommés, nageant dans les plaisirs, très vertueux et qui vivent cent années.

41. Mais des (quatre) autres (modes) blâmables de mariage naissent des enfants cruels et menteurs, ennemis du Véda et de la Loi sacrée.

42. D'un mariage sans reproche naît pour les hommes une postérité sans reproche, et d'un (mariage) répréhensible (naît une postérité) répréhensible ; on doit donc éviter les (modes d'union) entachés de blâme.

43. La cérémonie de la Prise de la main est prescrite (quand les) femmes (sont) de même caste (que leurs maris) ; voici le rite (qu'on doit suivre) dans les mariages avec des femmes d'une caste différente.

44. En épousant un homme de caste supérieure, une Kchatriyâ doit tenir une flèche, une Vaisyâ, un aiguillon, une Soudrâ le bord d'un vêtement.

45. (Un mari) attaché à sa femme doit toujours l'approcher à l'époque favorable, et il peut l'approcher (en tout autre temps) par désir du plaisir sexuel, à l'exception des jours lunaires défendus, en observant cette interdiction.

46. On appelle époque naturelle de la femme seize (jours et seize) nuits (par mois) avec quatre autres jours, désapprouvés par les gens vertueux.

43. Cette cérémonie s'appelle pāṇigrahaṇa.

44. « L'époux doit tenir l'autre bout de la flèche ou de l'aiguillon ». (Kull.)

45. *A l'époque favorable :* suivant Kull. « cette époque, caractérisée par l'apparition des règles, est propre à la fécondation de la femme ». — *Les jours lunaires défendus* ou Parvans sont les huitième, quatorzième et quinzième jour de chaque quinzaine. Cf. IV, 128. — Tadvrata signifie, suivant Kull., « désireux de lui plaire ».

46. Chez les Hindous on compte par nuits : voilà pourquoi dans l'expression seize nuits il faut comprendre les jours. — Ces jours sont comptés à partir de l'apparition des règles, çoṇitadarçanāt prabhṛti.

47. Mais parmi ces (seize nuits) les quatre premières ainsi que la onzième et la treizième sont défendues, les autres sont recommandées.

48. Dans les nuits paires on engendre des garçons, dans les nuits impaires des filles ; aussi, quand on désire un fils, doit-on approcher sa femme dans les (nuits) paires à l'époque favorable.

49. Si la semence de l'homme prédomine, c'est un fils qui naît; si la semence de la femme prédomine, c'est une fille; s'il y a égalité (entre les semences) il naît un eunuque, ou une fille et un garçon; s'il y a faiblesse ou insuffisance (dans les deux), au contraire (il n'y a pas conception).

50. Celui qui s'abstient de femmes pendant les nuits défendues, et pendant huit autres est (l'égal en chasteté d')un novice, en quelque ordre qu'il vive.

51. Un père connaissant (son devoir) ne devra pas accepter la moindre gratification (pour le don) de sa fille; en acceptant par cupidité une gratification, il serait le marchand de sa fille.

52. Les parents qui dans leur folie vivent sur le bien d'une femme (et s'approprient) les voitures ou les vêtements d'une femme (sont) coupables (et) vont en enfer.

53. Quelques-uns ont dit que (le présent) d'un taureau et d'une vache (fait) à un (mariage) suivant le rite des Saints était une gratification, (mais) à tort ; (car) grande ou petite, toute gratification (acceptée par le père) serait un marché.

54. Quand les parents ne prennent pas (pour eux) le cadeau (fait à la jeune fille), ce n'est pas un marché; il n'y a là qu'une marque d'honneur et d'affection envers la jeune épouse.

47. Cf. IV, 40, où Manou défend le coït à l'apparition des menstrues. Il y a dans ces prescriptions minutieuses une certaine confusion.

49. Ce vers contredit le précédent, puisqu'il attribue le sexe de l'enfant non à l'influence du jour de la procréation, mais à la prédominance de la semence du père ou de celle de la mère; cette explication n'a du reste pas plus de valeur que l'autre. — *Eunuque,* ou, suivant B. « hermaphrodite. »

50. *Ordre,* c'est-à-dire qu'il soit maître de maison, ou anachorète, ou mendiant; les novices sont tenus à la chasteté.

55. Les femmes doivent être honorées et parées par leurs pères, frères, maris et beaux-frères, s'ils désirent une grande prospérité.

56. Là où les femmes sont honorées, les dieux sont contents ; là où elles ne le sont pas, tous les sacrifices sont stériles.

57. Une famille où les femmes sont malheureuses dépérit très rapidement ; celle où elles ne le sont pas, prospère toujours.

58. Les maisons maudites par les femmes qui n'ont pas été honorées (comme il faut) périssent de fond en comble, comme détruites par enchantement.

59. C'est pourquoi les hommes soucieux de leur prospérité doivent toujours honorer les femmes aux jours de fête et dans les cérémonies, (en leur offrant) des parures, des vêtements et des friandises.

60. Dans une famille où le mari se complaît avec sa femme et la femme avec son mari, la prospérité ne peut manquer d'être durable.

61. Car si la femme ne brille pas (par sa parure), elle ne peut charmer son époux, et d'autre part si le mari n'éprouve aucun charme, il ne naît point de postérité.

62. Quand la femme brille (par sa parure), toute la famille resplendit ; mais si elle ne brille pas, tout est sans éclat.

63. Contracter des mésalliances, négliger les rites, ne pas étudier le Véda, outrager les Brâhmanes, (voilà ce qui fait) déchoir les familles.

64. Les métiers, le négoce, (la procréation) d'enfants rien qu'avec des femmes Soudrâs, le (trafic) des chevaux, du bétail et des voitures, l'agriculture et le service du roi,

61. *Par sa parure :* « vastrâbharaṇâdinâ, par les vêtements, les parures, etc.». (Kull.) B. traduit : « Si la femme n'est pas radieuse de beauté », et B. H. : « Si la femme ne se complaît pas avec son époux »; rocate a aussi le sens de « se complaire. »

64. *Les métiers* « tels que la peinture, etc. ». — *L négoce* « tel que l'usure ». (Kull.)

65. Les sacrifices (offerts) pour des personnes indignes, l'incrédulité (en ce qui concerne les récompenses futures) des bonnes œuvres, (voilà ce qui) détruit rapidement les familles où l'étude du Véda est négligée.

66. Mais les familles riches de la connaissance du Véda, quoique pauvres de biens, sont comptées parmi les familles honorables et acquièrent une bonne réputation.

67. Avec le feu sacré nuptial le maître de maison devra suivant la règle accomplir les rites domestiques, les cinq (grands) sacrifices et la cuisson quotidienne (des aliments).

68. Le maître de maison a cinq instruments de destruction (des êtres animés), le foyer, la meule, le balai, le mortier, le pot à eau, par l'emploi desquels il est lié (au péché).

69. Pour expier dans l'ordre (les péchés encourus par l'emploi de) tous ces (cinq instruments), les grands Sages ont prescrit au maître de maison les cinq grands sacrifices quotidiens.

70. La lecture du Véda est le sacrifice à Brahme, l'offrande de gâteaux et d'eau est le sacrifice aux Mânes, l'offrande au feu est (le sacrifice) aux Dieux, l'offrande de nourriture (est le sacrifice) aux Êtres, l'accomplissement des devoirs d'hospitalité est le sacrifice aux hommes.

71. Celui qui dans la mesure de ses moyens ne néglige pas ces cinq grands sacrifices, n'est pas souillé par les péchés (commis en employant) les cinq instruments de destruction, quoique demeurant toujours dans sa maison.

67. *Les rites domestiques :* « les offrandes du soir et du matin prescrites par les gṛhyasūtras (sūtras relatifs au culte domestique) ». (Kull.)

68. Sūna signifie littéralement abattoir; les créatures détruites par ces instruments sont naturellement les petits insectes.

70. *La lecture du Véda*, la récitation et l'enseignement du Véda. — *Le sacrifice à Brahme*, ou peut-être aussi « le sacrifice au Véda » : brahman = Véda. — L'offrande de gâteau et d'eau, appelée tarpaṇa est destinée à contenter les Mânes : elle correspond aux inferiæ des Latins. — L'offrande au feu, homa, consiste à répandre dans le feu le beurre clarifié. — L'offrande de nourriture dite bali consiste à jeter les restes du repas du matin et du soir à la porte de la maison avec quelques formules adressées aux dieux inférieurs. — Les Êtres ou Esprits, bhūtas.

72. Celui qui ne nourrit pas ces cinq (sortes de personnes), les Dieux, les hôtes, les gens sous sa dépendance, les Mânes et lui-même, bien qu'il respire, ne vit pas.

73. On appelle encore ces cinq sacrifices : Ahouta, Houta, Prahouta, Brâhmya-Houta et Prâsita.

74. L'Ahouta est la prière murmurée, le Houta est l'offrande au feu, le Prahouta est l'offrande de nourriture aux Êtres, le Brâhmya-Houta est le respect envers les Brâhmanes et le Prâsita est l'offrande aux Mânes.

75. (Le maître de maison) doit être constamment appliqué à la lecture du Véda et à (l'accomplissement) des sacrifices aux Dieux ; car celui qui est exact (à offrir) des sacrifices aux Dieux soutient (tout) ce (monde) animé et inanimé.

76. L'offrande convenablement jetée dans le feu parvient au soleil ; le soleil engendre la pluie ; la pluie engendre la nourriture par laquelle (subsistent) les créatures animées.

77. De même que toutes les créatures subsistent par l'air, ainsi tous les (autres) ordres vivent par le secours du maître de maison.

78. Parce que les individus (appartenant) aux trois (autres) ordres reçoivent quotidiennement du maître de maison des secours en instruction religieuse et en nourriture, (l'ordre du) maître de maison est le plus éminent de tous.

79. Quiconque désire une (félicité) impérissable (au) ciel et un bonheur constant ici-bas doit soutenir avec zèle (les devoirs de) cet (ordre) que ne peuvent soutenir les gens sans empire sur leurs organes.

74. Huta désigne d'une façon générale une offrande; ahuta signifie non-oblation, c'est-à-dire adoration sans offrande. L'explication de brâhmyahuta repose sur une équivoque, brâhmya signifiant à la fois relatif à Brahman et relatif aux Brâhmanes. Prâçita signifie littéralement chose mangée.

75. Le vers suivant explique en quoi celui qui offre le sacrifice « soutient le monde animé et inanimé » : les animaux se nourrissent des végétaux, les végétaux sont engendrés par la pluie, la pluie par le soleil, et le soleil lui-même subsiste des oblations faites dans le feu.

79. Durbalendriyaiḥ signifie littéralement dont les organes sont faibles; mais Kull. commente durbala par asaṃyata « non refréné ».

80. Les Saints, les Mânes, les Dieux, les Êtres et les hôtes réclament du maître de maison (les offrandes ; c'est pourquoi) celui qui connaît (son devoir) doit faire pour eux (ce qu'ils demandent).

81. Qu'il honore suivant la règle les Saints par la récitation du Véda, les Dieux par les oblations au feu, les Mânes par les offrandes funéraires, les humains par des aliments et les Êtres par l'offrande (dite) *bali*.

82. Il doit chaque jour faire une offrande funéraire avec du riz ou autre (aliment), ou avec de l'eau, ou bien avec du lait, des racines et des fruits, pour contenter les Mânes.

83. Qu'il nourrisse au moins un Brâhmane (dans la cérémonie) en l'honneur des Mânes qui fait partie des cinq grands sacrifices ; mais qu'à cette occasion il n'en nourrisse aucun au (sacrifice) adressé à tous les Dieux réunis.

84. Chaque jour un Brâhmane doit faire, dans le feu domestique, suivant la règle, avec la nourriture préparée à l'intention de tous les Dieux réunis, une oblation aux divinités suivantes :

85. D'abord au Feu et à la Lune (séparément) et à tous deux conjointement, puis à tous les Dieux réunis, ensuite à Dhanvantari,

82. L'offrande funéraire s'appelle Çrāddha.

83. *A cette occasion* atra, litt. : là. « L'objet de la seconde partie de ce vers, comme le remarque B., est de défendre que deux séries de Brâhmanes soient nourries au Çrāddha quotidien, comme cela se fait au Pārvaṇa Çrāddha, cf. v. 125 ».

84. *Un Brâhmane :* suivant une remarque de Kull. cette prescription s'applique aux trois castes supérieures. — On peut aussi faire dépendre le génitif vaiçvadevasya de gṛhye' gnau « dans le feu domestique (employé) pour préparer la nourriture à tous les dieux ».

85. Le feu Agni ; la lune Soma (soma désigne aussi le nectar des dieux). — Viçve devāḥ, tous les Dieux réunis, désigne des divinités d'ordre inférieur, au nombre de dix dont voici les noms : Vasu, Satya, Kratu, Daksha, Kâla, Kāma, Dhṛti, Kuru, Purū-Ravas, Mādravas. — Dhanvantari est le médecin des dieux, produit au barattement de l'Océan, le père de la médecine, l'auteur supposé de l'Âyur Véda, ouvrage médical considéré parfois comme un supplément de l'Atharva Véda.

86. A Kouhoû, à Anoumati, au Seigneur des créatures, au Ciel et à la Terre conjointement, enfin au Feu du bon sacrifice.

87. Après avoir ainsi offert exactement l'oblation (dans le feu), qu'il (aille) vers chacun des points cardinaux, (de l'Est) vers le Sud, et adresse (l'offrande) *bali* à Indra, à Yama, à Varouna, et à Soma ainsi qu'à leurs suivants.

88. En disant : « (Adoration) aux vents », il répandra (l'offrande) près de la porte ; en disant : « (Adoration) aux eaux », il la répandra dans l'eau ; en disant : « (Adoration) aux arbres », il la jettera sur le pilon et le mortier.

89. Au chevet (de son lit) qu'il fasse (une offrande) à Srî, au pied (de son lit) à Bhadrakâlî ; au centre de sa demeure qu'il adresse une (offrande) *bali* à la fois à Brahmâ et au Dieu de la maison.

90. Qu'il lance en l'air une (offrande) *bali* pour tous les Dieux réunis ; (qu'il en fasse une le jour) pour les Esprits qui errent le jour, et (la nuit) pour les Esprits qui errent la nuit.

91. Qu'il fasse au sommet de la maison une (offrande) *bali*, pour la prospérité de tous les êtres, et qu'il jette tout le reste dans la direction du Sud pour les Mânes.

86. Kuhū est la déesse de la nouvelle lune.— Anumati déesse de l'amour et de la génération ; c'est aussi une des phases de la lune.— Agni Svishṭakṛt est le Feu considéré comme le dieu qui accomplit heureusement le sacrifice.

87. Indra, chef des dieux et roi du ciel, le Jupiter indien ; son arme est le tonnerre. — Yama, le Pluton ou le Minos indien. — Varuṇa (Ouranos) personnification du ciel qui embrasse tout. — Soma ou Indu sont des noms de la lune, divinité du genre masculin chez les Indous.— Kull. fait remarquer qu'il doit se tourner « à l'Est pour Indra, au Sud pour Yama, à l'Ouest pour Varuṇa, et au Nord pour Soma ».

89. Çrī ou Lakshmī, épouse de Vichnou et déesse de la prospérité.— Bhadrakālī ou Durgā, nom de l'épouse de Çiva. — Le dieu de la maison Vāstoshpati.— B. H. entend différemment : « On doit faire (cela) au Nord-Est à Çrī ; au Sud-Ouest à Bhadrakālī, mais au milieu d'une demeure brâhmanique on doit faire l'offrande aux deux seigneurs ». On peut en effet couper le composé brahmavāstoshpatibhyām.

91. *La prospérité de tous les êtres :* B. personnifie « à Sarvātmabhūti ».

92. Il devra répandre à terre doucement (une part) pour les chiens, les hommes déchus de leur caste, les êtres vils, les gens atteints de maladies graves, les corneilles et les insectes.

93. Le Brâhmane qui honore ainsi perpétuellement tous les êtres va tout droit, revêtu d'un corps glorieux, au séjour suprême.

94. Après avoir ainsi accompli l'oblation *bali,* il doit donner d'abord à manger à son hôte et faire suivant la règle l'aumône à un mendiant et à un novice.

95. Autant le (disciple) qui offre suivant la règle une vache à son précepteur, acquiert de mérite pour sa bonne action, autant le Dvidja maître de maison en acquiert en donnant l'aumône.

96. Qu'il donne suivant la règle l'aumône ou un pot plein d'eau, après l'avoir orné (de fleurs et de fruits) à un Brâhmane connaissant le véritable sens du Véda.

97. Les offrandes aux Dieux et aux Mânes faites par des gens ignorants sont stériles, si, dans leur folie, les donateurs (en) offrent (une part) à des Brâhmanes qui ne sont que des cendres.

98. (Mais) une oblation au feu (qui est) la bouche d'un Brâhmane riche en savoir et en austérités, délivre de l'infortune, et même d'un péché grave.

99. Dès qu'un hôte arrive, il faut lui offrir un siège et de

92. *Les êtres vils :* çvapac signifie littéralement cuiseur de chiens (?) et désigne une catégorie d'êtres vils assimilés aux Cāṇḍālas.— *Atteints de maladies graves*, ou bien « atteints de maladies en punition de leurs péchés (pāpa) antérieurs ».

94. On peut réunir les deux derniers termes « un novice mendiant ».

96. « Phalapushpādinā satkṛtya : l'ayant garni de fruits, fleurs, etc. ». (Kull.) Mais satkṛtya pourrait aussi avoir pour complément le Brâhmane « l'ayant honoré dûment ». Au reste un peu plus loin Kull. ajoute que l'offrande doit être accompagnée d'une formule de salutation.

97. *Brâhmanes qui ne sont que des cendres :* « parce qu'ils sont dépourvus de l'éclat que donne la connaissance du Véda ». (Kull.)

98. Mot à mot : « dans la bouche-feu » ; la bouche du Brâhmane convié à manger l'offrande est comparée au feu dans lequel on jette l'offrande.

99. *Arrive :* « de son propre mouvement ». (Kull.) — Comme au vers 96

l'eau, ainsi que des aliments suivant ses moyens, après l'avoir honoré selon la règle.

100. Un Brâhmane qui n'a pas été honoré (dans la demeure d'un maître de maison) emporte tout (le mérite) des bonnes œuvres de celui-ci, même s'il (ne vit que) d'épis glanés et offre les cinq grands feux.

101. Herbe, terre, eau et bonne parole, (voilà) quatre choses (qui) ne font jamais défaut dans la maison des gens de bien.

102. Un Brâhmane qui demeure une (seule) nuit est appelé un hôte (atithi) ; il est nommé ainsi parce qu'il ne reste pas perpétuellement (anityam-sthita).

103. Un Brâhmane qui habite le même village, ou qui vient pour passer le temps, ne doit pas être considéré comme un hôte, même quand il arrive dans une maison (dont le maître) a une épouse et (entretient) les feux sacrés.

104. Les maîtres de maison assez insensés pour accepter la nourriture d'autrui, en punition de cette (faute) deviennent après leur mort les bestiaux de ceux qui leur ont donné des aliments et autres telles (choses).

105. Le maître de maison ne doit point renvoyer le soir un hôte amené par le (coucher du) soleil ; qu'il vienne en temps opportun ou non, il ne faut pas qu'il reste dans la maison sans nourriture.

106. Il ne doit rien manger lui-même sans en faire manger à son hôte ; le respect envers les hôtes procure la richesse, la gloire, une longue vie et le ciel.

satkṛtya peut signifier « ayant honoré son hôte », ou bien « ayant garni la nourriture d'ornements et autres accessoires ».

100. *Il ne vit que d'épis glanés.* Cf. IV, 5. — Les cinq grands feux sont, outre les trois énumérés au livre II, 231 : Gārhapatya, Dakshiṇa, Āhavanīya, l'Āvasathya et le Sabhya.

101. *Herbe :* « A défaut d'autres aliments »; *terre,* « un endroit pour se reposer » et *eau,* « pour se laver ». (Kull.)— *Ne font jamais défaut :* un hôte trouve toujours cela.

102. Il est superflu de remarquer que l'étymologie d'atithi, hôte, n'est pas celle que donne Manou : a privatif et sthā demeurer.

103. *Qui vient pour passer le temps :* Kull. commente ainsi : « qui gagne sa vie à raconter des histoires merveilleuses ou amusantes. »

107. Siège, chambre, lit, politesse au départ, soin à servir, (tout cela) doit être supérieur pour les (hôtes) supérieurs, modeste pour les (hôtes) humbles, égal pour les (hôtes) d'égale condition.

108. L'offrande à tous les Dieux réunis terminée, si un nouvel hôte arrive, on lui donnera des aliments suivant ses moyens, mais sans renouveler l'offrande *bali*.

109. Un Brâhmane ne doit point proclamer sa famille et sa race pour (se faire donner) des aliments; celui qui fait parade de ces (choses) pour (se faire donner) des aliments est appelé par les Sages « mangeur de vomissement ».

110. Mais un Kchatriya (venant) dans la maison d'un Brâhmane n'est pas considéré comme un hôte, non plus qu'un Vaisya, un Soudra, un ami, des parents, un précepteur.

111. Mais si un Kchatriya arrive dans la maison (d'un Brâhmane) en qualité d'hôte, (le maître de la maison) peut aussi lui donner à manger à son gré, après que les Brâhmanes mentionnés plus haut sont rassasiés.

112. Même quand un Vaisya et un Soudra arrivent dans la maison en qualité d'hôtes, il peut les faire manger avec ses domestiques, en leur témoignant de la bonté.

113. Quant aux autres (personnes) telles que ses amis, etc., venues chez lui par affection, il doit les faire manger avec sa femme, après avoir préparé suivant ses moyens les aliments.

114. Qu'il n'hésite pas à servir d'abord, même avant ses hôtes, les jeunes épouses, les enfants, les malades, les femmes enceintes.

110. « Parce que le Kchatriya et les autres sont d'un rang inférieur, les amis et les parents sont la même chose que lui-même, et le précepteur est supérieur ». (Kull.)

111. On peut construire différemment : « Si un Kchatriya arrive comme hôte dans la maison, après que les susdits Brâhmanes ont mangé. » — *A son gré :* kāmam peut se rapporter au maître de la maison, ou à l'hôte : « autant que celui-ci le désire, à discrétion. » L'expression atithidharmeṇa indique que l'hospitalité est un devoir strict.

113. Prakṛtya signifie peut-être comme plus haut satkṛtya : « après les avoir reçus avec bonté ».

115. L'insensé qui mange le premier avant d'avoir servi ces (diverses personnes) ne se doute pas, pendant qu'il mange, qu'il servira (après sa mort) de pâture aux chiens et aux vautours.

116. Après que les Brâhmanes, les parents, les serviteurs ont dîné, le maître de maison et son épouse peuvent manger ensuite ce qui reste.

117. Après avoir honoré les Dieux, les Saints, les hommes, les Mânes et les Divinités tutélaires de la maison, le maître de maison mangera ensuite ce qui reste.

118. Il ne mange que du péché celui qui prépare (des aliments pour lui seul); en effet les aliments qui restent du sacrifice sont prescrits pour la nourriture des gens de bien.

119. Qu'il honore par une offrande de miel un roi, un prêtre officiant, un étudiant dont le noviciat est terminé, un précepteur, un gendre, un beau-père, un oncle maternel, (lorsqu'ils viennent) de nouveau après une année révolue.

120. Un roi et un (Brâhmane) instruit qui arrivent au moment de la célébration d'un sacrifice doivent être honorés par une offrande de miel, mais non s'il n'y a point de sacrifice (célébré) ; telle est la règle.

121. L'épouse doit faire le soir avec la nourriture préparée une offrande *bali*, sans (réciter) aucune formule sacrée; car (l'oblation) dite à tous les Dieux réunis est prescrite pour le soir et pour le matin.

122. Après avoir accompli le sacrifice aux Mânes, un Brâhmane qui entretient un feu (sacré) doit tous les mois, à la nouvelle lune, offrir le repas funéraire appelé Pindânvâhâryaka.

118. Vidhîyate « sont prescrits » ou peut-être simplement « sont appelés ».

119. *Une offrande de miel*, le madhuparka. — *Un étudiant :* un snâtaka qui a pris le bain final.

120. *Un Brâhmane instruit :* un Çrotriya. — Kull. ajoute : « mais un gendre et les autres, au bout d'une année, même sans qu'il y ait de sacrifice, doivent être honorés par un madhuparka ».

122. *Le repas funéraire :* le çrâddha; les cérémonies accomplies en l'honneur des parents décédés ont pour but d'assurer leur félicité dans l'autre monde. — Le repas piṇḍânvâhâryaka, c'est-à-dire le repas funèbre où l'on offre des gâteaux appelés piṇḍa.

123. Les Sages ont appelé Anvâhârya l'offrande funéraire mensuelle aux Mânes ; elle doit être faite soigneusement avec les viandes prescrites.

124. Je vais dire exactement quels Brâhmanes on doit inviter en cette (solennité), quels sont ceux qu'on doit exclure, en quel nombre, et avec quels aliments (on doit les traiter).

125. On doit en traiter deux à la cérémonie en l'honneur des Dieux, trois à la cérémonie en l'honneur des Mânes, ou bien un seulement à chacune des deux ; même quand on est riche, on ne doit pas rechercher une nombreuse compagnie.

126. La nombreuse compagnie détruit ces cinq (choses, à savoir) : l'accueil honorable (fait aux hôtes, l'opportunité) de lieu et de temps, la pureté et la réunion de Brâhmanes (vertueux); aussi ne doit-on pas désirer nombreuse compagnie.

127. La cérémonie des morts appelée le sacrifice aux Mânes, (qui a lieu) au jour de la nouvelle lune est renommée; cette cérémonie des morts prescrite par la tradition procure sans cesse des prospérités à celui qui est exact à la (célébrer).

128. Les oblations aux Dieux et aux Mânes ne doivent être données par celui qui les offre qu'à un Brâhmane instruit ; ce qu'on donne à ce Brâhmane très méritant porte de grands fruits.

129. Rien qu'en invitant un seul homme instruit (à la cérémonie) en l'honneur des Dieux, (et à celle) en l'honneur des Mânes, on obtient une belle récompense, plutôt (qu'en nourrissant) même un grand nombre (de personnes) qui ne connaissent point le Véda.

123. Kull. explique ainsi ce nom : « parce qu'elle a lieu après (l'offrande des) gâteaux ».

126. B. H. : « la prospérité des Brâhmanes »; B. « la sélection de vertueux Brâhmanes comme hôtes » ; L. : « la faveur de recevoir des Brâhmanes ». Le sens est qu'une compagnie nombreuse est forcément mélangée.

127. Laukikî est expliqué par smârtikî « fondée sur la tradition, sur la smṛti ». — Le verbe eti est d'une concision obscure. Suivant l'explication de Kull., « une récompense consistant en fils et petit-fils vertueux, en richesses, etc. », revient à celui qui accomplit cette cérémonie.

130. On doit s'enquérir même (sur les ascendants) reculés d'un Brâhmane qui a achevé l'étude du Véda; un tel homme est un digne réceptacle des offrandes aux Dieux et aux Mânes; c'est (vraiment) un hôte.

131. Quand même un millier d'hommes ignorants des livres saints prendraient part (à un repas funéraire), un seul homme instruit dans le Véda, (s'il est) satisfait (de l'accueil qu'on lui a fait) les vaut tous, suivant la loi.

132. Les offrandes aux Dieux et aux Mânes doivent être données à une personne distinguée par son savoir ; car les mains souillées de sang ne se purifient pas dans le sang.

133. Autant un ignorant du Véda avale de bouchées dans un sacrifice aux Dieux ou aux Mânes, autant (celui qui donne le repas) avalera après sa mort de javelots, d'épieux et de balles de fer incandescents.

134. Certains Brâhmanes se consacrent à l'étude, d'autres aux austérités, d'autres aux austérités et à la lecture du Véda, d'autres aux œuvres pies.

135. Les offrandes aux Mânes doivent être soigneusement données à ceux qui se consacrent à l'étude; mais les offrandes aux Dieux (peuvent être données) comme il convient aux (personnes des) quatre (catégories) qu'on vient de mentionner.

136. (Supposez) un fils ayant étudié le Véda jusqu'au bout,

130. Suivant Kull. « il faut examiner la pureté de lignage du père, du grand-père, etc. ». — *C'est là vraiment un hôte :* « parce qu'il fait obtenir de grandes récompenses ». (Kull.)

131. Littéralement « qui ne possédent pas les ṛcas », c'est-à-dire les hymnes sacrés.—Dharmataḥ, « suivant la loi », ou bien « dharma utpādanena, par la production du mérite spirituel ». (Kull.)

132. *Les offrandes*, c'est-à-dire la nourriture consacrée. — Cette comparaison veut dire, suivant Kull.: « les mains souillées de sang ne se lavent pas dans le sang, mais bien dans l'eau pure; ainsi la faute encourue, en donnant à manger à un sot, n'est pas effacée en donnant à manger à un autre sot, mais à un homme instruit ».

134. *Aux œuvres pies* : c'est-à-dire à l'accomplissement des rites sacrés.

135. Yathānyāyam : « conformément à la raison (de la loi sacrée) ». (B.)

136. Vedapāraga signifie, suivant le commentaire, qui a étudié les Védas et les Aṅgas.

et dont le père est ignorant, ou un fils ignorant dont le père a étudié le Véda jusqu'au bout :

137. De ces deux (personnages) on doit considérer comme le plus vénérable celui dont le père est instruit (dans le Véda) ; mais l'autre mérite d'être honoré à cause du respect dû aux livres saints.

138. A un sacrifice funéraire on ne doit point traiter un ami ; on peut gagner son affection par (d'autres) présents ; on doit à un sacrifice funéraire convier un Brâhmane qu'on ne considère ni comme ennemi ni comme ami.

139. Celui dont les offrandes aux Dieux et aux Mânes ont pour objet les amis ne recueille après la mort aucun fruit de ses offrandes aux Dieux et aux Mânes.

140. L'homme qui dans sa démence contracte des amitiés au moyen d'un repas funéraire, méprisable entre tous les Dvidjas, perd le ciel, comme ayant acquis un ami par le moyen d'un sacrifice funèbre.

141. Cette offrande (consistant dans) un festin en commun (avec des amis) est appelée par les Brâhmanes (l'oblation) aux démons ; elle reste en ce monde comme une vache aveugle dans une étable.

142. De même qu'en semant sur un sol stérile le laboureur ne récolte aucun produit, ainsi en offrant les aliments du sacrifice à des gens ignorants des livres saints, le donateur ne retire aucun fruit.

143. Mais un présent fait suivant la loi à un homme instruit assure à celui qui le donne et à celui qui le reçoit la jouissance d'une récompense en ce monde et dans l'autre.

139. *Ont pour objets les amis :* c'est-à-dire celui qui invite à une cérémonie en l'honneur des Dieux ou des Mânes des gens pour s'en faire par là des amis. Cf. le vers suivant.

140. Çrâddhamitra : L. « voué au sacrifice par intérêt seulement ». Il me semble plus naturel de faire de ce mot un composé possessif.

141. B. fait dépendre dvijaiḥ de dakshiṇâ et non d'abhihitâ : « l'offrande (de nourriture) par des Dvidjas ». — Le texte porte « dans une *seule* étable », mais je ne pense pas qu'il faille attacher un sens à eka.—*Reste en ce monde*, c'est-à-dire ne produit pas de fruit dans l'autre.

144. (A défaut d'un Brâhmane instruit), on peut à son gré, dans un sacrifice funéraire, honorer un ami (vertueux) plutôt qu'un ennemi même instruit; car l'offrande mangée par un ennemi reste sans fruit après la mort.

145. A un sacrifice funéraire on doit avoir grand soin de convier un (Brâhmane) ayant étudié complètement le Véda et connaissant bien le Rig-Véda, ou un (Brâhmane) versé dans le Yadjour-Véda (et) qui a été jusqu'au bout de (cette) branche (du Véda), ou un (Brâhmane) instruit dans le Sâma-Véda qui le possède en entier.

146. Si l'un de ces (trois) mange à un sacrifice funéraire après avoir été (convenablement) honoré, les ancêtres (de celui qui offre le repas) jusqu'au septième ascendant reçoivent une satisfaction durable.

147. Telle est la règle fondamentale pour l'accomplissement des sacrifices aux Dieux et aux Mânes; apprenez la règle secondaire (que voici), toujours observée par les gens vertueux.

148. On peut convier (à un repas funèbre, à défaut d'un Brâhmane instruit), son aïeul maternel, son oncle maternel, le fils de sa sœur, son beau-père, son précepteur, le fils de sa fille, son gendre, un parent, un prêtre officiant, ou une personne pour qui on offre un sacrifice.

149. Celui qui connaît la loi n'a pas besoin d'examiner un Brâhmane (pour le convier) à la cérémonie en l'honneur des Dieux; mais pour celle en l'honneur des Mânes, il doit l'examiner scrupuleusement.

150. Manou a déclaré indignes des offrandes aux Dieux et

145. B. restreint Vedapâraga au Rig-Véda « un adhérent du Rig-Véda qui a étudié une entière (recension de ce) Véda ». — *Versé dans le Yadjour-Véda :* un adhvaryu. — Il y a un quatrième Véda, l'Atharva-Véda, d'origine plus récente que les trois autres, et que Manou ne connaît pas.

148. Yâjya « une personne pour qui on offre le sacrifice » signifierait, selon d'autres, « celui qui accomplit le sacrifice ».

149. *Examiner un Brâhmane :* au sujet de la pureté de sa famille (cf. v. 130), ou peut-être au point de vue personnel.

aux Mânes les Brâhmanes voleurs, exclus de leur caste, eunuques ou athées.

151. On ne doit point convier à un sacrifice funéraire un homme qui porte les cheveux nattés, celui qui n'a point étudié le Véda, ni un infirme, un joueur, ni ceux qui sacrifient pour tout le monde.

152. Les médecins, les montreurs d'idoles, les marchands de viande, et ceux qui vivent de trafic doivent être exclus des sacrifices aux Dieux et aux Mânes.

153. Un homme au service d'un village ou d'un roi, un homme qui a mal aux ongles ou les dents noires, un (étudiant) qui fait de l'opposition à son précepteur, un (homme) qui néglige le feu (sacré), un usurier,

154. Un phtisique, un gardeur de troupeaux, un frère cadet marié avant son aîné, un (homme) qui néglige les (cinq grands) sacrifices, un ennemi des Brâhmanes, un frère aîné qui ne s'est pas marié avant son cadet, un membre d'une corporation,

155. Un acteur, celui qui a enfreint ses vœux, le mari (en premières noces) d'une femme Soudrâ, le fils d'une femme remariée, un borgne, celui qui tolère dans sa maison un amant de sa femme,

156. Celui qui enseigne pour un salaire, et celui qui reçoit l'instruction moyennant salaire, l'élève d'un Soudra et le

---

151. *Qui porte les cheveux nattés :* c'est-à-dire « un ñovice ». (Kull.) — Au lieu de durbala « faible, infirme », Medh. a une autre leçon suivie par L. et B. H., durbāla « sans prépuce ». — *Qui sacrifient pour tout le monde :* le texte dit seulement « pour beaucoup de gens » tels que des dégradés ou autres.

152. B. H. met un point après « les marchands de viande » et rapporte le commencement du vers au vers précédent. — *Les montreurs d'idoles* ou « les prêtres d'un temple » (B.), ou « ceux qui adorent les idoles pour gagner leur vie ». (B. H.)

154. Je ne sais sur quelle autorité L. traduit gaṇābhyantara par « un homme qui vit aux dépens de ses parents. »

155. *Un acteur :* ou un danseur, un chanteur. — *Celui qui a enfreint ses vœux* veut dire « un novice qui a manqué à la chasteté ».

156. On peut aussi prendre çūdraçishya pour un composé possessif, comme

Soudra précepteur, un homme grossier dans ses paroles, le fils d'une femme adultère ou le fils naturel d'une veuve,

157. Celui qui délaisse sans motif sa mère, son père ou son précepteur, celui qui est entré en rapport avec des dégradés soit par les liens du Véda, soit par ceux du mariage,

158. Un incendiaire, un empoisonneur, celui qui mange le pain d'un fils adultérin, un vendeur de soma, un (homme) qui voyage par mer, un barde, un marchand d'huile, un faux témoin,

159. Un (fils) qui a procès avec son père, un joueur, un ivrogne, un (homme) atteint d'une maladie grave, un (homme) décrié, un trompeur, un marchand d'essences,

160. Un fabricant d'arcs et de flèches, l'époux d'une jeune sœur mariée avant son aînée, celui qui trahit un ami, celui qui vit du jeu, celui qui a pour précepteur son fils,

161. Un épileptique, un strumeux, un (homme) atteint de la lèpre blanche, un délateur, un fou, un aveugle, un détracteur des Védas, (tous ces gens) doivent être exclus.

162. Un cornac d'éléphants, un dresseur de bœufs, de chevaux, de chameaux, celui qui fait métier de l'astrologie, un éleveur d'oiseaux, ainsi qu'un maître d'escrime,

163. Celui qui détourne les cours d'eau, ou qui aime à les obstruer, un architecte, un messager, un planteur d'arbres (salarié),

164. Un dresseur de chiens, un fauconnier, un séducteur de filles, un homme malfaisant, un (Brâhmane) qui mène la vie d'un Soudra, un sacrificateur aux dieux inférieurs,

le fait B., « celui qui enseigne à des élèves Soudras ». — *Un homme grossier en paroles :* « ou suivant d'autres, un homme décrié (abhiçasta) ». (Kull.)

157. B. H. entend différemment : « celui qui est abandonné par sa mère ». — *Les liens du Véda :* c'est-à-dire en étudiant avec eux le Véda.

159. *Un procès :* ou simplement « des contestations. — *Un joueur*, ou bien « celui qui tient une maison de jeu ». — Sur les deux sens possibles de pâparogin, cf. v. 92 ; par maladie grave il faut entendre l'éléphantiasis ou la phtisie. — Abhiçasta « décrié », ou suivant B. « celui qui est accusé d'un péché mortel. »

164. *Soudra :* le texte porte vṛshala. Suivant Kull. le sens est « celui qui

165. Celui qui viole les bonnes coutumes, un eunuque, celui qui mendie perpétuellement, un cultivateur, un pied bot, un (homme) méprisé des gens de bien,

166. Un berger, un conducteur de buffles, l'époux d'une femme remariée, un croque-mort, (tous ces gens) doivent être soigneusement exclus.

167. Un Brâhmane judicieux doit exclure des deux (cérémonies) ces (gens), les plus vils des Dvidjas, dont la conduite est répréhensible, et qui sont indignes d'être admis en respectable compagnie.

168. Un Brâhmane sans instruction s'éteint comme un feu d'herbe ; on ne doit point lui donner l'offrande consacrée aux Dieux ; ce serait sacrifier dans les cendres.

169. Je vais dire sans rien omettre quel fruit revient (après la mort) au donateur qui offre l'oblation consacrée aux Dieux ou aux Mânes à une personne indigne d'être admise en respectable compagnie.

170. Ce qui a été mangé par des Brâhmanes ayant rompu leur vœu, par des jeunes frères mariés avant leurs aînés et autres telles personnes indignes d'être admises, est en réalité dévoré par les démons.

171. Celui qui prend femme et allume le feu sacré, alors que son aîné n'est pas encore marié, est appelé *Parivettar*, et l'aîné *Parivitti*.

gagne sa subsistance des Soudras çūdropakḷptavṛttiḥ ».—Les divinités inférieures sont les Gaṇas.

165. *Un pied bot :* ou bien un homme qui a l'éléphantiasis aux jambes.— Klīva « eunuque » est traduit par L. « celui qui remplit ses devoirs avec négligence ».

167. *Les deux cérémonies :* c'est-à-dire celle en l'honneur des Dieux et celle en l'honneur des Mânes. Toutes ces infirmités sont considérées comme des punitions de fautes commises dans une vie antérieure.

168. Un feu d'herbes (sèches) est vite consumé et il ne reste plus que des cendres pour y verser l'offrande.

170. *Par les démons :* et non par les Dieux et les Mânes auxquels l'oblation est destinée, et par conséquent « ce sacrifice est stérile ». (Kull.)

171. *Allume le feu sacré :* c'est-à-dire accomplit la cérémonie de l'Agnihotra. — *Est appelé* : littéralement « doit être tenu pour. »

172. Tous deux, ainsi que la jeune fille avec laquelle l'hymen est contracté, (le père) qui la donne en mariage, et le prêtre du sacrifice (nuptial) vont tous les cinq en enfer.

173. Celui qui satisfait sa passion pour la femme de son frère mort, même quand elle a été légalement autorisée (à avoir un enfant de lui), doit être considéré comme l'époux d'une femme remariée.

174. Des femmes adultères il naît deux (sortes) de fils, le *kounda* et le *golaka* : le *kounda* si l'époux est encore vivant, le *golaka* après la mort de l'époux.

175. Ces deux êtres nés de la femme adultère font perdre au donateur ici-bas et après la mort (le fruit) des offrandes aux Dieux et aux Mânes, (dont il leur a) donné (une part).

176. Pour tous les (hôtes) honorables qu'un (homme) indigne d'être admis regarde manger, l'insensé qui donne (le repas funéraire) ne recueille aucun fruit dans l'autre monde.

177. Un aveugle, par sa présence, détruit pour le donateur (d'un repas) la récompense (que lui vaudrait la réception) de quatre-vingt-dix hôtes, un borgne (celle) de soixante, un (homme) atteint de lèpre blanche (celle) de cent, celui qui a une maladie grave (celle) de mille.

178. Le donateur (d'un repas funéraire) perd le fruit de son œuvre méritoire pour tous les Brâhmanes (invités) qu'un (homme) qui sacrifie pour les Soudras, peut toucher avec ses membres.

179. Si par cupidité un Brâhmane, quoique instruit dans

173. Cf. IX, 58 sqq., le cas où de tels rapports peuvent être autorisés.— Je fais dépendre kâmataḥ d'anurajyeta : on peut aussi en faire un adverbe à part « au gré de ses désirs, par passion ».— Une femme remariée, une didhishû.

174. *Les femmes adultères :* littéralement « les femmes des autres. »

177. Vîkshya « voyant » c'est-à-dire « assistant » Le comm. dit : « à défaut de quelqu'un qui voit, un aveugle placé à un endroit où un autre pourrait voir ». — *Atteint de maladie grave :* cf. v. 92, et v. 159 ; cette maladie doit être naturellement encore plus grave que la lèpre, peut-être la consomption. Kull. dit seulement « rogarâja, la reine des maladies. »

178. *Peut toucher avec ses membres :* ou bien « dont il a touché les membres ». Il faut sous-entendre « pendant la durée du repas ».

le Véda, accepte un présent d'un tel (personnage), il va rapidement à sa perte, tel un pot de terre non cuite dans l'eau.

180. (La nourriture) donnée à un vendeur de soma devient de l'ordure ; à un médecin, du pus et du sang ; (donnée) à un montreur d'idoles elle se perd ; à un usurier, elle reste stérile.

181. Celle qui est donnée à un marchand ne (fructifie) ni dans ce monde ni dans l'autre, et (celle qu'on donne) à un Dvidja né d'une femme remariée, est comme l'offrande jetée dans la cendre.

182. Mais les Sages déclarent que la nourriture (offerte) aux autres gens indignes d'être admis et méchants, que l'on vient d'énumérer, (devient) graisse, sang, viande, moelle et os.

183. Apprenez maintenant complètement par quels Brâhmanes peut être purifiée une compagnie polluée par (la présence) de gens indignes d'être admis, (et connaissez) ces Brâhmanes éminents qui purifient une compagnie.

184. Ceux qui excellent dans la science du Véda et de tous les traités accessoires, et qui descendent de (prêtres) instruits, doivent être considérés comme les purificateurs d'une compagnie.

185. Un Brâhmane qui s'est consacré à l'étude d'une des parties du Yadjour-Véda, celui qui entretient les cinq feux, celui qui connaît la portion du Rig-Véda appelée Trisouparna, celui qui est versé dans les six Angas, le fils d'une femme mariée suivant le rite de Brahmâ et celui qui chante la partie principale du Sâma-Véda,

186. Celui qui comprend le sens du Véda et celui qui

180. *Stérile :* littéralement « apratishṭham, qui ne se tient pas bien, qui n'est pas solide ». — B. traduit « ne trouve pas de place (dans le monde des Dieux) ».

183. *Ces Brâhmanes éminents :* ou simplement « ces Brâhmanes » ; dvijāgrya signifie, comme dvijottama « le premier parmi les Dvidjas ».

184. Les traités accessoires sont les Aṅgas. — Un prêtre instruit, un Çrotriya, un théologien.

185. Suivant le Dictionnaire de Saint-Pétersbourg triṇāciketa signifie dans ce passage « qui a allumé trois fois le feu appelé nāciketa ». C'est aussi le nom d'une des parties du Yadjour-Véda.

l'enseigne, le novice qui a donné mille (vaches à son précepteur), un centenaire, (tels sont) les Brâhmanes qui doivent être considérés comme purificateurs d'une compagnie.

187. La veille de la célébration d'un sacrifice funéraire, ou le jour même, on doit inviter dûment trois au moins des Brâhmanes qui ont été mentionnés.

188. Un Brâhmane invité à une (cérémonie) en l'honneur des Mânes, doit toujours être maître de ses sens ; qu'il s'abstienne de réciter le Véda, et que celui qui offre le sacrifice funèbre (l'imite).

189. Car les Mânes accompagnent ces Brâhmanes invités, les suivent comme le vent (quand ils marchent) et s'asseyent près d'eux quand ils sont assis.

190. Un Brâhmane invité suivant les règles à un sacrifice aux Dieux ou aux Mânes, et qui d'une manière quelconque manque (à l'invitation) est coupable, et deviendra (après sa mort) un porc.

191. Mais celui qui invité à un repas funéraire, satisfait sa passion avec une femme Soudrâ, se charge de tous les péchés commis par le donateur (du repas).

192. Exempts de colère, observateurs de la pureté, toujours chastes, ayant renoncé au combat, doués de grandes vertus, (tels) sont les Mânes, divinités primordiales.

193. Apprenez complètement quelle est l'origine de tous

187. Pūrvedyur aparedyurvā signifie littéralement « le jour précédent ou le jour qui suit ». L'expression « le jour qui suit » est ambiguë, au moins en français ; elle semblerait désigner « le jour après le sacrifice ». Mais le commentaire de Kull. est précis : « le jour précédent, ou à défaut de celui-ci, le jour même du çrāddha ».

188. *Qu'il s'abstienne de réciter le Véda :* « à l'exception de la prière murmurée qui est obligatoire ». (Kull.)

190. *Atikrāman :* littéralement « qui transgresse » est commenté par « Bhojanam akurvāṇaḥ ».

192. Les Mânes ou Pitris ne sont pas seulement les ancêtres divinisés des hommes, auxquels on offre des sacrifices ; ils sont aussi les ancêtres des Dieux et des génies, et les ancêtres primordiaux du genre humain.

193. *Qui ils sont :* peut-être ne faut-il pas faire de ye une proposition spéciale, mais le rapprocher de yaiḥ : c'est la tournure grecque τίνες τίσιν.

ces (Mânes), qui (ils sont), et par quels rites ils doivent être honorés.

194. Les (diverses) classes de Mânes sont considérées comme les fils de tous ces Saints, Marîtchi et les autres, enfants de Manou issu de Brahmâ.

195. Les Somasads fils de Virâdj sont considérés comme les ancêtres des Sâdhyas et les Agnichvâttas fils de Marîtchi sont fameux dans le monde (comme étant les ancêtres) des Dieux.

196. Les Barhichads fils d'Atri sont reconnus (comme les ancêtres) des Daityas, des Dânavas, des Yakchas, des Gandharvas, des Sarpas, des Râkchasas, des Souparnas et des Kinnaras.

197. Les Somapas (sont les ancêtres) des Brâhmanes, les Havirbhoudjs ceux des Kchatriyas, les Âdjyapas ceux des Vaisyas, et les Soukâlins ceux des Soudras.

198. Les Somapas sont fils de Kavi, les Havichmats fils d'Anguiras, les Âdjyapas de Poulastya, les Soukâlins de Vasichtha.

199. Les Agnidagdhas, les Anagnidagdhas, les Kâvyas, les Barhichads, les Agnichvâttas et les Saoumyas doivent être reconnus (pour les ancêtres) des Brâhmanes seulement.

200. De ces classes principales de Mânes, qui viennent d'être énumérées, sachez qu'il existe ici-bas une infinité de fils et de petits-fils.

201. Des Sages sont issus les Mânes, des Mânes les Dieux et les Dânavas; mais les Dieux (ont donné naissance) au monde entier, (avec les êtres) animés et inanimés, dans l'ordre.

194. Cf. I, 35. — Hiraṇyagarbha, sein d'or, est un des noms de Brahmâ.

195. Virâdj, cf. I, 33.

196. Sur ces divers noms, cf. I, 37 et notes. Les Daityas fils de Diti, ou Asuras.

197. Somapa signifie buveur de soma.— Havirbhuj mangeur d'oblations.— Ājyapa buveur de la graisse du sacrifice.

198. Kavi ou Bhṛgu. — Havishmat = Havirbhuj.

201. Sages ou Saints, les Maharshis. — Les Dānavas, sorte des démons.

202. Même de l'eau (pure), offerte avec foi à ces (Mânes), dans des vases d'argent ou ornés d'argent, est la source d'une félicité impérissable.

203. Pour les Dvidjas, la cérémonie en l'honneur des Mânes est plus importante que la cérémonie en l'honneur des Dieux; car l'oblation aux Dieux qui précède l'oblation aux Mânes est déclarée un moyen propitiatoire pour celle-ci.

204. On doit commencer par une offrande aux Dieux comme (moyen de) protection pour (l'oblation aux Mânes) ; car les Démons emportent le repas funéraire privé de cette protection.

205. Il faut commencer et finir (un Srâddha) par une offrande aux Dieux, il ne faut ni commencer ni finir par l'offrande aux Mânes ; car celui qui commence et qui finit par l'offrande aux Mânes périt bientôt avec toute sa race.

206. Il faut enduire de fumier de vache un lieu pur et isolé, et avoir soin qu'il ait une pente vers le Sud.

207. Car les Mânes sont toujours satisfaits des offrandes faites en des lieux purs, sur les rives des fleuves et dans des endroits isolés.

208. Après que les Brâhmanes ont fait convenablement leurs ablutions, il faut les faire asseoir séparément sur des sièges préparés, garnis d'herbe *kousa*.

209. Ayant fait asseoir ces Brâhmanes irréprochables sur leurs sièges, il faut les honorer avec des guirlandes odoriférantes et des parfums, après avoir préalablement (honoré) les Dieux.

203. Āpyāyana : littéralement « un moyen de faire prospérer ».

204. Jeu de mots étymologique sur rakshas démon et le verbe rakshati, protéger.

206. Yama, seigneur des Mânes est régent du Midi.

207. *En des lieux purs :* « des lieux tels que les forêts et autres qui sont naturellement purs ». (Kull.)

208. Herbe sacrée usitée dans les cérémonies, Poa cynosuroïdes.

209. *Irréprochables :* ajugupsita, littéralement « non exécré », fait allusion sans doute à ces catégories mentionnées plus haut de Brâhmanes qui doivent être exclus des cérémonies. — Peut-être aussi faut-il entendre « sans les insulter », c'est-à-dire « avec respect », comme traduit L.

210. Après leur avoir apporté de l'eau, de l'herbe *kousa* et des grains de sésame, que le Brâhmane autorisé par (tous les autres) Brâhmanes ensemble fasse (l'oblation) dans le feu.

211. Ayant d'abord adressé à Agni, à Soma et à Yama, suivant les règles, une oblation (comme) moyen propitiatoire (du Srâddha) qu'il satisfasse ensuite les Mânes (par une offrande de riz).

212. Mais s'il n'y a point de feu (sacré), qu'il mette (les oblations) dans la main d'un Brâhmane; car le feu et un Brâhmane c'est tout un, disent les Brâhmanes qui connaissent les livres saints.

213. Ces Brâhmanes exempts de colère, faciles à contenter, antiques, voués à la prospérité du monde, on les appelle les Dieux du sacrifice funéraire.

214. Après avoir fait (l'oblation) au feu (et) tourné complètement autour (en marchant de gauche) à droite, on doit asperger d'eau la terre avec la main droite.

215. Ayant fait trois boulettes du reste de l'offrande, on doit, avec recueillement et la face tournée vers le Sud, (les) offrir de la même manière que (les libations) d'eau.

216. Ces boulettes offertes suivant le rite, on doit, attentif, essuyer cette main (droite) avec (les racines) de ces brins d'herbe *kousa*, à l'intention des (ancêtres) qui mangent les parcelles essuyées.

210. On peut rapporter saha à kuryât : « qu'il fasse avec eux. »

212. *S'il n'y a point de feu :* « parce qu'il n'est pas encore marié ou que sa femme est morte ». (Kull.)

213. *Facile à contenter :* suprasâdân est commenté par « prasannamukhân, au visage serein ». — *Antiques :* d'une race primitive.

214. Construction embarrassée. Voici ce que dit Kull. : « Ayant fait la série des rites accompagnant l'oblation au feu, tels que l'aspersion du feu et autres (formalités), en allant vers la droite. »

215. *De la même manière que l'eau :* c'est-à-dire « avec la main droite ». (Kull.)

216. Ces ancêtres sont d'après Kull. « le grand grand-père et les autres ancêtres » en remontant, c'est-à-dire le père et l'aïeul de ce dernier. Les trois boulettes sont pour les trois premiers ascendants.

217. S'étant rincé la bouche, tourné vers le Nord, ayant fait lentement trois suspensions d'haleine, celui qui connaît les textes sacrés adorera les six (divinités des) saisons et les Mânes.

218. De nouveau il versera lentement l'eau qui reste près des boulettes, et recueilli, il flairera ces boulettes dans l'ordre où elles ont été placées.

219. Prenant successivement de petites portions de ces boulettes, il les fera manger suivant la règle, à ces Brâhmanes assis, avant (le repas).

220. Celui dont le père est encore en vie doit offrir le (repas funèbre) aux (Mânes des trois ancêtres) qui l'ont précédé ; ou bien encore il peut faire manger son père au repas funéraire comme un Brâhmane.

221. Mais celui dont le père est mort, et dont l'aïeul (paternel) est encore en vie, doit, après avoir prononcé le nom de son père, mentionner celui de son grand grand-père.

222. Ou bien le grand-père peut prendre part au repas funèbre, a dit Manou, ou bien (son petit-fils) autorisé par lui peut de lui-même accomplir (la cérémonie) à sa volonté.

223. Ayant versé dans les mains de ces (hôtes) de l'eau mêlée de sésame, avec un brin d'herbe *kousa*, il (leur) donnera le sommet de ces boulettes en disant : «Svadhâ pour eux ! »

224. Puis ayant pris lui-même un (plat) rempli d'aliments avec ses deux mains, il le déposera doucement devant ces Brâhmanes, en pensant aux Mânes.

220. C'est-à-dire au grand-père, bisaïeul, etc. — *Comme un Brâhmane vipravat*, c'est-à-dire « comme un des hôtes Brâhmanes. »

222. *Le grand-père peut prendre part au repas funèbre :* « à la place du Brâhmane qui le représenterait s'il était mort ». (Kull.) — *A sa volonté :* c'est-à-dire suivant Vishnu, auteur d'un code de lois, cité par Kull. « son grand-père vivant l'ayant autorisé à faire à sa guise, il peut à sa volonté ou bien faire manger son grand-père, ou bien faire deux Çrâddhas à l'intention de son père et de son bisaïeul ».

223. Svadhâ désigne la libation aux Mânes, et est une sorte d'interjection.

225. Les aliments qu'on apporte sans les tenir entre les deux mains sont enlevés de force par les esprits malfaisants.

226. Les assaisonnements tels que bouillon, légumes et autres, lait frais ou lait sụri, beurre fondu et miel, il doit les déposer avec soin par terre, étant attentif et recueilli,

227. (Ainsi que) les aliments durs et les divers mets, racines, fruits, viandes délicates, et boissons parfumées.

228. Ayant apporté tous ces (plats) successivement, recueilli et attentif, qu'il les offre (à ses hôtes) en (leur) expliquant toutes les qualités de chacun.

229. Il ne doit en aucun cas verser une larme, s'irriter, dire un mensonge, toucher les aliments avec le pied, ni les secouer.

230. Une larme envoie les mets aux Fantômes, la colère (les envoie) aux ennemis, le mensonge aux chiens, le contact du pied aux Démons, une secousse aux malfaiteurs.

231. Tout ce qui plaît aux Brâhmanes, il doit le donner libéralement, et faire des récits concernant l'Être suprême, car cela est agréable aux Mânes.

232. Dans un (sacrifice) aux Mânes, on doit faire entendre (à ses hôtes) la lecture du Véda, les livres de lois, les légendes, les épopées, les (récits des) Pourânas et les (textes apocryphes appelés) Khilas.

225. *Sans les tenir dans les deux mains*; c'est-à-dire avec une seule main. — *Les esprits* désigne ici les Asuras.

227. *Bhakshya*, aliment qui a besoin d'être mastiqué.

230. *Les fantômes*, les Pretas : « Une larme versée fait arriver les aliments du Çrâddha aux Pretas, et il n'en revient aucune satisfaction aux Mânes ». (Kull.)

231. Ou bien « raconter des histoires védiques »; Brahman = Veda. B. traduit : « proposer des énigmes tirées du Véda ».

232. « Les livres de lois tels que le Code de Manou et les autres; — les épopées telles que le Mahâbhârata; — les légendes telles que le Sauparṇa, le Maitrâvâruṇa; — les Khilas tels que le Çrîsûkta, le Çivasañkalpa, etc. ». (Kull.) — Les Purâṇas sont des recueils en vers des anciennes légendes, au nombre de dix-huit, attribués au sage Vyâsa (1000-1200 avant Jésus-Christ (?). Vyâsa est un nom qui signifie compilateur.

233. Content lui-même, qu'il charme (ses hôtes) Brâhmanes, qu'il leur fasse manger successivement (de chaque chose) et qu'il les engage à plusieurs reprises (en leur présentant) le riz et autres (mets dont il proclamera) les qualités.

234. Qu'il ait soin, à un repas funéraire, de convier le fils de sa fille, fût-il en son noviciat, qu'il mette sur le siège une couverture (en poil de chèvre du Népal) et qu'il répande à terre des grains de sésame.

235. Trois (choses) purifient dans un repas funèbre, le fils de la fille, la couverture et les grains de sésame; trois (choses) y sont recommandées, la pureté, l'absence de colère et de précipitation.

236. Tous les aliments doivent être très chauds, et on doit les manger en silence; les Brâhmanes (même) interrogés (à ce sujet) par celui qui donne (le repas) ne doivent point déclarer les qualités des mets.

237. Aussi longtemps que les aliments restent chauds et que l'on mange en silence, sans proclamer la qualité des mets, les Mânes prennent leur part (du repas).

238. Ce que l'on mange la tête couverte, ce que l'on mange la face tournée vers le Sud, ce que l'on mange avec des sandales (aux pieds), ce sont les Démons qui le dévorent.

239. Il ne faut pas qu'un homme de caste méprisée, un porc, un coq, un chien, une femme qui a ses règles, un eunuque voient manger les Brâhmanes.

240. Tout ce qui est vu par eux durant une oblation au feu, une (distribution de) présents, un repas (donné à des Brâhmanes), un sacrifice aux Dieux ou aux Mânes, est sans profit.

233. Guṇa signifie peut-être ici non pas qualité, mais comme au vers 226, « les assaisonnements ».

234. B. entend qu'il faut mettre cette couverture sur le siège de chaque hôte. B. H. « qu'il donne (à son hôte) une couverture pour siège. »

239. Un homme de caste méprisée veut dire ici un Cāṇḍāla, issu d'un Soudra et d'une Brâhmanî. — *Un porc :* Kull. explique varâha par « un porc de village », c'est-à-dire domestique, opposé à sanglier, sens ordinaire de varâha.

240. *Présents :* « tels que vache, or, etc. ». (Kull.)

241. Le porc détruit (les effets de la cérémonie) par son flair, le coq par le vent de ses ailes, le chien par son regard, un homme de caste méprisée par son attouchement.

242. Un boîteux, un borgne, un homme mutilé ou celui qui a un membre de trop, quand même il serait le serviteur de celui qui offre (le repas funéraire), doit être éloigné de là.

243. Si un Brâhmane ou un moine mendiant vient quêter sa nourriture, (le maître du repas) pourra lui faire honneur, suivant ses moyens, avec la permission de (ses hôtes) Brâhmanes.

244. Ayant mélangé toutes sortes de mets (avec des assaisonnements) et les ayant aspergés d'eau, qu'il les dépose à terre, en les éparpillant (sur des brins d'herbe *kousa*), devant (ses hôtes) qui ont fini de manger.

245. Le reste (des aliments), et ce qui a été éparpillé sur des brins d'herbe *kousa*, doit être la part des (enfants) morts avant l'initiation et des (hommes) qui ont abandonné (sans motif) des femmes de leurs castes.

246. Les restes tombés à terre pendant un (repas en l'honneur) des Mânes sont déclarés la part des serviteurs dévoués et honnêtes.

247. Avant la célébration du (rite dit) Sapindîkarana, on doit (faire) en l'honneur d'un Brâhmane qui vient de mourir un repas funéraire, sans (y joindre l'offrande) aux Dieux (réunis, et y) convier (un seul Brâhmane) en offrant seulement une boulette.

241. *Par son flair* : « en respirant le parfum des mets ». (Kull.)

245. *Morts avant l'initiation.* D'après Kull. asaṃskṛtapramītānām signifie « pour lesquels la cérémonie de la crémation n'a pas été faite ». Cf. V, 69, où il est dit que les enfants morts avant l'initiation ne doivent pas être brûlés. — Kulayoshitām « des femmes de leur caste » ou bien des « femmes de leur famille » (B. H.), ou bien « de nobles femmes ». (B.) Ces interprétations et d'autres sont fournies par les commentateurs.

247. Le texte de Jolly porte asapiṇḍa au lieu d'āsapiṇḍa. La leçon avec *a* bref, autorisée par Kull. et plusieurs autres, signifierait « le sacrifice pour les personnes non-sapiṇḍas ». Le sapiṇḍīkaraṇa a pour but de recevoir parmi les sapiṇḍas ou parents jusqu'au sixième degré inclus, un Brâhmane

248. Quand le (rite dit) Sapindîkarana a été accompli à son intention, suivant la loi, l'oblation des boulettes doit être faite par les fils de la manière (indiquée précédemment).

249. L'insensé qui après avoir mangé à un repas funéraire donne ses restes à un Soudra, tombe la tête la première dans l'enfer (appelé) Kâlasoûtra.

250. Si celui qui a pris part à un repas funéraire entre le jour même dans la couche d'une femme Soudrâ, les Mânes de ses (ancêtres) seront couchés pendant (tout) ce mois dans l'ordure de celle-ci.

251. Après avoir demandé (à ses hôtes) : « Avez-vous bien dîné ? » s'ils sont satisfaits, il les invitera à se rincer la bouche, et cette opération faite, il les congédiera en disant : « Reposez-vous (ici ou chez vous). »

252. A quoi les Brâhmanes doivent aussitôt répondre : « Contentement soit ! » Car à toutes les cérémonies en l'honneur des Mânes, le mot « contentement » est la plus excellente des bénédictions.

253. Ensuite il doit faire connaître (à ses hôtes) qui ont terminé leur repas, ce qui reste des aliments, et avec l'autorisation des Brâhmanes, en faire l'emploi qu'ils lui diront.

254. Dans un sacrifice aux Mânes il faut dire : « Avez-vous bien dîné ? » ; dans un sacrifice purificatoire pour une famille : « Avez-vous bien entendu ? » ; dans un sacrifice de réjouissance : « Avez-vous réussi ? » ; dans un sacrifice des Dieux : « Êtes-vous contents ? »

255. L'après-midi, les brins de *kousa*, la purification de la demeure, les grains de sésame, la distribution (des aliments),

récemment mort. Le çrāddha dont il est ici question s'appelle ekoddishṭa, adressé à un seul.

249. Kālasūtra, nom qui signifie fil de la mort.

252. Le mot svadhā.

254. Le sacrifice purificatoire pour une famille goshṭha ou goshṭhīçrāddha. — Le vṛddhi-çrāddha ou çrāddha pour l'accroissement de la prospérité est appelé ici abhyudaya, c'est-à-dire cérémonie célébrée à l'occasion de réjouissances. — Les quatre formules en question sont Svaditam, Suçrutam, Sampannam et Rucitam.

leur préparation, et des Brâhmanes distingués sont des avantages dans une cérémonie en l'honneur des Mânes.

256. Les brins d'herbe *kousa*, les (prières) purificatrices, le matin, les offrandes de toutes sortes ainsi que les purifications précédemment indiquées, doivent être reconnus pour des avantages dans un sacrifice aux Dieux.

257. La nourriture des anachorètes, le lait, le soma, la viande non assaisonnée et le sel naturel sont dits les offrandes de nature.

258. Ayant congédié les (hôtes) Brâhmanes, recueilli, silencieux et pur, la face tournée vers le Sud, on doit implorer (en ces termes) ces Mânes éminents :

259. « Puissent les hommes généreux abonder parmi nous! Puissent aussi (la science du) Véda et (notre) postérité (s'accroître) ! Puisse la foi ne jamais nous quitter ! Puissions-nous avoir beaucoup à donner ! »

260. Après avoir ainsi fait l'offrande, on doit aussitôt faire manger ces boulettes par une vache, un Brâhmane, une chèvre, (les faire consumer) par le feu (sacré) ou les jeter dans l'eau.

261. Quelques-uns font l'offrande des boulettes après (le repas des Brâhmanes) ; d'autres les font manger aux oiseaux, ou bien les jettent dans le feu ou dans l'eau.

262. Une épouse légitime fidèle à son mari, et attentive au culte des Mânes, devra manger soigneusement la boulette du milieu, (si elle) désire avoir un fils.

263. (Ainsi) elle enfantera un fils destiné à une longue vie, plein de gloire et de sagesse, riche, ayant une nombreuse postérité, vertueux et juste.

264. Ayant lavé ses mains et rincé sa bouche, (le maître du repas) devra préparer des aliments pour ses parents

257. *La nourriture des anachorètes :* « du riz sauvage. » (Kull.) — Le soma est le jus exprimé de l'Asclepias acida. — *La viande non assaisonnée :* « dépourvue d'odeurs fortes et autres » (Kull.), ou bien, suivant l'interprétation de Medh., « la viande non défendue ».

(paternels) et après les leur avoir présentés avec respect, il fera dîner à leur tour ses parents maternels.

265. Qu'il laisse les restes des Brâhmanes, jusqu'à ce que ceux-ci aient été congédiés; ensuite il fera l'offrande de la maison: telle est la règle.

266. Je vais maintenant exposer, sans rien omettre, quelle (sorte d')offrande donnée aux Mânes suivant la règle, sert pour un long temps ou pour l'éternité.

267. Des grains de sésame, du riz, de l'orge, des haricots, de l'eau, des racines et fruits offerts suivant le rite satisfont les ancêtres des hommes pour un mois.

268. On les satisfait pour deux mois avec du poisson, pour trois avec de la chair de gazelle, pour quatre avec de la chair de mouton, pour cinq avec de la chair d'oiseau,

269. Pour six avec de la chair de chevreau, pour sept avec de la chair de daim, pour huit avec de la chair d'antilope, pour neuf avec de la chair de cerf.

270. Ils sont satisfaits dix mois avec de la chair de sanglier et de buffle, onze mois avec de la chair de lièvre et de tortue,

271. Un an avec du lait de vache et du riz au lait; la satisfaction (que leur donne) la chair d'un bouc blanc dure douze années.

272. L'herbe kâlasâka et le (poisson) mahâsalka, la chair de rhinocéros et celle d'une chèvre rouge, du miel et tous les aliments des ermites, leur procurent une satisfaction éternelle.

273. N'importe quelle (substance) mêlée à du miel, offerte

265. L'offrande de la maison est l'offrande bali, l'oblation aux Bhūtas ou êtres.

268. *De la chair d'oiseau* « qu'il est permis aux Dvidjas de manger ». (Kull.)

269. *Cerf*: ruru, espèce particulière de cerf ou d'antilope.

271. *Un bouc blanc*, vārdhrīṇasa, appelé tripiva (qui boit par trois endroits), « parce que quand il boit l'eau d'une source, trois choses touchent le liquide : sa langue et ses deux oreilles, et ainsi il boit par trois endroits ». (Kull.)

272. Kālaçāka, Ocimum sanctum. — Mahāçalka (?), poisson, crabe ou crevette.

273. Maghā est le nom du dixième astérisme lunaire.

le treizième (jour lunaire) en (la saison des) pluies et sous la constellation Maghâ (procure) aussi (une joie) impérissable.

274. « Puisse-t-il naître dans notre lignée quelqu'un qui nous donnera du riz au lait avec du miel et du beurre clarifié, le treizième (jour lunaire) et (à l'heure) où l'ombre de l'éléphant tombe à l'Est ! » (tel est le vœu des Mânes).

275. Tout ce qu'un homme de foi donne ponctuellement, selon la règle, devient pour les Mânes dans l'autre monde (la source d'un contentement) éternel et indestructible.

276. Dans la quinzaine noire, les jours à partir du dixième, le quatorzième excepté, sont recommandés pour un sacrifice funéraire, mais il n'en est pas de même des autres.

277. Celui qui accomplit (un sacrifice funèbre) aux jours pairs et sous les constellations paires, obtient (la réalisation) de tous ses désirs ; celui qui honore les Mânes aux (jours impairs et sous les constellations) impaires, obtient une brillante postérité.

278. Et de même que la deuxième quinzaine est préférable à la première, ainsi l'après-midi vaut mieux que la matinée pour (la célébration d'un) sacrifice funéraire.

279. On doit accomplir (la cérémonie) en l'honneur des Mânes ponctuellement, sans se lasser, jusqu'à la fin, suivant les prescriptions, le cordon sacré passé sur l'épaule droite, en marchant de gauche à droite, (et) en tenant l'herbe *kousa* dans la main.

280. On ne doit point faire de sacrifice funéraire pendant la nuit, car la nuit est réputée (appartenir) aux Démons, ni

274. *Quand l'ombre de l'éléphant tombe à l'Est*, c'est-à-dire l'après-midi; l'éléphant est mis ici par synecdoque. Suivant Vishnu, cité par Kull., cette dernière condition est requise au défaut de la première ; il faudrait donc traduire : « Si ce n'est pas le treizième jour lunaire, en tout autre à l'heure où, etc. ».

277. Au lieu de arcan « honorant », il y a une autre leçon sarvān ; il faut sous-entendre alors l'idée exprimée par ce verbe : « (celui qui offre le Çrāddha) à tous les Mânes ».

279. *En allant de gauche à droite :* apasavyam est expliqué par Kull. « pitṛtīrthena la partie de la main consacrée aux Mânes.

aux deux crépuscules, ni au moment qui suit le lever du soleil.

281. On doit, suivant cette règle, offrir ici-bas le sacrifice funéraire, trois fois par an, en hiver, en été, en automne ; (mais) celui qui fait partie des cinq grands sacrifices, tous les jours.

282. L'oblation qui accompagne le sacrifice en l'honneur des Mânes, ne doit pas se faire dans un feu ordinaire, et la cérémonie funéraire (ne doit être accomplie) par un Brâhmane entretenant le feu (sacré) qu'au jour de la nouvelle lune.

283. Un Brâhmane qui après le bain satisfait les Mânes avec (une simple libation) d'eau obtient par là-même toute la récompense de l'accomplissement (quotidien) du sacrifice aux Mânes.

284. On appelle Vasous les (Mânes de nos) pères, Roudras (ceux de nos) grands-pères, Âdityas (ceux de nos) arrière-grands-pères ; ainsi (s'exprime) le texte révélé éternel.

285. On doit toujours consommer le Vighasa, toujours manger l'Amrita ; le Vighasa est le reste d'un repas (funéraire), l'Amrita le reste d'un sacrifice.

286. Tout le rituel concernant les cinq sacrifices vous a été exposé ; écoutez maintenant la règle concernant la manière de vivre des Brâhmanes.

281. *Trois fois par an* est un minimum. Kull. dit : « Qu'il fasse tous les mois le Çrâddha réglementaire, ou à défaut de cela, la règle est qu'il en fasse un tous les quatre mois ».

284. Le texte révélé, c'est-à-dire la çruti.

285. *Le reste d'un repas :* « Le reste de ce qui a été mangé par les Brâhmanes et autres ». (Kull.)

LIVRE QUATRIÈME

Les Devoirs du Maître de maison : Subsistance, étude du Véda, devoirs moraux, aliments permis ou défendus.

1. Après être resté le premier quart de son existence auprès de son précepteur, le Brâhmane ayant pris femme passera le deuxième quart dans sa propre maison.

2. Le genre de vie qui ne cause aucun tort aux créatures, ou qui en cause le moins possible, est celui que doit adopter le Brâhmane, sauf en cas de détresse.

3. Il doit amasser des biens autant qu'il est nécessaire à sa subsistance par les occupations irréprochables qui lui sont propres, sans fatiguer son corps.

4. Il peut vivre du Rita et de l'Amrita, ou du Mrita ou du Pramrita, ou même du Satyânrita, mais jamais de la Svavritti.

5. Rita désigne l'action de glaner des grains et des épis; Amrita c'est (ce qu'on reçoit) sans l'avoir demandé; Mrita (c'est) au contraire l'aumône sollicitée; Pramrita désigne l'agriculture.

3. *Qui lui sont propres*, svaiḥ « qui sont prescrites pour sa caste ». (Kull.)

4. Ces termes techniques sont expliqués dans les vers suivants ; leur sens littéral n'a aucune trace de rapport avec les idées qu'ils désignent dans ce passage : ṛta c'est « la vérité » ; amṛta « l'ambroisie » ; mṛta « la chose morte, ou le mort » ; pramṛta signifie la même chose que mṛta, ou suivant l'interprétation de B. « ce qui cause bien des morts », suivant L. « substance très mortelle » ; satyānṛta signifie « vérité et fausseté » ; çvavṛtti « vie de chien ».

5. Uñchaçila : je considère ce mot comme un composé copulatif : les deux termes signifient glaner.

6. Satyânrita désigne le commerce, dont on peut vivre à la rigueur; la domesticité est appelée Svavritti; aussi (un Brâhmane) doit-il l'éviter.

7. On peut avoir une provision de grains suffisante pour remplir son grenier, ou pour remplir une jarre, ou n'en avoir que pour trois jours, ou enfin n'avoir aucune provision pour le lendemain.

8. Or de ces quatre Brâhmanes maîtres de maison, (c'est) chaque fois le dernier dans l'ordre (qui) doit être tenu pour supérieur (au précédent, comme étant celui qui) par sa vertu a le mieux subjugué le monde.

9. L'un d'eux subsiste par six occupations, l'autre par trois, l'un par deux, le quatrième enfin vit (par une seule qui est) l'enseignement de la Sainte-Écriture.

10. Que celui qui vit en glanant des épis et des grains, toujours attentif à l'entretien du feu sacré, accomplisse seulement les sacrifices qui ont lieu aux changements de lune et aux solstices.

11. En aucun cas il ne doit pour subsister poursuivre une occupation mondaine; qu'il vive de la vie d'un Brâhmane, droite, sincère et pure.

6. *Le commerce* « et l'usure ». (Kull.)

7. *Pour remplir son grenier :* cette expression signifie suivant Kull. « une provision de trois ans ». *Pour remplir une jarre* « une provision d'un an ». Medh. dit : « Il peut avoir du grain et autres biens en quantité suffisante pour entretenir de nombreux domestiques, une épouse et tout ce qui s'ensuit durant trois années. »

8. *Subjugué le monde*, en d'autres termes « a gagné le plus de mérite spirituel ». C'est une locution courante de dire qu'un « saint subjugue le monde par ses vertus ».

9. Les six occupations, suivant Kull., sont « glaner, recevoir l'aumône, la demander, le labourage, le commerce et l'usure » cf. v. 5 et 6 et note 6. Suivant Medh. la sixième occupation est « l'enseignement ». Les trois occupations, sont, suivant Kull., « enseigner, sacrifier, recevoir l'aumône ». Les deux occupations sont, suivant Kull., « sacrifier et enseigner ». L'occupation unique, le Brahmasattra désigne la récitation quotidienne du Véda ou l'enseignement.

10. *L'entretien du feu sacré*, l'Agnihotra.

12. Celui qui désire le bonheur doit chercher le parfait contentement et dompter ses sens ; car le bonheur a pour racine le contentement, et le malheur l'inverse.

13. Un Brâhmane sorti de noviciat et qui mène l'un quelconque des genres de vie (précédemment énoncés), doit remplir les devoirs (suivants, dont l'observation) lui assure le ciel, une longue vie et la gloire.

14. Il doit toujours, sans se lasser, remplir les obligations qui lui sont prescrites par le Véda, car celui qui les remplit dans la mesure de ses moyens atteint la condition suprême.

15. Dans la prospérité ou dans le malheur, il ne doit pas chercher la richesse avec trop d'avidité, ni par des actes défendus, ni (accepter) de n'importe qui.

16. Qu'il ne s'attache point par sensualité aux objets des sens; qu'il réprime par la raison l'attachement excessif à ceux-ci.

17. Il doit fuir tous les biens qui empêchent l'étude du Véda, et (toujours être occupé à) l'enseigner comme il convient; car c'est là (ce qui lui procurera) la réalisation de ses désirs.

18. Il doit vivre ici-bas en mettant ses vêtements, ses paroles, ses pensées en conformité avec son âge, ses occupations, sa fortune, sa science et sa race.

19. Il doit toujours avoir sous les yeux ces traités qui dé-

13. Un Snâtaka est celui qui a pris le bain final et qui est entré dans la catégorie des maîtres de maison.

14. La condition suprême désigne ici comme ailleurs « la délivrance finale ».

15. Prasañgena « avec avidité » signifierait, suivant Kull., « par des arts qui séduisent les hommes, tels que la musique et le chant ». Le sens que j'ai adopté est autorisé par le commentaire de Nâr.

16. *Par la raison*, manasâ. B. traduit « (en réfléchissant à leur indignité) dans son cœur ».

17. Yathâtathâ est traduit par le Dictionnaire de Saint-Pétersbourg « comme il convient ». D'autre part le commentaire l'explique par kena api upâyena, « par n'importe quel moyen ».

19. *Les traités interprétatifs du Véda :* le mot nigama désigne ici les

veloppent rapidement la science, qui conduisent à la richesse, qui sont profitables, ainsi que les traités interprétatifs du Véda.

20. Car plus un homme étudie les traités, plus il acquiert de science, et plus son savoir brille.

21. Il doit autant que possible ne jamais négliger les sacrifices aux Sages, aux Dieux, aux Êtres, aux hommes et aux Mânes.

22. Certaines gens connaissant le rituel, accomplissent constamment les (cinq) grands sacrifices dans leurs organes des sens, sans faire aucun effort (extérieurement).

23. Les uns sacrifient constamment leur respiration dans leur parole, et leur parole dans leur respiration, voyant la récompense impérissable du sacrifice dans (leur) parole et (leur) respiration.

24. D'autres Brâhmanes, voyant par l'œil de la science que l'accomplissement de ces sacrifices a pour base la science, les font toujours par la science seule.

25. (Un Brâhmane) doit toujours offrir le sacrifice au feu au commencement et à la fin du jour et de la nuit, et accomplir à la fin de chaque quinzaine les sacrifices de la nouvelle et de la pleine lune.

26. Quand le grain (précédemment recueilli) est épuisé, le Brâhmane doit faire une oblation de grain nouveau; à la fin de chaque saison, il doit accomplir le sacrifice qui a lieu tous les quatre mois, à l'époque du solstice offrir un animal

Aṅgas; par çâstra « traité » Manou a en vue les ouvrages sur la religion, les lois, la médecine, l'astrologie, etc.

22. *Extérieurement*, c'est-à-dire pour les offrir extérieurement.

23. « Pendant qu'un homme récite un Brāhmaṇa (traité religieux), il est dans l'impossibilité de respirer, et alors il sacrifie sa respiration dans sa parole ; pendant qu'un homme respire, il est dans l'impossibilité de réciter, et alors il sacrifie sa parole dans sa respiration ». (Kull.)

25. Les sacrifices de la nouvelle et de la pleine lune sont le darça et le paurṇamâsa.

26. L'oblation avec du grain nouveau est l'āgrayaṇa; — chaque saison est de quatre mois; — le sacrifice qui a lieu tous les quatre mois (câturmâsya) est appelé ici adhvara.

domestique, à la fin de l'année faire les offrandes de soma.

27. Un Brâhmane qui entretient les feux (sacrés), s'il désire vivre longtemps, ne doit pas manger du grain nouveau ou de la viande, avant d'avoir offert les prémices du grain nouveau et (sacrifié) un animal domestique.

28. Car ses feux (sacrés), avides de grain nouveau et de viande, s'ils n'ont pas été honorés par les prémices du grain et par l'offrande d'un animal domestique, cherchent à dévorer ses souffles vitaux.

29. Qu'aucun hôte ne séjourne dans sa maison sans être honoré autant que possible d'un siège, d'aliments, d'une couche, d'eau ou de racines et fruits.

30. Les hérétiques, les gens qui ont des occupations défendues, ceux qui vivent comme des chats, les gens perfides, les sceptiques et ceux qui vivent comme des hérons, il ne doit pas les honorer même d'une parole.

31. Il doit honorer (en leur donnant part) aux offrandes destinées aux Dieux et aux Mânes les Brâhmanes maîtres de maison, instruits, qui ont quitté leur précepteur après avoir étudié le Véda et accompli leurs vœux ; mais qu'il évite ceux qui sont tout le contraire.

32. Selon ses moyens un maître de maison doit donner (des aliments) à ceux qui ne cuisent pas pour eux-mêmes (tels que les étudiants ou les religieux mendiants), et attribuer une part à (tous) les êtres, sans (toutefois) qu'il en éprouve aucun détriment.

33. Un (Brâhmane) sorti de noviciat, étant pressé par la

28. *Les souffles vitaux*, prāṇās, c'est-à-dire son existence.

30. Les gens qui vivent comme des chats sont les hypocrites. Cf. plus bas au v. 196, la définition de ceux qui vivent comme des hérons.

31. Peut-être faut-il avec B. séparer pour le sens vedavidyāvratasnātān de çrotriyān gṛhamedhinaḥ et en faire deux termes différents : « ceux qui sont devenus Snātakas après avoir étudié le Véda ou accompli leurs vœux, (et) les maîtres de maison qui sont çrotriyas (instruits) ».

33. *D'un roi* « de la caste des Kchatriyas ». (Kull.) — Yājya « une personne pour laquelle il sacrifie » est traduit par d'autres « le sacrificateur ».

faim, peut implorer des secours d'un roi, ou d'une personne pour laquelle il sacrifie, ou de son élève, mais d'aucun autre ; telle est la règle.

34. Un (Brâhmane) sorti de noviciat qui est en état (de se procurer sa subsistance) ne doit jamais se laisser périr de faim, ni porter des vêtements vieux ou sales, quand il a du bien.

35. Qu'il ait les cheveux, les ongles, la barbe coupés, qu'il soit le maître de ses sens, qu'il porte des vêtements blancs, qu'il soit pur, constamment appliqué à l'étude du Véda et à ce qui peut lui être salutaire.

36. Qu'il porte un bâton de bambou, un pot plein d'eau, un cordon sacré, une poignée d'herbe kousa et deux boucles d'oreilles brillantes en or.

37. Il ne doit point regarder le soleil quand il se lève ou quand il se couche, quand il est éclipsé, quand il se reflète dans l'eau, ou quand il est à son zénith.

38. Il ne doit point enjamber la corde (à laquelle est attaché) un veau, ni courir quand il pleut, ni regarder son image dans l'eau ; telle est la règle.

39. (En passant près) d'un monticule, d'une vache, d'une idole, d'un Brâhmane, (d'un pot) de beurre clarifié ou de miel, d'un carrefour, ou d'arbres bien connus, il doit les avoir à sa droite.

40. Quelque désir fougueux qu'il éprouve, il ne doit point approcher sa femme à l'époque des règles, ni coucher avec elle dans le même lit.

41. Car lorsqu'un homme approche une femme qui a ses règles, sagesse, énergie, force, vue, vitalité, (tout) dépérit (en lui).

42. (Mais) s'il évite sa femme quand elle a ses règles, sagesse, énergie, force, vue, vitalité, (tout) croît (en lui).

34. *Se procurer sa subsistance* « par sa science ou par d'autres moyens ». (Kull.)

40. Pramatta, littéralement « en rut »; à propos de cette prescription cf. III, 45 sqq.

41. Tejas « énergie » signifie aussi gloire.

43. Il ne doit pas manger avec sa femme, ni la regarder quand elle mange, éternue, bâille, ou quand elle est assise nonchalamment.

44. Un Brâhmane qui tient à son énergie, ne doit point regarder sa (femme) lorsqu'elle s'applique du kohol sur les yeux, quand elle se parfume d'essences, quand elle est sans vêtement, ou quand elle accouche.

45. Il ne doit point prendre d'aliments n'ayant qu'un seul vêtement, ni se baigner tout nu ; il ne doit point uriner sur une route, sur des cendres, ni dans un parc à vaches,

46. Ni dans une terre labourée, ni dans l'eau, ni sur une pile de bois, ni sur une montagne, ni dans un temple en ruines, ni sur une fourmilière,

47. Ni dans les trous habités par des êtres vivants, ni en marchant, ni debout, ni sur le bord d'un fleuve, ni sur la cime d'un mont.

48. Qu'il n'évacue jamais d'excréments ou d'urine la face tournée vers le vent, le feu, un Brâhmane, le soleil, l'eau ou des vaches.

49. Qu'il dépose (ses excréments) après avoir couvert (le sol) avec du bois, des mottes, des feuilles, de l'herbe, et autres choses semblables, en retenant ses paroles, étant pur, le corps enveloppé et la tête couverte.

50. Le jour il évacuera ses urines et ses excréments le visage tourné vers le Nord, la nuit la face tournée vers le Sud, aux deux crépuscules de la même manière que le jour.

---

43. Suivant Kull. «avec sa femme» signifie «dans le même plat, eka-pâtre».

44. Le kohol ou poudre d'antimoine dont les femmes en Orient se peignent les paupières.

46. Citi « pile de bois » ou « pile de briques » (B.), ou « bûcher funèbre ». (L.) J'ai supprimé kadācana « en aucun temps » qui m'a paru un remplissage.

47. Naditīram āsādya « sur le bord d'un fleuve ». Le gérondif āsādya est souvent employé comme équivalent d'une préposition, sur ou dans. Cependant B. lui donne toute sa valeur verbale « en atteignant la rive ».

51. Dans l'ombre ou dans l'obscurité, soit de jour, soit de nuit, un Brâhmane peut faire (ses besoins) le visage tourné dans la direction qui lui plaît, comme aussi dans le cas où il craindrait pour sa vie.

52. Elle périt l'intelligence de celui qui urine en face du feu, du soleil, de la lune, dans l'eau, en face d'un Brâhmane, d'une vache, du vent.

53. Il ne doit point souffler sur le feu avec sa bouche, regarder une femme nue, jeter dans le feu des immondices, ni s'y chauffer les pieds.

54. Il ne doit point placer (le feu) sous (un lit ou autre meuble semblable), ni marcher par-dessus, ni le mettre au pied (de son lit quand il dort), ni faire de mal à être qui vive.

55. Il ne doit ni manger, ni se mettre en route, ni se coucher au moment du crépuscule; il ne doit ni tracer des lignes sur la terre, ni ôter la guirlande (qu'il porte).

56. Qu'il ne jette dans l'eau ni urine, ni excréments, ni crachat, ni autre chose souillée d'immondices, ni sang, ni poisons.

57. Il ne doit point dormir seul dans une maison déserte, ni éveiller quelqu'un qui dort, ni causer avec une femme qui a ses règles, ni aller à un sacrifice sans être invité.

58. Dans l'emplacement consacré au feu, dans un parc à vaches, en présence de Brâhmanes, en récitant le Véda, en mangeant, qu'il ait le bras droit découvert.

59. Un homme sage ne doit point déranger une vache en train de boire, ni raconter la chose à qui que ce soit; s'il voit

51. « Lorsqu'il y a impossibilité de distinguer les régions célestes ». (Kull.) — *Il craindrait pour sa vie* « de la part des voleurs, des tigres et autres ». (Kull.)

55. *Du crépuscule*, du matin ou du soir. — *Oter sa guirlande :* « il ne doit point l'ôter lui-même, mais se la faire ôter par un autre ». (Kull.)

57. *Quelqu'un qui dort* « quelqu'un qui lui est supérieur en richesse, en science, etc. ». (Kull.)— *Sans être invité* « sans être choisi en qualité de prêtre officiant ». (Kull.)

59. B. traduit « une vache qui allaite (son veau) ». Kull. dit : « une

un arc-en-ciel au firmament, qu'il ne le montre à personne.

60. Il ne doit point habiter dans un village où la loi est négligée, ni (séjourner) longtemps dans celui où les maladies sont nombreuses ; il ne doit point se mettre en route tout seul, ni rester longtemps sur une montagne.

61. Il ne doit point résider dans un royaume (gouverné par) un Soudra, ni dans (une contrée) pleine de gens qui n'observent pas la Loi, ni dans celle qui est envahie par les hérétiques, ni dans celle qui est possédée par des gens des plus basses castes.

62. Il ne doit point manger (une substance) dont on a extrait l'huile, ni se rassasier outre mesure, ni (prendre ses repas) trop tôt (le matin) ou trop tard (le soir), ni (manger) dans la soirée quand il a (trop copieusement) déjeuné.

63. Il ne doit faire aucun effort sans but, ni boire de l'eau dans le creux de sa main, ni manger des mets (placés) sur son giron ; il ne doit jamais être curieux.

64. Il ne doit ni danser, ni chanter, ni jouer d'un instrument, ni claquer (des mains), ni grincer (des dents), ni dans la colère faire du tapage.

65. Qu'il ne se lave jamais les pieds dans un bassin de cuivre ; qu'il ne mange pas dans un plat cassé, ni dans (un vase) d'apparence impure.

66. Il ne doit point porter des souliers, des vêtements, un cordon sacré, un ornement, une guirlande, un pot à eau, qui aient déjà servi à d'autres.

vache qui boit de l'eau ou du lait », et il ajoute « si elle boit le lait d'autrui, il ne doit point le dire à celui dont elle boit le lait ». — L'arc-en-ciel, littéralement l'arc d'Indra.

63. *Curieux* « sans motif ». (Kull.)

64. « Il ne doit pas exécuter des danses, chants, ou morceaux de musique, non commandés par les çâstras ». (Kull.)

65. *Vase d'apparence impure* bhâvapratidûshite signifie litt. « souillé par nature ». Le commentaire dit « qui fait naître un doute dans l'esprit », c'est-à-dire de la pureté duquel on n'est pas sûr. A noter l'interprétation toute différente suivie par B. H. : « Qu'il ne mange pas dans un plat cassé, ni lorsque (son) esprit est troublé. »

67. Qu'il ne voyage point avec des bêtes de somme mal dressées, exténuées par la faim ou la maladie, ayant les cornes, les yeux ou les sabots endommagés, ou bien la queue mutilée.

68. Qu'il voyage toujours avec des (bêtes) bien dressées, rapides, portant des marques propices, d'une couleur et d'une forme irréprochables, et sans les stimuler beaucoup avec l'aiguillon.

69. Il doit éviter la chaleur (du soleil) qui vient de se lever, la fumée d'un cadavre (mis sur le bûcher) et un siège brisé ; il ne doit pas se couper (lui-même) les ongles ou les cheveux, ni se ronger les ongles avec les dents.

70. Il ne doit point écraser des mottes de terre ou arracher de l'herbe avec ses ongles; il ne doit faire aucun acte inutile, ou qui puisse avoir dans l'avenir des conséquences fâcheuses.

71. L'homme qui écrase une motte de terre, qui arrache de l'herbe ou qui ronge ses ongles, court rapidement à sa perdition, de même qu'un délateur ou une personne impure.

72. Il ne doit point raconter de médisances, ni porter de guirlande extérieurement; monter sur le dos d'une vache est en tout cas un acte répréhensible.

73. Il ne doit point entrer dans un village ou dans une maison enclose (de murailles) autrement que par la porte ; la nuit il doit se tenir à distance des racines d'arbre.

74. Il ne doit point jouer aux dés, ôter lui-même ses chaussures, manger couché sur un lit, ou tenant (ses aliments) dans sa main, ou (en posant le plat) sur un siège.

69. Bâlâtapa, signifie littéralement « jeune chaleur ». Kull. citant l'opinion de Medh. explique ainsi : « prathamoditâdityatâpa » : il ajoute que d'autres entendent « le soleil dans le signe de la Vierge ».

70. *Ecraser des mottes de terre* « sans motif ». (Kull.)

72. *Raconter des médisances* ou «se chamailler». (B.)—« Extérieurement à sa touffe de cheveux » (Kull.), ou peut-être « extérieurement à ses habits ». Suivant d'autres commentateurs, « en dehors de la maison ».

74. *Oter ses souliers*, «les porter avec la main dans un autre lieu». (Kull.)

75. Après le coucher du soleil, qu'il ne prenne aucun aliment contenant des grains de sésame ; qu'il ne se couche jamais ici-bas tout nu, qu'il n'aille nulle part sans s'être rincé la bouche.

76. Qu'il mange les pieds humides, mais qu'il ne se couche jamais les pieds humides; car celui qui mange les pieds humides atteint un grand âge.

77. Il ne doit jamais s'engager dans un lieu inaccessible et impénétrable à la vue ; il ne doit pas regarder des excréments ou de l'urine, ni passer une rivière (en nageant) avec les bras.

78. Il ne doit point marcher sur des cheveux, des cendres, des os, des tessons, des graines de coton ou des épeautres, pour peu qu'il tienne à une longue existence.

79. Qu'il ne fréquente point des gens dégradés, des Tchândâlas, des Poulkasas, des fous, des orgueilleux, des gens de basse caste, des Antyâvasâyins.

80. Il ne doit donner à un Soudra ni un conseil, ni des restes (du repas), ni l'offrande destinée aux Dieux ; il ne doit point lui expliquer la Loi, ni lui imposer aucune observance religieuse.

81. Car celui qui explique la Loi ou qui impose une observance religieuse à un Soudra, tombe avec lui dans l'enfer (appelé) Asamvrita.

82. Qu'il ne se gratte point la tête avec les deux mains jointes, qu'il ne la touche pas avant de s'être rincé la bouche, qu'il ne se baigne pas sans la (plonger dans l'eau).

76. *Les pieds humides*, parce qu'il vient de prendre un bain de pieds ; en d'autres termes le bain de pieds doit précéder le repas, mais non le coucher.

77. *Inaccessible*, « parce qu'il est embarrassé d'arbres, de lianes et de ronces, et qu'il recèle des serpents, voleurs et autres ». (Kull.)

79. Un Cāṇḍāla est le fils d'un Soudra et d'une femme Brâhmanî, cf. X, 12. —Pulkasa (Joly) ou Pukkasa né d'un Nishāda et d'une femme Soudrâ, cf. X, 18. — Antyāvasāyin né d'un Cāṇḍāla et d'une femme Nishādī, cf. X. 39.

80. A un Soudra « qui n'est pas son esclave ». (Kull.)

82. *Avant de s'être rincé*, littéralement « ayant encore des restes d'aliments en bouche ».

83. Qu'il évite (dans la colère) d'empoigner les cheveux ou de donner des coups sur la tête ; quand il a baigné sa tête, qu'il ne touche aucun de ses membres avec de l'huile de sésame.

84. Qu'il n'accepte rien d'un roi non issu de (caste) kchatriya, d'un boucher, d'un fabricant d'huile, d'un débitant de liqueurs, ni de celui qui vit (du produit) d'un lupanar.

85. Une presse à huile est aussi (mauvaise) que dix boucheries, une taverne que dix presses à huile, un lupanar que dix tavernes, un roi (non kchatriya) que dix lupanars.

86. Un (tel) roi est tenu pour l'égal d'un boucher qui tiendrait dix mille boucheries; un présent de lui est (chose) horrible.

87. Celui qui reçoit des présents d'un roi avaricieux et transgresseur de la Loi ira successivement dans les vingt et un enfers suivants :

88. Tâmisra, Andhatâmisra, Mahâraourava, Raourava, Kâlasoûtra, Mahânaraka,

89. Sandjîvana, Mahâvîtchi, Tapana, Sampratâpana, Samghâta, Sakâkola, Koudmala, Poûtimrittika,

90. Lohasankou, Ridjîcha, Panthâna, la rivière Sâlmalî, Asipatravana et Lohatchâraka.

91. Des Brâhmanes éclairés, qui ont étudié le Véda et désirent la félicité après la mort, sachant cela, n'acceptent rien d'un (tel) roi.

92. (Le maître de maison) doit s'éveiller au moment consacré à Brahme, réfléchir sur la vertu et les richesses, sur

83. *Empoigner les cheveux* « les siens ou ceux d'un autre ». (Kull.) — *Quand il a baigné sa tête* « dans l'huile de sésame ». (Kull.) Il est probable qu'au vers précédent il s'agit aussi d'un bain d'huile.

84. On a vu plus haut qu'il y avait parfois des rois Soudras. — *Un débitant de liqueurs*, littéralement « celui qui a pour enseigne un étendard. »

85. Joly imprime veçyā au lieu de veça, « un roi est l'égal des prostituées » ; mais la gradation est plus régulière avec veça.

92. *Le moment consacré à Brahma :* un muhūrta est égal à 1/30e du jour, soit 48 minutes. — Le brāhmya muhūrta est, suivant Kull., « la dernière veille de la nuit ».

les peines physiques qu'elles entraînent et sur la véritable interprétation du Véda.

93. S'étant levé, ayant satisfait aux besoins naturels, s'étant purifié, recueilli, qu'il reste longtemps debout à murmurer (la prière), pendant le crépuscule du matin, et qu'à l'autre crépuscule (il récite de même la prière) en son temps propre.

94. Par de longues dévotions aux crépuscules, les sages acquièrent une longue existence, la science, la réputation, la gloire et la supériorité dans la connaissance du Véda.

95. Après avoir accompli suivant la règle (la cérémonie dite) Oupâkarman (le jour de la pleine lune du mois) Srâvana, ou du (mois) de Praouchthapada, un Brâhmane doit pendant quatre mois et demi étudier assidûment le Véda.

96. Un Brâhmane doit accomplir la (cérémonie dite) l'Outsardjana des Védas en dehors (du village) dans le (mois) Paoucha, ou au premier jour de la quinzaine blanche du (mois) Mâgha dans la matinée.

97. Après avoir accompli en dehors (du village) l'Outsarga des Védas suivant (les préceptes du) Livre (des lois), il doit suspendre la lecture pendant une nuit précédée et suivie d'un jour, ou bien pendant ce jour et la nuit (qui le suit).

93. *La prière :* la gāyatrī.

94. *La réputation* « pendant leur vie», *la gloire* « après leur mort ». (Kull.)

95. « L'Upākarman, ainsi que le remarque B., est l'ouverture solennelle de la période scolaire brâhmanique, et l'Utsarjana ou Utsarga en est la clôture ». Le mois Çrāvaṇa tombe en juillet et août, le mois Praushṭhapada ou Bhādrapada en août-septembre.

96. Le mois Pausha tombe en décembre-janvier, le mois Māgha en janvier-février. Le texte porte Pushya et non Pausha. Suivant B., Pushya désigne le jour Pushya, c'est-à-dire le sixième jour lunaire de chaque mois; il ajoute dans sa traduction entre parenthèse « du mois Pausha ». Suivant L., ce mot désigne le huitième astérisme lunaire.

97. *Une nuit précédée et suivie d'un jour*, littér. « une nuit ailée » ; le jour de l'Utsarga la nuit qui suit et le lendemain, ou seulement le jour de l'Utsarga et la nuit qui suit.

98. Mais après cela il doit réciter assidûment les Védas pendant les (quinzaines) brillantes et tous les Védângas pendant les quinzaines obscures.

99. Il ne doit pas réciter en bredouillant, ou en présence de Soudras ; lorsqu'il a récité le Véda pendant la dernière veille de la nuit, qu'il ne se rendorme pas (quelque) fatigué (qu'il soit).

100. Un Brâhmane zélé doit toujours réciter les parties métriques (du Véda) suivant la règle énoncée plus haut, et, s'il n'a pas d'empêchement, les Brâhmanas et les Mantras.

101. Celui qui étudie (le Véda) et qui l'enseigne à des élèves conformément à la règle, doit toujours éviter (de le faire dans) les heures où l'étude du Véda est interdite.

102. Quand le vent se fait entendre la nuit, et quand pendant le jour il y a des tourbillons de poussière, ce sont là, dans la saison des pluies, les deux (cas) où l'on doit suspendre la récitation du Véda : (tel est) l'avis de ceux qui connaissent (les règles de) la récitation.

103. Quand il y a des éclairs, du tonnerre et de la pluie, et quand il y a abondance de grands météores, la récitation (doit être suspendue), suivant Manou, jusqu'au même moment (du jour qui suit).

104. Si l'on voit ces (phénomènes) se produire (au moment des crépuscules), après que les feux ont été allumés (pour le sacrifice), qu'on sache alors qu'il ne doit pas y avoir de récitation, et de même quand on voit des nuages hors de saison.

105. Quand il se produit un bruit surnaturel, un tremblement de terre ou une éclipse des corps célestes, qu'on sache

98. Les quinzaines brillantes et les quinzaines obscures sont déterminées par les phases de la lune.

100. Les parties métriques, sont, suivant Kull., « la gāyatrī et le reste ». — Le deuxième hémistiche porte brahman synon. de Veda que Kull. explique par Brâhmana. Les Brâhmanas sont des traités religieux composés pour et par les Brâhmanes. Les Mantras sont des hymnes ou prières.

104. *Hors de saison*, « hors de la saison des pluies ». (Kull.)

que la récitation (doit être suspendue) jusqu'au même moment (du jour qui suit), même (si le phénomène a lieu) dans la saison (des pluies).

106. Mais si les éclairs et le bruit du tonnerre (se produisent) quand les feux sacrés flambent, la suspension doit durer aussi longtemps que l'éclat (du soleil ou des étoiles); si le troisième (des phénomènes mentionnés plus haut se produit, il doit y avoir suspension) à la fois le jour et la nuit.

107. Ceux qui désirent la perfection du mérite spirituel doivent toujours suspendre la récitation dans les villages et dans les villes, et partout où (règne) une mauvaise odeur.

108. Dans un village où se trouve un cadavre, ou en présence d'un (homme sans loi, comme un) Soudra, quand une personne pleure, ou au milieu d'une réunion de gens, la récitation (doit être) suspendue.

109. Dans l'eau, à minuit, quand on évacue ses excréments ou son urine, quand on n'a pas encore rincé sa bouche, ou quand on a pris part à un repas funéraire, qu'on ne médite même pas dans son esprit (sur le Véda).

110. Un Brâhmane éclairé qui a accepté une invitation à un repas funéraire en l'honneur d'une personne récemment décédée, ne doit point réciter le Véda de trois jours; il en est de même quand le roi vient d'avoir un fils ou qu'il y a une éclipse.

106. « Si l'éclair et le bruit du tonnerre ont lieu au crépuscule du matin, la suspension doit durer autant que la lumière du soleil, autant que le jour; si ces (phénomènes) ont lieu au crépuscule du soir, la suspension doit durer autant que la lumière des étoiles, autant que la nuit ». (Kull.) — *Le troisième* (cesha) : « Sur les trois (phénomènes) mentionnés plus haut, à savoir éclair, tonnerre, pluie, si le restant, le troisième, c'est-à-dire la pluie, se produit, il y a suspension aussi bien la nuit que le jour, le jour et la nuit ». (Kull.)

110. Il s'agit ici d'une cérémonie ekoddishṭa ; cf. III, 247. Quand le roi est sūtaka, c'est-à-dire lorsqu'il se trouve dans l'état d'impureté par suite de la naissance d'un fils. — *Une éclipse*, littéralement : « Quand Râhu apparaît. » Râhu est un dragon mythologique qui de temps à autre se jette sur le soleil ou la lune pour les dévorer : de là les éclipses.

111. Aussi longtemps que subsistent sur le corps d'un Brâhmane éclairé l'odeur et les taches (des aliments et des parfums) d'un repas funéraire en l'honneur d'une personne récemment décédée, il doit s'abstenir de la récitation védique.

112. Il ne doit point réciter le Véda couché, les pieds levés (sur un siège), ou avec une étoffe jetée sur les reins, ni après avoir mangé de la viande ou du riz et autres (aliments) à une naissance (ou à une mort),

113. Ni quand il y a du brouillard, ni quand (on entend) le bruit des flèches, ni pendant les deux crépuscules, ni à la nouvelle lune, ni le quatorzième jour (lunaire), ni le jour de la pleine lune, ni le huitième jour (lunaire).

114. Le jour de la nouvelle lune tue le maître spirituel, le quatorzième (jour tue) le disciple; le huitième et le jour de la pleine lune (tuent le souvenir du) Véda ; aussi faut-il les éviter.

115. Un Brâhmane ne doit point réciter (le Véda) quand il y a une pluie de sable, quand les régions célestes sont en feu, quand un chacal hurle, quand un chien, un âne, ou un chameau font entendre leur cri, ni enfin au milieu d'une compagnie.

116. Qu'il ne récite point (le Véda) près d'un cimetière, ni près d'un village, ni dans un parc à vaches, ni portant un vêtement qu'il avait pendant ses rapports conjugaux, ni après avoir reçu un présent dans un sacrifice funéraire.

117. Quel que soit le présent reçu à un sacrifice funéraire, être vivant ou objet inanimé, il ne doit pas, après l'avoir accepté, réciter le Véda, car on dit du Brâhmane que sa main est sa bouche.

111. *Parfums*, « safran et autres ». (Kull.)

112. *Ou à une mort :* les personnes deviennent impures par suite d'une naissance ou d'un décès.

117. *Sa main est sa bouche:* c'est-à-dire, le péché est égal de réciter le Véda après avoir reçu (en les prenant dans sa *main*) des présents à un Çrâddha, ou après avoir mangé (en les mettant dans sa *bouche*), des aliments à un Çrâddha.

118. Quand le village est envahi par des brigands, quand il y a une alarme causée par un incendie, qu'il sache que la récitation doit être suspendue jusqu'au même moment (du jour qui suit), ainsi que (dans tous les cas) de prodiges.

119. A propos d'un Oupâkarman ou d'un Outsarga, il est prescrit de suspendre la récitation pendant trois nuits; mais aux huitièmes jours (lunaires), ainsi qu'aux nuits qui terminent chaque saison (la suspension doit être) d'un jour et d'une nuit.

120. On ne doit pas réciter le Véda à cheval, ni sur un arbre, ni sur un éléphant, ni en bateau, ni sur un chameau, ni sur un âne, ni quand on est sur un terrain stérile, ni quand on est en voiture,

121. Ni pendant une dispute (verbale), ni pendant une rixe, ni au milieu d'une armée, ni durant une bataille, ni aussitôt après avoir mangé, ni pendant une indigestion, ni après avoir vomi, ni quand on a des renvois aigres,

122. Ni sans avoir demandé la permission à un hôte, ni quand le vent souffle avec force, ni quand le sang coule d'un membre, ni quand on a été blessé par une arme.

123. On ne doit jamais réciter le Rig-Véda ou le Yadjour-Véda, quand on entend le chant du Sâma-Véda, ni quand on a terminé un Véda, ou lu un Âranyaka.

119. Upākarman : cf. v. 95.— *Trois nuits* et trois jours. Les Hindous comptent par nuits aussi bien que par jours. Les saisons sont au nombre de six : vasanta le printemps, grīshma l'été, varsha la saison pluvieuse, çarad l'automne, hemanta l'hiver, çiçira le froid. Kull. développe ainsi le deuxième hémistiche : « après le jour de la pleine lune du mois d'Agrahāyaṇa (novembre-décembre), aux huitièmes jours lunaires des trois quinzaines noires (subséquentes), etc. ».

123. Les prières du Sâma Véda, comme le remarque L., sont en vers et destinées à être chantées, celles du Rig Véda sont en vers, mais doivent être récitées ; celles du Yadjour Véda sont généralement en prose. — Après « quand on a terminé un Véda ou lu un Āraṇyaka » Kull. ajoute : « on doit attendre un jour et une nuit avant de commencer la lecture d'un autre Véda ». Un Āraṇyaka est un traité religieux destiné à être lu dans la solitude des forêts (araṇya).

124. Le Rig-Véda est consacré aux Dieux, le Yadjour-Véda aux hommes, le Sâma-Véda aux Mânes ; c'est pourquoi le son de ce dernier est (pour ainsi dire) impur.

125. Instruits de ces (choses) les Sages récitent quotidiennement d'abord l'essence des trois (Védas) dans l'ordre voulu, puis ils récitent le Véda lui-même.

126. Sachez qu'il faut suspendre la récitation un jour et une nuit, si un animal domestique, une grenouille, un chat, un chien, un serpent, un ichneumon ou un rat passent entre (le maître et le disciple).

127. Il y a deux (cas) où un Brâhmane doit toujours soigneusement suspendre la récitation, (c'est) lorsque la place où il récite est impure, et (lorsque) lui-même n'est pas purifié.

128. Un Brâhmane sorti de noviciat doit toujours être (chaste comme) un étudiant, au jour de la nouvelle lune, au huitième jour (lunaire), au jour de la pleine lune et au quatorzième jour (lunaire), même dans la saison (fixée pour les rapports conjugaux).

129. Qu'il ne prenne point de bain après le repas, ni étant malade, ni au milieu de la nuit, ni à plusieurs reprises avec ses vêtements, ni dans un étang inconnu.

130. Qu'il ne marche pas exprès sur l'ombre des (statues des) Dieux, ni sur celle (de son père ou autre) personne vénérable, ni sur celle d'un roi, d'un homme sorti de noviciat, de son précepteur, d'un roux, d'un initié.

131. A midi et à minuit, après avoir mangé de la viande à un repas funéraire, ainsi qu'aux deux crépuscules, qu'il ne séjourne point dans un carrefour.

124. Le texte dit « impur ». Le commentaire adoucit l'expression par iva. — Tout ce qui touche à la mort nécessite une purification.

125. *L'essence* « la syllabe mystique OM, les (trois) paroles (bhûḥ, bhuvaḥ et svaḥ) et la Sâvitrî ». (Kull.)

128. Sur la saison fixée pour les rapports conjugaux, cf. III, v. 45 sqq.

130. Guru désigne les parents, le précepteur et généralement ceux auxquels on doit le respect. — *D'un roux :* babhru désigne peut-être un animal de poil roux, notamment une vache rousse. — *Un initié* « au sacrifice ».

132. Qu'il ne marche pas exprès sur des onguents, sur l'eau d'un bain, sur de l'urine ou des excréments, du sang, de l'humeur, du crachat ou du vomissement.

133. Qu'il n'honore point un ennemi, l'ami d'un ennemi, un pervers, un voleur ; (qu'il ne courtise pas) la femme du prochain.

134. Car en ce monde il n'est rien de si contraire à une longue existence que d'avoir des relations avec la femme d'autrui.

135. Celui qui désire prospérer ne doit certainement jamais mépriser un Kchatriya, un serpent et un Brâhmane instruit, pour faibles (qu'ils soient).

136. Car ces trois (êtres) peuvent causer la mort de celui qui les méprise ; c'est pourquoi un sage ne doit jamais mépriser ces trois (êtres).

137. Qu'il ne se méprise pas lui-même pour ses insuccès passés, et qu'il poursuive jusqu'à la mort la fortune, sans désespérer de l'atteindre.

138. Il doit dire la vérité; il doit dire des (choses) agréables ; il ne doit pas dire de vérités désagréables, ni de mensonges agréables ; telle est la loi éternelle.

139. Qu'il dise « bien ! bien ! » ou simplement « bien ! » ; qu'il n'ait pas d'inimitiés pour des raisons futiles, et qu'il ne se dispute avec personne.

140. Qu'il ne voyage ni trop matin, ni trop tard, ni en plein midi, ni avec un inconnu, ni seul, ni avec un Soudra.

141. Qu'il n'insulte ni ceux qui ont un membre de moins, ni ceux qui ont un membre de trop, ni ceux qui manquent d'instruction, ni les gens très âgés, ni ceux qui sont dépourvus de beauté ou de fortune, ni ceux de basse extraction.

132. Peut-être simplement : « qu'il ne se tienne pas en contact avec ».

139. La première partie de ce vers est obscure. L'interprétation de Nâr. est celle-ci : « Ce qui est bien, qu'il dise que c'est bien, ou qu'il appelle bien même ce qui n'est pas bien : bhadram ity eva vā 'bhadram api ». Mais ce précepte serait en contradiction avec celui du vers 138, « il ne doit pas dire de mensonges agréables. »

142. Un Brâhmane qui a encore des aliments en bouche ne doit point toucher de la main une vache, un Brâhmane ou le feu ; il ne doit point, bien portant, regarder la foule des corps lumineux dans le ciel, (s'il n'est) pas purifié.

143. S'il a touché ces (êtres) étant impur, il doit toujours avec la paume de la main asperger d'eau ses organes des sens, tous ses membres et son nombril.

144. A moins d'être malade, qu'il ne touche pas sans motif les trous de son (corps), et s'abstienne (de porter la main) à tous les poils (des parties) secrètes.

145. Il doit être observateur des usages qui portent bonheur et des règles de bonne conduite, être pur, maître de ses organes, murmurer (la prière) et sacrifier au feu sans relâche.

146. Car lorsqu'on observe les usages qui portent bonheur et les règles de bonne conduite, qu'on est toujours pur, qu'on murmure (la prière), et qu'on fait les offrandes (au feu), on est à l'abri du malheur.

147. Qu'il récite tous les jours, sans se lasser, le Véda en temps voulu, car (les Sages) déclarent que c'est là le devoir par excellence ; tout autre est appelé devoir accessoire.

148. Par l'étude constante du Véda, par la pureté, par les austérités, par le respect de la vie des créatures, on a la réminiscence de ses existences antérieures.

149. (Celui qui) se rappelant ses existences antérieures continue à étudier le Véda, obtient, par son application constante au Véda, une félicité éternelle.

150. Aux jours de la nouvelle et de la pleine lune, il doit toujours accomplir l'offrande à Savitar et les rites propitia-

144. Les trous sont au nombre de neuf (d'où vient aussi que le mot trou désigne figurément le nombre neuf), à savoir : les yeux, les oreilles, les narines, la bouche, le méat urinaire, l'anus.

145. Maṅgalācārayukta : on peut faire, comme je l'ai fait, des deux premiers termes un composé copulatif, ou au contraire on peut y voir un composé de dépendance, et la traduction se réduit à « observateur des usages qui portent bonheur ».

150. Le jour de la nouvelle lune et le jour de la pleine lune sont les jours

toires ; il doit toujours honorer les Mânes au huitième (jour lunaire) et au (jour) suivant.

151. Loin de sa demeure il doit évacuer l'urine, loin de sa demeure (vider) l'eau du bain de pieds, loin aussi les restes d'aliments et la semence génitale.

152. Au matin il doit décharger son ventre, se peigner, se laver, se brosser les dents, se mettre du kohol sur les yeux, et adorer les Dieux.

153. Au jour de la nouvelle et de la pleine lune qu'il aille visiter les (images des) Dieux, les Brâhmanes vertueux, le roi et les personnes qu'il doit révérer, pour (s'assurer) leur protection.

154. Qu'il salue avec respect les personnes âgées, qu'il leur cède son propre siège, qu'il s'asseye auprès d'elles en joignant les mains et qu'il les suive quand elles s'en vont.

155. Il doit sans relâche observer les coutumes vertueuses liées à ses propres occupations, qui ont été complètement déclarées par la révélation et par la tradition, et qui sont la base de la loi (sacrée).

156. Par une conduite (vertueuse) il obtient une longue vie, par elle (il obtient) la postérité désirée, par elle une richesse impérissable ; la conduite (vertueuse) détruit les (effets des) marques funestes.

appelés Parvan. L'offrande à Savitar (le Soleil), ou peut-être l'offrande accompagnée de la Sâvitrî. — *Rites propitiatoires*, çânti, ou suivant d'autres « expiatoires ».

151. Kull. explique âvasatha, demeure, par « l'emplacement du feu sacré ». — Nisheka est expliqué par retas sperme : précepte étrange, car on ne peut supposer qu'il s'agisse d'une émission volontaire ; peut-être faut-il entendre par là l'eau qui a enlevé les traces d'une pollution involontaire.

152. *Se peigner*, ou peut-être « s'habiller, s'attifer ».

153. *Les personnes qu'il doit révérer*, ses gurus.

154. *En joignant les mains*, c'est-à-dire en faisant le salut appelé añjali.

155. La révélation et la tradition désignent le Véda et le recueil des lois.

156. *Les marques funestes*, alakshaṇam, c'est-à-dire le malheur : la cause est mise ici pour l'effet.

157. Car un homme qui se conduit mal est blâmé dans le monde ; il est toujours infortuné, malade, et ne jouit pas d'une longue existence.

158. Même s'il est dépourvu de toute marque (annonçant le bonheur) l'homme d'une conduite vertueuse, plein de foi et sans envie, vit cent années.

159. Qu'il évite avec soin tout acte qui dépend d'autrui ; qu'il s'applique au contraire avec zèle à tout ce qui ne dépend que de lui-même.

160. Tout ce qui dépend d'autrui (cause de) la peine, tout ce qui dépend de soi-même (donne) du plaisir ; sachez que c'est là en somme la définition de la peine et du plaisir.

161. Tout acte qui procure à celui qui le fait une satisfaction intime, il doit l'accomplir avec zèle; mais qu'il évite (tout acte) contraire.

162. Qu'il ne fasse jamais de mal à son maître spirituel, à celui qui lui explique le Véda, à son père, à sa mère, à une personne qu'il doit révérer, aux Brâhmanes, aux vaches, à un ascète.

163. Qu'il se garde de l'athéisme, des critiques sur le Véda, du mépris des Dieux, de la haine, de l'opiniâtreté, de l'orgueil, de la colère, de la dureté.

164. Il ne doit point, dans la colère, lever le bâton sur autrui, ni se livrer à des voies de fait (sur personne), sauf sur un fils ou un disciple ; ceux-là il peut les frapper pour les corriger.

165. Un Dvidja qui menace seulement un Brâhmane avec

162. Kull. mentionne ici l'opinion d'un autre commentateur : « Mais Govindarâja, généralisant la défense de leur faire du mal, dit qu'il ne doit pas leur faire de mal, même quand ceux-ci le menacent d'une arme », c'est-à-dire même en cas de légitime défense. Toutefois cette opinion est contredite au v. 167, qui reconnaît le droit de légitime défense.

163. *L'athéisme :* le mot nâstikya signifie littéralement « l'opinion qu'il n'y a pas un autre monde ». (Kull.) — Le mot stambha, que j'ai traduit par opiniâtreté, est interprété très diversement par les autres traducteurs, « hypocrisie » (L.); « fraude » (B.H.); « manque de modestie ». (B.)

165. *Seulement*, « mais qui ne le tue pas ». (Kull.)

l'intention de le blesser, errera cent années dans l'enfer Tâmisra.

166. Si par colère il le frappe intentionnellement, même avec un brin d'herbe, il renaîtra pendant vingt et une existences dans des seins (d'animaux vils en punition de son) péché.

167. Si dans sa folie il fait couler le sang du corps d'un Brâhmane, sans avoir été attaqué par lui, il s'attire après la mort des souffrances terribles.

168. Autant le sang (versé) ramasse (de grains) de poussière sur le sol, autant d'années celui qui a versé ce sang est dévoré par d'autres (animaux carnassiers) dans l'autre monde.

169. Donc un homme sensé ne devra jamais attaquer un Brâhmane, ni le frapper même avec un brin d'herbe, ni faire couler le sang de son corps.

170. Le méchant, celui dont la fortune est illégitime, celui qui se complaît à faire sans cesse le mal, n'arrivent point au bonheur ici-bas.

171. Même quand on est victime de son honnêteté, on ne doit jamais tourner son esprit vers l'iniquité, en voyant les soudains revers de fortune des gens injustes et pervers.

172. L'iniquité pratiquée ici-bas ne produit pas toujours des fruits immédiats, non plus que la terre, mais s'avançant lentement, elle coupe les racines de celui qui l'a commise.

173. Si (le châtiment ne l'atteint) pas lui-même, (il atteint) ses enfants, sinon ses enfants (du moins) ses petits-enfants; l'injustice commise ne reste jamais sans fruit pour son auteur.

166. Pâpayonishu, littéralement « dans des seins coupables », par exemple « dans le sein d'une chienne ou d'autres animaux ». (Kull.)

168. *D'autres animaux carnassiers*, tels que « chiens, chacals et autres ». (Kull.)

170. Anṛta, illégitime, signifie, suivant Medh. « de la richesse acquise en faisant une déclaration mensongère dans un témoignage pour le jugement d'un procès ».

172. *S'avançant lentement :* Claudo pede pœna, dit une sentence bien connue.

174. Il peut prospérer pour un temps par l'injustice, puis voir la prospérité, puis triompher de ses ennemis; mais (à la fin) il périt jusqu'à la racine.

175. On doit toujours se complaire dans la vérité, dans la justice, dans une conduite vertueuse et dans la pureté; on doit châtier ses disciples conformément à la Loi (sacrée), et tenir en bride son langage, ses bras et son ventre.

176. La richesse et les plaisirs qui sont contraires à la Loi doivent être fuis, ainsi que tout (acte) même légitime qui entraînerait plus tard des regrets, et qui est réprouvé par le monde.

177. (Un Brâhmane) ne doit pas être actif de ses mains, de ses pieds, de ses yeux (sans nécessité); il ne doit être ni déloyal ni bavard, et ne nuire à autrui ni en action, ni en pensée.

178. Qu'il marche dans le chemin des gens vertueux, qu'ont suivi son père et ses ancêtres; en le suivant il n'éprouve aucun mal.

179. Avec un prêtre officiant ou un prêtre de la maison, avec un précepteur, un oncle maternel, un hôte, un subordonné, un enfant, une personne âgée ou infirme, avec un médecin, avec des parents paternels et des parents par alliance, ou des parents maternels,

180. Avec son père et sa mère, avec des parentes, avec son frère, son fils, sa femme, sa fille et ses esclaves, il ne doit point avoir de contestations.

181. En évitant toute contestation avec ces (personnes)

175. Le texte dit âryavṛtti, une conduite digne d'un Ârya, c'est-à-dire d'un Dvidja. Kull. explique ce mot par sadâcâra.

176. Comme exemple d'un « acte même légitime » Kull. cite le cas d'un homme chargé de famille qui donnerait tout son avoir. — *Réprouvé*, ou peut-être « qui ferait de la peine aux gens ».

178. Suivant une autre interprétation na rishyate veut dire « il ne fait aucun mal ».

179. Ṛtvij prêtre officiant, purohita prêtre domestique.

180. Au lieu de « avec son frère et son fils » on peut entendre « avec le fils de son frère ».

181. *Déchargé de tout péché*, « des péchés qu'il a commis à son insu ». (Kull.)

un maître de maison est déchargé de tout péché ; en triomphant de ces (querelles) il conquiert tous les mondes suivants :

182. Le précepteur est maître du monde de Brahmâ, le père est tout-puissant dans le monde du Seigneur des créatures, un hôte est maître du monde d'Indra, un prêtre sacrifiant du monde des Dieux ;

183. Les parentes (disposent) du monde des Nymphes célestes, les parents maternels de celui de tous les Dieux réunis, les parents par alliance de celui des eaux, une mère et un oncle de celui de la terre ;

184. Les enfants, les vieillards, les pauvres et les infirmes, doivent être regardés comme les seigneurs de l'air ; un frère aîné est l'égal d'un père, une femme et un fils sont les égaux du propre corps (de quelqu'un) ;

185. L'esclave (de quelqu'un) est l'égal de son ombre, sa fille est l'objet suprême de sa tendresse ; c'est pourquoi (même) offensé par (l'une de) ces (personnes), il doit supporter (l'offense) sans colère.

186. Bien qu'autorisé à recevoir des présents, il doit éviter la propension (à en recevoir) ; car en acceptant des présents, la splendeur que lui communique le Véda s'éteint rapidement.

187. Un sage qui ne connaît pas les règles prescrites par la Loi pour l'acceptation des présents, n'en doit point recevoir, fût-il pressé par la faim.

188. Mais un ignorant qui accepte de l'or, une terre, un cheval, une vache, de la nourriture, un vêtement, des grains de sésame, du beurre clarifié, est réduit en cendres comme du bois (au feu).

189. L'or et les aliments détruisent sa longévité, une

182. Le Seigneur des créatures Prajâpati.

183. Les Nymphes ou Apsaras ; tous les Dieux réunis, les Viçvadevas.

185. L'esclave est comparé à l'ombre parce qu'il suit partout le maître — Kṛpaṇam plus exactement « objet de pitié ».

186. *Autorisé* « par sa science et sa sainteté ». (Kull.)

terre et une vache son corps, un cheval ses yeux, les vêtements sa peau, le beurre clarifié son énergie, les grains de sésame sa postérité.

190. Un Brâhmane qui ne pratique pas les austérités, ne récite pas le Véda, et est enclin à recevoir des cadeaux, s'engloutit (dans l'enfer) avec (le donateur), comme avec un bateau en pierre dans l'eau.

191. C'est pourquoi l'ignorant doit redouter d'accepter des présents de n'importe qui; car pour un tout petit présent, un ignorant s'engloutit (dans l'enfer) comme une vache dans un bourbier.

192. Celui qui connaît la Loi n'offrira même pas de l'eau à un Brâhmane qui a les mœurs du chat, ni à un Brâhmane qui a les mœurs du héron, ni à un Brâhmane ignorant du Véda.

193. Car le bien même légitimement acquis que l'on donne à ces trois (individus) porte préjudice dans l'autre monde et à celui qui donne et à celui qui reçoit.

194. De même que celui qui passe l'eau sur un bateau en pierre s'y engloutit, ainsi l'ignorant qui donne et l'ignorant qui reçoit s'abîment tous les deux (dans l'enfer).

195. Un homme qui déploie l'étendard de la vertu, tout en étant toujours avide, qui est hypocrite, qui dupe les gens, qui est malfaisant et qui calomnie tout le monde, doit être considéré comme ayant les mœurs du chat.

196. Un Brâhmane aux yeux baissés, malhonnête, uniquement préoccupé de ses intérêts, perfide et affectant une feinte douceur, a les mœurs du héron.

197. Les Brâhmanes qui agissent comme le héron, et ceux qui ont les manières du chat, tombent en punition de leur conduite coupable dans (l'enfer appelé) Andhatâmisra.

198. Celui qui a commis un péché ne doit pas faire pénitence, en se donnant l'apparence (d'agir en vue d'ac-

191. *De n'importe qui*, ou bien, suivant une autre interprétation, « n'importe quel présent ».

192. Cf. v. 195 et 196.

quérir) du mérite spirituel, voilant ainsi son péché sous des pratiques pieuses, et en imposant aux femmes et aux Soudras.

199. De tels Brâhmanes sont blâmés après la mort et ici-bas par les exégètes du Véda, et le vœu accompli sous un prétexte mensonger va aux démons.

200. Celui qui sans être étudiant gagne sa vie en portant les insignes d'étudiant, prend (sur lui) les péchés de (tous) les étudiants ; il renaît dans le ventre d'un animal.

201. On ne doit jamais se baigner dans l'étang d'un autre ; car en s'y baignant on se souille d'une partie des péchés de celui qui a creusé l'étang.

202. Celui qui a fait usage d'un véhicule, d'un lit, d'un siège, d'un puits, d'un jardin, d'une maison, sans que (le propriétaire les lui ait) donnés, endosse le quart des péchés (de celui-ci).

203. On doit toujours prendre ses bains dans des rivières, dans des étangs creusés par les Dieux, dans des lacs, dans des fossés et dans des sources.

204. Le sage doit constamment observer les devoirs supérieurs, mais non toujours les devoirs moindres; car celui qui néglige les premiers et accomplit seulement les seconds déchoit.

200. Littéralement « celui qui sans (avoir le droit de porter des) insignes, vit en les portant » ; le commentaire cite par exemple « l'étudiant et les autres », et mentionne parmi les insignes usurpés la ceinture, le bâton, etc.

201. *Une partie de ses péchés*, « le quart ». (Kull.)

203. *Les étangs creusés par les Dieux :* expression un peu obscure ; peut-être « naturels », ou encore, suivant l'interprétation de L., « creusés en l'honneur des Dieux ».

204. Les premiers s'appellent yama, les seconds niyama. Kull. citant l'opinion du législateur Yâjñavalkya, range parmi les premiers « la chasteté, la compassion, la patience, la méditation, la sincérité, l'honnêteté, ne faire de mal à personne, ne pas voler, la douceur, la tempérance » ; parmi les seconds « le bain, le silence, le jeûne, le sacrifice, la lecture du Véda, la répression des instincts sexuels, l'obéissance au guru, la pureté, l'absence de colère et l'attention ». Je ne saisis pas bien la nuance entre la chasteté, brahmacarya, et la répression des instincts sexuels, upasthanigraha.

205. Un Brâhmane ne doit jamais manger à un sacrifice accompli par une personne étrangère à la science sacrée, ni à un sacrifice offert par un prêtre de village, par une femme, ou par un eunuque.

206. Car l'offrande faite par ces personnes porte malheur aux gens de bien et déplaît aux Dieux ; il faut donc s'en éloigner.

207. Qu'il ne mange jamais (des aliments offerts par) des gens ivres, en colère ou malades, renfermant des cheveux et des insectes, ou qui ont été touchés volontairement avec le pied,

208. Ou qui ont été regardés par un avorteur, ou touchés par une femme ayant ses règles, ou becquetés par les oiseaux, ou touchés par un chien,

209. Ou des aliments flairés par une vache, et particulièrement ceux qui ont été offerts à tout venant, ou les aliments (donnés par) une communauté ou par une courtisane, ou ceux que réprouve un homme instruit,

210. Ou les aliments (donnés) par un voleur, un musicien, un charpentier, un usurier, un initié (au sacrifice), un avare, un prisonnier dans les chaînes,

211. Par un maudit, un eunuque, une femme impudique, un hypocrite, ou des (aliments) aigris, de la veille, ou ceux d'un Soudra, ou les restes (de quelqu'un),

205. *Une personne étrangère à la science sacrée*, littéralement non çrotriya. — *Un prêtre de village :* B. traduit « celui qui sacrifie pour une multitude de gens. »

207. *Ivres*, ou bien « fous ». — *Des cheveux et des insectes* ou bien des « insectes de cheveux », c'est-à-dire des poux.

208. Bhrûṇaghna, avorteur, littéralement tueur de fœtus, serait suivant certains commentateurs l'équivalent de brahmaghna, meurtrier d'un Brâhmane.

209. *Offerts à tout venant*, ghushṭânnam ; Kull. explique ainsi ce mot : « Pour lesquels on a crié : qui veut en manger ? »

211. Abhiçasta, maudit : « celui qui est en horreur à tout le monde pour avoir commis un péché mortel ». (Kull.) — *Eunuque* ou hermaphrodite. — On peut réunir les deux derniers termes « les restes d'un Soudra ».

212. Ou les aliments (donnés par) un médecin, un chasseur, un homme cruel, un mangeur de restes, un homme violent, une femme en couches, ou les (aliments d'un homme qui quitte le repas avant les autres et) se rince la bouche, ou ceux (d'une personne) pour qui les dix jours (d'impureté) ne sont pas écoulés,

213. Ou les (aliments) offerts irrespectueusement, de la viande qui n'est pas traitée suivant les prescriptions, ou (les aliments donnés par) une femme sans époux (ou sans fils), par un ennemi, par (le seigneur d')une ville, par un homme dégradé de sa caste, ou ceux sur lesquels on a éternué,

214. Ou les aliments (donnés par) un calomniateur, un menteur, un homme qui vend (la récompense) des sacrifices, un danseur, un tailleur, un ingrat,

215. Par un forgeron, un Nichâda, un acteur, un orfèvre, un vannier, un armurier,

216. Par un éleveur de chiens, un marchand de liqueurs, un blanchisseur, un teinturier, un homme malfaisant, ou celui dans la maison duquel (réside à son insu) un amant de sa femme,

217. Par ceux qui tolèrent un amant (de leur femme), qui sont constamment gouvernés par leur femme, les aliments (donnés pour) un mort avant que les dix jours (d'impureté) soient écoulés, ou des (mets) répugnants.

218. Les aliments (donnés par) un roi ôtent l'énergie, ceux d'un Soudra la supériorité dans la science divine, ceux d'un orfèvre la longévité, ceux d'un corroyeur la renommée ;

212. Litt. : « des aliments pour lesquels le rincement de bouche a eu lieu ». — Une femme qui vient d'accoucher, sūtikā, est impure pendant les dix jours qui suivent ; un décès entraîne également dix jours d'impureté.

213. Vṛthāmāṃsa : j'ai traduit d'après le Dictionnaire de Saint-Pétersbourg. Kull. explique ce terme « devatādim uddiçya yanna kṛtam, qui n'a pas été préparée à l'intention des divinités et autres ». L. traduit « de la viande qui n'a pas été offerte en sacrifice » ; B. « non mangée pour un but sacré ».

215. Nishāda né d'un Brâhmane et d'une femme Soudrâ. Cf. X, 8.

216. *Malfaisant*, nṛçaṃsa ou « un homme sans pitié ».

219. Ceux (que donne) un artisan détruisent la postérité, ceux d'un blanchisseur la force, ceux d'une communauté et d'une courtisane excluent des mondes (meilleurs) ;

220. Ceux (que donne) un médecin sont (comme) du pus, ceux d'une femme impudique sont (comme) du sperme, ceux d'un usurier (comme) des excréments, ceux d'un armurier (comme) des immondices ;

221. Les aliments des autres (catégories) qu'on a successivement énumérées comme étant celles dont on ne doit pas goûter la nourriture, sont, au dire des Sages, (l'équivalent) de la peau, des os et des poils.

222. Donc si l'on a mangé sans intention des aliments d'une quelconque de ces (personnes, on doit s'imposer) un jeûne de trois jours ; si on en a mangé en connaissance de cause, ainsi que du sperme, des excréments ou de l'urine, on doit faire la pénitence simple.

223. Un Brâhmane instruit ne doit pas manger les mets cuits (apprêtés par) un Soudra qui n'accomplit pas de Srâddhas ; mais, à défaut (d'autre) ressource, il peut accepter de lui (des aliments) crus en quantité suffisante pour une nuit.

224. Car les Dieux ayant pesé (les qualités et les défauts) d'un théologien avare et d'un usurier généreux, ont déclaré la nourriture (donnée) par l'un et par l'autre équivalente.

225. Le Seigneur des créatures venant à eux a dit : « Ne faites pas égal ce qui est inégal ; car la nourriture (donnée par) l'homme généreux est purifiée par la foi ; (celle de) l'autre est souillée par le manque de foi. »

221. Au lieu de ete'nye, B. H. lit ebhyo'nye « autres que celles qui ont été mentionnées ».

222. La pénitence simple est appelée kṛcchra ; cf. XI, 212.—*Ainsi que du sperme :* il vaudrait peut-être mieux traduire, comme L., « de même que si l'on avait goûté de la liqueur séminale ».

224. Un théologien, un çrotriya.

225. On peut fermer les guillemets après « ce qui est inégal. »

226. On doit toujours sans relâche accomplir avec foi les sacrifices et les œuvres pies; car accomplis avec foi et au moyen de richesses légitimement acquises, ces deux (actes) sont (la source de récompenses) impérissables.

227. Qu'on observe toujours le devoir de libéralité, tant dans les sacrifices que dans les œuvres pies, avec des sentiments de joie, dans la mesure de ses moyens, lorsque l'on trouve un vase (digne de recevoir les dons).

228. Quand on vous demande, donnez toujours quelque chose, si peu que ce soit, (et) sans rechigner; car il se trouvera un vase (digne de recevoir les dons) qui vous déchargera de tout péché.

229. Celui qui donne de l'eau obtient de la satisfaction; celui qui donne des aliments, un bonheur impérissable; celui qui donne des grains de sésame, la postérité désirée; celui qui donne une lampe, d'excellents yeux;

230. Celui qui donne de la terre, obtient de la terre; celui qui donne de l'or, une longue vie; celui qui donne une maison, de magnifiques habitations; celui qui donne de l'argent, une beauté supérieure;

231. Celui qui donne un vêtement (obtient) une place dans le monde de Tchandra; celui qui donne un cheval, une place dans le monde des Asvins; celui qui donne un taureau, une grande fortune; celui qui donne une vache, (une place dans) le monde du Soleil;

226. *Les œuvres pies :* « creuser un étang de lotus, une source, faire une fontaine, un jardin de plaisance ». (Kull.)

228. Pâtra un vase, c'est-à-dire une personne digne de recevoir les bienfaits.

229. *La satisfaction* « par l'exemption de la faim et de la soif ». (Kull.)

230. Calembour sur rûpya, argent (conservé dans le mot roupie) et rûpa beauté.

231. Candra est le Dieu Lunus; — autre jeu de mots sur açva cheval et Açvin : les deux Açvins, fils du soleil, sont les Dioscures des Grecs. La corrélation d'un certain nombre de ces termes est fondée sur des consonances; le rapport qui unit les autres est peu intelligible pour nous.

232. Celui qui donne une voiture ou un lit (obtient) une épouse ; celui qui donne la protection, la souveraineté ; celui qui donne du grain, un bonheur éternel ; celui qui donne le Véda, l'égalité avec Brahme.

233. Le don du Véda surpasse tous les autres dons : eau, aliments, vache, terre, vêtement, grains de sésame, or, beurre clarifié.

234. Quelle que soit l'intention dans laquelle on fait un don quelconque, on en recevra (la récompense) suivant cette intention (dans une autre vie), avec les honneurs (qu'on mérite).

235. Celui qui reçoit respectueusement et celui qui donne respectueusement vont l'un et l'autre au ciel ; dans le cas contraire (ils tombent) en enfer.

236. On ne doit pas tirer vanité de ses austérités, dire un mensonge après avoir sacrifié, injurier les Brâhmanes même offensé par eux, ni publier ce qu'on a donné.

237. Par le mensonge le sacrifice est anéanti, par l'orgueil (le mérite) des austérités est perdu, par les outrages aux Brâhmanes la longévité, et par l'ostentation le (fruit du) don.

238. Sans faire de mal à aucune créature, on doit accumuler de la vertu petit à petit, comme les termites (font) leur fourmilière, afin (d'obtenir) un compagnon dans l'autre monde.

239. Car dans l'autre monde ni père, ni mère, ni enfants, ni femme, ni parents ne sont là pour (vous servir de) compagnons ; la vertu seule vous reste.

240. Chacun naît seul, meurt seul, recueille seul (le fruit) de ses bonnes actions, et seul (le châtiment) de ses mauvaises.

232. Celui qui donne le Véda est le précepteur. — Jeu de mots sur Brahman qui signifie à la fois Véda et Brahme. L'égalité avec Brahme signifie l'union avec Brahme.

234. *L'intention :* « soit par désir d'obtenir le ciel, soit sans aucune vue intéressée ». (Kull.)

238. Dharma, vertu ou mérite spirituel.

241. Laissant le cadavre à terre comme un morceau de bois, ou une motte de terre, les parents (du défunt) s'en vont en détournant la face ; sa vertu (seule) suit (son âme).

242. Qu'il ne cesse donc d'accumuler petit à petit la vertu pour (avoir) un compagnon (dans l'autre vie) ; car avec la vertu pour compagne, on traverse les ténèbres impénétrables (de l'enfer).

243. Elle conduit rapidement dans l'autre monde, rayonnant et revêtu d'un corps éthéré, l'homme qui a eu pour objet principal le devoir, et qui a effacé ses péchés par la pénitence.

244. Celui qui désire élever sa lignée, doit toujours contracter des alliances avec les gens les plus éminents, et éviter tous les gens vils.

245. Un Brâhmane qui toujours s'allie avec les gens les plus éminents, et évite les gens inférieurs, atteint le premier rang ; dans le cas contraire (il descend) à la condition de Soudra.

246. Un homme ferme dans ses entreprises, doux, patient, qui n'a point commerce avec les gens de mœurs cruelles, et ne fait aucun mal (aux créatures), grâce à une telle conduite, conquiert le ciel par sa continence et sa libéralité.

247. Il peut accepter de tout le monde du bois, de l'eau, des racines et fruits, des aliments non sollicités, ainsi que du miel et l'offre d'une protection.

248. Le Seigneur des créatures a déclaré que les aumônes apportées et offertes, sans avoir été préalablement sollicitées, peuvent être acceptées même d'un pécheur.

249. Pendant quinze années les Mânes ne mangent pas (les offrandes) de (l'homme) qui dédaigne ces (aumônes), et le feu ne porte pas (son) oblation (vers les Dieux).

250. Il ne doit point rejeter (les dons tels que) : un lit, une maison, de l'herbe *kousa*, des parfums, de l'eau, des fleurs,

249. Le feu est considéré comme véhicule de l'oblation du sacrifice, parce qu'il s'élève vers le ciel.

250. « Qui ont été donnés sans qu'on les ait demandés. » (Kull.)

des pierres précieuses, du lait sûri, des grains, du poisson, du lait, de la viande et des légumes.

251. Dans le désir d'assister les personnes qui ont droit à son respect, ou celles qui sont dans sa dépendance, ou bien pour honorer les Dieux ou des hôtes, il peut accepter (des présents) de n'importe qui ; mais il ne doit pas en profiter lui-même.

252. Mais si ses parents sont morts, ou s'il vit séparé d'eux dans (une autre) maison, il doit, lorsqu'il cherche sa subsistance, l'accepter (seulement) des gens de bien.

253. Un métayer, un ami de la famille, un bouvier, un esclave, un barbier, (sont) parmi les Soudras (ceux) dont il peut manger les aliments, ainsi que celui qui s'offre (pour entrer à son service).

254. (Ce dernier) doit en se présentant faire connaître quelle sorte de personne il est, ce qu'il désire faire, et comment il entend le servir.

255. Celui qui se donne auprès des gens de bien pour un autre que ce qu'il est réellement, est le plus grand des pécheurs sur terre : c'est un voleur, un usurpateur de personnalité.

256. Toutes choses sont fixées par la parole, ont pour racine la parole, procèdent de la parole ; donc celui qui vole la parole est un (homme) qui vole tout.

257. Après s'être acquitté suivant la règle de ses devoirs envers les grands Saints, les Mânes, les Dieux, et avoir

251. Les personnes qui ont droit à son respect sont ses gurus : « père, mère, etc. ». (Kull.)— Celles qui sont dans sa dépendance sont « sa femme et autres ». (Kull.)

253. L. entend tout différemment le mot bhojyānna : « Ceux qui peuvent manger la nourriture qui leur est donnée par ceux auxquels ils sont attachés ».

254. Quelle sorte de personne il est : « quelle est sa famille, quel est son caractère, etc. ». (Kull.)

257. *Ses devoirs* « envers les Saints par la lecture du Véda, envers les Mânes par la procréation d'un fils, envers les Dieux par les sacrifices ». (Kull.) Le fils est destiné à accomplir après sa mort les Çrāddhas. — Mā-

transmis tout (son avoir) à son fils, on doit demeurer (dans la maison) détaché (des choses terrestres).

258. On doit constamment méditer seul et à l'écart sur (ce qui est) salutaire à l'âme ; car celui qui médite dans la solitude atteint la félicité suprême.

259. Voilà la règle constante de conduite d'un Brâhmane maître de maison, et les prescriptions concernant celui qui est sorti de noviciat ; (elles sont) une source d'accroissement en sainteté et (sont) louables.

260. Un Brâhmane instruit dans les livres saints, qui se conforme à ces règles, et qui continuellement détruit (en lui) le péché, sera glorifié dans le monde de Brahme.

dhyastham āsthitaḥ, littéralement arrivé à l'indifférence. Kull. commente ainsi cette expression : « détaché de son fils, de sa femme, de ses richesses, etc., et toutes ses pensées tournées vers Brahme ».

LIVRE CINQUIÈME

Aliments permis et défendus ; Causes d'impureté et Purifications ; Devoirs des femmes.

1. Ayant entendu cet exposé des devoirs du Brâhmane sorti de noviciat, les Sages dirent au magnanime Bhrigou qui procède du feu :

2. « Seigneur ! Comment la mort a-t-elle prise sur les Brâhmanes qui accomplissent leurs devoirs comme il a été dit, et qui connaissent les livres védiques ? »

3. Le vertueux Bhrigou, fils de Manou, répondit à ces grands Sages : « Écoutez pour quelles fautes la mort cherche à détruire l'existence des Brâhmanes.

4. (C'est) pour leur négligence à réciter le Véda, leurs infidélités à la règle de conduite, leur paresse (à remplir leurs devoirs), leurs péchés (contre l'abstinence) des aliments (défendus, que) la mort cherche à détruire les Brâhmanes.

5. L'ail, l'oignon, l'échalote, les champignons, ne doivent point être mangés par les Dvidjas, non plus que (tous les végétaux) poussant dans l'impureté.

6. La sève rouge des arbres, et (les sucs) provenant d'une entaille, le (fruit du) selou, le lait d'une vache qui vient de vêler, doivent être soigneusement évités.

1. *Du Brâhmane sorti de noviciat*, c'est-à-dire du maître de maison.

2. Vedaçâstra peut s'entendre aussi comme composé copulatif « les Védas et les Çâstras (traités) ». — *Comment*, etc. « S'il n'y a pas eu négligence des devoirs, ce qui est la cause de la brièveté de la vie. » (Kull.)

6. Çelu, Cordia myxa.

7. Un plat de riz et de grains de sésame, du samyâva, du riz au lait, un gâteau de fleur de farine, qui n'ont pas été offerts à une divinité, ainsi que des viandes non consacrées, la nourriture (destinée) aux Dieux, et les offrandes,

8. Le lait d'une vache qui a vêlé dans les dix jours qui précèdent, d'une chamelle ou d'un solipède, d'une brebis, d'une vache en chaleur ou qui a perdu son veau,

9. (Celui) de toutes les bêtes sauvages, sauf le buffle, le lait de femme et tous les liquides aigris doivent être évités.

10. Parmi les (liquides) aigris, on peut consommer le lait sûr, et tout ce qui a été préparé avec lui, ainsi que les (substances) extraites des fleurs, racines et fruits purs.

11. On doit s'abstenir de tous les oiseaux de proie, des oiseaux qui vivent dans les villes, des solipèdes non permis (par le Véda), ainsi que de l'oiseau tittibha,

12. Du moineau, de la foulque, du flamant, de l'oie, du coq domestique, de la grive, du coq de bruyère, du pivert, du perroquet, de la corneille,

13. Des oiseaux qui frappent avec le bec, des palmipèdes, des vanneaux, des oiseaux qui déchirent avec leurs serres, des plongeons, des oiseaux ichtyophages ; (on doit s'abstenir aussi) de viande fraîche ou de viande séchée,

14. Du héron, du marabout, du corbeau, du hochequeue,

7. Saṃyāva gâteau préparé avec « du beurre clarifié, du lait, du sucre, et de la farine de froment ». (Kull.) — *Qui n'ont pas été offerts à une divinité*, littéralement « préparés en vain ». — *Viandes non consacrées* « qui n'ont pas été aspergées d'eau en récitant des prières ». (Kull.) — *La nourriture destinée aux Dieux* appelée naivedya.

11. Cet oiseau est le Parra jacana.

12. *Foulque* : littéralement nageur » (lequel ?). — *Flamant*, haṃsa, Phœnicopterus roseus ou cygne. — *L'oie :* Anas casarca ou le coucou (?). — *Le coq domestique :* littéralement « coq de village ». — *Grue :* littéralement « oiseau de marais » (lequel ?). Bien entendu nous ne garantissons pas l'identification de tous ces noms d'oiseaux.

13. On peut réunir « plongeons » au terme suivant : « les oiseaux qui plongent pour manger le poisson ».

14. *Animaux mangeurs de poissons :* sans doute les outres et autres du même genre.

des (animaux) mangeurs de poissons, du porc domestique et de toute sorte de poissons.

15. Celui qui mange la viande (d'un animal) quelconque est dit le mangeur de cet (animal), celui qui mange du poisson est un mangeur de toute (sorte de) viande ; on doit donc s'abstenir du poisson.

16. Mais on peut manger le silure et le cyprin, quand ils sont employés pour une offrande aux Dieux ou aux Mânes ; (on peut) aussi (manger) du poisson rayé, du sinhatounda et du sasalca en toute circonstance.

17. Qu'on ne mange pas de quadrupèdes ou d'oiseaux solitaires ou inconnus, ni d'animaux à cinq ongles, quand même ils ont été désignés parmi ceux qu'on peut manger.

18. Le porc-épic, le hérisson, l'iguane, le rhinocéros, la tortue, le lièvre, sont parmi les animaux à cinq ongles ceux qu'on déclare propres à être mangés, ainsi que les animaux n'ayant de dents qu'à une mâchoire, le chameau excepté.

16. *Poisson rayé :* (lequel ?) ; les deux autres espèces sont tout à fait inconnues. — Ce vers peut s'entendre de deux manières : ou bien les deux premières espèces sont permises seulement dans un repas en l'honneur des Dieux ou des Mânes, et les trois autres en toute occasion ; c'est le sens que j'ai adopté ; ou bien on peut, comme le fait B. H., comprendre « le pâṭhîna et le rohita employés dans les offrandes aux Dieux et aux Mânes, le râjîva, le siṃhatuṇḍa et le saçalka aussi peuvent être mangés en en toute occasion ».

17. A quoi bon les avoir permis pour les défendre ensuite ? Cette restriction s'applique peut-être seulement aux « solitaires » ; quant aux inconnus, comment décider s'ils sont permis ou défendus ? La traduction de L. serait très satisfaisante, si elle ne modifiait pas un peu le texte, « bien qu'ils ne soient pas au nombre de ceux qu'on ne doit pas manger » ; c'est-à-dire que, en dehors des catégories prohibées précédemment, il est encore défendu de manger les animaux solitaires, inconnus, ou pourvus de cinq ongles (sauf, pour ces derniers, l'exception signalée au vers suivant).

18. *Iguane*, ou suivant L. « le crocodile du Gange ». — Le rhinocéros n'a que *trois* ongles ; le chameau est dépourvu effectivement des incisives de la mâchoire supérieure, ce qui expliquerait l'expression « à une rangée de dents » ; mais quels sont les autres désignés ici, en dehors du chameau ? Ce trait caractéristique n'existe que chez les lamas, vigognes et alpagas, apparentés au chameau ; or, ce sont des animaux du Nouveau Continent.

19. Le Dvidja qui mange sciemment du champignon, du porc domestique, de l'ail, du coq domestique, des oignons, des échalotes est déchu de sa caste.

20. Celui qui à son insu mange une de ces six (choses) devra faire (une pénitence dite) sântapana, ou la pénitence lunaire des ascètes; pour d'autres (aliments défendus) il devra jeûner un jour.

21. Une fois l'an un Brâhmane accomplira une pénitence (simple) pour se purifier des aliments (prohibés) qu'il aurait mangés sans le savoir ; pour ceux (qu'il a mangés) sciemment (il devra faire une pénitence) particulière.

22. Les quadrupèdes et les oiseaux prescrits (comme propres à être mangés) peuvent être tués par les Brâhmanes en vue du sacrifice, comme aussi pour la subsistance de ceux qui dépendent d'eux ; car Agastya (le) fit jadis.

23. En effet il y avait des gâteaux sacrés (faits avec la chair) des quadrupèdes et oiseaux qu'il est permis de manger, dans les sacrifices anciens ainsi que dans les offrandes (faites par) les Brâhmanes et les Kchatriyas.

24. Tout aliment non prohibé, même datant de la veille, mêlé à de la graisse, peut être mangé, ainsi que les restes de l'offrande.

25. Tous les (mets) faits d'orge et de blé, ainsi que ceux préparés avec du lait, peuvent être mangés par les Dvidjas, même quand ils datent d'un certain temps, et sans être mélangés avec de la graisse.

26. Telle est la liste complète des aliments permis ou défendus aux Dvidjas ; je vais maintenant exposer la règle concernant l'usage ou l'abstention des viandes.

20. Pour ces pénitences cf. XI, 212, 213, 219. — *Un jour* et une nuit.

21. La pénitence simple est appelée Kṛcchra.

22. Agastya, fameux Richi, auteur prétendu de plusieurs hymnes du Rig Véda et héros des épopées du Mahâbhârata et du Râmâyana.

24. *L'offrande* de beurre clarifié appelée havis.

27. On peut manger de la viande après qu'elle a été consacrée, et (pour complaire) au désir des Brâhmanes, et quand on a reçu l'autorisation régulière, ou quand la vie est en danger.

28. Le Seigneur des créatures a créé tout cet (univers) pour (être) le soutien de l'existence ; tout ce qui est inanimé et animé est le soutien de l'existence.

29. Les (êtres) inanimés servent de nourriture aux (êtres) animés, les (animaux) dépourvus de crocs à ceux qui en sont pourvus, les (animaux) sans mains à ceux qui en ont, les (créatures) timides à celles qui ont du courage.

30. Celui qui même chaque jour mange les animaux dont la viande est permise ne commet point de fautes ; car le Créateur a fait aussi bien les créatures destinées à être mangées que ceux qui les mangent.

31. « Manger de la viande (seulement) au sacrifice », cette règle est déclarée celle des Dieux ; c'est pourquoi l'usage (de la viande) en toute autre circonstance est appelé la coutume des Démons.

32. Celui qui mange de la viande après avoir honoré les Dieux et les Mânes, ne commet aucun péché, soit qu'il l'ait achetée, ou qu'il ait tué lui-même (l'animal), ou qu'elle lui ait été donnée par un autre.

33. Un Dvidja connaissant la Loi, à moins de nécessité absolue, ne doit pas manger de viande contrairement à la règle ; car s'il en mange contre la règle, il sera après sa

27. *Consacrée*, c'est-à-dire aspergée d'eau bénite avec récitation des prières ou mantras.—*Autorisation :* « Dans des cérémonies religieuses où l'usage de la viande est prescrit, telles que le çrâddha, le madhuparka. » (Kull.) — Sur le madhuparka cf. note du vers 41.

29. *De crocs :* les crocs sont le signe caractéristique des carnassiers.

30. *Dont la viande est permise :* littéralement : « mangeables, âdya ». — Peut-être le sens est-il « destinés à être sa nourriture. »

32. Honorer les Dieux, c'est leur offrir une part des aliments. — *Qu'il ait tué lui-même :* le terme utpâdya est vague. D'autres entendent par là « qu'il a obtenue lui-même » ou « qu'il a élevée lui-même ».

33. *Sans merci :* littéralement : « malgré lui ».

mort dévoré sans merci par les (animaux qu'il a mangés).

34. Le crime d'avoir tué des bêtes sauvages en vue d'un profit est (considéré comme) moins grave dans l'autre vie, que celui d'avoir mangé de la viande sans un motif religieux.

35. Au contraire l'homme prié conformément au rite, qui refuse de manger de la viande (dans une cérémonie religieuse) devient après sa mort un animal pendant vingt et une existences successives.

36. Un Brâhmane ne doit jamais manger (la chair) d'animaux non consacrés par les prières; mais qu'il mange en se conformant à la règle éternelle (la viande) consacrée par les prières.

37. S'il a envie (de viande), qu'il fabrique un animal avec de la graisse ou de la fleur de farine; mais qu'il ne désire jamais tuer un animal sans un motif (religieux).

38. Autant il y a de poils sur la bête, autant de fois celui qui l'a tuée sans motif endurera une mort violente dans ses existences successives après la mort.

39. C'est l'Être existant par lui-même qui a créé les animaux en vue du sacrifice ; le sacrifice (est institué) pour la la prospérité de tout cet (univers); c'est pourquoi le meurtre (commis) pour le sacrifice n'est pas un meurtre.

40. Les plantes, le bétail, les arbres, les animaux, les oiseaux égorgés en vue du sacrifice renaissent dans des existences supérieures.

41. Lorsque (l'on offre à un hôte) la mixture de miel, (qu'on fait) un sacrifice ou une offrande aux Mânes et aux Dieux, alors seulement on doit égorger des animaux, et non dans aucune autre occasion : ainsi l'a proclamé Manou.

34. *En vue d'un profit*, fait allusion au chasseur de profession.

37. *Sans un motif*, c'est-à-dire « sans destination aux divinités et autres ». (Kull.)

40. Parmi les animaux Kull. mentionne « les tortues et autres ».

41. Le madhuparka est un plat que l'on offre à un hôte, et qui est fait d'un mélange de lait sûri avec du miel et du beurre.

42. Un Dvidja connaissant le véritable sens du Véda, qui égorge un animal pour cette fin, fait entrer l'animal et lui-même dans la félicité suprême.

43. Qu'il habite dans sa (propre) maison ou chez son maître spirituel, ou dans la forêt, un Dvidja d'un caractère généreux ne doit pas, même en cas de détresse, commettre aucune violence (sur un être animé) qui ne soit autorisée par le Véda.

44. Sachez que le mal (fait) aux êtres animés et inanimés, (dans les cas) autorisés et prescrits par le Véda, n'est pas proprement du mal, car c'est du Véda que découle la Loi morale.

45. Celui qui fait du mal à des créatures inoffensives pour son plaisir, ne prospère ni pendant sa vie, ni après sa mort.

46. Celui qui ne cherche pas à faire souffrir aux créatures la captivité ou la mort, (et) désire le bien de tous les (êtres), obtient la félicité suprême.

47. Celui qui ne fait de mal à aucun (être), réussit sans difficulté dans toutes les choses qu'il projette, qu'il entreprend, et auxquelles il attache son plaisir.

48. On ne peut se procurer de viande autrement qu'en faisant violence aux êtres animés, et le meurtre des animaux, empêche d'obtenir le ciel; on doit donc s'abstenir de viande.

49. Considérant la provenance de la chair, (qu'on ne peut

44. Niyatā peut être rapporté à carācare, « le mal commis sur les êtres animés et inanimés », et alors il faut supprimer un des deux termes « autorisé et prescrit ». — *Car c'est du Véda que découle la loi morale*, c'est-à-dire une chose n'est juste ou injuste qu'autant que le Véda la proclame telle ; donc le mal prescrit par le Véda n'est pas du mal.

46. On peut comprendre le composé bandhanavadhakleça de deux manières : « la peine des liens et de la mort » ou bien « les liens, la mort et les peines ».

47. Au lieu de rati, plaisir, certaines éditions ont dhṛti : « il attache sa pensée ».

se procurer que par) l'enchaînement et le meurtre des animaux, on doit s'abstenir absolument de viande.

50. Celui qui ne mange pas de la viande comme un vampire, au mépris de la règle, est aimé dans ce monde et n'est pas affligé par les maladies.

51. Celui qui tolère (le meurtre d'un animal), celui qui le dépèce, celui qui le tue, celui qui achète ou vend (sa chair), celui qui l'apprête, celui qui la sert et celui qui la mange, (sont tous considérés comme) ses meurtriers.

52. Il n'y a point de plus grand pécheur que celui qui cherche à accroître sa propre chair par la chair d'autres (êtres, sans que ce soit pour) honorer les Mânes et les Dieux.

53. Celui qui pendant cent années consécutives offre annuellement le sacrifice du cheval, et celui qui s'abstient de viande, (obtiennent) une récompense égale pour leur vertu.

54. En vivant de fruits et de racines purs, et en mangeant la nourriture des ascètes, on ne gagne pas une aussi grande récompense qu'en s'abstenant de viande.

55. « Celui dont je mange ici-bas la CHAIR (māṃsa), IL ME (mām sa) dévorera dans l'autre monde » : telle est l'étymologie du mot *chair* suivant les Sages.

56. Il n'y a point de péché à manger de la viande, (à boire) des liqueurs spiritueuses, ou à user des plaisirs charnels (dans les cas permis), car c'est un penchant naturel chez les êtres ; mais l'abstention (de ces plaisirs) procure de grandes récompenses.

57. Je vais maintenant exposer dûment par ordre les purifications (prescrites) pour les quatre castes, concernant les morts et concernant les choses.

50. *Un vampire*, un Piçāca.

53. *Offre :* il vaudrait peut-être mieux mettre le conditionnel « offrirait », à cause du chiffre de cent années.

54. La nourriture des ascètes consiste en « riz sauvage et autres ». (Kull.)

55. Calembour étymologique sur māṃsa, viande, que Manou dérive de sa = il et de mām = me.

58. A la mort d'un enfant qui a fait ses dents, ou qui, sa dentition faite, a reçu la tonsure et l'initiation, tous les parents (sont) impurs ; à la naissance (d'un enfant) on déclare (que l'impureté) est la même.

59. (La durée) de l'impureté (occasionnée) par un cadavre est fixée à dix jours pour un parent Sapinda, (ou bien elle continue) jusqu'à ce qu'on ait recueilli les ossements, (ou) trois jours, (ou) un jour seulement.

60. La parenté d'un Sapinda cesse avec la septième personne (ascendante ou descendante), la parenté d'un Samânodaka (cesse) lorsque l'on ignore la naissance et le nom.

61. De même que (la durée) de l'impureté occasionnée par un cadavre est fixée (à dix jours) pour les Sapindas, ainsi (cette règle) doit être (observée) à la naissance (d'un enfant) par ceux qui désirent une pureté absolue.

62. L'impureté occasionnée par un cadavre est (commune) à tous (les Sapindas), celle qui résulte d'une naissance (est propre) à la mère et au père ; (ou plutôt l'impureté) due à une naissance (est propre) à la mère seulement ; le père se purifie par une (simple) ablution.

63. Un homme qui a émis sa semence se purifie par des

58. B., suivant l'interprétation de Medh. et de Gov., traduit « qui, avant de faire ses dents, a reçu la tonsure » ; Kull. dit : « Jātadantānantare, immédiatement après la naissance des dents ». Il est vrai que anantara, d'après le Dictionnaire de Saint-Pétersbourg, signifie quelquefois « qui vient immédiatement avant ».

59. Les parents jusqu'au sixième degré, en remontant ou en redescendant, sont dits les Sapiṇḍas (cf. le vers suivant. — *Recueilli les ossements :* « Les os doivent être recueillis le quatrième jour suivant la prescription de Vishṇu. » (Kull.) — « Pour le Brâhmane qui entretient le feu prescrit par la Çruti et qui a étudié une Çākhā (recension du Véda) entière, avec les Mantras et les Brāhmaṇas, l'impureté est d'un jour ; pour celui qui n'a qu'un de ces deux mérites, (à savoir) l'entretien du feu prescrit par la Çruti ou l'étude du Véda, l'impureté est de trois jours ; celui qui n'a aucun de ces deux mérites, et qui se contente d'entretenir le feu prescrit par la Smṛti est impur quatre jours, enfin celui qui est dépourvu de tous ces mérites est impur dix jours. » (Kull.)

60. Sapiṇḍa signifie « lié par le gâteau funèbre appelé piṇḍa » ; Samānodaka signifie « lié par la libation d'eau ». Cette parenté s'étend aussi loin qu'il existe des traces d'une communauté d'origine et de nom.

63. *Rapports sexuels*, terme vague précisé par Kull. : « s'il a eu un enfant d'une femme antérieurement mariée à un autre ».

ablutions ; après des rapports sexuels, il gardera son impureté pendant trois jours.

64. Après un jour et une nuit, plus trois périodes de trois nuits, ceux qui ont touché un cadavre sont purifiés ; les Samânodakas (le sont) en trois jours.

65. Un élève qui accomplit la cérémonie funèbre en l'honneur de son précepteur décédé est purifié en dix jours ; de même ceux qui emportent le cadavre.

66. En cas de fausse couche, une femme est purifiée au bout d'un nombre de jours égal à celui des mois (écoulés depuis la conception) ; une femme vertueuse qui a ses règles (est purifiée) par un bain après que l'évacuation a cessé.

67. En cas de décès d'un enfant mâle auquel on n'a pas encore pratiqué la tonsure, la purification est déclarée faite au bout (d'un jour et) d'une nuit ; pour (le décès de) ceux qui ont déjà reçu la tonsure, une purification de trois nuits est requise.

68. Quand (un enfant meurt avant deux ans, les parents doivent l'inhumer hors (du village), orné (de guirlandes et de fleurs et le déposer) dans une terre pure, sans recueillir ses ossements (par la suite).

69. Pour lui ils ne doivent faire ni la cérémonie par le feu, ni les libations d'eau ; après l'avoir laissé comme du bois à la forêt, ils jeûneront trois jours.

70. Les parents ne doivent pas faire de libations d'eau pour (un enfant) de moins de trois ans ; (pourtant) ils peuvent le faire s'il avait déjà terminé sa dentition, ou si l'on avait accompli (pour lui) la cérémonie de l'imposition du nom.

64. Périphrase pour dire « dix jours et dix nuits ». — *Touché un cadavre.* Suivant Gov., il s'agit des « Brâhmanes non parents qui emportent le cadavre (au cimetière) moyennant rétribution ».

65. La cérémonie dite pitṛmedha, sacrifice aux Mânes.

67. *Qui ont déjà reçu la tonsure,* « mais qui n'avaient pas encore reçu l'initiation ». (Kull). La cérémonie de la tonsure s'appelle Cūḍākarman.

69. C'est-à-dire on ne doit pas brûler son corps, ni faire de çrāddha en son honneur.

70. Cette cérémonie s'appelle le Nāmakarman.

71. Si un compagnon de noviciat meurt, (la durée de) l'impureté est fixée à un jour; à la naissance d'un enfant, une purification de trois (jours et trois) nuits est imposée aux Samânodakas.

72. (A la mort) d'une jeune fille (fiancée, mais) non mariée, (le futur et ses) parents sont purifiés au bout de trois jours ; mais les parents paternels sont purifiés de la manière énoncée (dans le vers précédent).

73. Ils doivent pendant trois jours manger des aliments non assaisonnés de sel (artificiel), se baigner, s'abstenir de viande, et dormir à terre séparément.

74. Telle est la règle de l'impureté (contractée par la présence) d'un cadavre, prescrite (pour les cas où les parents du défunt sont) à proximité ; apprenez maintenant, (au cas où ils sont) éloignés, la règle concernant les Sapindas et les Samânodakas.

75. Si l'on apprend la mort d'un (parent) en terre étrangère dans les dix jours (qui suivent le décès), on est impur pendant le reste des dix jours.

76. Mais si les dix jours (qui suivent le décès) étaient écoulés, on est impur pendant (trois jours et) trois nuits ; si une année (entière) s'est écoulée (depuis la mort), on est purifié rien qu'en se baignant.

77. Un homme qui apprend après le délai de dix jours la mort d'un parent (Sapinda) ou la naissance d'un fils, se purifie en se baignant dans l'eau avec ses vêtements.

78. Lorsqu'un enfant (qui n'a pas fait sa dentition) ou qu'un parent Samânodaka meurt en pays étranger, on se purifie instantanément, rien qu'en se baignant avec ses vêtements.

79. Si dans les dix jours il se produisait de nouveau une mort ou une naissance, un Brâhmane reste impur (seulement) jusqu'à l'expiration des dix jours.

72. *De la manière énoncée* « dans le vers précédent, c'est-à-dire en trois jours ». (Kull.)

76. *Rien qu'en se baignant :* littéralement « rien qu'en touchant l'eau. »

80. A la mort d'un précepteur l'impureté (de l'élève) est déclarée durer (trois jours et) trois nuits ; si c'est le fils ou la femme (du précepteur qui vient à mourir, l'impureté dure) un jour et une nuit : telle est la règle établie.

81. Si un (Brâhmane) instruit qui habite dans votre maison (par amitié vient à mourir), on est impur durant trois jours ; (si c'est) un oncle maternel, un disciple, un prêtre officiant, un parent (éloigné, l'impureté dure) une nuit avec le jour qui précède et le jour qui suit.

82. Si le roi du pays qu'on habite vient à mourir, (l'impureté dure) aussi longtemps que l'éclat (du soleil, si c'est le jour, et des astres, si c'est la nuit) ; pour un (Brâhmane) non instruit (qui meurt dans votre maison, l'impureté dure) un jour entier, et de même pour un précepteur qui connaît le Véda et les Angas.

83. Un Brâhmane est pur au bout de dix jours, un Kchatriya au bout de douze, un Vaisya au bout de quinze, un Soudra au bout d'un mois.

84. Il ne faut pas prolonger (sans motif) les jours d'impureté, ni interrompre les rites relatifs au feu (sacré) ; car celui qui accomplit ces rites, fût-il Sapindà, ne peut être impur.

85. Celui qui a touché un Tchândâla, une femme ayant ses règles, un homme dégradé, une femme en couches, un cadavre ou celui qui l'a touché, se purifie par un simple bain.

86. Celui qui s'est purifié en se rinçant la bouche, à la vue

81. Upasampanne est commenté par « maitrādinā tatsamīpavartini tadgṛhavāsini, qui réside dans le voisinage, qui habite dans la maison de celui-ci par amitié ou par une autre cause pareille ». Mais il serait plus simple de le traduire par « étant mort », d'autant plus qu'on est obligé ensuite de suppléer ce terme. — Littéralement « une nuit ailée. »

82. *Un jour entier :* « Un jour seulement, mais non la nuit qui suit, et s'il meurt la nuit, une nuit seulement. » (Kull.) — *Qui connaît le Véda* ; Kull. ajoute une restriction « plus ou moins, peu ou beaucoup ».

83. *Un Brâhmane est pur* « à la mort d'un sapiṇḍa initié, ou à la naissance d'un enfant venu à terme ». (Kull.)

86. *Qui s'est purifié* « avant de commencer les cérémonies en l'honneur

de quelque (personne) impure doit toujours murmurer les prières au soleil et les (versets) purificatoires.

87. S'il touche un os humain encore gras, un Brâhmane se purifie en se baignant, s'il (touche) un os dégraissé, (il se purifie) en se rinçant la bouche et en touchant une vache ou en regardant le soleil.

88. Celui qui est lié par un vœu ne doit point offrir de libation d'eau (à des funérailles) jusqu'à l'achèvement du vœu ; (le vœu) terminé, s'il offre une libation d'eau, il ne devient pur qu'au bout de trois nuits.

89. Les libations d'eau ne doivent point se faire pour ceux qui sont nés irrégulièrement d'un mélange de castes, et qui appartiennent à (des sectes) de mendiants (hérétiques), ou qui ont attenté à leur existence,

90. Ni pour les femmes engagées dans une secte hérétique, ou qui vivent dans la luxure, ou qui se font avorter, ou qui tuent leur mari, ou qui boivent des liqueurs fortes.

91. Celui qui est lié par un vœu ne viole pas ce vœu en emportant (au cimetière) le cadavre de son précepteur, de son répétiteur, de son père, de sa mère ou de son maître spirituel.

des Mânes et des Dieux ». Les prières au Soleil « se trouvent Rig-Véda, I, 50,1, sqq. Les Pâvamânis ou versets purificatoires, sont dans le Maṇḍala IX ». (Note de B.)

88. *Lié par un vœu* désigne suivant Kull. « un étudiant, un brahmacârin ». — « Cette règle ne s'applique pas au cas où la personne défunte est la mère, le père ou le précepteur. » (Kull.)

89. Vṛthâsaṃkarajâtânâm littéralement « nés d'un mélange (de castes) en vain ». Suivant Kull. il faut séparer vṛthâ de saṃkara, et « nés en vain » signifierait « qui habituellement négligent leurs devoirs » : j'ai remplacé l'expression vague « en vain » par « irrégulièrement ». — Pravrajyâsu tishṭhatâm peut s'entendre « qui demeurent parmi les mendiants religieux ».

91. *Celui qui est lié par un vœu*, comme plus haut, désigne l'étudiant ; le précepteur âcârya, le répétiteur upâdhyâya, le maître spirituel guru. Suivant le commentaire, le premier est « celui qui lui a fait étudier une Çâkhâ (branche du Véda) entière », le second « celui qui a fait étudier seulement une portion du Véda ou un Aṅga », le troisième « celui qui lui a expliqué le sens du Véda, ou seulement d'une portion des Védas ».

92. On doit emporter le cadavre d'un Soudra par la porte Sud de la ville, celui d'un Dvidja par les portes Ouest, Nord, Est, suivant la caste.

93. Les rois, les gens qui sont liés par un vœu, ou ceux qui accomplissent un long sacrifice, ne (contractent) point d'impureté ; car (les rois) sont assis sur le trône d'Indra, (les autres) sont toujours aussi purs que Brahme.

94. Pour un roi sur son trône glorieux la purification est déclarée instantanée, car le trône est destiné à la protection du peuple ; telle en est la cause.

95. (Il en est de même pour les parents de) ceux qui ont été tués dans une bagarre ou un combat, ou par le tonnerre, ou par le roi, ou (qui sont morts en défendant) une vache ou un Brâhmane, ou ceux dont le roi désire (la pureté).

96. Le prince a un corps (où s'incarnent) les huit protecteurs du monde, Soma, Agni, le Soleil, le Vent, Indra, les deux Seigneurs des richesses et de l'eau (Kouvera et Varouna), et Yama.

97. (C'est parce que) le roi est rempli de ces gardiens du monde, qu'aucune impureté n'est reconnue en lui ; car la pureté ou l'impureté des mortels est produite ou détruite par ces gardiens du monde.

98. Pour celui qui a été tué en faisant son devoir de Kcha-

92. *Suivant la caste :* littéralement « suivant les convenances ». — *D'un Dvidja :* « le Vaisya par la porte Ouest, le Kchatriya par la porte Nord, le Brâhmane par la porte Est ». (Kull.)

93. *Un vœu :* « le noviciat ou un vœu de pénitence ». (Kull.) — *Ne contractent point d'impureté* « pour la mort d'un Sapiṇḍa ou autre ». (Kull.) — *Un long sacrifice* sattra « tel que le Gavâmayana et autres. »

95. *Tués par le roi,* c'est-à-dire « exécutés par son ordre pour un délit ». (Kull.) — *Dont le roi désire la pureté* « tels que son prêtre domestique et autres, afin que ses affaires ne souffrent point de retard ».

96. Soma = Candra, le Dieu Lunus; Agni, le feu ; Kuvera ou Kubera, Dieu des richesses; Varuṇa, Dieu des eaux; Yama, Dieu des enfers.

98. *Par des armes brandies contre lui,* ou peut-être « pendant qu'il brandissait ses armes, c'est-à-dire les armes à la main ». — *Le sacrifice est instantanément accompli* veut dire qu'il « obtient la même sainteté qu'en faisant un jyotishṭoma ou autre sacrifice ». (Kull.)

triya, par des armes qu'on brandissait contre lui en un combat, le sacrifice est instantanément accompli, et la purification (a lieu sur-le-champ) ; telle est la règle.

99. (A la fin d'une période d'impureté) le Brâhmane qui a accompli une cérémonie (funéraire) se purifie en touchant de l'eau, un Kchatriya (en touchant) son char ou ses armes, un Vaisya (en touchant) son aiguillon ou la bride (de ses bœufs), un Soudra (en touchant) son bâton.

100. O les meilleurs des Dvidjas, on vous a expliqué les purifications (prescrites en cas de mort) d'un Sapinda; apprenez (maintenant) les purifications concernant les morts à un degré plus éloigné.

101. Un Brâhmane qui a transporté le cadavre d'un Brâhmane qui n'est pas son Sapinda, comme (si ce dernier était son proche) parent, ou celui d'un parent maternel, est purifié au bout de trois jours.

102. Mais s'il a mangé les aliments (offerts par les Sapindas) de ces (morts), il est purifié au bout de dix jours seulement; au bout d'un jour (et une nuit), s'il ne mange pas leurs aliments et ne séjourne pas dans leur maison.

103. Après avoir volontairement suivi (le convoi) d'un mort, soit d'un parent (paternel), soit d'un étranger, il se purifie en se baignant tout habillé, en touchant du feu, ou en mangeant du beurre clarifié.

104. On ne doit pas faire emporter par un Soudra le cadavre d'un Brâhmane lorsqu'il y a des gens de la même caste présents; car l'offrande souillée par le contact d'un Soudra ne conduit point (le défunt) au ciel.

99. *Son char* ou sa monture, éléphant ou cheval.

100. Les meilleurs des Dvidjas sont les Brâhmanes. — A un degré plus éloigné, littéralement « non sapiṇḍas. »

102. « S'il habite dans leur maison, et mange leurs aliments, celui qui a emporté le cadavre n'est pur qu'après le laps de trois nuits, précédemment indiqué. » (Kull.)

104. *Gens de même caste*, littéralement : « les siens » ce qui pourrait signifier « ses propres parents ». Mais le commentaire explique sveshu par samānajātīyeshu, ce qui s'oppose mieux à l'idée de Soudra.

105. La connaissance (du Véda), les austérités, le feu (sacré), les aliments, la terre, l'esprit, l'eau, les onctions (avec de la bouse de vache), le vent, les cérémonies religieuses, le soleil, le temps, (telles sont) les sources de purification pour les êtres animés.

106. Parmi tous les modes de purification, la pureté (dans l'acquisition) des richesses est déclarée le meilleur; car celui qui est pur (par la source) de ses richesses, est (vraiment) pur, et non celui qui n'est purifié qu'avec de l'eau et de la terre.

107. Les gens instruits se purifient par la patience (des injures); ceux qui ont fait des actes défendus, par les dons; ceux qui ont des péchés cachés, en murmurant (des prières); ceux qui connaissent parfaitement le Véda, par les austérités.

108. Par la terre et l'eau ce qui doit être purifié est purifié; une rivière est purifiée par son courant, une femme dont la pensée est souillée (est purifiée) par ses règles, un Brâhmane par le renoncement (au monde).

109. Les membres sont purifiés par l'eau, l'esprit par la vérité, l'âme individuelle par la science (sacrée) et les austérités, l'intelligence par le savoir.

110. Ainsi vous a été exposée la règle (concernant) la purification du corps ; écoutez maintenant la règle (concernant) la purification des divers objets.

111. Les Sages ont déclaré que pour les objets en métal, les pierres précieuses, les objets en pierre, la pureté (s'obtient) par les cendres, l'eau et la terre.

112. Un vase d'or sans souillure devient pur rien que par

105. *Les aliments* « du sacrifice ». — *L'esprit* manas : B. traduit « (la répression) de l'organe interne ». — *Les êtres animés*, littéralement « pourvus d'un corps ».

107. Le composé akāryakāriṇaḥ, « ceux qui font ce qui ne doit pas être fait », peut s'entendre aussi « ceux qui ne font pas ce qui doit être fait, en d'autres termes, ceux qui négligent leurs devoirs ».

109. Bhūtātman, littéralement « l'âme des êtres » opposée à l'âme universelle. — *La science*, vidyā, c'est-à-dire la connaissance du Véda.

112. *Sans souillure* « qui ne renferme pas les souillures des restes d'ali-

l'eau ; de même ce qui est produit par l'eau, ce qui est en pierre et l'argent non travaillé.

113. L'or et l'argent proviennent de l'union de l'eau et du feu; c'est pourquoi la purification la plus efficace pour ces (métaux est celle qui dérive) de leur propre origine.

114. (Les objets en) cuivre, fer, laiton, étain, zinc, plomb, doivent être purifiés comme il convient (à chacun) au moyen d'alcali, d'acides et d'eau.

115. Pour tous les liquides la purification prescrite est (celle qui se fait) avec deux brins d'herbe *kousa*, pour les objets solides (tels qu'un siège, une couche ou autres, c'est) l'aspersion d'eau, pour les objets en bois le rabotage.

116. Dans la cérémonie du sacrifice, la purification des vases sacrés, tels que les coupes et les tasses, (se fait) en les frottant à la main et en les rinçant à l'eau.

117. Les pots, les cuillers, les poches à liquides, se purifient à l'eau chaude, ainsi que le couteau de bois, le van, le chariot, le pilon et le mortier.

118. Des grains et des vêtements en grande quantité se purifient par une aspersion d'eau ; pour une petite quantité (des mêmes objets), la purification (se fait) en les lavant.

119. Pour les peaux et la vannerie, la purification (se fait) comme pour les vêtements; pour les légumes, les racines et les fruits, la purification prescrite est la même que pour les grains.

120. Les articles de soie et de laine (se purifient) avec de

ments, etc.». (Kull.)—*Ce qui est produit par l'eau*,« les coquillages, etc.»(Kull.)

113. Kull. mentionne un récit védique relatif aux amours d'Agni et de Varuṇānī qui ont donné naissance à l'or et à l'argent. — Par « purification » il faut entendre ici le nettoyage.

116. Les coupes à soma (camasas) sont en bois, les tasses (grahas), suivant L., servent à mettre le beurre clarifié.

117. Sruc et sruva désignent deux sortes de cuillers. — Le sphya est un couteau de bois de la longueur du bras, servant à divers usages dans le sacrifice. Je ne sais où L. a pris le sens de « vase de fer ».

120. *L'arbre à savon* arishṭa, Sapindus detergens. — *Les étoffes* aṃçupaṭṭa, terme dont le sens reste obscur.

la terre saline, les couvertures (du Népal) avec les fruits de l'arbre à savon, les étoffes avec les fruits de l'*Ægle marmelos*, les tissus de lin avec des graines de moutarde blanche.

121. Un homme instruit (de la Loi) doit purifier les (objets faits avec des) coquilles, cornes, os, ivoire, comme les tissus de lin, ou avec de l'urine de vache, ou avec de l'eau.

122. L'herbe, le bois, la paille se purifient par des aspersions d'eau; une maison, en la balayant et l'enduisant (de fumier de vache); un (ustensile) en terre, en le soumettant à une deuxième cuisson.

123. (Un ustensile) en terre qui a été en contact avec des liqueurs fortes, de l'urine, de l'ordure, de la salive, du pus, du sang, n'est pas purifié par une seconde cuisson.

124. Le sol est purifié par cinq (procédés qui sont) : balayer, enduire (de fumier de vache), arroser (avec de l'urine de vache), ratisser, ou y faire séjourner des vaches (un jour et une nuit).

125. Des aliments qui ont été becquetés par des oiseaux, flairés par des vaches, remués (avec le pied), sur lesquels on a éternué, qui ont été souillés par des cheveux ou des insectes, se purifient en y jetant de la terre.

126. Aussi longtemps qu'un (objet) soumis au contact d'une immondice en garde l'odeur et la tache, on doit employer la terre et l'eau à la purification de tous les objets.

127. Les Dieux ont assigné trois choses pures aux Brâhmanes : celle (où l'on) ne voit pas (de souillure), celle qui a été purifiée avec de l'eau, et celle qui a été recommandée par la parole (des Brâhmanes).

128. Les eaux qui ont passé sur un sol (pur), suffisantes

121. B. traduit : « avec une mixture d'urine de vache et d'eau » ; je crois qu'il vaut mieux séparer les deux termes.

125. Comme plus haut, au lieu de « cheveux et insectes », on peut mettre « insectes de cheveux, c'est-à-dire poux ».

127. Adṛshṭam, littéralement « non vue », c'est-à-dire où l'on ne voit pas de souillure, ou peut-être, comme l'entend L. « souillée à leur insu ». — *Purifiée avec de l'eau* « en cas de doute ». (Kull.)

pour désaltérer une vache, non souillées par aucune immondice, agréables par l'odeur, la couleur et le goût, sont pures.

129. La main d'un artisan est toujours pure (pendant qu'il travaille), et de même toute marchandise exposée en vente ; l'aumône donnée à l'étudiant est toujours exempte d'impureté ; telle est la règle.

130. Toujours pure est la bouche d'une femme, (pur) aussi est l'oiseau qui fait tomber un fruit (en le becquetant) ; pur est le veau qui fait couler (le lait en tetant), pur est le chien au moment où il attrape un daim.

131. Manou a dit que la viande (d'un animal) tué par les chiens est pure, ainsi que celle (d'une bête) tuée par d'autres carnassiers ou par des gens de caste méprisée tels que Tchândâlas et autres.

132. Tous les trous (du corps humain) qui sont au-dessus du nombril sont purs ; tous ceux qui sont au-dessous sont impurs, ainsi que les excrétions sorties du corps.

133. Les mouches, les gouttes (d'eau), une ombre, une vache, un cheval, les rayons solaires, la poussière, la terre, le vent, le feu, doivent être considérés comme purs au toucher.

134. Pour purifier (les organes par où) sont expulsés l'urine et les excréments, la terre et l'eau doivent être employées, autant qu'il est nécessaire, ainsi que pour purifier les douze impuretés du corps.

135. La matière sébacée, le sperme, le sang, la crasse de la tête, l'urine, les excréments, le cérumen, les ongles, le mucus nasal, les larmes, la chassie, la sueur, voilà les douze impuretés de l'homme.

136. Celui qui désire la pureté, devra faire une (application de) terre à son pénis, trois à son anus, dix à une main seule, et sept aux deux mains.

131. *Gens de caste méprisée* : dasyu signifie littéralement barbare.

133. Par « gouttes » il faut entendre, suivant Kull., « les petites gouttes de salive qui s'échappent de la bouche ».

136. *Une main seule* : « la gauche, car celui qui connaît la pureté ne doit pas employer la main droite à purifier (les parties) inférieures ». (Kull.)

137. Telle est la purification d'un maître de maison ; elle sera double pour un étudiant, triple pour un ermite, quadruple pour un ascète.

138. Après avoir évacué l'urine et les excréments, on doit se rincer la bouche, et se laver les trous du corps ; de même quand on va réciter le Véda, et toujours au moment de manger.

139. Celui qui désire la pureté de son corps doit d'abord par trois fois se rincer la bouche, puis deux fois l'essuyer ; mais une femme et un Soudra (accomplissent ces actes) une seule fois.

140. Les Soudras qui vivent selon la Loi doivent se raser (la tête) une fois par mois ; leur mode de purification est le même que celui des Vaisyas, et pour nourriture (ils ont) les restes des Dvidjas.

141. Les gouttes (de salive) de la bouche qui ne tombent pas sur un membre ne rendent pas impur, ni (les poils) de la barbe qui entrent dans la bouche, ni ce qui reste dans les dents.

142. Les gouttes qui touchent (en tombant) les pieds de celui qui présente à d'autres (personne) de l'eau pour se rincer la bouche, doivent être considérées comme pareilles à (l'eau qui coule) sur le sol : elles ne rendent pas impur.

143. Celui qui porte en main un objet, et qui vient à être touché n'importe comment (par une personne ou une chose) impure, reprend sa pureté en se rinçant la bouche, sans déposer (pour cela) l'objet.

144. Celui qui a vomi ou qui a la diarrhée, doit se baigner et manger (ensuite) du beurre clarifié ; (mais s'il vomit immédiatement) après avoir mangé, il doit seulement se rincer

141. Certains suppriment une des deux négations et lisent patanti au lieu de na yanti : le sens est alors « les gouttes qui tombent sur un membre ne rendent pas impur ».

143. On peut aussi faire retomber l'adverbe « n'importe comment » sur « celui qui porte ». Il faut admettre qu'on tient l'objet dans une seule main, car sans cela comment pourrait-on se rincer la bouche, sans déposer l'objet?

la bouche ; le bain est (la purification) prescrite pour celui qui vient d'avoir des rapports sexuels.

145. Bien que (déjà) pur, on doit se rincer la bouche après avoir dormi, éternué, mangé, craché, dit un mensonge ou bu de l'eau, et aussi quand on va réciter le Véda.

146. On vous a exposé complètement la règle de la purification pour toutes les castes, ainsi que (celle de) la purification des objets ; apprenez maintenant les devoirs des femmes.

147. Une petite fille, une jeune femme, une femme mûre, ne doivent jamais rien faire de leur propre autorité, même dans leur maison.

148. Dans l'enfance la femme doit être dépendante de son père, dans la jeunesse, de son époux, (et) si son mari est mort, de ses fils ; elle ne doit jamais jouir de l'indépendance.

149. Elle ne doit jamais souhaiter d'être séparée de son père, de son époux et de ses enfants ; car en se séparant d'eux, elle déshonorerait deux familles.

150. Qu'elle soit toujours gaie, entendue dans les travaux du ménage, soigneuse de l'entretien du mobilier, modérée dans ses dépenses.

151. Celui auquel elle a été donnée par son père, ou par son frère avec l'autorisation du père, elle doit lui obéir de son vivant, et ne pas l'outrager après sa mort.

152. La formule de bénédiction et le sacrifice au Seigneur des créatures sont usités dans les mariages pour appeler sur les (mariées) la prospérité ; mais l'autorité (du mari) repose sur le don (de la femme par son père).

145. *Bien que déjà pur*, c'est-à-dire bien que s'étant déjà rincé la bouche, on doit recommencer l'opération. Kull. fait dépendre la dernière proposition de ce qui précède. « Après avoir dormi, etc... si on désire réciter le Véda, il faut se rincer la bouche » ; mais il semble qu'il faudrait alors supprimer le ca qui suit adhyeshyamāṇaḥ

148. *De ses fils* : « à leur défaut, ce sont les parents paternels qui ont autorité sur la femme ». (Kull.)

151. *Après sa mort* « par une mauvaise conduite ou en négligeant les çrāddhas et autres oblations destinées à contenter ses Mânes ». (Kull.)

152. La formule de bénédiction s'appelle svastyayana.

153. L'époux dont l'hymen a été célébré avec les prières d'usage procure toujours à sa femme, en temps opportun ou hors de saison, la félicité en ce monde et dans l'autre.

154. Même indigne, débauché, dépourvu de qualités, un époux doit toujours être révéré comme un dieu par une femme vertueuse.

155. Pour les femmes il n'existe ni sacrifice, ni vœux, ni jeûne à part ; une femme qui obéit à son mari sera par ce seul fait exaltée au ciel.

156. Une femme vertueuse qui désire (être réunie) dans un autre monde à son mari, ne doit rien faire qui lui déplaise de son vivant ou après sa mort.

157. Qu'elle émacie, si elle veut, son corps (en se nourrissant) de fleurs, de racines et de fruits purs ; mais son mari mort, elle ne doit même pas prononcer le nom d'un autre homme.

158. Jusqu'à la mort elle doit être patiente, adonnée à des observances pieuses, chaste, attentive à suivre les excellentes règles de conduite des femmes qui n'ont qu'un époux.

159. Plusieurs milliers de Brâhmanes, chastes depuis leur jeunesse, sont allés au ciel sans avoir perpétué leur postérité.

160. Une femme vertueuse qui après la mort de son époux persévère dans la chasteté, va au ciel, même sans avoir d'enfants, tout aussi bien que ces (hommes) chastes.

161. Mais la femme, qui par désir d'avoir des enfants, manque à ses devoirs envers son époux (mort), se déshonore ici-bas et perd (tout espoir d'être un jour) réunie à son mari.

162. Les enfants nés ici-bas d'un autre (que du mari) ne

153. *En temps opportun ou hors de saison* est une périphrase pour dire en toute circonstance.

155. *A part :* « sans leur époux ». (Kull.)

156. *Son mari*, littéralement « celui qui a pris sa main ».

157. On voit qu'il n'est pas question dans les lois de Manou de l'obligation pour la veuve de monter sur le bûcher de son mari défunt.

158. Niyatâ, « adonnée à des observances pieuses », peut s'entendre aussi « exerçant du contrôle sur elle-même ».

162. On peut avec Medh. entendre ainsi la première partie du vers : « les enfants nés d'un autre que du mari n'appartiennent pas à la mère ».

sont pas (légitimes), ni ceux (qu'un homme) a de la femme d'un autre (n'appartiennent au procréateur); en aucun cas il n'est permis aux femmes vertueuses de se remarier.

163. Celle qui délaisse un époux de caste inférieure pour cohabiter avec un (homme) d'une caste supérieure, devient méprisable dans ce monde, et on la désigne sous le nom de « celle qui a eu d'abord un autre époux ».

164. Par son infidélité à son époux, une femme encourt le blâme dans ce monde; (après la mort) elle renaît dans le ventre d'un chacal, ou bien elle est tourmentée par des maladies (en punition) de son crime.

165. Celle qui, chaste dans ses pensées, ses paroles et son corps, ne trahit jamais son époux, obtient (d'être réunie) à lui dans l'autre monde, et les gens de bien l'appellent une femme vertueuse.

166. Par une telle conduite une femme, chaste dans ses pensées, ses paroles et son corps acquiert ici-bas une excellente renommée, et dans l'autre monde (est réunie) à son époux.

167. Un Dvidja instruit de la Loi, lorsque sa femme de même caste, s'étant conduite de la sorte, meurt avant lui, doit la brûler avec le feu consacré et les vases du sacrifice selon la règle.

168. Après avoir ainsi employé les feux consacrés pour les funérailles de sa femme morte avant lui, il peut contracter un nouvel hymen, et de nouveau allumer (les feux).

169. Fidèle à ces règles, qu'il ne néglige jamais les cinq sacrifices, et marié, qu'il habite dans sa maison pendant la seconde période de son existence.

164. Il semble qu'il vaut mieux mettre « ou bien », quoique le texte porte « et »; car si elle renaît comme chacal, on ne voit pas quelles sont les maladies dont elle peut être affligée sous cette forme. — Pāparoga peut signifier aussi « des maladies graves, telles que la lèpre ». (Kull.)

167. *Le feu consacré :* « les feux prescrits par la Çruti et la Smṛti ». (Kull.) Le texte dit « avec l'Agnihotra ».

LIVRE SIXIÈME

L'Ermite; l'Ascète.

1. Le Dvidja sorti de noviciat, qui a ainsi vécu conformément à la règle dans l'ordre des maîtres de maison, doit (ensuite) aller habiter la forêt, ferme dans sa résolution, et bien maître de ses sens.

2. Un maître de maison qui se voit des rides et des cheveux blancs, et (qui a) un enfant de son enfant, doit se retirer dans les bois.

3. Renonçant à tout aliment produit par la culture et à tous ses biens, qu'il aille dans la forêt, après avoir confié sa femme à ses fils, ou accompagné de cette dernière.

4. Emportant avec lui le feu sacré et les ustensiles (du culte) du feu domestique et quittant le village pour la forêt, il y vivra maître de ses sens.

5. Il accomplira suivant la règle les (cinq) grands sacrifices avec toute sortes (d'aliments) purs propres aux ermites (tels que le riz sauvage), ou avec des herbes, racines et fruits.

1. Niyata « ferme dans sa résolution », peut signifier aussi « voué à des pratiques pieuses. »

2. Kull. restreint le sens de apatya au sexe masculin : « le fils d'un fils ».

3. Littéralement « aux aliments des villes (ou des villages) ». — « Ses biens » peut-être plus exactement « ses meubles ».

4. *Le feu sacré :* littéralement l'Agnihotra.

6. Qu'il porte une peau ou un vêtement d'écorce, se baigne soir et matin, ait toujours les cheveux longs, et (laisse croître) sa barbe, ses poils, ses ongles ;

7. Qu'il fasse l'offrande *bali* avec les aliments qu'il a, et donne l'aumône selon ses moyens ; qu'il honore ceux qui se présentent à son ermitage d'une aumône consistant en eau, racines et fruits.

8. Qu'il soit toujours appliqué à la récitation du Véda pour son compte, endurant, bienveillant, recueilli, donnant toujours sans jamais recevoir, compatissant envers tous les êtres.

9. Qu'il offre suivant la règle (le sacrifice de) l'Agnihotra avec les trois feux consacrés, sans négliger le sacrifice de la nouvelle lune, et celui de la pleine lune, en temps voulu.

10. Qu'il accomplisse également le sacrifice aux corps célestes, l'offrande du grain nouveau, les cérémonies qui ont lieu tous les quatre mois, (les sacrifices appelés) Tourâyana et Dakchasyâyana, dans l'ordre voulu.

11. Avec du riz pur de printemps et d'automne, nourriture des ascètes, récolté de ses propres mains, il préparera séparément, suivant les prescriptions, les gâteaux et autres mets du sacrifice.

12. Ayant offert aux divinités cette oblation très pure, produit des forêts, qu'il emploie pour lui le reste (avec) du sel préparé par lui-même.

13. Qu'il mange les végétaux poussant dans l'eau ou sur

6. *Cheveux longs :* la coiffure appelée jaṭā consistant en tresses ou nattes de cheveux.

7. L'offrande bali est l'offrande aux êtres, aux bhūtas.

8. Dānta « endurant » signifie littéralement « dompté » : il vaudrait peut-être mieux le traduire par « ayant ses sens domptés » ; le commentaire de Kull. dit : « Qui endure les choses allant par paire, telles que le froid et le chaud, etc. »

10. Le ṛksheshṭi, l'āgrayaṇa, les cāturmāsyas, le turāyaṇa et le dakshasyāyana. Les deux derniers sont des modifications du sacrifice à la nouvelle lune. Kull. lit uttarāyaṇa au lieu de turāyaṇa « le sacrifice du solstice d'hiver ».

la terre, les fleurs, racines et fruits, le produit des arbres purs et les huiles extraites des fruits.

14. Il doit s'abstenir de miel, de champignons poussés à terre, ainsi que des (herbes appelées) *bhoûstrina* et *sigrouka*, et des fruits du *slechmâtaka*.

15. Au mois d'Âsvina, il devra jeter les aliments d'ascète qu'il a récoltés précédemment, ses vêtements usés, et les herbes, racines et fruits (qu'il a en réserve).

16. Qu'il ne mange aucun produit de la culture, même s'il a été jeté par quelqu'un, ni des racines et des fruits qui ont poussé dans un village, quelque (faim) qui le presse.

17. Il peut manger ou bien des (aliments sauvages) cuits sur le feu, ou seulement (des fruits) mûris par le temps ; il peut (les écraser avec) un pilon de pierre, ou (n')avoir (que) ses dents pour mortier.

18. Il peut ramasser (des aliments) pour un jour seul, ou en ramasser pour un mois, ou pour six mois, ou pour un an.

19. S'étant procuré de son mieux de la nourriture, il peut manger soit la nuit, soit le jour, soit au quatrième repas, soit au huitième.

20. Ou bien il peut vivre suivant les règles de la pénitence lunaire pendant la quinzaine brillante et pendant la quinzaine obscure, ou bien manger une fois seulement au terme de chacune des deux quinzaines de la bouillie de farine de riz cuite.

14. Bhūstṛṇa, Andropogon schœnanthus — çigruka, Moringa pterygosperma — çleshmâtaka ou çleshmāntaka, Cordia myxa.

15. Âçvina ou âçvayuja = septembre-octobre.

18. La traduction de B. pour la première partie du vers est la suivante : « Il peut aussitôt (après son repas quotidien) laver son vase pour recueillir les aliments. » En effet tel est le sens littéral de sadyaḥprakshâlaka.

19. *Soit la nuit, soit le jour*, c'est-à-dire « le soir ou le matin. » Comme il y a deux repas réguliers par jour, le quatrième repas signifie celui qui se fait à la fin du deuxième jour, le huitième celui qui se fait à la fin du quatrième.

20. *La pénitence lunaire* Cāndrāyaṇa (Cf. XI, 217) consistant à diminuer chaque jour sa ration d'une bouchée pendant la quinzaine brillante. — *Une fois seulement*, c'est-à-dire « le matin ou le soir ». (Kull.)

21. Ou bien il peut ne vivre absolument que de fleurs, racines et fruits, mûris par le temps et tombés d'eux-mêmes, en se conformant aux préceptes de Vikhanas.

22. Qu'il se roule à terre ou se tienne debout tout un jour sur la pointe des pieds; ou bien qu'il passe son temps (tantôt) assis, (tantôt) debout, et aux trois moments principaux de la journée qu'il aille à l'eau (pour se baigner).

23. En été qu'il supporte les cinq feux, pendant la saison des pluies qu'il n'ait d'autre abri que les nuages, en hiver qu'il porte des vêtements humides, augmentant par degré ses austérités.

24. En se baignant aux trois moments principaux de la journée, qu'il offre des libations aux Mânes et aux Dieux; pratiquant des austérités (de plus en) plus rudes, qu'il émacie son corps.

25. Ayant déposé en lui-même, les (trois) feux sacrés, suivant la règle, il doit vivre sans feu, sans abri, silencieux, se nourrissant de racines et de fruits,

26. Indifférent aux plaisirs matériels, chaste, couchant sur la dure, dédaignant tout abri, logeant au pied des arbres.

27. Qu'il accepte les aumônes nécessaires à sa subsistance seulement des Brâhmanes ascètes ou des autres Dvidjas maîtres de maison qui habitent dans la forêt.

21. Vikhanas un Richi auteur supposé de Sûtras contenant des règles relatives à la vie des anachorètes.

22. Les trois moments, savanas, sont le matin, midi et le soir. — Savaneshu forme un jeu de mots en séparant sa-vaneshu (dans les forêts).

23. *Les cinq feux :* « Qu'il se fasse brûler par des feux placés aux quatre points cardinaux, et par l'ardeur du soleil au-dessus de lui. » (Kull.) — Toutes ces austérités exagérées sont encore pratiquées par certains fakirs de l'Inde moderne.

24. *Se baignant :* je traduis ainsi d'après le commentaire : le texte porte upaspṛçan qui signifie exactement « se rinçant la bouche ».

25. *Ayant déposé en lui-même* « en avalant des cendres, etc. ». (Kull.)

27. *Ou des autres Dvidjas :* le texte porte « et » et non « ou » ; mais le commentaire de Kull. indique qu'il doit s'adresser d'abord aux premiers, et « à leur défaut, aux autres Dvidjas ».

28. Ou bien (l'anachorète) habitant la forêt peut rapporter du village (des aliments), après les avoir reçus dans un cornet fait d'une feuille, dans (le creux de) sa main, ou dans un tesson, et en manger huit bouchées.

29. Ces pratiques et d'autres devront être observées par le Brâhmane retiré dans la forêt, et pour obtenir (l'union de) son âme (avec l'Être suprême, il étudiera) les divers textes sacrés contenus dans les Oupanichads,

30. Qui ont été étudiés par les Sages et les Brâhmanes maîtres de maison, pour l'accroissement de leur science et de leurs austérités, et pour la purification de leur corps.

31. Ou bien qu'il se dirige vers la région du Nord-Est, marchant droit devant lui, ferme dans sa résolution, vivant d'air et d'eau, jusqu'à ce que son corps tombe en dissolution.

32. S'étant défait de son corps par l'une quelconque de ces pratiques (usitées par) les grands Sages, exempt de soucis et de crainte, le Brâhmane est exalté dans le monde de Brahme.

33. Après avoir ainsi passé dans les bois la troisième période de son existence, il devra durant la quatrième errer (en ascète mendiant), détaché de toute affection.

34. Celui qui a passé d'ordre en ordre, offert les sacrifices et vaincu ses sens, et qui fatigué de (faire) des aumônes et des offrandes, se fait moine errant, obtient après sa mort la félicité suprême.

29. Les Upanishads ou doctrine ésotérique sont des traités qui se proposent de découvrir le sens caché du Véda. — *Les textes sacrés*, littéralement les Çrutis.

31. *Ou bien* « s'il lui survient une maladie incurable, etc. ». (Kull.) — La région Nord-Est, littéralement « la région invincible ». — Yukta, ferme dans sa résolution, signifie d'après Kull. « appliqué aux pratiques du Yoga. » Le Yoga est une des écoles philosophiques de l'Inde, dont on attribue la fondation à Patañjali.

32. *Une de ces pratiques* « énoncées plus haut » (Kull.), ou suivant Medh. « l'immersion, l'action de se précipiter d'une montagne, la crémation volontaire, ou la mort par le jeûne. »

35. Ayant payé les trois dettes, il devra appliquer son esprit à la délivrance finale ; mais celui qui cherche la délivrance finale, sans avoir acquitté (les trois dettes) est précipité (dans l'enfer).

36. Ayant étudié le Véda suivant la règle, procréé des enfants conformément à la Loi, et offert des sacrifices suivant ses moyens, on peut appliquer son esprit à la délivrance finale.

37. Un Brâhmane qui cherche la délivrance finale, sans avoir étudié le Véda, procréé des enfants et offert des sacrifices, est précipité (en enfer).

38. Après avoir accompli le sacrifice au Seigneur des créatures, dans lequel (il abandonne) tous ses biens en guise d'honoraires, et déposé en lui-même le feu (sacré), un Brâhmane peut quitter sa maison (pour se faire ascète).

39. Des mondes radieux deviennent (le partage) de celui qui, prédicateur du Véda et assurant la sécurité à tous les êtres animés, quitte sa maison (pour se faire ascète).

40. Le Dvidja qui ne cause pas la moindre crainte aux êtres animés n'aura rien à redouter d'aucune part, une fois délivré de son corps.

41. Quittant sa maison, pourvu de moyens de purification,

35. *Les trois dettes* (Cf. IV, 257) « aux grands Sages, aux Mânes et aux Dieux. » Ou bien encore par « les trois dettes » on peut entendre « les trois premiers degrés de la vie brâhmanique, étudiant, maître de maison et anachorète ». C'est seulement après avoir passé par tous ces ordres qu'on peut songer à la délivrance finale.

38. Sarvavedasadakshiṇâm : je prends veda au sens de « biens ». Au surplus, il y a peut-être une équivoque voulue, et ce mot peut s'entendre ainsi : « Où l'on donne tout comme honoraires (suivant l'injonction du Yajur-)Veda. » — *Honoraires* du sacrifice donnés au prêtre. — La fin de ce vers signifie suivant Kull. « qu'il peut entrer dans le quatrième ordre, sans avoir passé par celui des habitants de la forêt (ou anachorètes) ». (Kull.)

39. On peut traduire plus littéralement « les mondes deviennent resplendissants lorsque, etc. ». — *Assurant la sécurité* signifie « ne faisant de mal à aucune créature. »

41. Les moyens de purification, pavitras, sont « le bâton, le pot-à-eau, etc. ». (Kull.)

silencieux, insensible aux jouissances qui (lui) sont offertes, il mènera la vie errante (des ascètes).

42. Qu'il aille toujours seul, sans compagnon, en vue d'obtenir (la félicité suprême), considérant (que l'homme) solitaire atteint son but, (lui qui) ne délaisse point et n'est point délaissé.

43. Qu'il n'ait ni feu, ni abri, et qu'il aille au village (demander) des aliments, indifférent (à tout), ferme dans sa résolution, silencieux, concentrant sa pensée sur l'Être suprême.

44. Un tesson, les racines d'un arbre (pour gîte), des haillons, la solitude et l'indifférence à tout, sont les marques de celui qui est près de la délivrance finale.

45. Il ne doit pas désirer la mort, il ne doit pas désirer la vie, il doit attendre son heure, comme un serviteur (attend) ses gages.

46. Qu'il (ne) pose son pied (sur un lieu qu'après s'être assuré par) la vue (qu'il est) pur; qu'il boive de l'eau purifiée (en la filtrant) avec un linge, qu'il dise des paroles purifiées par la vérité, qu'il conserve son cœur (toujours) pur.

47. Qu'il supporte les injures, ne méprise personne, n'ait d'inimitié avec personne, au sujet de ce corps.

48. Il ne doit pas rendre colère pour colère ; à une injure il doit répondre par une bonne parole ; il ne doit proférer aucune parole fausse répandue par les sept portes.

43. Bhâvasamâhita signifie littéralement « concentré dans sa pensée. » Mais Kull. explique bhâva par brahman.

45. *Ses gages* nirveça ; il y a une autre leçon, nirdeça un ordre.

46. Littéralement « qu'il pose un pied purifié par la vue ». « Pour éviter (de marcher) sur un cheveu, un os, etc. ». (Kull.) — *Avec un linge* « pour éviter (de détruire) les petits insectes, etc. ». (Kull.)

47. *De ce corps :* Kull. ajoute « faible et sujet aux maladies » .

48. Cette expression « les sept portes » est bizarre, et les commentaires ne sont pas d'accord sur son véritable sens. Suivant Kull. elle désignerait « l'esprit, l'intelligence et les cinq sens »; l'idée est qu'il ne faut proférer aucun mensonge ayant rapport à des objets soumis aux perceptions des sens et de l'esprit.

49. Mettant ses délices dans l'Âme suprême, assis, indifférent (à tout), inaccessible aux désirs de la chair, n'ayant d'autre compagnon que lui-même, il doit vivre ici-bas dans l'attente du bonheur (éternel).

50. Qu'en aucun cas il ne cherche à obtenir l'aumône par (l'interprétation) des prodiges et des présages, ni par l'astrologie et la chiromancie, ni (en donnant) des avis ou en expliquant (le sens des traités).

51. Qu'il n'entre jamais (pour mendier) dans une maison remplie d'ermites, de Brâhmanes, d'oiseaux, de chiens, ou d'autres mendiants.

52. Les cheveux, les ongles, la barbe coupés, muni d'une sébile, d'un bâton, d'un pot à eau, qu'il erre continuellement, recueilli, et ne faisant de mal à aucune créature.

53. Ses ustensiles ne doivent pas être en métal, ni avoir aucune fêlure; il est recommandé de les laver à l'eau, comme les coupes du sacrifice.

54. Une gourde, une écuelle de bois, un (pot) de terre ou un (panier) en éclats de bambou, tels sont les ustensiles que Manou fils de l'Être existant par lui-même, a déclaré ceux d'un ascète.

55. Il doit recueillir l'aumône une fois (par jour), et ne pas tenir à la quantité; car un ascète trop avide d'aumônes s'attache aux objets des sens.

56. Quand la fumée (de la cuisine) cesse de s'élever, quand le pilon est en repos, quand les charbons sont éteints, quand les gens ont mangé et que la vaisselle est rangée, (c'est alors que) l'ascète doit toujours aller demander l'aumône.

57. S'il ne reçoit rien, qu'il n'en soit pas attristé; s'il reçoit, qu'il n'en soit pas réjoui; qu'il se contente de ce qui

49. *N'ayant d'autre compagnon que lui-même :* Âtman peut signifier aussi « le moi, ou l'âme ». Kull. entend ainsi « ayant son corps pour seul compagnon ».

53. *Les coupes*, camasas, dont il a été question antérieurement.

57. *Ses ustensiles*, « son bâton, son pot-à-eau, etc. ». (Kull.) — *Attacher*

est nécessaire à la vie, et évite d'attacher de l'importance à ses ustensiles.

58. Il doit dédaigner absolument d'obtenir l'aumône à force de salutations : (car) un ascète même (sur le point) d'obtenir la délivrance finale, est enchaîné par (les aumônes) obtenues à force de salutations.

59. Qu'il réfrène ses organes attirés par les objets des sens, en prenant peu d'aliments, et en se tenant debout et assis dans la solitude.

60. En domptant ses sens, en détruisant (en lui) l'amour et la haine, en s'abstenant de faire du mal aux créatures, il devient propre à l'immortalité.

61. Qu'il réfléchisse aux métempsycoses des hommes, conséquence de leurs péchés, à leur chute en enfer, à leurs tourments dans le monde de Yama,

62. A la séparation d'avec ceux qu'on aime, à la réunion avec ceux qu'on hait, à la vieillesse qui triomphe (de vous), à la maladie qui (vous) accable,

63. A ce corps que l'on quitte, à la renaissance dans un (autre) sein, à la transmigration de cette âme individuelle dans dix mille millions de matrices,

64. Aux peines qui affligent les êtres corporels, conséquence de leurs péchés, à la félicité éternelle dont ils jouissent en récompense de leur vertu.

65. Qu'il considère par une méditation concentrée l'essence subtile de l'Âme suprême, et sa présence dans tous les corps (des êtres) les plus élevés comme les plus infimes.

de l'importance « en disant : Celui-ci est vilain, je n'en veux pas; celui-là est beau, je le prends ». (Kull.)

58. *Sur le point :* le texte dit simplement « délivré » ; on peut être considéré comme délivré même avant d'être mort, lorsqu'on est dans les conditions requises pour la délivrance finale.

61. Yama, le dieu des Enfers, le Pluton hindou.

65. La méditation concentrée dont il est question ici s'appelle Yoga ; ce nom désigne aussi un système philosophique (Cf. *supra* note du vers 31). L'Âme suprême paramâtman est opposée à l'âme individuelle.

66. A quelque ordre qu'il appartienne, bien qu'il ait été calomnié (et privé des insignes de son ordre), qu'il accomplisse ses devoirs, égal envers toutes les créatures : car ce ne sont pas les insignes qui constituent la vertu.

67. Bien que le fruit de la strychnine clarifie l'eau, l'eau ne devient pas claire par le seul fait de mentionner son nom.

68. Pour épargner les êtres animés, il doit jour et nuit, même au détriment de son corps, marcher toujours en examinant le sol.

69. Pour expier (la destruction) des êtres qu'il a tués involontairement le jour ou la nuit, l'ascète devra se baigner et faire six suspensions d'haleine.

70. Rien que trois suspensions d'haleine accomplies suivant la règle, et accompagnées des trois paroles sacramentelles et de la syllabe OM, doivent être considérées comme (l'acte) le plus parfait d'austérité pour un Brâhmane.

71. De même que les scories du minerai sont consumées par la fusion, ainsi les souillures des organes sont détruites par la suspension de l'haleine.

66. Jolly lit bhûshita « orné (de guirlandes, etc.) », au lieu de dûshita (Kull.) « calomnié ». — Au lieu de vasan « séjournant dans n'importe quel ordre », il y a une autre leçon ratah « satisfait. » — La fin de ce vers rappelle notre proverbe : « L'habit ne fait pas le moine. »

67. Le Kataka, Strychnos potatorum : lorsqu'on frotte avec les fruits de cette plante le fond d'un vase d'eau trouble, cela fait précipiter les impuretés du liquide. Cette image est le développement de l'idée précédemment exprimée, que les insignes extérieurs ne constituent pas la vertu.

68. Dans certaines sectes de l'Inde, notamment chez les Jaïnistes, le respect des êtres animés va si loin « qu'ils ne boivent que de l'eau filtrée, ne respirent qu'à travers un voile, et s'en vont balayant le sol devant eux, de peur d'avaler ou d'écraser à leur insu quelque animalcule invisible ». — Barth., *Les Religions de l'Inde*, p. 87.

70. Cf. II, 76. Les Vyâhṛtis c'est-à-dire les mots Bhûḥ, Bhuvaḥ, Svaḥ. Kull. ajoute après OM « la Sâvitrî et le Çiras » : çiras littéralement « tête » désigne le début, la strophe initiale d'un hymne ; mais je ne sais à quel hymne il est fait allusion. La Sâvitrî aussi appelée Gâyatrî, est un hymne du Rig Véda que tout Brâhmane doit répéter mentalement dans ses dévotions du matin et du soir.

72. Qu'il détruise les souillures par la suspension d'haleine, le péché par la concentration mentale, les désirs sensuels par la répression (des organes), et les qualités qui ne sont pas propres à l'Être suprême par la méditation.

73. Par le moyen de la méditation, qu'il observe le passage de l'âme individuelle à travers les (divers) êtres, les plus élevés et les plus infimes, (passage) inintelligible pour ceux dont l'âme n'a pas été régénérée (par l'étude du Véda).

74. Celui qui possède la claire vue n'est pas lié par les actes ; celui qui en est dépourvu est soumis à une série de transmigrations.

75. Par le respect de la vie (des créatures), par le détachement des (plaisirs) sensuels, par les devoirs pieux prescrits dans le Véda, par les pratiques rigoureuses de l'ascétisme, on atteint ici-bas cet état.

76. On doit quitter ce (corps) séjour des (cinq) éléments, qui a pour piliers les os, pour attaches les tendons, pour ciment la chair et le sang, pour couverture la peau, qui exhale une mauvaise odeur, qui est plein d'urine et d'excréments,

77. Qui est assailli par la vieillesse et les chagrins, siège des maladies, infirme, plein de passion, caduc.

72. *Qu'il détruise :* littéralement « qu'il brûle ». — Anîçvarān guṇān « les qualités qui ne sont pas propres à l'Être suprême (îçvara) » sont suivant Kull. « la colère, la cupidité, l'envie, etc. ». — B. H. entend ce mot tout différemment « sur lesquelles on n'exerce pas de contrôle ».

73. On peut prendre dhyānayoga comme composé copulatif « par la méditation et la concentration ».

74. *Qui a la claire vue*, c'est-à-dire, suivant Kull., « brahmasākshātkāravant, qui possède la claire vue de l'Être suprême ». — *N'est pas lié par les actes*, c'est-à-dire n'est pas condamné à repasser par d'autres existences, comme conséquence de ses actes en cette vie.

75. *Cet état*, tatpadam, « qui consiste dans l'union étroite avec Brahme ». (Kull.)

76-77. *Séjour des éléments,* c'est-à-dire « composé des éléments tels que la terre, etc. ». (Kull.) — *Plein de passion*, « uni à la qualité de passion (rajas) ». (Kull.) En philosophie on reconnaît trois qualités : bonté, passion, obscurité (sattva, rajas et tamas). — Cf. XII, 24 sqq.

78. Comme un arbre se détache du bord de la rivière, ou comme un oiseau (quitte) un arbre, ainsi celui qui abandonne ce corps est délivré d'un monstre dangereux.

79. Abandonnant à ses amis ses bonnes actions, à ses ennemis ses mauvaises actions, il s'élève par le moyen de la méditation jusqu'à Brahme l'éternel.

80. Quand par la condition (de son esprit) il devient indifférent à tous les objets, alors il atteint la félicité ici-bas et après la mort.

81. S'étant ainsi défait peu à peu de tous les attachements, et délivré de toutes les (affections qui vont) deux par deux, il repose en Brahme seul.

82. Tout ce qui vient d'être déclaré dépend de la méditation; car celui qui ne connaît pas l'Âme suprême n'obtient pas le fruit de ses œuvres.

83. Qu'il récite constamment (les parties du) Véda relatives au sacrifice, et (celles) qui se rapportent aux divinités, et (celles) qui traitent de l'Âme suprême, et tout ce qui est exposé dans le Védânta.

84. (Le Véda) est le refuge (même) de ceux qui (en) ignorent (le véritable sens) et de ceux qui le comprennent, et de ceux qui désirent le ciel, et de ceux qui aspirent à l'éternité.

85. Le Brâhmane qui mène la vie ascétique en se confor-

78. Le commentaire de Kull. établit ici une distinction entre ces deux comparaisons : « L'arbre quitte le bord par nécessité, emporté par le courant; l'oiseau quitte l'arbre volontairement » ; de même l'homme quitte le corps par nécessité ou de sa propre volonté.

80. *Les objets* « des sens. »

81. *Deux par deux*, telles que faim et satiété, plaisir et peine.

82. *Ce qui vient d'être déclaré*, « ce qui a été dit dans le vers précédent » (Kull.) relativement au détachement de toutes choses, etc. — *Ses œuvres*, c'est-à-dire l'accomplissement des rites prescrits.

83. Le Vedânta (fin du Véda), ou les Upanishads et le système théologico-philosophique qui repose sur eux. B. réunit les deux derniers termes « celles qui traitent de l'Âme et sont contenues dans le Vedânta. »

85. Ici comme dans les passages précédents, brahman est au neutre, et désigne la divinité impersonnelle, l'Absolu, tandis que Brahmâ, masculin,

mant aux règles (qui viennent d'être énoncées) dans l'ordre, ayant secoué ici-bas le péché, s'élève jusqu'au Brahme suprême.

86. On vous a ainsi exposé la loi relative aux ascètes maîtres d'eux-mêmes ; écoutez maintenant la règle de conduite des (ascètes) qui renoncent (aux pratiques prescrites par) le Véda.

87. L'étudiant, le maître de maison, l'anachorète, l'ascète, ces quatre ordres distincts proviennent (tous) du maître de maison.

88. Et tous ces (ordres) successivement embrassés conformément au traité (des lois) conduisent à la condition suprême le Brâhmane qui fait ce qui a été prescrit.

89. Et d'après les préceptes du texte sacré du Véda, le maître de maison est déclaré supérieur (aux trois autres ordres), car il les supporte tous les trois.

90. De même que toutes les rivières et tous les fleuves aboutissent à leur lieu de repos dans l'Océan, ainsi les hommes des divers ordres vont (se réfugier) sous la protection du maître de maison.

91. Les Dvidjas appartenant à ces quatre ordres doivent toujours soigneusement observer la décuple loi.

92. Contentement, patience, empire sur soi-même, probité,

est un Dieu personnel, le créateur du monde, la plus haute des divinités du Panthéon indien. J'ai traduit anena kramayogeṇa (littéralement « d'après cette règle successive ») en me conformant à l'interprétation de Kull. B. traduit : « Après l'accomplissement successif des actes mentionnés plus haut. »

86. *Les ascètes*, yatis. Kull. en reconnaît quatre variétés : « les Kuṭīcaras, les Bahūdakas, les Haṃsas et les Paramahaṃsas : les premiers parmi ces yatis, les Kuṭīcaras négligent les rites prescrits par le Véda, tels que l'Agnihotra, etc. », et se bornent à la prière et à la méditation.

88. La condition suprême n'est autre chose que « la délivrance finale ». (Kull.)

89. Une variante porte « le Véda et la Smṛti » au lieu de « la Çruti du Véda ». — L. entend différemment : « le maître de maison qui observe les préceptes de la Çruti et de la Smṛti. »

92. La science dhī, est suivant Kull. « la connaissance des Çāstras et

pureté, répression des sens, science, connaissance (du Véda) vérité, douceur, tels sont les dix préceptes de (cette) loi.

93. Les Brâhmanes qui étudient les dix préceptes de la loi, et qui après les avoir étudiés, les suivent, atteignent la condition suprême.

94. Un Dvidja qui, recueilli, pratique la décuple loi, qui a écouté suivant la règle (l'interprétation) du Védânta; et qui a payé ses (trois) dettes, peut embrasser la vie ascétique.

95. Ayant renoncé à toutes les pratiques religieuses, s'étant déchargé de (tous) les péchés de ses actions, maître de ses organes, ayant étudié le Véda, il peut vivre à son aise sous la protection de ses fils.

96. Ayant ainsi renoncé aux pratiques religieuses, uniquement occupé de son objet, exempt de désirs, ayant tué le péché par la renonciation, il parvient à la félicité suprême.

97. Ainsi vous a été exposée la quadruple loi des Brâhmanes, (loi) sainte, produisant après la mort des fruits impérissables; écoutez maintenant les devoirs des rois.

autres ». — *La connaissance du Véda* ou suivant Kull. « connaissance de l'Âme suprême ».

94. *Les trois dettes*, cf. la note du vers 35.

95. *Ayant renoncé :* le nom de Sannyâsin signifie « celui qui a renoncé ». — Abhyasyan, leçon adoptée par Jolly au lieu de abhyasya, signifie « étudiant », plus exactement que « ayant étudié ».

96. *Son objet* « la contemplation de l'Être suprême » (Kull.), ou tout simplement la délivrance finale. — *La renonciation* au monde, le fait d'avoir embrassé la vie ascétique, pravrajya.

97. *Quadruple*, c'est-à-dire concernant le novice, le maître de maison, l'anachorète et l'ascète.

LIVRE SEPTIÈME

Le Roi

1. Je vais exposer les devoirs d'un roi, comment le souverain doit se conduire, quelle est son origine, comment (il peut atteindre) la perfection suprême.

2. Un Kchatriya qui a reçu suivant la règle l'initiation prescrite par le Véda, doit assurer comme il convient la protection de tout le (royaume).

3. En effet lorsque ce monde privé de rois était troublé de tous côtés par la crainte, le Seigneur créa un roi pour la protection de tout cet (univers),

4. En prenant des éléments éternels à Indra, au Vent, à Yama, au Soleil, au Feu, à Varouna, à la Lune et au Dieu des richesses.

5. Attendu qu'il a été créé avec des éléments (pris à) ces princes des Dieux, il excelle en splendeur sur toutes les créatures.

6. Il brûle à la manière du Soleil les yeux et les cœurs, et personne sur terre ne peut même le regarder en face.

7. Par sa puissance (extraordinaire) il est le Feu, le Vent, le Soleil, la Lune, le Seigneur de la justice, le Dieu des richesses, Varouna, le grand Indra.

1. *La perfection suprême :* le mot siddhi peut aussi se prendre au sens de succès, réussite « un succès complet ».

4. Yama = Pluton ; Varuṇa, l'Ouranos des Grecs, est la personnification du ciel qui embrasse tout. — Kubera ou Kuvera est le Dieu des richesses.

7. Le Seigneur de la justice désigne ici Yama, qui juge les morts.

8. Même enfant, un roi ne doit pas être méprisé sous prétexte qu'il est un (simple) mortel, car c'est une grande divinité qui réside sous la forme humaine.

9. Le feu brûle seulement l'individu qui s'en approche imprudemment; le feu du roi brûle une famille (entière) avec ses troupeaux et tous ses biens.

10. Ayant mûrement considéré l'affaire, sa (propre) puissance, le lieu et le temps, il prend tour à tour des formes variées pour (assurer) le triomphe de la justice.

11. Celui dans la faveur duquel réside la Déesse de la fortune, dans la valeur duquel (réside) la Victoire, dans la colère duquel (réside) la Mort, celui-là renferme en lui toute splendeur.

12. Quiconque en sa folie hait le roi périra certainement, car le roi conçoit sur-le-champ la résolution de le perdre.

13. Que (personne) donc ne transgresse la loi que le roi décrète au sujet de ceux qu'il aime, et les ordres rigoureux (dont il frappe) ceux qu'il n'aime pas.

14. En sa faveur le Seigneur créa jadis son propre fils le Châtiment, protecteur de tous les êtres, (personnification de) la justice, formé de la splendeur de Brahmâ.

15. Grâce à la crainte du châtiment tous les êtres mobiles et immobiles sont à même de jouir (de ce qui leur est propre) et sont maintenus dans le devoir.

10. *Il prend des formes variées :* « Impuissant il se résigne, devenu puissant il extermine, et ainsi dans un seul et même temps et lieu, suivant les circonstances, il est ennemi, ami ou neutre. » (Kull.)

13. En d'autres termes, on doit se conformer aux caprices de la faveur et de la disgrâce royales. Ce sens autorisé par le commentaire de Medh. me paraît bien d'accord avec ce qui précède. Toutefois B. H. rapporte le verbe transgresser au roi : « Que le roi ne modifie jamais la loi qu'il établit pour ceux qu'il aime, etc. » La traduction de L. est encore plus éloignée de celle que nous avons adoptée : « Que le roi ne s'écarte jamais des règles par lesquelles il a déterminé ce qui est légal et illégal, relativement aux choses permises et aux choses défendues. »

15. « Autrement le fort enlèverait au faible ses biens, sa femme, etc. » (Kull.) — Au contraire Medh. et d'autres prennent bhoga au sens passif : « permettent qu'on jouisse d'eux ».

16. Ayant bien considéré le lieu et le temps, la puissance et la science (du coupable), que (le roi) inflige le (châtiment) avec justice aux hommes dont la conduite est répréhensible.

17. Le châtiment est le roi, il est le mâle, il est le guide et le maître, il est reconnu comme le garant (de l'exécution) de la loi des quatre castes.

18. Le châtiment seul régit tous les hommes, le châtiment seul les protège, le châtiment veille sur eux endormis ; au dire des Sages, le châtiment (est) la justice (même).

19. Infligé justement, après mûre réflexion, il fait le bonheur de tous les sujets; mais appliqué sans réflexion, il les ruine de fond en comble.

20. Si le roi n'infligeait pas sans cesse le châtiment à ceux qui méritent d'être châtiés, le plus fort rôtirait le plus faible comme un poisson à la broche ;

21. La corneille mangerait le gâteau du sacrifice, le chien aussi lécherait l'offrande, la propriété n'existerait plus ; tout serait sens dessus dessous.

22. Le monde entier est maintenu par le châtiment, car un homme vertueux (par nature) est difficile à trouver ; (c'est) grâce à la crainte du châtiment (que) l'univers entier est à même de jouir (de ce qui lui est propre).

23. Les Dieux, les Géants, les Musiciens célestes, les Démons, les Oiseaux, les Serpents, eux aussi, ne peuvent jouir (de ce qui leur est propre) que contenus par le châtiment.

16. *Le lieu et le temps* où a été commis le délit. — L. traduit çaktiṃ ca vidyāṃ ca par « les moyens de punir et les préceptes de la loi ».

17. *Le mâle* « les autres sont comme des femmes ». (Kull.) On pourrait aussi faire de purusha une apposition au mot roi, « le châtiment est un roi plein d'énergie ».

21. *Tout serait sens dessus dessous :* « Parmi les (quatre) castes, Brâhmanes et autres, ceux qui sont en bas comme le Soudra, etc., deviendraient les plus élevés. » (Kull.)

22. Cf. la note du vers 15.

23. *Ne peuvent jouir de ce qui leur est propre :* « C'est par la crainte du châtiment que le feu chauffe, que le soleil brille, qu'Indra, le Vent, et cinquièmement la Mort se meuvent. » (Kull.) Il faut entendre ici « jouir » à

24. Toutes les castes seraient bouleversées, toutes les barrières seraient brisées, ce serait un soulèvement de tous les hommes, par suite de la destruction du châtiment.

25. Partout où le châtiment noir, avec ses yeux rouges, s'avance, détruisant les méchants, il n'y a pas de désordre parmi les hommes, pourvu que celui qui l'applique voie bien.

26. On dit qu'un roi est un (juste) exécuteur (du châtiment), lorsqu'il est véridique, qu'il agit avec discernement, qu'il est sage et qu'il se connaît en vertu, plaisir et richesse.

27. Le roi qui applique justement le (châtiment) prospère en ces trois choses (vertu, plaisir et richesse) ; mais le (roi) voluptueux, méchant et fourbe, périra par le châtiment même.

28. Car le châtiment a une grande splendeur ; il est difficilement appliqué par ceux dont l'esprit n'est pas perfectionné ; il détruit avec toute sa parenté un roi qui s'écarte du devoir ;

29. Puis il (détruit) ses forteresses, ses territoires, ses peuples, avec les êtres animés et inanimés, et affligerait même les Sages montés au ciel et les Dieux.

30. Il ne peut être appliqué justement par un (roi) privé de conseillers, insensé, cupide, dont l'esprit n'a pas été perfectionné, qui est esclave des sens.

peu près dans le sens de « remplir leurs fonctions », à moins qu'on n'adopte l'interprétation passive de bhoga. — Les Géants ou Dânavas, issus de Danu, qui firent la guerre aux Dieux, les Gandharvas et les Râkchasas.

25. *Détruisant les méchants*, ou bien les « péchés. »

27. *Par le châtiment même* qu'il applique injustement.

28. *A une grande splendeur :* L. prend ce composé comme un composé déterminatif, « est une grande énergie ». — *Perfectionné* « par l'étude des lois ».

29. « Il affligerait les Sages montés au ciel et les Dieux, parce qu'on cesserait de leur présenter des offrandes. » (Kull.) En effet, les hommes étant détruits, il n'y aurait plus personne pour offrir les sacrifices. J'ai fait de antarikshagatân une épithète de nature jointe à munîn au sens de cœlicolæ. B. entend par là « qui montent au ciel parce qu'on ne leur fait plus d'offrandes ».

31. C'est par (un roi) pur, fidèle à sa parole, observateur des lois, aidé par de bons conseillers, prudent, que le châtiment peut être (justement) infligé.

32. Qu'il se conduise avec justice dans ses États, qu'il châtie sévèrement ses ennemis, qu'il soit droit avec ses amis, et patient envers les Brâhmanes;

33. La renommée d'un prince qui se conduit ainsi, lors même qu'il vivrait de glanures, s'étend dans le monde, comme une goutte d'huile dans l'eau.

34. Mais la renommée d'un prince qui fait tout le contraire et qui n'a pas vaincu ses passions, se resserre dans le monde, comme une goutte de beurre fondu dans l'eau.

35. Le roi a été créé (pour être) le protecteur des castes et des ordres, qui tous, suivant leur rang, accomplissent les devoirs propres à chacun.

36. Tout ce qui doit être fait par le (roi) et ses ministres pour la protection des sujets, je vais vous l'exposer dûment et en ordre.

37. Levé de bonne heure, le prince honorera les Brâhmanes versés dans la science des trois (Védas) et instruits (des règles de la politique), et il suivra leurs conseils.

38. Qu'il honore constamment les Brâhmanes âgés, instruits dans les Védas et purs; car celui qui honore les vieillards est toujours respecté même par les Démons.

39. Qu'il apprenne toujours d'eux la modestie, lors même qu'il serait lui-même modeste ; car un roi modeste ne périt jamais.

31. *Par* « en ce qui concerne l'acquisition des richesses, etc. ». (Kull.)

33. *Vivrait de glanures*, c'est-à-dire « même si ses trésors étaient épuisés ». (Kull.)

35. *Les castes* « Brâhmanes, Kchatriyas, etc. », et *les ordres*, « novice, maître de maison, etc. ». (Kull.)

37. Litt. : « versés dans la triple science sacrée », c'est-à-dire « possédant la connaissance du Ṛg Véda, du Yajur Véda et du Sāma Véda ». (Kull.) Manou ne reconnaît pas le quatrième Véda, l'Atharva Véda.

38. *Honorer les Brâhmanes*, c'est leur faire des présents.

39. Vinaya « modestie », ou peut-être « bonne conduite. »

40. Le manque de modestie a perdu maint roi avec son entourage; par la modestie de simples anachorètes ont gagné des royaumes.

41. Le manque de modestie perdit Véna et le roi Nahoucha, et Soudâs fils de Pidjavana et Soumoukha et Nimi.

42. Au contraire par la modestie Prithou et Manou ont gagné la royauté, Koubera la souveraineté des richesses, et le fils de Gâdhi le rang de Brâhmane.

43. De ceux qui sont versés dans les trois Védas il apprendra la triple science (du Véda) et les (principes) éternels de la politique, la logique, la connaissance de l'Âme (suprême); du peuple (il apprendra) la pratique des (diverses) professions.

44. Qu'il s'applique jour et nuit à vaincre ses sens : car (un roi) qui a vaincu ses sens peut (seul) tenir ses sujets dans l'obéissance.

45. Qu'il évite avec soin les dix vices produits par l'amour du plaisir, ainsi que les huit engendrés par la colère, qui (tous aboutissent à) une triste fin.

40. *Son entourage* « ses éléphants, chevaux, trésors, etc. ». (Kull.)

41, 42. Vena fils d'Aṅga, descendant de Manu Svāyaṃbhuva, devenu roi voulut interdire les sacrifices : les Sages, après d'inutiles remontrances, le tuèrent avec des brins d'herbe consacrée. Nahusha, roi de Pratishṭhāna voulu, se faire porter par des Brâhmanes : « Comme ils allaient trop lentement à son gré, il s'oublia au point de frapper la tête sacrée d'Agastya en lui disant: « Sarpa, sarpa (avance, avance) »; le saint irrité répéta les mêmes mots, mais dans un autre sens; dans sa bouche ils signifiaient : marche, serpent. En effet Nahusha fut changé en serpent. » (Note de L.) — Sudās est un roi qui paraît fréquemment dans le Rig-Véda et à la cour duquel auraient vécu les Saints rivaux Vasishṭha et Viçvāmitra. (Cf. Dowson. *Dict. of Hindu Mythology.*) — Sumukha.(?). — Nimi, roi de Mithilā, était fils d'Ikshvāku et fut victime d'une malédiction du Sage Vasishṭha, qui lui ôta sa forme corporelle. — Pṛthu, roi de la race solaire, et descendant d'Ikshvāku ; ce nom est commun à bien des rois et il est difficile de dire auquel il est fait allusion ici. — Manu (?). — Le fils de Gādhi Viçvāmitra, Sage célèbre, était né Kchatriya, mais par ses austérités intenses, il s'éleva à la caste des Brâhmanes et devint un des Sept grands Richis. Plusieurs des légendes auxquelles il est fait allusion ici se trouvent dans les épopées indiennes.

43. *La politique :* daṇḍanīti signifie littéralement « l'application des châtiments ». — *La connaissance de l'âme (suprême)*, ou peut-être « la connaissance de soi-même », *ātman* admet les deux interprétations.

46. Car un roi adonné aux vices produits par l'amour du plaisir perd sa richesse et sa vertu ; (adonné aux vices) engendrés par la colère, (il perd) même l'existence.

47. La chasse, les dés, le sommeil de jour, la médisance, les femmes, l'ivrognerie, la danse, le chant, la musique et les voyages inutiles, telle est la catégorie des dix vices produits par l'amour du plaisir.

48. La malice, la violence, la tromperie, l'envie, la calomnie, l'usurpation de la propriété, les injures ou les voies de fait, voilà la catégorie des huit vices engendrés par la colère.

49. Qu'il s'applique à vaincre la convoitise, reconnue par tous les sages comme la racine de ces deux (classes de vices); en effet ces deux classes (de vices) en dérivent.

50. La boisson, les dés, les femmes, la chasse, ces quatre (vices), qu'il le sache, sont suivant l'ordre les plus pernicieux de la catégorie produite par l'amour du plaisir.

51. Les voies de fait, les injures, et l'usurpation de la propriété, qu'il le sache, sont les trois (vices) les plus pernicieux parmi ceux qui proviennent de la colère.

52. Un roi qui est maître de lui-même doit savoir que dans cette classe de sept vices qui s'attachent à tout, le premier (nommé) est toujours plus grave (que le suivant).

53. Du vice et de la mort, c'est le vice qui est déclaré le plus pernicieux ; un (homme) vicieux tombe au plus profond (des enfers), celui qui meurt exempt de vices (va) au ciel.

54. (Le prince) doit nommer sept ou huit ministres, dont les ancêtres ont été au service royal, instruits, courageux, exercés aux armes, issus de (nobles) familles, et (qui ont été) examinés.

46. *Il perd l'existence* « par la colère de ses sujets ». (Kull.)

48. *La malice*, paiçunyam, c'est suivant Kull. « l'action de divulguer les fautes ignorées ».

52. *Qui est maître de lui-même*, âtmavant; pourtant Kull. explique cette épithète par « praçastâtman, doué d'une âme excellente ». — La fin du vers signifie que par exemple la boisson est pire que le jeu, le jeu pire que les femmes, etc.

55. Même une entreprise facile est difficile à exécuter pour un seul homme ; à plus forte raison un royaume qui donne de grands revenus (est malaisé à gouverner pour un roi) surtout (s'il est) sans auxiliaires.

56. Qu'il examine continuellement avec eux les (questions) ordinaires de paix et de guerre, l'état (du royaume), les revenus, la protection (de sa personne et de ses sujets) et la consolidation (du bien) acquis.

57. Après avoir consulté l'opinion de chacun d'eux isolément, et celle d'eux tous réunis, qu'il fasse ce qui est avantageux à ses affaires.

58. Quant aux questions les plus importantes concernant les six articles (principaux de la politique), il doit les traiter avec un Brâhmane instruit, le plus éminent de tous ces (conseillers).

59. Plein de confiance (en celui-ci), il doit toujours le charger de toutes les affaires ; après avoir délibéré avec lui, il doit exécuter les entreprises.

60. Il doit aussi désigner d'autres ministres intègres, experts, fermes, bons collecteurs d'impôts, éprouvés.

61. Autant l'exécution de ses affaires requiert de personnes, autant il doit en désigner qui soient infatigables, habiles et expérimentées.

62. Parmi ces (gens) il doit préposer ceux qui sont braves,

55. On peut faire rapporter « surtout s'il est sans auxiliaire » à « un seul homme. »

56. *Ordinaires*, sâmânyam, ou peut-être, comme le traduit L., « qui doivent être discutées en commun ». On peut aussi faire de ce mot un adverbe « en commun. » — *L'état du royaume* : sthâna signifie suivant Kull. « l'armée, le trésor, la capitale et le royaume ». — *La consolidation du bien acquis*. B. a adopté une autre interprétation, « la sanctification de ses gains (par des dons pieux) ».

58. *Les six articles principaux* (cf. v. 160) sont « alliance, guerre, marche, campement, division des forces, recherche d'une protection », ou bien ceux qui sont énumérés au v. 56 « paix, guerre, état du royaume, revenus, protection de sa personne et de ses sujets, et consolidation du bien acquis ».

62. *Aux finances*, littéralement « au gain, aux revenus. » On peut aussi construire autrement la phrase « il doit employer les braves, les habiles et

habiles, bien nés et intègres aux finances et à l'exploitation des mines ; (quant à) ceux qui sont timides, (il doit les employer) dans l'intérieur de son palais.

63. Qu'il désigne aussi un ambassadeur versé dans toutes les sciences, comprenant les signes, le maintien et les gestes, intègre, habile et bien né.

64. On fait cas de l'ambassadeur d'un roi (quand il est) dévoué, intègre, habile, doué d'une bonne mémoire, connaissant le temps et le lieu (opportuns), beau, brave et éloquent.

65. L'armée dépend du général, le maintien de l'ordre (dépend) de l'armée, les trésors et le royaume (dépendent) du roi, la paix et son contraire (la guerre) de l'ambassadeur.

66. Car l'ambassadeur seul rapproche (les adversaires) et divise les alliés ; l'ambassadeur négocie les affaires d'où résulte la désunion ou l'union.

67. Dans les négociations il doit deviner le maintien, les gestes et les actes (du souverain étranger) par les gestes et les actes de ses (émissaires) secrets, et (pénétrer) ses intentions par les serviteurs (de celui-ci).

68. Informé exactement (par son ambassadeur) des intentions du souverain étranger, (le roi) devra prendre ses mesures pour qu'il ne puisse lui faire aucun mal.

les bien nés aux revenus, les intègres aux mines, les timides dans l'intérieur de son palais », ce qui ferait trois catégories au lieu de deux. Cette dernière prescription est ainsi justifiée par le commentaire de Kull. : « parce que des gens courageux, voyant fréquemment le roi seul ou entouré de ses femmes, pourraient le tuer à l'instigation de ses ennemis. »

63. *Toutes les sciences :* littéralement « tous les çâstras ou traités spéciaux ».

64. *Dévoué :* anurakta est ici pris avec la valeur active : pourtant Kull. l'entend autrement : « aimé du peuple ».

65. *Du général* : littéralement « du ministre » ; mais Kull. donne « senâpati ». — L. traduit : « Le bon ordre dépend de la juste application des peines » ; en effet le sens ordinaire de daṇḍa est « châtiment. » Mais ce mot est expliqué par Kull. « la puissance consistant en éléphants, chevaux, chars, fantassins, etc. ».

69. Il devra habiter un pays sec, fertile en productions, peuplé surtout d'Âryas, salubre, agréable, (entouré) de voisins pacifiques, et où la vie soit plantureuse.

70. Qu'il s'établisse dans une ville dont l'accès est défendu soit par un désert, soit par de la terre, soit par de l'eau, soit par des bois, soit par des soldats, soit par des montagnes.

71. Qu'il tâche autant que possible d'occuper une (ville) protégée par des montagnes ; en effet parmi toutes les (autres places) une (ville) protégée par des montagnes l'emporte par de nombreux avantages.

72. Parmi ces (diverses sortes de places), les trois premières sont occupées par les bêtes (sauvages), les rats, les animaux aquatiques, les trois dernières dans l'ordre par les singes, les hommes, les Dieux.

73. De même que ces (êtres) réfugiés dans leurs repaires sont à l'abri de leurs ennemis, ainsi les ennemis d'un roi ne peuvent lui faire de mal quand il est abrité dans sa forteresse.

74. Un seul archer placé sur un rempart tient tête à cent (assiégeants) ; cent (archers tiennent tête) à dix mille ; c'est pourquoi l'on recommande (d'avoir) des forteresses.

75. La (forteresse) doit être pourvue d'armes, d'argent, de grains, de bêtes de somme, de Brâhmanes, d'artisans, d'engins, de fourrage et d'eau.

76. Au milieu de cette (place, le roi) doit se bâtir pour lui-même un palais très spacieux, protégé, propre à toutes les saisons, resplendissant, pourvu d'eau et d'arbres.

77. Logé dans ce (palais), qu'il épouse une femme de même caste, ayant (sur son corps) les marques propices, issue d'une grande famille, charmante, unissant la beauté et les vertus.

70. *Un désert* « d'une étendue de cinq yojanas ». — *Par de la terre* « un mur de pierres ou de briques ». (Kull.)

72. C'est-à-dire « les déserts servent d'abri aux bêtes sauvages, la terre aux rats, l'eau aux animaux aquatiques, les bois aux singes, etc. »

76. *Protégé* « par des fossés, des murs, etc. ». (Kull.) — *Resplendissant* « de chaux ». (Kull.)

78. Qu'il désigne un prêtre de la maison et choisisse des prêtres officiants, chargés d'accomplir pour lui les cérémonies domestiques et celles qui se font avec les trois feux sacrés.

79. Un roi doit offrir divers sacrifices accompagnés d'abondants présents et en vue d'acquérir des mérites, il doit donner aux Brâhmanes jouissances et richesses.

80. Il doit faire percevoir dans son royaume le tribut annuel par des (personnes) de confiance ; il doit être (dans ses rapports) avec le monde toujours observateur de la loi, et se conduire comme un père envers ses sujets.

81. Qu'il désigne divers inspecteurs intelligents pour tel ou tel service, chargés de surveiller tous les actes des hommes qui font ses affaires.

82. Qu'il honore (par des présents) les Brâhmanes revenus de la maison de leur précepteur ; car ce (qu'il donne) aux Brâhmanes est déclaré le trésor impérissable d'un roi.

83. Ni voleurs, ni ennemis ne le peuvent ravir, et il ne se perd point ; c'est pourquoi (ce) trésor impérissable doit être déposé par le roi chez les Brâhmanes.

84. L'offrande mise en la bouche d'un Brâhmane n'est ni répandue, ni desséchée, ni perdue ; elle est supérieure à l'oblation au feu.

85. Le don (fait) à quelqu'un qui n'est pas Brâhmane (procure une récompense) égale (au don ; fait) à un (homme) qui se dit Brâhmane, (une récompense) double ; à un (Brâhmane) instruit (une récompense) cent mille fois plus grande ; à celui qui a appris en entier le Véda (une récompense) infinie.

78. Le prêtre de la maison s'appelle purohita, le prêtre officiant ṛtvij.

79. *En vue d'acquérir des mérites* : dharmārtham peut s'entendre aussi « pour remplir son devoir » ou bien « pour la vertu ». — *Jouissances* « des femmes, des maisons, des couches, etc. ». — *Des richesses* « de l'or, des vêtements, etc. ». (Kull.)

80. *Dans ses rapports avec le monde*, ou tout simplement « dans le monde ».

82. *Revenus de la maison de leur précepteur*, c'est-à-dire ayant terminé leur noviciat « après avoir étudié le Véda ». (Kull.)

85. *Égale au don*, ou bien « une récompense ordinaire. »

86. Car selon les qualités du récipient et la foi (du donateur), le don (procure) après la mort une récompense petite ou grande.

87. Provoqué par (un adversaire) égal, supérieur ou inférieur (en force), un roi protecteur de ses sujets ne doit pas refuser le combat, se souvenant des devoirs d'un Kchatriya.

88. Ne pas lâcher pied en une bataille, protéger ses sujets, obéir aux Brâhmanes, c'est pour un roi le meilleur moyen de prospérer.

89. Des rois qui désireux de se tuer l'un l'autre dans une bataille combattent avec toute leur énergie, sans tourner le dos, vont au ciel.

90. (Un roi) dans un combat ne doit point tuer ses ennemis avec des armes cachées, ni avec des flèches empennées ou empoisonnées, ni avec des traits enflammés.

91. Qu'il ne frappe point un ennemi à pied (quand lui-même est sur un char), ni un eunuque, ni un suppliant, ni celui dont les cheveux sont épars, ni un (homme) assis, ni celui qui dit : « Je suis ton (prisonnier), »

92. Ni un (homme) endormi, ni celui qui a quitté sa cuirasse, qui est nu, qui est sans armes, qui n'a point pris part au combat, qui est (simple) spectateur, ou qui est (déjà) aux prises avec un autre (adversaire),

86. Il y a ici un vers interpolé, rejeté par Kull., dont le sens est : « Un objet donné avec foi, suivant la règle de lieu et de temps, à un récipient (digne, est) ce qui mène le devoir à la perfection. »

90. Suivant Kull. des armes cachées sont des armes qui « extérieurement sont faites en bois ou autre matière analogue, et qui renferment des épées effilées cachées à l'intérieur ». Cette description conviendrait à nos cannes à épées.

91. *Un ennemi à pied* : j'ai suivi l'interprétation de Kull. Mais le sens littéral de sthalārūḍha est plutôt « monté sur une éminence (pour s'y réfugier) ». — *Suppliant*, mot à mot « ayant les mains jointes ». — *Dont les cheveux sont épars*, c'est-à-dire « un fugitif ». — *Un eunuque* ou simplement « un lâche, un efféminé ».

92. On peut réunir en un seul terme « celui qui est spectateur sans prendre part au combat ».

93. Ni un homme dont les armes sont brisées, qui est accablé (de chagrin), qui est grièvement blessé, qui a peur ou qui fuit ; qu'il se rappelle les devoirs (des gens de cœur).

94. Mais le lâche qui est tué en fuyant dans une bataille prend sur lui toutes les mauvaises actions de son chef, quelles qu'elles soient.

95. Et tous les mérites quels qu'ils soient qu'aurait pu gagner pour l'autre monde le (lâche) tuéen fuyant sont acquis à son chef.

96. Voitures et chevaux, éléphants, parasols, argent, grain, bétail, femmes, tous ces objets, ainsi que les métaux vils sont à celui qui s'en empare.

97. Un texte du Véda dit : « On doit prélever une part spéciale (du butin) pour le roi » ; le (butin) qui n'a pas été conquis individuellement doit être partagé par le roi entre tous les soldats.

98. Telle est la loi irréprochable et éternelle des guerriers; un Kchatriya en tuant ses ennemis dans le combat ne doit point s'en écarter.

99. Qu'il tâche d'acquérir ce qu'il n'a pas encore, de conserver ce qu'il a acquis, d'accroître ce qu'il conserve, et de distribuer ce qu'il a augmenté à des personnes dignes.

100. Qu'il sache que c'est là la quadruple (règle) qui fait obtenir à l'homme ce qu'il désire ; qu'il la mette toujours en pratique exactement sans relâche.

101. Ce qu'il n'a pas encore conquis, qu'il tâche (de le conquérir) par les armes ; ce qu'il a conquis qu'il le conserve par sa vigilance ; ce qu'il a conservé qu'il l'augmente (par

93. *Accablé* « de chagrin au sujet de ses enfants, etc. ». (Kull.)

96. *Les métaux vils*, « à l'exception de l'or et de l'argent ». (Kull.)

97. Le texte du Véda dont il est question se trouve Aitareya-brâhmaṇa, III, 21. (Note de B.) — La part du roi consiste suivant Kull. en « or, argent, territoire, etc. ».

99. *Des personnes dignes* : littéralement « des récipients ».

101. *Des moyens propres à en assurer l'accroissement* : « le commerce de terre et de mer ». (Kull.)

les moyens propres à en assurer) l'accroissement ; ce qu'il a accru, qu'il le distribue à des personnes dignes.

102. Qu'il ait toujours le sceptre levé, qu'il fasse toujours paraître sa bravoure, qu'il tienne toujours secret ce qui doit être secret ; qu'il épie toujours les points faibles de l'ennemi.

103. Le monde entier tremble devant celui qui a toujours le sceptre levé ; qu'il soumette donc toutes les créatures par son sceptre.

104. Qu'il procède toujours par la droiture et jamais par la perfidie ; toujours sur ses gardes, qu'il soit au courant des ruses employées par l'ennemi.

105. Les autres ne doivent pas connaître son point faible, tandis que lui doit connaître le point faible des autres ; pareil à la tortue, il doit cacher ses membres et protéger ses parties vulnérables.

106. Comme le héron, il doit méditer le but, comme le lièvre battre en retraite, comme le loup ravir (sa proie), comme le lion s'élancer à l'attaque.

107. Lorsqu'il est ainsi en train de faire des conquêtes, qu'il soumette à son pouvoir tous ses adversaires par la conciliation et autres moyens.

108. Si les trois premiers moyens sont insuffisants à les réduire, qu'il les soumette progressivement en les attaquant par la force.

109. Parmi les quatre moyens, tels que la conciliation et

102. *Qu'il ait toujours le sceptre levé*, c'est-à-dire « qu'il soit toujours prêt à frapper ». On peut aussi prendre daṇḍa au sens d'armée : « qu'il tienne toujours son armée exercée ».

105. « De même que la tortue cache sa tête, ses pattes et autres membres, ainsi il doit prendre sous sa garde tous les membres de l'État, tels que les ministres et autres. » (Kull.)

106. D'autres éditions intervertissent l'ordre de ces termes : « comme le lièvre battre en retraite » est mis à la fin du deuxième hémistiche, et « comme le lion s'élancer à l'attaque » à la fin du premier.

107. Ces moyens sont au nombre de quatre : « conciliation, corruption, division et force ». (Kull.)

108. *A les réduire* : littéralement « à les arrêter ».

les autres, les gens instruits recommandent toujours (de préférence) la conciliation et la force pour la prospérité du royaume.

110. De même que le sarcleur enlève les mauvaises herbes et conserve le grain, ainsi le roi doit protéger son royaume et détruire ses ennemis.

111. Si le roi dans sa folie opprime inconsidérément son royaume, il ne tarde pas, avec ses parents, à perdre le royaume, et la vie.

112. De même que les mauvais traitements physiques détruisent la vie chez les créatures, ainsi la vie des rois est détruite par l'oppression de leur royaume.

113. Pour la protection de son royaume il doit toujours observer la règle suivante ; car un roi qui protège bien son royaume prospère.

114. Qu'il place (comme) protection du royaume un corps de troupes commandé (par un officier de confiance) au milieu de deux, trois, cinq ou cent villages.

115. Qu'il nomme un chef pour (chaque) bourg, un chef pour dix bourgs, un chef pour vingt, un chef pour cent, un chef pour mille.

116. Le chef du bourg doit de lui-même informer au fur et à mesure des crimes commis dans son bourg le chef de dix bourgs, et celui-ci (à son tour doit en avertir) le chef de vingt bourgs.

117. Le chef de vingt bourgs doit notifier le tout au chef de cent bourgs, et celui-ci à son son tour doit lui-même en référer au chef de mille bourgs.

118. Les choses qui doivent être fournies chaque jour au roi par les habitants, (à savoir) les aliments, les boissons, les combustibles et autres, le chef du bourg les percevra (pour sa subsistance).

111. *Inconsidérément* ou peut-être « par une conduite injuste. »

115. Grâma signifie village, mais la dénomination de bourg me paraît plus appropriée ici.

119. Le chef de dix bourgs aura pour sa part un *koula*, le chef de vingt bourgs en aura cinq, l'administrateur de cent bourgs (percevra le revenu) d'un bourg (tout entier), le seigneur de mille bourgs (celui) d'une ville.

120. Les affaires communales de ces (bourgades), ainsi que les affaires particulières (des administrateurs) doivent être contrôlées par un autre ministre du roi, loyal et infatigable.

121. Qu'il nomme dans chaque ville un administrateur général, d'une haute situation, d'un extérieur terrible, pareil à une planète parmi des étoiles.

122. Ce dernier doit lui-même constamment visiter tous ces (fonctionnaires) et s'assurer exactement de leur conduite dans (leurs) provinces, par le moyen de ses agents secrets.

123. Car les intendants du roi préposés à la protection (du peuple) deviennent généralement des prévaricateurs qui s'approprient le bien d'autrui ; (le roi) doit protéger ses sujets contre eux.

124. Les (fonctionnaires) malhonnêtes, qui prennent de l'argent des plaideurs, le roi doit confisquer tous leurs biens et les bannir.

125. Aux femmes employées à son service et à tous ses domestiques, le roi doit allouer des gages quotidiens proportionnés à leur rang et à leur office.

126. Un salaire d'un *pana* doit être alloué au plus infime, et de six au plus élevé, plus une livrée tous les six mois et un *drona* de grains par mois.

119. Kula, littéralement famille, c'est-à-dire ici « un territoire suffisant à nourrir une famille », est ainsi défini par Kull. « autant de terre qu'en peut labourer une paire de charrues attelées de six bœufs. » — Ville, pura, opposée à grâma, bourg ou village.

120. Le premier hémistiche est un peu obscur. L. traduit « les affaires de ces communes, soit générales, soit particulières. » Au contraire B. rapporte teshâm aux fonctionnaires : « les affaires de ces (fonctionnaires) qui sont relatives à (leurs) villages, et leurs affaires séparées. » — Il faut noter l'interprétation de pṛthak kâryâṇi par Nâr. « les querelles qu'ils ont les uns avec les autres. »

122. *Ses agents secrets :* Kull. ajoute « délégués dans chaque province. »

126. Un paṇa : cf. VIII, 136, pour la valeur de cette monnaie de cuivre,

127. (Le roi) fera payer aux marchands les taxes en prenant en considération les (prix) d'achat et de vente, (la longueur de) la route, les frais accessoires de nourriture, ainsi que (les dépenses nécessaires) pour assurer les marchandises.

128. Après (mûr) examen, le roi doit toujours fixer dans son royaume les impôts de telle manière que lui-même et celui qui fait le travail, y trouvent avantage.

129. Comme la sangsue, le veau et l'abeille prennent leur nourriture petit à petit, ainsi (c'est) petit à petit (que) le roi doit tirer de son royaume les impôts annuels.

130. Le roi peut prélever la cinquantième partie des troupeaux et de l'or, le huitième, le sixième ou le douzième des grains.

131. Il peut prendre aussi la sixième partie des arbres, de la viande, du miel, du beurre clarifié, des parfums, des drogues, des essences, des fleurs, racines et fruits,

132. Des feuilles, des légumes, des herbes, des peaux, des (ustensiles) en jonc, des vases de terre et de tout ce qui est en pierre.

133. Même mourant (de besoin) un roi ne doit point lever de taxe sur un Brâhmane instruit, et un Brâhmane instruit, habitant dans ses états, ne doit point y mourir de faim.

134. Le roi dans les états duquel un Brâhmane instruit meurt de faim (verra) sous peu son royaume désolé par la famine.

135. Après s'être assuré de son instruction et de sa moralité, le roi doit lui assigner des moyens d'existence légaux,

encore usitée aujourd'hui dans l'Inde. — Le droṇa est le boisseau, mais l'équivalence exacte de cette mesure n'est pas établie. — La livrée se compose d'une paire de vêtements vastrayuga, c'est-à-dire un vêtement de dessus et un vêtement de dessous. — Suivant Kull. l'augmentation doit porter aussi sur les livrées et les grains : « on doit donner au plus élevé six paires de vêtements tous les six mois et six droṇas de grains tous les mois. »

127. *Les frais accessoires de nourriture*, ou peut-être « la nourriture et les assaisonnements. »

130. *Des grains* « suivant l'excellence ou la médiocrité du sol ». (Kull.)

135. *Légaux* dharmya « conformes à la Loi ». (Kull.)

et le protéger de toute manière, comme un père (ferait) pour son propre fils.

136. Tous les actes pieux que (ce Brâhmane) accomplit journellement sous la protection du roi accroissent la longévité, la richesse et le royaume du souverain.

137. Le roi fera payer chaque année une modique redevance à titre d'impôt aux gens de basse classe qui vivent de trafic dans son royaume.

138. Quant aux ouvriers, aux artisans, aux Soudras vivant de leur travail manuel, le roi les fera travailler (pour lui) une fois par mois.

139. Qu'il ne coupe point sa racine ni celle des autres par une excessive avidité, car en coupant sa racine (ou la leur) il rend malheureux lui ou les autres.

140. Ayant examiné (chaque) affaire, que le roi se montre sévère ou doux (suivant le cas); un roi qui est sévère et doux (à propos) est estimé.

141. Quand il est fatigué d'examiner les affaires des gens, qu'il mette à sa place son premier ministre, (un homme) connaissant les lois, sage, maître de lui-même, issu d'une (bonne) famille.

142. Réglant ainsi toutes les affaires qui lui incombent, qu'il protège avec dévouement et zèle ses sujets.

143. (Le souverain) qui (laisse) enlever de son royaume par des brigands ses sujets éplorés, sous ses yeux et sous ceux de ses ministres, est un (roi) mort et non (un roi) vivant.

137. *De trafic :* il s'agit ici de ce que nous appelons le petit commerce : « Ceux qui achètent et vendent des objets de peu de prix, tels que légumes, plumes et autres. » (Kull.)

139. *Qu'il ne coupe point sa racine* : « Quand par affection pour ses sujets il ne prélève pas les impôts, les taxes, etc., il coupe sa propre racine; quand par excès d'avidité il prélève des impôts énormes, il coupe la racine des autres. » (Kull.)

140. *Ayant examiné (chaque) affaire :* kāryaṃ vikshya signifie peut-être simplement « selon le cas », que j'ai du reste suppléé.

141. *Qu'il mette à sa place :* littéralement « qu'il mette sur ce siège. »

144. Le devoir suprême d'un Kchatriya c'est de protéger ses sujets : car le roi, jouissant des avantages qu'on vient d'énumérer, est tenu à ce devoir.

145. S'étant levé à la dernière veille (de la nuit), s'étant purifié, recueilli, ayant fait les oblations au feu, révéré les Brâhmanes, il entrera dans la somptueuse salle des audiences.

146. Étant là, il contentera tous ses sujets et les congédiera ensuite; ses sujets congédiés, il délibérera avec ses ministres.

147. Montant au faîte d'une colline, ou bien se retirant à l'écart sur la terrasse (du palais), ou dans une forêt déserte, qu'il délibère avec eux, sans être observé.

148. Le souverain dont les délibérations ne sont pas connues du commun des mortels assemblés, jouira de la terre entière, quoiqu'il soit dépourvu de trésors.

149. Au moment de la délibération, qu'il éloigne les idiots, les muets, les aveugles, les sourds, les animaux, les personnes âgées, les femmes, les barbares, les malades, les estropiés.

145. On peut réunir les deux termes « ayant fait avec recueillement les oblations au feu ». — On a vu plus haut ce qu'il fallait entendre par révérer les Brâhmanes : c'est leur donner des présents. — *Somptueuse* çubhām : Kull. explique ainsi cette épithète « pourvue des marques de bon augure qu'une maison doit avoir ».

146. *Ses sujets* « qui sont venus pour le voir, et il les réjouira en causant avec eux, et en les regardant (avec affabilité) ». (Kull.)

147. *Au faîte* : littéralement « sur le dos ».

148. *Assemblés*, terme un peu vague. B. supplée « dans le but de découvrir ses desseins ». — *Jouira de la terre entière* veut dire qu'il sera invincible.

149. Les animaux qu'on peut s'étonner de voir en pareille compagnie sont « les perroquets, corneilles et autres oiseaux bavards ». (Kull.) —Sur le rôle des oiseaux divulgateurs des secrets, suivant les croyances des Hindous, on peut consulter le curieux roman de Subandhu, intitulé Vāsavadattā. Il est probable cependant que ce n'est pas seulement la crainte des indiscrétions qui fait exclure toutes les catégories d'êtres figurant sur cette liste, car on ne conçoit guère quelle indiscrétion on pourrait avoir à redouter d'un sourd. Sans doute que leur présence était considérée comme portant malheur.

150. Car (ces êtres) méprisables trahissent les délibérations, et de même les animaux et particulièrement les femmes ; aussi doit-on se précautionner contre eux.

151. A midi ou à minuit, le corps et l'esprit reposés, qu'il délibère soit avec ses ministres, soit tout seul, sur la vertu, le plaisir et la richesse,

152. Sur (les moyens) d'acquérir (en même temps) ces choses opposées l'une à l'autre, sur le mariage de ses filles et sur la protection de (ses) fils,

153. Sur l'envoi des ambassadeurs, sur l'achèvement des entreprises (commencées), sur la conduite (des femmes) de son harem, sur les faits et gestes de ses émissaires,

154. Et sur toutes les huit affaires (d'un roi), et sur les cinq classes (d'espions), sur la bienveillance ou la malveillance (de ses voisins), et sur la conduite des États environnants.

155. (Qu'il médite) avec soin sur la conduite du (prince

150. *Méprisables :* « c'est en punition de fautes commises dans une vie antérieure, qu'ils ont été affligés d'idiotie, etc ». (Kull.)

152. *La protection* c'est-à-dire « l'éducation ».

153. *Sur l'envoi des ambassadeurs :* ou bien en faisant de ce composé un copulatif « sur les ambassadeurs et les envoyés ». — *De son harem* : Kull. rappelle judicieusement que le roi Vidūratha fut tué par sa femme avec un poignard caché dans les tresses de ses cheveux, et le roi de Kāçi avec un nūpura (anneau pour les chevilles) empoisonné.

154. J'ai omis un adverbe de remplissage « soigneusement ». — Les commentateurs diffèrent sur l'explication des *huit affaires d'un roi*, et en proposent plusieurs. Voici celle de Kull : « les revenus, les dépenses, les ordres aux ministres, la prévention des délits, la décision des cas douteux, l'examen des affaires judiciaires, le châtiment, les expiations. » Medh. en propose deux autres : « entreprendre ce qui n'est pas fait, compléter ce qui a été fait, améliorer ce qui a été complété, recueillir les fruits des actes, plus la conciliation, la corruption, la division et la force (cf. v. 107) » ; ou bien, « commerce, agriculture, construction de digues, élever des forteresses, prendre des éléphants, creuser des mines, faire camper les troupes, défricher les forêts vierges ». L'explication de Kull. qui paraît la plus acceptable est tirée du Nitiçāstra de Uçanas. — Les cinq classes d'espions sont : « les espions ordinaires, les anachorètes dégradés, les agriculteurs sans ressources, les marchands ruinés, les faux pénitents. »

155. Littéralement « du prince intermédiaire » ; madhyama ne signifie pas, comme le traduit L., « celui qui a des forces médiocres », mais « celui qui,

dont le territoire est) intermédiaire, sur les faits et gestes du (prince) qui rêve de faire des conquêtes, sur la conduite du (prince) neutre et (sur celle) de (son) ennemi.

156. Ces (quatre) éléments (forment) en résumé la souche des États circonvoisins; en outre huit autres sont énumérés; tels sont les douze éléments déclarés les (principaux).

157. (Il y en a) encore cinq autres (à savoir) : les ministres, le royaume, les forteresses, les trésors, l'armée ; ces (cinq) comptés pour chacun (des douze font) en résumé (un total de) soixante-douze.

158. (Le roi) doit considérer comme ennemi (tout prince qui est son voisin) immédiat, ainsi que le partisan de (cet) ennemi ; comme ami (le voisin) immédiat de son ennemi, et comme neutre (celui) qui est au delà de ces deux-ci.

159. Qu'il les gagne tous par la conciliation et autres moyens, soit séparés, soit réunis, (ou bien) par la bravoure et la politique (seules).

160. Qu'il songe sans cesse aux six procédés (qui sont : faire) alliance, (entreprendre) la guerre, marcher, camper, diviser (ses forces), chercher une protection.

situé entre le territoire de l'ennemi et celui du prince ambitieux, et incapable de leur résister s'ils sont unis, peut leur tenir tête quand ils sont aux prises ». (Kull.)

156. Les quatre éléments sont ceux qui figurent dans le vers précédent. — *Les États circonvoisins* : maṇḍala signifie littéralement cercle, c'est-à-dire les États environnants. — Les huit autres sont, suivant Kāmandaki (Nītisāra, VIII) cité par Kull., « en avant des territoires ennemis : 1°) l'ami ; 2°) l'ami de l'ennemi ; 3°) l'ami de l'ami ; 4°) l'ami de l'ami de l'ennemi, et en arrière : 5°) celui qui attaque par derrière ; 6°) celui qui est attaqué par ce dernier ; 7°) l'allié de celui qui attaque par derrière ; 8°) l'allié de celui qui est attaqué par ce dernier.

159. On a vu vers 107 que les quatre moyens sont : conciliation, corruption, division, force.

160. *Diviser (ses forces)*, « diviser ses propres forces dans son intérêt ». (Kull.) D'autres entendent par là « diviser l'ennemi ». — *Chercher une protection* : « lorsqu'on est pressé par l'ennemi, se mettre sous la protection d'un roi plus puissant ». (Kull.)

161. Ayant examiné le parti à prendre, il doit (suivant le cas) se décider à camper, marcher, (faire) alliance, attaquer, diviser (ses forces), ou chercher une protection.

162. Un roi doit savoir qu'il y a deux sortes d'alliances et de guerres, (deux manières) de marcher, de camper, de diviser (ses forces) et de chercher protection.

163. On doit reconnaître deux espèces d'alliances procurant (des avantages) dans le présent et dans l'avenir : celle où l'on agit de concert, et au contraire (celle où l'on agit séparément).

164. La guerre est dite de deux sortes, (soit) qu'on l'entreprenne de son propre mouvement, dans un but personnel, en temps opportun ou inopportun, (soit qu'on la fasse pour venger) l'injure (faite) à un allié.

165. La marche est dite de deux sortes : quand on (se met en route) seul, en cas d'affaire urgente surgissant tout à coup, ou quand on est accompagné d'un allié.

166. Le campement est dit de deux sortes : (on reste dans l'inaction, soit quand) on a été affaibli peu à peu par le destin ou (en punition) de fautes antérieures, soit en considération d'un allié.

167. Ceux qui connaissent les avantages des six procédés disent que la division des forces est de deux sortes : lorsque l'armée s'arrête (en un lieu) et le chef (en un autre) pour assurer la réussite d'une entreprise.

161. *Le parti à prendre* : littéralement « ce qui doit être fait » kāryam signifie peut-être tout simplement « l'affaire ».

162. On peut aussi entendre dvaidham « division (des forces) » comme un adjectif s'accordant avec saṃçrayam « une double manière de chercher protection », comme le traduit B. Cette interprétation réduit à cinq le nombre des procédés ici indiqués. Mais au vers 167 il est dit que « la division des forces est de deux sortes », ce qui justifie notre traduction.

167. « Une partie des troupes, éléphants, chevaux, etc., sous la conduite d'un général, est envoyée d'un côté pour faire face à l'attaque du roi ennemi, d'autre part le roi avec quelques troupes reste dans sa forteresse. » (Kull.) Au reste le sens du vers demeure obscur, car le roi d'un côté, l'armée de l'autre, cela ne constitue pas un *double système* de division des forces : on attendrait encore un second exemple.

168. La recherche d'une protection est aussi dite de deux sortes : lorsqu'(un roi) pressé par ses ennemis cherche à se mettre à l'abri de leurs attaques, ou bien (lorsqu'on cherche à) passer parmi les gens vertueux (pour le protégé d'un prince puissant).

169. Quand (un roi) entrevoit que sa supériorité est assurée dans l'avenir, et (que) pour le moment présent (il n'a qu'un) léger dommage (à souffrir), il doit alors recourir aux négociations amicales.

170. Quand il estime que tous ses sujets sont parfaitement satisfaits et que lui-même est au faîte de la puissance, il doit alors faire la guerre.

171. Quand il estime que ses propres troupes sont dans des dispositions allègres et en bon état, et qu'il en est tout autrement (de celles) de l'adversaire, qu'il marche alors à l'ennemi.

172. Mais quand il est faible en équipages et en troupes, il doit alors soigneusement se tenir en place, en se réconciliant peu à peu avec ses ennemis.

173. Quand le roi estime que ses ennemis sont tout à fait supérieurs en puissance, alors, divisant en deux ses forces, qu'il tâche d'arriver à ses fins.

174. Mais quand il peut facilement être attaqué par les forces de ses ennemis, qu'il se mette alors bien vite sous la protection d'un prince juste et puissant.

168. *Cherche à se mettre à l'abri de leurs attaques :* littér. « dans le but d'atteindre un avantage » ; — « même lorsque dans le moment il n'est pas pressé par l'ennemi, par crainte d'une agression de ses ennemis futurs, il se met sous la protection d'un prince puissant ». (Kull.) — Je ne sais ce que l'auteur entend ici par « les gens vertueux ».

169. *Négociations amicales :* littér. « alliance ».

170 Prakṛti désigne les sujets ou bien, comme l'entend B. H., « les éléments de l'État sont florissants ». Ces éléments ont été indiqués au v. 157, « ministres, trésor, royaume, forteresses, armée ».

171. Il est à remarquer que Manou semble subordonner la déclaration de guerre uniquement à l'avantage qu'on espère en retirer, et nullement au principe du droit et de la justice.

172. *Équipages :* « éléphants, chevaux, etc. » (Kull.).

173. *Divisant ses forces*, cf. note du v. 167. — *A ses fins* qui sont « d'arrêter l'ennemi ». (Kull.)

175. Qu'il honore toujours de tout son pouvoir, à l'égal d'un précepteur spirituel, celui qui contient à la fois et ses sujets (désobéissants) et les forces de ses ennemis.

176. Même alors s'il remarque que cette protection lui fait du tort, qu'il n'hésite pas à recourir à la guerre.

177. Un prince versé dans la politique devra faire en sorte par tous les moyens que ni alliés, ni neutres, ni ennemis ne lui soient supérieurs.

178. Qu'il considère exactement l'avenir et le présent de toutes les entreprises, les avantages et les désavantages de toutes (les actions) passées.

179. Celui qui sait les avantages et les désavantages à venir, qui est prompt au conseil dans le présent et qui conçoit les conséquences des actions passées, n'est jamais dominé par ses ennemis.

180. Qu'il dispose tout de manière que ni alliés, ni neutres, ni ennemis, ne le tiennent en leur dépendance ; telle est en somme la (vraie) politique.

181. Mais si le prince entreprend une expédition contre un royaume ennemi, il doit marcher progressivement sur la capitale de l'adversaire de la manière qui suit.

182. Le prince doit se mettre en marche dans le joli mois de Mârgasîrcha ou vers les mois de Phâlgouna et de Tchaitra, suivant (l'état) de ses troupes.

183. Même à d'autres époques, s'il entrevoit une victoire certaine, ou si une calamité a frappé son ennemi, il peut marcher en prenant l'offensive.

176. Au lieu de sa yuddham, Kull. et d'autres lisent suyuddham, « bravement ».

182. Mârgaçîrsha, novembre-décembre : pour l'épithète de *joli*, il faut tenir compte de la différence des climats. — Phâlguna, février-mars ; Caitra, mars-avril. — *L'état de ses troupes* : « le roi qui désire conquérir un royaume étranger, et dont la marche est retardée par des éléphants et des chars, doit entrer en campagne en hiver, au joli mois de mârgaçîrsha ; celui qui a des troupes de cavalerie, et dont la marche est rapide, doit se mettre en campagne au printemps, aux mois de phâlguna et de caitra ». (Kull.).

184. Ayant pris ses dispositions dans (sa propre) capitale et dûment (préparé) ce qui est nécessaire à l'expédition, ayant assuré ses positions et placé à propos des espions,

185. Ayant préparé les trois sortes de routes et les six corps de troupes, qu'il marche progressivement sur la ville ennemie, suivant les principes de la stratégie.

186. Il doit se défier particulièrement d'un allié qui favorise secrètement l'ennemi, et d'un (transfuge) qui après avoir passé (à l'ennemi) est revenu (à lui) ; car (ce sont là) les ennemis les plus dangereux.

187. Il doit marcher sur son chemin, ayant son armée rangée en forme de bâton, ou de chariot, ou de sanglier, ou de dauphin, ou d'aiguille, ou (d'oiseau) garouda.

188. De quelque côté qu'il appréhende le danger, il doit toujours étendre ses troupes de ce côté, et lui-même se placer (au centre) d'un bataillon disposé comme un lotus.

189. Qu'il place le général et le commandant des troupes dans toutes les directions, et qu'il tourne le front de bataille du côté d'où il craint le danger.

184. Mûla, capitale ; B. « son (royaume) originel ». —*Assuré ses positions*, âspada est un terme un peu vague : B. « sa base d'opérations » ; L. « ayant ramassé des provisions » ; Kull. explique autrement, « ayant gagné les mécontents du parti adverse ».

185. *Les trois sortes de routes* « plaines, marais, forêts ». — *Les six corps de troupes* « éléphants, chevaux, chars, infanterie, le général et les ouvriers ». (Kull.) — *Les principes de la stratégie*, cf. v. 192.

187. — Suivant le commentaire, voici comment il faut entendre ces divers termes de comparaison : *bâton* « en tête le commandant des troupes, au milieu le roi, derrière un général, sur les deux flancs les éléphants, près d'eux les chevaux, puis les fantassins » ; *chariot* « l'avant en forme de pointe, l'arrière large » ; *sanglier* « l'avant et l'arrière étroits et le centre large » ; *dauphin* « le contraire du sanglier (c'est-à-dire le centre étroit, l'avant et l'arrière larges » ; l'*aiguille* « une colonne allongée » ; le garuḍa « pareil au sanglier, sauf que le centre est plus large ». Garuḍa, oiseau mythologique, fils de Kaçyapa et de Vinatâ, frère d'Aruṇa, cocher du soleil et l'ennemi des serpents.

189. Le commandant des troupes et le général n'étant que deux, il semble difficile de les placer dans toutes les directions.

190. Qu'il place en tous sens des régiments sûrs, ayant des signaux convenus, sachant résister et attaquer, intrépides et fidèles.

191. Qu'il fasse combattre un petit nombre (de soldats) en rangs serrés; qu'il étende à son gré des (forces) nombreuses; qu'il fasse combattre (ses troupes) rangées en forme d'aiguille ou de foudre.

192. En (pays) plat qu'il combatte avec les chars et la cavalerie, sur un (terrain) marécageux avec des barques et des éléphants, sur un (terrain) couvert d'arbres et de buissons avec des arcs, sur un plateau avec des épées, boucliers (et autres telles) armes.

193. Qu'il fasse combattre à l'avant-garde les hommes du Kouroukchétra, les Matsyas, les Pantchâlas, les hommes du Soûrasena et (autres) qui sont grands et agiles.

194. Après avoir rangé ses troupes, qu'il les exhorte; qu'il les passe soigneusement en revue et constate leur conduite quand elles chargent l'ennemi.

195. Quand il a bloqué l'ennemi, il doit camper et ravager le territoire de (l'adversaire) et détruire continuellement ses fourrages, ses vivres, son eau et son combustible.

196. Il doit aussi détruire les étangs, les remparts, les fossés, harceler (l'ennemi) et lui causer des alertes pendant la nuit.

197. Qu'il tâche de corrompre ceux qui sont accessibles à la corruption et qu'il se tienne au courant de ce qui est fait (par l'ennemi); quand le destin est favorable, qu'il combatte sans peur, désireux de la victoire.

198. Par la conciliation, la corruption, la division (em-

190. *Des signaux convenus* « au moyen de timbales, tambours et conques ». (Kull.)

191. *En forme de foudre* « les troupes réparties en trois corps ». (Kull.)

193. Cf. II, 19. Ces provinces sont situées au nord de l'Inde.

197. *Accessibles à la corruption* : « les parents de son ennemi qui aspirent au trône et les ministres mécontents ». (Kull.)

198. Cf. v. 107 et note, sur les quatre moyens de venir à bout d'un ennemi.

ployées) ensemble ou séparément, qu'il tâche de triompher de ses ennemis, mais jamais par le combat.

199. Car lorsque deux (adversaires) sont aux prises dans un combat, on ne voit pas (d'une façon) certaine (de quel côté sera) la victoire ou la défaite ; par conséquent qu'il évite la bataille.

200. Si toutefois les trois expédients précédemment indiqués n'ont pas réussi, alors, (bien) préparé, qu'il combatte pour vaincre ses ennemis.

201. Après la victoire il doit adorer les Dieux et (honorer) les Brâhmanes vertueux ; il doit accorder des immunités et proclamer l'amnistie.

202. Après s'être enquis en détail des vœux de tous les (habitants du pays conquis), qu'il y installe un (souverain) de la dynastie (vaincue) et lui impose des conditions.

203. Qu'il fasse respecter les lois (du pays) telles qu'elles sont établies, et honore par des (présents de) pierres précieuses ce (nouveau roi) ainsi que les grands personnages.

204. La confiscation des biens convoités produit le mécontentement, le don (de ces mêmes biens) engendre l'affection : (ces deux actions) sont recommandables suivant la circonstance.

205. Toute entreprise ici-bas est soumise à l'ordre du destin et (à l'action) de l'homme ; mais de ces deux, le destin est insondable, tandis que dans (les affaires) humaines l'action est connue.

201. *Il doit adorer les dieux.* Kull. explique ceci d'une manière qui me semble peu naturelle : « ayant conquis un royaume étranger, il doit adorer les dieux qui y sont (adorés) ». — Honorer les Brâhmanes, c'est, comme on l'a vu plus haut, leur faire des présents. — *L'amnistie :* littér. « l'absence de crainte ». — Les *immunités* sont suivant Medh. des « exemptions de taxes pour un an ou deux ».

205. *Ici-bas :* le texte porte seulement idam. Par le destin il faut entendre suivant Kull. « la résultante des bonnes et mauvaises actions dans une vie antérieure ». — « Le destin est insondable, dans les (actions) humaines il y a mûre réflexion : c'est pourquoi c'est par les efforts humains qu'il faut tâcher d'atteindre le but ». (Kull.)

206. Ou bien (le vainqueur) peut encore conclure soigneusement une alliance avec (le vaincu) et s'en retourner (chez lui), considérant que les trois fruits (d'une expédition sont) un ami, de l'or et du territoire.

207. Examinant dans les États environnants (le prince) qui le menace par derrière et l'adversaire de ce dernier, qu'il tire le fruit de son expédition (du vaincu devenu) son allié ou (resté) son ennemi.

208. En acquérant de l'or et du territoire un prince ne prospère pas autant qu'en se faisant un allié fidèle, qui, bien que faible (d'abord, deviendra) puissant par la suite.

209. Un allié (même) faible est estimé (s'il est) vertueux, reconnaissant, faisant le bonheur de ses sujets, dévoué et ferme dans ses entreprises.

210. Les sages considèrent comme très dangereux un ennemi qui est éclairé, de noble race, brave, adroit, libéral, reconnaissant et ferme.

211. Noblesse, connaissance des hommes, bravoure, clémence, libéralité extrême sont toujours les vertus (qui doivent) briller dans un prince neutre.

212. Que le prince n'hésite pas à abandonner, pour (sauver) sa personne, même un pays agréable, fertile en céréales et riche en troupeaux.

213. En prévision de l'adversité, qu'il ménage ses richesses; qu'il sacrifie ses richesses pour sauver son épouse ; qu'il sacrifie toujours son épouse et ses richesses pour sauver sa propre personne.

206. Vrajet « qu'il s'en retourne » ou peut-être « qu'il traite ». — *Les trois fruits :* en faisant la paix avec le vaincu, il exige de lui qu'il soit son allié, lui paye un tribut et lui cède un territoire.

207. Ce vers un peu obscur veut dire qu'avant de partir en expédition le prince conquérant doit assurer ses derrières.

208. Ce vers rappelle le mot de Salluste (Jugurtha) : « Non exercitus neque aurum præsidia regni sunt, verum amici. »

209. *Faisant le bonheur de ses sujets :* j'entends ainsi tushṭaprakṛti, à moins qu'on ne préfère le prendre au sens de « dont la nature est contente,» c'est-à-dire « content », comme le traduit B. H.

214. Un (prince) sage qui voit toutes les calamités fondre à la fois sur lui, doit employer, réunis ou séparés, tous les (quatre) expédients.

215. Considérant ces trois choses, celui qui entreprend, l'entreprise et tous les moyens réunis, qu'il s'efforce d'atteindre le but.

216. Après avoir ainsi délibéré avec ses ministres sur toutes ces (questions), avoir pris de l'exercice et s'être baigné, le roi entrera à midi en son harem pour y dîner.

217. Là il mangera des aliments (préparés) par des serviteurs dévoués, connaissant les moments (propices) et incorruptibles ; (ces aliments auront été) éprouvés et (bénis) par les formules qui neutralisent les poisons.

218. Il doit purifier toutes ses affaires avec des drogues qui neutralisent les poisons, et avoir toujours soin de porter des pierres précieuses qui détruisent l'effet des poisons.

219. Des femmes de confiance dont les robes et les ornements ont été examinés, devront l'éventer et lui présenter avec prévenance l'eau et les parfums.

220. Il doit également prendre des précautions pour ses voitures, ses lits, ses sièges, ses aliments, son bain, sa toilette et tous ses ornements.

221. Après dîner il peut se récréer avec ses femmes dans le harem ; mais après la récréation, qu'il songe de nouveau aux affaires en temps voulu.

214. Cf. note du v. 107.

215. *Celui qui entreprend*, « c'est-à-dire lui-même ». (Kull.)

216. *De l'exercice* « en faisant des armes, etc. ». (Kull.) — Kull. rapporte « à midi » à « s'étant baigné ».

217. *Les moments propices*, c'est-à-dire simplement « l'heure des repas ». (Kull.) — *Éprouvés* ; parmi les moyens d'épreuve, Kull. cite le suivant : « en présence d'un aliment empoisonné, les yeux de l'oiseau cakora deviennent rouges ». Quant à l'effet des mantras neutralisant les poisons, on en peut voir un curieux exemple à la fin du drame de Priyadarsikâ.

218. *Ses affaires* « aliments et objets (dont on se sert) ». (Kull.)

219. *Examinés* « dans la crainte qu'elles ne portent une arme cachée, ou que leurs ornements ne soient enduits de poison ». (Kull.) Cf. note du v. 153.

222. Ayant mis son costume, qu'il passe de nouveau en revue ses guerriers, tous ses chars, armes et équipements.

223. Les dévotions du crépuscule accomplies, il (ira) bien armé dans un appartement retiré écouter les rapports de ses émissaires secrets et de ses espions.

224. Puis congédiant tous ces gens, et passant dans un autre appartement retiré, il entrera de nouveau dans le harem, escorté des femmes (à son service) pour y dîner.

225. Après avoir de nouveau pris quelques aliments et s'être récréé au son des instruments de musique, qu'il se couche en temps convenable et se lève reposé de ses fatigues.

226. Telles sont les règles que doit observer un prince bien portant ; quand il est indisposé, il peut confier toutes ces (affaires) à ses ministres.

222. Vâhana, terme très général, comprend « les éléphants, les chevaux, les chars ». (Kull.)

223. *Bien armé*, de peur d'un attentat de la part de ses espions.

224. On ne voit pas bien pourquoi il doit passer dans un autre appartement secret avant d'entrer au harem.

LIVRE HUITIÈME

Lois civiles et criminelles.

1. Un roi désireux d'examiner les affaires judiciaires entrera au Palais de justice avec un maintien modeste (accompagné) de Brâhmanes et de conseillers expérimentés.

2. Là, assis ou debout, la main droite levée, modeste dans ses habits et ses ornements, il examinera les affaires des plaideurs.

3. Il (jugera) quotidiennement l'une après l'autre, d'après les principes tirés des usages locaux et des traités (de lois), les (causes) rangées sous les dix-huit titres (suivants) :

4. Le premier de ces (titres) est le non-payement des dettes; (les autres sont :) 2°*)* les dépôts; 3°*)* la vente (d'une chose) dont on n'est pas le propriétaire; 4°*)* les associations; 5°*)* la reprise des choses données;

5. 6°*)* Le non-payement des gages; 7°*)* la rupture d'un contrat; 8°*)* la rédhibition des achats et des ventes; 9°*)* les contestations entre maître (du troupeau) et berger;

6. 10°*)* La loi (relative aux) disputes sur les limites; 11°*)* les voies de fait, et 12°*)* les injures; 13°*)* le vol; 14°*)* la violence; 15°*)* l'adultère;

7. 16°*)* Les devoirs du mari et de la femme; 17°*)* le partage (des successions); 18°*)* le jeu et le pari; tels sont les dix-huit points sur lesquels portent ici-bas les procès.

8. S'appuyant sur la Loi éternelle, qu'il tranche les procès

4. *Le non-payement des dettes :* ṛṇâdânam peut s'entendre de deux façons, soit adânam le non-payement, soit âdânam le recouvrement.

des hommes qui sont généralement en contestation sur ces sujets.

9. Si le prince ne fait pas lui-même l'examen des affaires, qu'il charge alors un Brâhmane éclairé de les examiner.

10. Ce dernier entrera dans l'auguste tribunal accompagné de trois assesseurs, et debout ou assis, il connaîtra des affaires (soumises à la juridiction du roi).

11. (La cour) où siègent trois Brâhmanes versés dans le Véda et un (juge) éclairé désigné par le roi, s'appelle la cour de Brahmâ (à quatre faces).

12. Mais quand la justice blessée par l'injustice se présente au tribunal sans qu'on lui retire le dard, les juges (eux-mêmes) sont blessés.

13. Ou il ne faut pas entrer au tribunal, ou il faut (y) dire la vérité; un homme qui ne parle point ou qui parle faussement est coupable.

14. Partout où la justice est détruite par l'injustice, la vérité par le mensonge, au vu des juges, ceux-ci (également) sont détruits.

15. Détruite, la justice détruit; protégée, elle protège; c'est pourquoi gardons-nous de détruire la justice, de peur que la justice détruite ne nous fasse périr.

16. Car la justice divine est un taureau ; celui qui lui fait du tort est considéré par les Dieux comme un homme de caste vile; voilà pourquoi il ne faut pas violer la justice.

11. *A quatre faces* est suppléé par le commentaire. Brahmâ a quatre têtes ; il en avait originairement cinq, mais l'une d'elles fut brûlée par le feu de l'œil de Siva, pour avoir parlé de lui irrespectueusement : de là les épithètes de caturmukha « à quatre faces » ou de ashṭakarṇa « à huit oreilles ».

12. Dharma désigne la Justice personnifiée. — *Sont blessés* « par ce dard de l'injustice ». (Kull.)

15. Suivant Kull. ce vers est une admonestation adressée par les assesseurs au juge prêt à violer la justice.

16. La justice est représentée sous la forme d'un taureau vṛsha : celui qui lui fait du tort, alam, est donc un Vṛshala, homme de caste vile. Inutile de faire remarquer que cette étymologie est tout à fait fantaisiste, d'autant plus que alam n'a guère ce sens.

17. La justice est le seul ami qui (vous) suive même dans la mort; car toute autre chose va à la destruction en même temps que le corps.

18. Un quart de l'injustice (d'un jugement) retombe sur l'auteur (du méfait), un quart sur le témoin (qui a menti), un quart sur tous les juges, un quart sur le roi.

19. Au contraire le roi est sans reproche, les juges exempts (de péché), et la faute retombe (tout entière) sur son auteur, quand celui qui mérite le châtiment est châtié.

20. Un (Brâhmane) qui n'a d'autre mérite que sa naissance, ou un Brâhmane qui se dit tel, peuvent au gré du roi interpréter pour lui la Loi, mais jamais un Soudra.

21. Lorsqu'un roi laisse sous ses yeux un Soudra rendre la justice, son royaume s'abîme comme une vache dans une fondrière.

22. Un royaume rempli de Soudras, infesté d'athées et dépourvu de Brâhmanes périt bientôt tout entier, ravagé par la famine et les épidémies.

23. Après s'être assis sur le siège de justice et avoir adoré les (Dieux) protecteurs du monde, (le roi) revêtu (de son costume) et recueilli doit commencer l'examen des causes.

24. Considérant ce qui est utile et ce qui ne l'est pas, et surtout ce qui est juste et injuste, qu'il examine toutes les affaires des plaideurs suivant l'ordre des castes.

25. Par des signes extérieurs (tels que) la voix, le teint,

18. *Un quart :* littér. : un pied pâda du taureau qui symbolise la justice.

20. Littér. : un Brâhmane qui subsiste seulement en vertu de sa naissance, de sa caste, et « qui ne remplit pas les devoirs d'un Brâhmane » (Kull.), c'est-à-dire qui n'étudie pas le Véda et n'accomplit pas le sacrifice. — *Un Brâhmane qui se dit tel* « dont l'origine est douteuse ». (Kull.) — Le commentaire ajoute « à défaut d'un Brâhmane instruit, il peut employer un Kchatriya, voire même un Vaisya connaissant le code des lois ».

22. *Athée :* littér. « celui qui dit qu'il n'y a pas un autre monde ».

24. *Et surtout :* l'expression kevala est un peu obscure : littér. « la justice et l'injustice seules ». — *Suivant l'ordre des castes* veut dire qu'il doit s'occuper d'abord des Brâhmanes, puis des Kchatriyas, etc.

les gestes, la mine, les yeux, le maintien, qu'il découvre le caractère intime des gens.

26. Par la mine, les gestes, la démarche, le maintien, le langage, par les modifications du regard et de la voix se trahit la pensée intérieure.

27. C'est au roi de préserver le patrimoine d'un mineur, jusqu'à ce qu'il soit revenu (de noviciat) ou qu'il soit sorti de l'enfance.

28. Qu'il protège aussi les femmes stériles, celles qui n'ont pas de fils, celles qui sont sans famille, celles qui sont fidèles à leurs époux (absents), les veuves et les infirmes.

29. Un roi juste punira du châtiment des voleurs les parents qui usurpent (le bien) de ces femmes pendant leur vie.

30. Le roi fera garder en dépôt pendant trois ans le bien dont le propriétaire est inconnu ; avant l'expiration de ces trois ans le propriétaire peut le reprendre, au delà (de ce terme) le roi a le droit de se l'approprier.

31. Celui qui dit : « Ceci est à moi » doit être examiné suivant la règle ; s'il (peut) spécifier la forme, le nombre et les autres (renseignements), il doit être remis en possession de l'objet.

32. Mais s'il ne (peut) indiquer exactement le lieu et le moment (où l'objet a été) perdu, la couleur, la forme et les dimensions, il mérite une amende égale à (la valeur de) cet (objet).

33. Se souvenant du devoir des hommes de bien, le roi prendra sur un bien perdu et retrouvé la sixième partie, la dixième ou la douzième.

34. Un objet perdu et retrouvé doit demeurer sous la garde

27. *Le patrimoine d'un mineur* « dépouillé par un oncle indigne, etc. » (Kull.) ; — « la minorité finit avec la seizième année » remarque Kull.

30. *Le roi* « après l'avoir fait proclamer au son du tambour pour retrouver le possesseur ». (Kull.)

33. A titre de droit de garde il prélèvera « un douzième la première année, un dixième la seconde, un sixième la troisième ». (Medh.)

34. *Retrouvé* « par les gens du roi ». (Kull.)

de (personnes) choisies exprès ; ceux qu'il surprendrait à le voler, le roi les fera écraser par un éléphant.

35. Si un homme dit avec vérité d'une trouvaille : « C'est à moi », le roi a le droit d'en prendre le sixième ou le douzième.

36. Mais celui qui fait une fausse déclaration doit payer une amende (égale) au huitième de son propre bien ou à une assez petite portion du trésor, après qu'on l'aura évalué.

37. Quand un Brâhmane instruit trouve un trésor caché jadis (en terre), il peut se l'approprier même en entier, car il est le seigneur de toutes les choses.

38. Si le roi trouve un trésor ancien caché en terre, qu'il en donne moitié aux Brâhmanes, et mette (l'autre) moitié dans son trésor.

39. Le roi a droit à la moitié des trésors anciens et des métaux (qui sont) en terre pour prix de la protection (qu'il donne à ses sujets) et en qualité de maître du sol.

40. Le bien ravi par des voleurs doit être rendu par le roi (à son propriétaire) à quelque caste (qu'il appartienne) ; le roi qui s'approprierait ce bien se rendrait coupable de vol.

41. (Un roi) qui connaît la justice, après avoir étudié les lois des castes, celles des (diverses) provinces, celles des corporations et celles des familles, doit (les) faire régner (comme) sa propre loi.

35. « Soit que la trouvaille ait été faite par lui ou par un autre » (Kull.); — *le sixième ou le douzième* « suivant que cet homme est sans qualités, ou pourvu de qualités. » (Kull.) Cette interprétation est déjà proposée par le même au vers 33.

36. Ici, comme précédemment, « l'alternative est subordonnée au manque de vertus ou à la possession de vertus » de la personne. (Kull.)

37. Kull. contredit l'opinion de Medh. Govind. et Nâr. qui entendent pûrvopanihitam « jadis caché », au sens de « caché par ses ancêtres ».

39. *La moitié* « au cas où il ne sont pas pris par un Brâhmane éclairé ». (Kull.)

40. *Doit être rendu* « lorsque le roi a pu le reprendre aux voleurs ». (Kull.)

41. Littér. : « qu'il établisse sa propre loi ». On peut aussi entendre avec B. « établir la loi particulière à chacune d'elles (des castes, provinces) ». — Kull. fait une restriction, c'est que les coutumes particulières « ne soient pas en contradiction avec les textes sacrés ».

42. Car les gens qui s'occupent de leurs affaires et se renferment dans leurs occupations propres deviennent chers à (tout) le monde, bien qu'ils soient éloignés.

43. Le roi et les hommes du roi ne doivent jamais soulever d'eux-mêmes un procès, ni étouffer un procès commencé par un autre.

44. De même que le chasseur dirige ses pas par les traces de sang du daim (blessé), ainsi le roi doit diriger la marche de la justice par induction.

45. Observant les règles de la procédure, qu'il examine la vérité, le fait (en question), sa propre personne, les témoins, le lieu, le temps et la forme (particulière du cas).

46. Toutes (les coutumes) pratiquées par les Dvidjas vertueux et justes, qu'il les fasse observer (comme des lois), si elles ne sont pas en contradiction avec les (usages) des provinces, des familles et des castes.

47. Quand un créancier s'adresse à lui pour un recouvrement d'argent sur un débiteur, il doit forcer le débiteur à rendre au créancier l'argent (que celui-ci) prouvera (avoir été prêté par lui).

48. Pour contraindre son débiteur à le payer, un créancier (peut employer) tous les moyens susceptibles de le faire rentrer dans son bien.

49. Par des moyens moraux, par un procès, par la ruse, par la coutume établie, et en cinquième lieu par la force, (le créancier) peut recouvrer l'argent prêté.

45. Vyavahāravidhau sthitaḥ signifie peut-être, comme le traduit B., « lorsqu'il est engagé dans une procédure » au lieu de « observant les règles de la procédure ».

49. *Les moyens moraux :* dharma est commenté par « la médiation conciliatrice des amis et parents ». — *Procès :* vyavahāra, suivant Medh., signifie que « quand le débiteur est insolvable, on le force à travailler pour s'acquitter de sa dette ». — *La ruse* consiste à lui emprunter quelque chose qu'on refuse de lui rendre jusqu'à ce qu'il ait payé. — *La coutume établie* ācarita, « en tuant la femme, les enfants, le bétail du débiteur, et l'emmenant à sa maison avec des coups, etc. ».

50. Le créancier qui recouvre lui-même son bien sur son débiteur ne doit pas être réprimandé par le roi pour avoir repris ce qui lui appartenait.

51. Si un (débiteur) nie une dette, et qu'elle soit prouvée avec évidence, (le roi) l'obligera à payer la somme au créancier, plus une petite amende proportionnée à ses moyens.

52. Si le débiteur sommé devant le tribunal de rendre, nie (la dette), le demandeur doit indiquer le lieu (où s'est fait le prêt) ou donner quelque autre preuve.

53. Celui qui désigne un lieu faux, ou qui après l'avoir désigné se rétracte, celui qui ne s'aperçoit pas que sa déclaration antérieure contredit sa déclaration subséquente,

54. Celui qui après avoir déclaré ce qu'il fallait déclarer, revient (sur son dire), celui qui, interrogé sur un fait dûment reconnu (par lui), ne s'en tient pas (à ce qu'il a dit),

55. Celui qui s'entretient avec les témoins dans un lieu qui ne convient pas à cet entretien, celui qui ne veut pas (répondre) à une question posée (expressément), celui qui est contumace,

56. Celui qui sommé de parler ne parle pas, celui qui ne prouve pas ce qu'il a avancé, celui qui ne sait pas (ce qu'il faut dire) en premier lieu et en dernier lieu ; tous ces gens-là perdent leur procès.

57. Celui qui dit : « J'ai des témoins », et lorsqu'on lui répond : « Montre-les », ne peut le faire, pour les (mêmes) raisons doit être débouté par le juge.

50. *Réprimandé.* Suivant Kull. le sens est « le roi ne doit pas l'empêcher de reprendre son bien ».

53. *Un lieu faux,* adeça ou bien « un lieu impossible ». Une autre leçon suivie par L. et B. porte adeçyam « un témoin qui n'est pas sur les lieux au moment du prêt ». (Kull.)

54. *Dûment reconnu par lui :* c'est l'interprétation de Kull. On peut aussi entendre « bien établi ».

56. *Ce qu'il faut dire,* ou bien suivant Kull. « le premier (point), c'est-à-dire la preuve, et le second (point), c'est-à-dire la chose à prouver ».

57. *Pour les mêmes raisons* « précédemment énoncées » (Kull.), parce que son cas rentre dans ceux qu'on vient de mentionner.

58. Si le demandeur ne parle pas, il doit d'après la loi être puni de prison ou d'amende; si le (défendeur) ne répond pas dans un délai de trois quinzaines, il perd en toute justice son procès.

59. Celui qui nie faussement une dette, et celui qui la réclame (à tort), devront être condamnés tous deux par le roi, (comme) violateurs de la justice, à une amende double (de la somme en litige).

60. Celui qui comparaît en justice à (la requête) d'un créancier, et qui interrogé (par le juge) nie la dette, doit être convaincu au moins par trois témoins en présence du roi ou du Brâhmane (délégué par lui).

61. Je vais énumérer quelles sortes de gens peuvent être cités comme témoins d'un procès par des créanciers, et comment la vérité doit être attestée par ces (témoins).

62. Les maîtres de maison, les (pères) qui ont des enfants mâles, les gens du pays, (qu'ils soient) Kchatriyas, Vaisyas ou Soudras, cités par le demandeur, ont droit de témoigner, mais non d'autres quelconques, sauf en cas d'urgence.

63. Dans les procès on peut citer comme témoins des gens de toute caste, sûrs, connaissant tous leurs devoirs, exempts de cupidité ; mais il faut éviter ceux qui sont (d'un caractère) opposé.

64. On ne doit prendre (comme témoins) ni ceux qui ont un intérêt dans l'affaire, ni les amis, ni les compagnons, ni les ennemis, ni ceux qui ont été surpris à mentir (dans une autre circonstance), ni ceux qui sont atteints de maladie, ni ceux qui sont souillés (de péchés mortels),

61. *Un procès* « pour recouvrement de dettes ou autre chose ». (Kull.) On voit par là que les préceptes suivants s'appliquent à toutes sortes de témoins en général.

62. *Les gens du pays :* maula signifie aborigène, autochtone ; — les cas d'urgence sont indiqués aux v. 69 et 72.

64. *Compagnons :* ou suivant Kull. « domestiques ». — *A mentir :* littér. ceux qu'on a vus en faute.

65. Ne peuvent être pris comme témoins ni le roi, ni un artisan, ni un acteur, ni un (Brâhmane) instruit, ni un étudiant, ni un (ascète) ayant renoncé aux attaches (avec le monde),

66. Ni un esclave, ni un (homme) de mauvaise réputation, ni un barbare, ni celui qui exerce un métier défendu, ni un vieillard, ni un enfant, ni un (homme seul), ni un infirme, ni un (homme) à qui il manque un sens,

67. Ni un (homme) affligé, ni un (homme) ivre, ni un fou, ni un (homme) tourmenté par la faim et la soif, ni celui qui est accablé de fatigue, ni celui qui est en proie à l'amour, ni celui qui est en colère, ni un voleur.

68. Les femmes doivent témoigner pour les femmes, les Dvidjas du même rang pour les Dvidjas, les Soudras honnêtes pour les Soudras, les hommes des castes inférieures pour ceux des castes inférieures.

69. (Au cas où le délit a été commis) dans l'intérieur d'une habitation, ou dans une forêt, et s'il y a eu mort d'homme, quiconque a connaissance du fait peut porter témoignage entre les deux parties.

70. Faute (de mieux), une femme, un enfant, un vieillard, un élève, un parent, un esclave, un serviteur peuvent porter (témoignage dans de telles circonstances).

71. Mais (comme) les enfants, les vieillards, les infirmes ainsi que (les personnes) dont l'esprit est dérangé mentent (parfois) en témoignant, on doit considérer leurs dépositions comme peu sûres.

65. *Ni un étudiant :* Kull. explique liṅgastha par « étudiant », mais le sens est peut-être plus général, « un ascète ».

66. Un barbare, un Dasyu « un homme cruel, un brigand ». (Kull.) — *Un homme seul :* testis unus, testis nullus.

68. *Les femmes* « dans les contestations entre femmes, pour recouvrement de dettes, etc. ». (Kull.)—*Du même rang* « de la même caste ». (Kull.) — *Des castes inférieures*, « les Cāṇḍālas et autres pour les Cāṇḍālas et autres ». (Kull.)

70. *Dans de telles circonstances :* celles qui ont été mentionnées au vers précédent.

72. Dans tous les (cas de) violence, vol, adultère, outrages et voies de fait, il ne faut pas se montrer difficile sur les témoins.

73. En cas de division des témoignages, le souverain doit accepter (la déposition de) la majorité ; en cas d'égalité (numérique, il s'en rapportera) à ceux qui sont distingués par leurs mérites ; s'il y a division (entre des témoins d'égal) mérite (il s'en rapportera) aux Brâhmanes.

74. Le témoignage fondé sur une constatation oculaire ou sur un ouï-dire est acceptable ; un témoin qui en pareil cas dit la vérité ne perd ni sa vertu ni ses biens.

75. Un témoin qui dit, devant une assemblée de gens honorables, autre chose que ce qu'il a vu, est précipité en enfer après sa mort, et perd le ciel.

76. Si quelqu'un sans avoir été expressément cité (comme témoin) a vu ou entendu quelque chose, et qu'on l'interroge à ce sujet, il doit déposer conformément à ce qu'il a vu ou entendu.

77. Un homme (tout seul), qui est exempt de convoitise, peut (dans certains cas) être (admis) comme témoin, mais non plusieurs femmes, même honnêtes, à cause de l'inconstance de l'esprit féminin, non plus que d'autres hommes souillés de péchés.

78. Ce que (les témoins) déclarent de leur propre mouvement doit être admis comme intéressant le procès ; mais s'ils déclarent toute autre chose, cette (déclaration) est sans valeur pour la justice.

72. *Violence* : « incendies de maisons. etc. ». (Kull.)

73. *Aux Brâhmanes :* c'est le sens ordinaire de dvijottama « ce qu'il y a de mieux parmi les Dvidjas ». Kull. entend par là « les plus accomplis des Dvidjas qui remplissent leurs devoirs religieux ».

74. *Ses biens* « parce qu'il n'y a pas d'amende pour lui ». (Kull.)

75. *Assemblée de gens honorables*, littér. d'âryas. Suivant Govind. il faut entendre par là « une assemblée de Brâhmanes ».

77. *Un homme tout seul :* restriction à la règle du v. 66.

78. *De leur propre mouvement* « sans être influencés par la crainte, etc. ». (Kull.)

79. Les témoins étant réunis dans la salle du tribunal, en présence du demandeur et du défendeur, le juge doit d'abord les interroger en leur parlant amicalement en ces termes :

80. « Tout ce que vous savez avoir été fait de part et d'autre par les deux (parties) en cette affaire, dites-le avec vérité ; car vous êtes ici pour témoigner. »

81. « Un témoin qui dit la vérité en déposant, obtient (dans l'autre vie) les régions fortunées, et ici-bas la plus haute renommée ; un tel témoignage est honoré de Brahmâ (lui-même). »

82. « Celui qui porte un faux témoignage est enchaîné fortement par les liens de Varouna, contre sa volonté, pendant cent existences ; il faut donc dire la vérité en témoignant. »

83. « Par la vérité un témoin est purifié ; par la vérité la justice prospère ; c'est pourquoi la vérité doit être dite par les témoins de toutes les castes. »

84. « Car l'Âme elle-même est le témoin de l'Âme, et l'Âme est le refuge de l'Âme ; ne méprise donc pas ton Âme, ce témoin par excellence des hommes. »

85. « Les méchants en effet se disent : « Personne ne nous voit » ; mais les dieux les voient et leur conscience aussi. »

86. « Le ciel, la terre, les eaux, le cœur (humain), la lune, le soleil, le feu, Yama, le vent, la nuit, les deux crépuscules et la justice connaissent la conduite de tous les êtres corporels. »

87. Le matin, en présence des (images des) dieux et des

82. *Les liens de Varouna* signifie « des nœuds de serpent ou bien l'hydropisie ». (Kull.) On sait que l'hydropisie est une maladie spécialement attribuée à Varuṇa. Varuṇa, l'Ouranos des Grecs, est une personnification du Ciel qui embrasse tout.

85. *Leur conscience :* littér. « l'homme, le mâle (purusha), l'esprit qui est en eux ». Ce purusha est quelque chose comme le démon socratique.

86. *Le cœur humain :* c'est-à-dire le purusha du vers précédent. Je considère les v. 80-86 comme faisant partie de l'allocution du juge aux témoins. Mais il est possible que le v. 80 seul soit dans la bouche du juge. — Yama est le juge des morts, le Minos hindou.

Brâhmanes, (le juge) étant purifié doit demander aux Dvidjas (également) purifiés de témoigner la vérité, le visage tourné vers le Nord ou l'Est.

88. « Parle », doit-il dire à un Brâhmane en l'interrogeant; « Dis la vérité », doit-il dire à un Kchatriya; (quant à) un Vaisya (il doit le sommer au nom de) son bétail, de ses grains, de son or, un Soudra (en rappelant) tous (les crimes) entraînant la déchéance de caste (que voici) :

89. « Les lieux (de tourments) assignés à l'assassin d'un Brâhmane, au meurtrier d'une femme ou d'un enfant, à celui qui fait du tort à un ami, ou à un ingrat, seront ta (demeure après la mort) si tu parles faussement. »

90. « Honnête homme, toutes tes bonnes actions depuis ta naissance iront aux chiens, si tu dis autre chose (que la vérité). »

91. « O homme de bien! Tandis que tu penses de toi : « Je suis seul », cet (être) sage qui voit les bonnes et les mauvaises actions réside toujours en ton cœur. »

92. « C'est le dieu Yama fils du Soleil qui réside en ton cœur ; si tu n'es pas en désaccord avec lui, tu n'as pas besoin d'aller au Gange, ni (au pays des) Kourous. »

93. « Nu et rasé, tourmenté par la faim et la soif, aveugle, il ira demander l'aumône avec une sébile à la porte de son ennemi celui qui porte un faux témoignage. »

94. « Le malhonnête (homme) qui interrogé dans un débat judiciaire répond faussement à une question, tombe en enfer, la tête la première, dans l'obscurité et les ténèbres. »

88. *Un Vaisya*, en lui disant : « Tu serais aussi coupable pour une déposition fausse que pour un vol de vache, de grains ou d'or. » (Kull.)

89. Je traduis *te* comme génitif du pronom personnel. En le prenant comme démonstratif le sens est « ces (lieux) seront (la demeure) de celui qui parle faussement ».

92. C'est-à-dire tu n'as pas besoin d'aller faire des pèlerinages aux lieux saints.

95. « Celui qui devant un tribunal dit (une chose) contraire à la réalité, ou dont il n'a pas été témoin oculaire, est comme un aveugle mangeant du poisson avec les arêtes ».

96. « Les dieux ne connaissent pas en ce monde d'homme meilleur que celui dont l'âme éclairée n'éprouve aucune appréhension en témoignant. »

97. « Ami, écoute par ordre le nombre des parents dont un faux témoin cause la perte, et dans quel cas. »

98. « Par un mensonge à propos de petit bétail il en perd cinq, par un mensonge à propos de vaches il en perd dix, par un mensonge à propos de chevaux il en perd cent, par un mensonge à propos de personnes il en perd mille. »

99. « Par un mensonge à propos d'or, il perd ceux qui sont nés et à naître, par un mensonge à propos de terre il perd toutes les choses ; ne dis donc pas de mensonge à propos de terre. »

100. « On dit qu'un (mensonge) à propos de l'eau (d'un étang ou d'un puits), des plaisirs charnels avec les femmes, des pierres précieuses soit produites par l'eau, soit de nature minérale, est équivalent à (celui qui concerne) la terre. »

101. « Considérant tous ces péchés (qu'on commet) en témoignant faussement, déclare promptement toute chose comme tu l'as entendue ou vue ».

102. Les Brâhmanes qui gardent les troupeaux, font le commerce, exercent un métier, sont acteurs, domestiques ou usuriers, (le juge) doit les traiter comme des Soudras.

95. *Avec les arêtes* « il se promettait du plaisir et n'en retire qu'une grande peine ». (Kull.)

96. *Aucune appréhension :* « ne se demande pas si elle dira la vérité ou un mensonge ». (Kull.)

98. *Il en perd cinq* est expliqué de deux manières : « il les envoie en enfer » ou bien « il se rend aussi coupable que pour le meurtre de cinq parents ». (Kull.)—*A propos de personnes :* c'est-à-dire « d'esclaves ». (Kull.)

100. *Les pierres précieuses*, les perles ou les diamants.

102. *Doit les traiter comme des Soudras :* « en demandant leur témoignage il doit les interroger comme les Soudras » (Kull.); cf. v. 88. pour la formule qu'on adresse aux Soudras.

103. Dans (certains) cas celui qui dit une chose, tout en sachant qu'il en est autrement, dans l'intérêt de la justice, ne perd pas le ciel : on appelle cela le langage des dieux.

104. Si la mort d'un Soudra, d'un Vaisya, d'un Kchatriya, d'un Brâhmane, doit résulter de la déclaration de la vérité, il faut dire alors un mensonge : car un tel (mensonge) est préférable à la vérité.

105. La meilleure expiation qu'on puisse faire du péché de ce faux témoignage, c'est d'offrir à Sarasvatî les gâteaux consacrés à la déesse de l'éloquence.

106. Ou bien on peut suivant le rite répandre une oblation de beurre clarifié dans le feu en l'accompagnant des (vers) Koûchmânda ou de l'hymne à Varouna qui commence par *Oud,* ou des trois invocations adressées aux eaux.

107. Un homme qui sans être malade (refuse de) porter témoignage dans une (affaire) de prêt ou autre, au bout de trois quinzaines endosse la dette entière, et (de plus paye) un dixième de la somme (comme amende au roi).

108. Le témoin auquel survient dans les sept jours qui suivent sa déposition, une maladie, un incendie ou la mort d'un parent, doit être contraint à payer la dette et une amende.

109. Dans les procès où les témoins font défaut, (le juge) ne pouvant connaître sûrement la vérité entre les deux parties adverses, devra (tâcher de) la découvrir au moyen du serment.

103. Dharmatas « dans l'intérêt de la justice » ou « par un motif pieux ». Kull. donne comme exemple « par pitié, etc. », cf. le vers suivant. Ce précepte est d'une application délicate.

104. Le commentaire restreint ce précepte au cas d'un « délit commis dans un moment d'égarement ».

105. Sarasvatî, nom d'une rivière, désigne aussi la déesse de l'éloquence et l'épouse de Brahmâ.

106. Les textes Kûshmâṇḍa se trouvent Taitt. Âraṇ., X, 3-5, l'hymne à Varuṇa Rig Veda, I, 24, 15. Les trois vers adressés aux eaux Rig Veda, X, 9, 1-3. (Note de B.).

108. Parce que ces événements sont considérés comme une punition céleste pour avoir faussement déposé.

110. Des serments ont été faits et par les grands sages et par les dieux pour (éclaircir certains) cas (douteux), et Vasichtha même prononça un serment devant le roi (Soudâs) fils de Pidjavana.

111. Un homme sage ne doit jamais prêter un faux serment, même dans une affaire insignifiante; car celui qui prête un faux serment se perd en ce monde et dans l'autre.

112. (Toutefois quand il s'agit) d'affaires d'amour, de mariage, de la nourriture d'une vache, de combustible (pour le sacrifice), ou pour aider un Brâhmane, il n'y a point de péché mortel à (prêter un faux) serment.

113. Que le (juge) fasse jurer un Brâhmane par (sa) véracité, un Kchatriya par son char et ses armes, un Vaisya par ses vaches, ses grains et son or, un Soudra (en le menaçant du châtiment) de tous les péchés graves.

114. Ou bien il l'obligera à prendre du feu (dans sa main) ou à plonger sous l'eau, ou même à toucher séparément la tête de chacun de ses enfants et de sa femme.

115. Celui que le feu allumé ne brûle pas, que l'eau ne fait pas surnager, auquel il n'arrive point de malheur à bref délai, doit être tenu pour justifié par son serment.

116. Car jadis quand Vatsa fut accusé par son frère cadet,

110. Sudās, cf. VII, 41 : « Viçvāmitra ayant accusé par-devant le roi Sudās Vasishṭha d'avoir dévoré ses cent fils, celui-ci se justifia en prêtant serment ». (Kull.)

112. « Celui qui a plusieurs femmes et qui dit : « Je n'en aime aucune autre, c'est toi qui est ma préférée », dans le but d'obtenir les plaisirs de l'amour ; voilà en ce qui concerne les maîtresses; en ce qui concerne un mariage, quand on dit : « C'est toi seule que j'épouserai. » (Kull.) Pour les autres cas la sainteté du but excuse le mensonge, la fin justifie les moyens.

113. Cf. v. 88. — *Les péchés graves* « ceux qui entraînent la déchéance ».

114. C'est le jugement de Dieu. — *Toucher séparément* en sorte que l'imprécation retombera non seulement sur lui-même, mais sur la tête de ses enfants et de sa femme.

115. L'épreuve de l'eau consiste à rester longtemps sous l'eau sans reparaître à la surface.

116. « Jadis le Richi Vatsa fut accusé par son jeune frère consanguin

le feu, cet espion du monde, ne (lui) brûla pas même un cheveu, en considération de sa véracité.

117. Toutes les fois qu'un faux témoignage a été donné dans un procès, (le juge) devra revenir sur l'affaire, et ce qui a été fait sera défait.

118. Un témoignage (donné) par cupidité, erreur, crainte, amitié, amour, colère, ignorance et enfantillage est déclaré nul.

119. Je vais énumérer par ordre les diverses sortes de châtiments (à infliger) à celui qui rend un faux témoignage pour n'importe quel de ces motifs.

120. (Celui qui témoigne faussement) par avarice devra payer mille panas; si c'est par erreur, (il payera) l'amende du premier degré ; si c'est par crainte, il payera deux amendes intermédiaires ; si c'est par amitié, il payera quatre fois l'amende du premier degré ;

121. Si c'est par amour, (il payera) dix fois l'amende du premier degré ; si c'est par colère, trois fois l'amende intermédiaire ; si c'est par ignorance, deux cents (panas) en entier ; si c'est par enfantillage, seulement cent.

122. Telles sont les amendes que les sages fixèrent, dit-on, pour le faux témoignage, pour la sauvegarde de la justice et la répression de l'injustice.

123. Un roi juste doit mettre à l'amende et bannir ensuite (les hommes des) trois castes (inférieures) quand ils ont rendu un faux témoignage ; quant à un Brâhmane, (il se contentera de) le bannir.

Maitreya de n'être pas un Brâhmane et d'être le fils d'une femme Soudrâ ; « C'est faux », dit-il, et pour justifier son serment il passa par le feu». (Kull.)

118. *Enfantillage :* peut-être cela signifie-t-il « parce qu'on est enfant ». le témoignage d'un enfant est nul.

120. Cf. v. 138. L'amende du premier degré = 250 panas, l'amende intermédiaire = 500 panas, l'amende du degré supérieur = 1,000.

121. *L'amende intermédiaire :* littér. « l'autre ».

123. Cf. v. 380 où il est dit qu'on ne doit jamais toucher aux biens où à la personne d'un Brâhmane.

124. Manou fils de l'Être existant par lui-même a désigné dix endroits pour (y appliquer) le châtiment aux (gens des) trois (dernières) castes ; (quant au) Brâhmane, il doit partir sain et sauf.

125. (Ce sont) les organes génitaux, le ventre, la langue, les deux mains, et cinquièmement les deux pieds, l'œil, le nez, les deux oreilles, les biens et le corps (entier).

126. Après avoir scrupuleusement examiné le mobile, le lieu et le temps (du crime), et considéré les facultés (du coupable) et (la nature du) délit, que le roi fasse tomber le châtiment sur ceux qui le méritent.

127. Un châtiment injuste détruit la bonne renommée (d'un roi) en ce monde, ternit sa gloire (après sa mort), et même dans l'autre monde l'empêche d'aller au ciel ; il doit donc s'en garder.

128. Un roi qui punit ceux qui ne méritent pas de punition, et qui ne punit pas ceux qui en méritent, se couvre de déshonneur et tombe en enfer (après sa mort).

129. Qu'il punisse d'abord par de (simples) paroles, ensuite par des reproches (plus sévères), en troisième lieu par une amende, enfin par une peine corporelle.

130. Si la peine corporelle est insuffisante à réprimer les (coupables), qu'il emploie contre eux même tous les quatre modes de punition ensemble.

131. Les dénominations usitées sur terre, en vue des transactions entre les hommes, pour (désigner certaines quantités de) cuivre, argent et or, je vais les énumérer sans exception.

132. La particule ténue que l'on voit dans un rayon de soleil pénétrant à travers le grillage (d'une fenêtre) est la plus petite unité de poids et s'appelle un atome flottant.

133. Sachez que huit atomes flottants (équivalent) en poids

125. *Le corps entier* « la mort pour les grands crimes ». (Kull.)
126. *Les facultés* « la richesse, la force physique, etc. ». (Kull.)
132. *Atome flottant* ou plus exactement atome tremblant, trasareṇu.

à une lente, trois de celles-ci à un grain de moutarde noire, trois de ceux-ci à un grain de moutarde blanche.

134. Six grains de moutarde blanche font un grain d'orge moyen, trois grains d'orge moyens font un krichnala, cinq krichnalas font un mâcha, seize mâchas font un souvarna.

135. Quatre souvarnas font un pala, dix palas font un dharana ; deux krichnalas pesés ensemble doivent être considérés comme un mâchaka d'argent.

136. Seize de ceux-ci (font) un dharana ou un pourâna d'argent ; mais sachez qu'un karcha de cuivre est un pana ou un kârchâpana.

137. Dix dharanas (d'argent) doivent être considérés comme un satamâna d'argent ; le poids de quatre souvarnas s'appelle un nichka.

138. Deux cent cinquante panas sont déclarés l'amende du premier (degré), cinq (cents) sont considérés comme (l'amende) intermédiaire, mille comme (l'amende) du plus haut (degré).

139. Quand la dette a été reconnue (par le débiteur) il doit payer cinq pour cent (d'amende) ; s'il nie (la dette il payera) le double : tel est le précepte de Manou.

140. Un prêteur d'argent pourra prélever en accroissement de son capital, l'intérêt fixé par Vasichtha (c'est-à-dire) la quatre-vingtième partie du cent par mois.

141. Ou bien se souvenant des devoirs des gens vertueux, il prendra deux du cent (par mois) ; car celui qui prend deux du cent n'est pas coupable d'usure.

134. Kṛshṇala baie noire de l'*Abrus precatorius*. « Le kṛshṇala ou raktikā (par corruption ratti) est encore usité par les joailliers et les orfèvres et correspond à 0,122 grammes ou 1,875 grains. » (Note de B.) — Māsha = fève.

136. « Un karsha est le quart d'un pala. » (Kull.)

139. Cette amende lui est infligée pour avoir obligé son créancier à le faire comparaître en justice. — *S'il nie la dette* et que le demandeur la prouve.

140. B. fait remarquer que cette règle se retrouve dans le code de Vasishṭha, II, 51.— 1, 25 °/₀ par mois = 15 °/₀ par an.

141. Cette règle, suivant Kull., concerne le cas où le prêteur n'a pas de gage. — *N'est pas coupable d'usure*, littér. « il n'est pas un pécheur pour gain illicite ».

142. Deux, trois, quatre, cinq pour cent, suivant l'ordre des castes, voilà ce qu'il peut prendre légitimement d'intérêt mensuel.

143. Mais (s'il a reçu) un gage dont il retire un profit, il ne doit recevoir aucun intérêt pour son prêt; un tel gage (même) après un long laps de temps ne peut être engagé ni vendu.

144. (Un créancier) ne peut user d'un gage par force ; s'il en fait usage, il doit abandonner les intérêts (de l'argent prêté) et indemniser le (propriétaire du gage) en (en payant) le prix ; autrement il serait un voleur de gages.

145. Ni un gage, ni un dépôt ne doivent être perdus par suite (d'un long laps de) temps ; ils peuvent être repris (par le propriétaire, même) après être restés longtemps (aux mains du dépositaire).

146. Une vache à lait, un chameau, un cheval de trait et un (animal) à dresser, lorsqu'ils sont employés avec le consentement (du propriétaire), ne sont jamais perdus pour ce dernier.

147. Mais quel que soit (le bien) dont le propriétaire voit jouir sous ses yeux d'autres (personnes), pendant dix ans, sans protester, il n'a plus le droit de le reprendre.

148. S'il n'est ni simple d'esprit, ni mineur et (qu'il laisse d'autres personnes) jouir sous ses yeux (de son bien, ce bien) est perdu (pour lui) légalement : l'usufruitier a droit de le (garder).

149. Un gage, une limite, un bien de mineurs, un dépôt (ouvert) et un dépôt (scellé), des femmes, le bien du roi, le bien d'un Brâhmane instruit, ne sont pas perdus par le fait (qu'un autre) en a joui.

142. Cette règle complète la précédente : le Brâhmane paye 2 °/₀ par mois, le Kchatriya 3 °/₀, le Vaisya 4 °/₀, le Soudra 5 °/₀.

143. *Un gage* « un terrain, une vache, un esclave, etc. ». (Kull.)

144. *Par force*, c'est-à-dire contre le gré du propriétaire ; *un gage* « un gage à garder, tel que vêtements, ornements, etc. ». (Kull.) On conçoit en effet que l'usure d'un tel gage lui ferait perdre de sa valeur.

146. *A dresser* p. ex. « un taureau ». (Kull.)

150. L'insensé qui dispose d'un gage sans la permission du propriétaire devra faire remise de la moitié des intérêts, en dédommagement de l'usage (qu'il a fait du gage).

151. L'intérêt de l'argent payé en une seule fois ne doit jamais dépasser le double (de la dette; et l'intérêt payé) en grains, en fruits, en laine et en bêtes de somme ne doit pas dépasser cinq fois (le capital).

152. (Un intérêt) excessif dépassant le taux légal n'est pas admis ; c'est ce qu'on appelle de l'usure ; (le prêteur) a le droit de demander cinq pour cent (par mois au plus).

153. Il ne doit pas percevoir l'intérêt au delà de l'année, ni (un taux) non reconnu, ni un intérêt composé, ni un intérêt à temps (dépassant le double du capital), ni (un taux) extorqué (en temps de détresse), ni un intérêt (sous forme de prestation) corporelle.

154. Celui qui est dans l'impossibilité de payer sa dette et désire renouveler le contrat, peut après avoir soldé l'intérêt échu signer un nouvel engagement.

155. S'il ne peut payer l'intérêt (échu), il doit l'inscrire dans le nouveau contrat, et s'engager à payer tout l'intérêt qui est dû.

156. Celui qui a signé un engagement pour un transport

150. Il y a ici contradiction avec le vers 144, à moins qu'on n'admette cette distinction subtile que, dans le cas du vers 144, le créancier a usé du gage au su du propriétaire et malgré sa défense, tandis que dans ce dernier cas il en use en cachette et sans lui avoir demandé au préalable son autorisation.

151. *En une seule fois :* c'est-à-dire quand on paye d'un seul coup, et non par mois ou par jour l'intérêt avec le principal, les deux réunis ne doivent pas dépasser le double du capital primitif; de même, dans l'espèce suivante, l'intérêt ajouté au principal ne doit pas dépasser cinq fois le capital primitif.

152. Vyatirikta excessif, peut s'entendre aussi avec L. « qui s'écarte de la règle précédente », ou avec B. « étant contre (la loi) ».

153. *Au delà de l'année :* le créancier ne peut percevoir au delà d'une année l'intérêt qui a été convenu pour un, deux, ou trois mois. — L'intérêt corporel est celui qu'on paye en travaillant pour le créancier.

155. L'intérêt échu est porté au capital, et le débiteur le reconnaît comme faisant partie de la dette.

156. Suivant certains commentateurs cakravṛddhi, tarif de transport par voiture, signifierait « l'intérêt composé ».

par voiture, et fixé un lieu et une date, s'il ne remplit pas (ces conditions) de lieu et de temps, n'a pas droit au prix (convenu).

157. Le tarif fixé par les gens experts en voyages maritimes et connaissant les lieux, les temps et les objets, (a force de loi) dans ces (sortes de contrats) en ce qui concerne le payement.

158. Si l'on se porte ici-bas caution de la comparution (d'un débiteur), et qu'on ne puisse le produire (à l'époque fixée), on payera la dette de celui-ci sur son propre avoir.

159. L'argent dû pour s'être porté garant, les promesses faites à la légère, les dettes de jeu, les dettes de cabaret, ce qui reste (à payer) d'une amende ou d'un impôt, le fils (du débiteur) n'est pas tenu à les payer.

160. La règle précédente s'applique au cas de caution pour comparution ; mais si celui qui s'est porté garant d'un payement meurt, (le juge) peut contraindre les héritiers au payement.

161. Sur quel motif le créancier peut-il, après la mort d'un garant, qui n'était pas caution pour le payement, et dont les affaires sont bien connues, réclamer ensuite (auprès des héritiers) ?

162. Si le garant a reçu de l'argent (du débiteur) et qu'il ait assez de fonds (pour payer la dette), alors (le fils de celui qui) a reçu l'argent doit acquitter (la dette) sur son propre bien : telle est la règle.

163. Un contrat n'est pas valable s'il est fait par un homme

157. *Voyages maritimes* désigne suivant Kull. « les voyages par terre et par mer ».

159. *A la légère*, c'est-à-dire quand « pour plaisanter on a promis à des bouffons et autres ». (Kull.)

161. *Qui n'était pas caution pour le payement*, mais seulement pour la comparution du débiteur, suivant la distinction établie au vers précédent. — *Dont les affaires sont connues*, c'est-à-dire, suivant Kull. « le motif pour lequel il s'est porté garant étant connu ».

163. *Malade* : ārta signifie littéralement accablé « par la maladie ». (Kull.)

ivre, par un fou, par un malade, par une personne dépendante, un enfant, un vieillard ou une personne non autorisée.

164. Une convention fût-elle confirmée (par des preuves écrites) n'est pas valable si elle est faite contrairement à la loi établie en vigueur dans le procès.

165. Si (le juge) découvre qu'une chose ait été engagée ou vendue frauduleusement, donnée ou reçue frauduleusement, partout où il découvre une fraude, il doit annuler (le contrat).

166. Si l'emprunteur est mort et que l'argent (emprunté) ait été dépensé pour (l'entretien de) la famille, les parents sont tenus à rembourser sur leur propre avoir, même s'ils sont séparés (de biens).

167. Le marché qu'une personne même dépendante fait pour (l'entretien de) la famille, que le maître soit présent ou absent, celui-ci n'a pas le droit de le casser.

168. Ce qui a été donné par force, possédé par force, et même ce qui a été signé par force, (bref) tout contrat fait par force, Manou l'a déclaré nul.

169. Trois (sortes de personnes) pâtissent pour autrui : les témoins, le garant, la famille; quatre profitent (aux dépens d'autrui) : le Brâhmane, le riche (qui prête), le marchand, le prince.

170. Un prince même dans le besoin ne doit pas prendre ce qui ne doit pas être pris, et même riche, ne doit pas dédaigner ce qui doit être pris, quelque insignifiant que soit le profit.

171. En prenant ce qui ne doit pas être pris, et en refusant ce qui doit être pris, un roi se fait taxer de faiblesse, et périt en ce (monde) et dans l'autre.

164. Peut-être faut-il entendre vyāvahārikāt comme un terme à part, « la coutume » opposée à la loi.

166. A plus forte raison s'ils vivent sous le régime de la communauté.

167. *Dépendante* « un esclave ». (Kull.) — *Le marché* : par exemple « un emprunt ». (Kull.)

169. Kula famille, signifierait, suivant Kull., « les juges ».

172. En prenant ce qui lui revient, en empêchant le mélange des castes, en protégeant les faibles, le roi (voit) son pouvoir croître, et il prospère en ce (monde) et dans l'autre.

173. C'est pourquoi, à l'exemple de Yama, le souverain, sans égard pour ce qui lui plaît ou ce qui lui déplaît, doit imiter la conduite de ce juge des morts, en domptant sa colère, et en réfrénant ses sens.

174. Mais le mauvais prince assez insensé pour juger les causes contre la justice, tombe bientôt au pouvoir de ses ennemis.

175. Au contraire si (le roi), faisant taire ses affections et ses haines, décide les causes avec justice, ses sujets se tournent vers lui comme les fleuves vers l'Océan.

176. Le (débiteur) qui se plaint par-devant le roi de ce que le prêteur poursuit (sur lui) un recouvrement (par n'importe quel moyen) à son choix, devra être condamné par le roi à payer le quart (de la dette comme amende) et au (créancier) la somme (due).

177. Le débiteur peut indemniser son créancier même par son travail, s'il est de même caste, ou de caste inférieure ; mais (s'il est) de caste supérieure, il le payera petit à petit.

178. Telle est la règle suivant laquelle le roi doit régler équitablement les affaires des gens qui sont en procès les uns contre les autres, en les éclaircissant par des témoignages et des preuves.

179. Le sage (ne) fera de dépôt (que) chez une personne de bonne famille, de conduite honnête, connaissant la loi, véridique, bien apparentée, riche et honorable.

180. Comme le dépôt de n'importe quel objet s'est fait

174. *Juger les causes*, litt. faire les affaires.

176. *Le débiteur qui* « sous prétexte qu'il est le favori du roi ». (Kull.) — Chandena « à son choix » ou peut-être « indépendamment (de la cour) ». — Les moyens de recouvrement sont indiqués au v. 49.

177. Contradiction avec le v. 153. — *De caste supérieure* « un Brâhmane ».

178. *Preuves* telles que le serment ou le jugement de Dieu.

179. *Honorable* ârya ; ce mot est pris parfois au sens de Dvidja.

entre les mains de n'importe qui, ainsi doit-il être repris : tel le dépôt, tel le retrait.

181. Celui qui refuse de restituer le dépôt à la requête du déposant, doit être interrogé par le juge en l'absence du déposant.

182. A défaut de témoins, (le juge) doit sous des prétextes (spécieux) faire déposer effectivement de l'or (ou autres objets précieux) chez le (défendeur), par des agents secrets d'âge et d'extérieur (convenables).

183. Si le (dépositaire) restitue le dépôt tel quel et dans les conditions (où il a été effectué), il n'y a rien là (qui corrobore) l'accusation de l'autre.

184. Mais s'il refuse de restituer comme il le devrait cet or à ces (agents secrets), qu'on le contraigne par force à restituer les deux (dépôts) ; telle est la règle de la loi.

185. Ni un dépôt ouvert, ni un dépôt scellé, ne doivent jamais être remis au plus proche parent (du déposant, quand celui-ci vit encore) : car l'un et l'autre sont perdus en cas de mort de celui qui les a reçus ; dans le cas contraire ils ne sont pas perdus.

186. Mais celui qui (après la mort du déposant) remet de lui-même (le dépôt) au plus proche parent du défunt ne doit être inquiété ni par le roi, ni par les parents du déposant.

187. (En cas d'incertitude), il faut réclamer l'objet sans détour et par les moyens amicaux, ou bien obtenir le recouvrement par la persuasion, après avoir fait enquête sur la conduite (du dépositaire).

188. Telle est la règle pour le recouvrement de tous les

182. *Déposer :* pour redemander ensuite le dépôt.

184. *Les deux dépôts :* c'est-à-dire le dépôt dont il a nié l'existence et celui que le roi a fait faire chez lui pour éprouver son honnêteté.

185. *Son plus proche parent* « son fils, etc. ». (Kull.) — « Si le fils, etc. (auquel on les a confiés), vient à mourir avant de les avoir remis au père, ces deux dépôts sont perdus... C'est pourquoi, dans la crainte d'un malheur, on ne doit pas les remettre à un autre qu'au vrai déposant. » (Kull.) — La dernière proposition du vers paraît un pur remplissage.

dépôts ouverts ; mais pour un (dépôt) scellé (le dépositaire) n'encourt aucun (blâme) s'il n'a rien soustrait (en changeant le sceau).

189. (Quand un dépôt a été) ravi par des voleurs, emporté par l'eau, brûlé par le feu, (le dépositaire) n'est pas tenu à restitution, s'il n'en a (lui-même) pris aucune partie.

190. Celui qui s'approprie un dépôt, ou celui qui (réclame une chose) sans l'avoir déposée, que (le roi) l'examine par tous les moyens, et par les serments prescrits dans le Véda.

191. Celui qui (refuse de) rendre un dépôt, et celui qui réclame ce qu'il n'a pas déposé, doivent être punis tous les deux comme voleurs, ou contraints à payer une amende égale (au dépôt réclamé).

192. Que le roi fasse payer à celui qui s'approprie un dépôt ouvert une amende égale à (la valeur de) ce (dépôt), et pareillement à celui qui s'approprie un dépôt scellé, sans distinction.

193. Celui qui par des moyens frauduleux s'empare du bien d'autrui doit publiquement subir avec ses complices divers supplices.

194. Si un dépôt d'une certaine valeur a été fait par quelqu'un en présence de témoins, il faut s'assurer (qu'il est) intact ; celui qui fait une déclaration mensongère mérite une amende.

190. *Les moyens* « les quatre expédients, la douceur et le reste ». (Kull.) — *Les serments*, c'est-à-dire les épreuves, le jugement de Dieu, par ex. « porter du feu, etc. ». (Kull.)

191. *Comme voleurs*, c'est-à-dire « mutilés, s'il s'agit d'un objet de valeur ou de pierreries, etc., et s'il s'agit d'un objet de peu de valeur, cuivre, etc., condamnés à payer l'équivalent ». (Kull.)

192. Suivant Kull. ce vers s'applique au cas « d'un premier délit ». — *Sans distinction* signifierait, suivant Nâr. « sans distinction de caste ». Dans le vers précédent les commentateurs remarquent que les peines corporelles doivent être infligées « aux autres qu'aux Brâhmanes » ; en d'autres termes, la personne du Brâhmane est inviolable.

193. *Divers supplices* consistant à « lui couper la main, le pied, la tête, etc. ». (Kull.).

194. *Témoin :* peut-être simplement « de la famille ». Suivant Kull. kula signifie témoin ; au v. 169 il donnait à ce mot le sens de « juge ».

195. Mais si le dépôt et la réception ont été effectués en secret, la restitution doit être faite aussi en secret : tel le dépôt, telle la restitution.

196. C'est ainsi que le roi, sans malmener le dépositaire, doit décider en matière de dépôt ou de prêt amical.

197. Celui qui vend le bien d'autrui sans en être le propriétaire, et sans y être autorisé par le propriétaire, ne doit point être admis en témoignage : c'est un voleur qui se figure n'être pas un voleur.

198. S'il est parent (du propriétaire), qu'on le punisse d'une amende de six cents panas ; s'il n'est point (son) parent et s'il n'a point d'excuse, il se rend coupable de vol.

199. Une donation ou une vente faite par quelqu'un qui n'est pas le propriétaire, doit être considérée comme nulle, d'après la règle (admise) dans les procédures.

200. Quand la possession est apparente, mais non l'acquisition, c'est l'acquisition qui fait preuve (de propriété) en pareil cas, et non la possession : telle est la règle.

201. Celui qui acquiert n'importe quel bien par voie d'achat, en présence de témoins, en prend possession d'une façon absolument légale par le fait de son achat.

202. Que si le vendeur ne peut être produit, et que (l'acheteur) soit justifié par un achat public, (ce dernier) sera acquitté par le roi sans amende, mais le (premier propriétaire) de l'objet perdu peut le reprendre.

203. Une marchandise mêlée à une autre ne doit point être

198. *Point d'excuse*, telle que « l'avoir reçu en présent, ou acheté du fils, ou d'un autre proche parent du propriétaire ». (Kull.)

201. *Témoin*, cf. note du v. 194. — *Par voie d'achat* : suivant Kull. vikraya = vikrayadeça le lieu du marché. — Ce précepte s'applique au cas où le vendeur n'est pas propriétaire de l'objet.

202. *Si le vendeur* « non propriétaire ne peut être produit parce qu'il est mort, ou parce qu'il est parti ». (Kull.) — *Le reprendre* « des mains de l'acheteur, à condition de payer à celui-ci la moitié de la valeur de l'objet ». (Kull.)

203. *Incomplète* « en poids, etc ». (Kull.) — *Cachée* « couverte de peinture ». (Kull.)

vendue (comme pure), ni une (marchandise) avariée (comme bonne), ni une (marchandise) incomplète, qui est loin, ou qui est cachée.

204. Si après avoir montré une jeune fille à un prétendant, on lui en donne une autre, il peut les épouser toutes deux pour le même prix ; ainsi l'a déclaré Manou.

205. Si (la future) est folle, lépreuse ou déflorée, et que celui qui la donne (en mariage) déclare préalablement ses tares, il n'encourt aucune peine.

206. Si le prêtre officiant choisi pour un sacrifice abandonne son œuvre, ses acolytes doivent lui donner une part (seulement du salaire), proportionnellement à la tâche (qu'il a faite).

207. Mais celui qui abandonne son œuvre une fois que les honoraires du sacrifice ont été répartis, peut prendre toute sa part, en faisant achever (sa tâche) par un autre.

208. Mais au cas où des rétributions particulières ont été fixées pour chaque partie d'une cérémonie, est-ce seulement celui (qui accomplit telle ou telle partie) qui doit recevoir les rétributions (qui y sont attachées), ou bien tous doivent-ils se les partager ?

209. Que l'Adhvaryou prenne le chariot, que le Brahman prenne le cheval à l'allumage du feu sacré, que le Hotar prenne aussi un cheval, que l'Oudgâtar (prenne) le chariot (employé) à l'achat (du soma).

210. Les (quatre) principaux parmi tous (les seize prêtres)

204. *Montré une jeune fille* : il s'agit du cas où le prétendant achète sa future.

207. *Abandonne son œuvre* « pour cause de maladie, etc. ». (Kull.)

209. Les fonctions du sacrifice sont réparties entre plusieurs officiants parmi lesquels l'Adhvaryu et le Hotar jouent le principal rôle ; l'Adhvaryu a la direction matérielle des détails de la cérémonie et récite les vers du Yajur-Veda, le Brahman ou prêtre principal préside, le Hotar récite les vers du Ṛg-Veda, l'Udgātar chante le Sāma-Veda. — L'allumage du feu sacré s'appelle Agnyādhāna. — Le char pour l'achat ou plutôt pour le transport du soma.

210. Kull. explique ainsi ce partage proportionnel : soit cent vaches à partager : ceux de la première série en auront quarante-huit, ceux de la

ont droit à la moitié (des honoraires), les quatre (suivants), à la moitié de cela, la troisième catégorie au tiers, et la quatrième au quart.

211. C'est en appliquant cette règle que doit être faite la répartition des parts entre les hommes qui se réunissent ici-bas pour coopérer à une œuvre.

212. Si de l'argent a été donné (ou promis) à quelqu'un qui le demandait pour une œuvre pie, et qu'ensuite cette (œuvre) n'ait pas été accomplie, la donation ne doit point avoir lieu.

213. Si (le solliciteur) par orgueil ou par cupidité exige (l'accomplissement de la promesse), que le roi le condamne à un souvarna d'amende en expiation de ce vol.

214. Je viens d'expliquer comme il convient le moyen légal de retirer un don (promis) ; je vais exposer ensuite (les cas où) l'on peut refuser de payer les gages.

215. Si un salarié sans être malade néglige par orgueil de faire son ouvrage suivant les conventions, il est passible d'une amende de huit krichnalas, et son salaire lui sera supprimé.

216. Mais (s'il est) malade, et qu'une fois rétabli il fasse (son ouvrage) comme il a été convenu d'abord, il doit recevoir son salaire, même après un long laps de temps.

217. Mais si malade ou bien portant il n'exécute pas l'ouvrage suivant les conventions, il ne recevra aucun salaire, même si l'ouvrage n'est incomplet que de peu.

218. Telle est, exposée en détail, la loi en ce qui concerne la retenue des salaires ; je vais maintenant déclarer la loi relative à ceux qui rompent les engagements.

219. L'homme qui a fait sous serment une convention avec

seconde vingt-quatre, ceux de la troisième seize, ceux de la quatrième douze.

212. *Œuvre pie* « sacrifice, mariage, etc. ». (Kull.)

213. « Dans le cas où l'argent a été donné, s'il refuse de le rendre, et dans le cas où l'argent a été promis, s'il le prend par force ». (Kull.)

219. *Une corporation* « de marchands et autres ». (Kull.) On peut aussi

une corporation habitant un bourg ou un district, et qui la rompt par cupidité, que (le roi) le bannisse de son royaume.

220. Qu'il fasse arrêter ce briseur de contrats et lui fasse payer six nichkas (chacun d'une valeur de) quatre souvarnas, et un satamâna d'argent.

221. Tel est le système de punitions que doit appliquer un prince juste à ceux qui dans les communautés de bourgades ou de castes rompent un engagement.

222. Celui qui ayant acheté ou vendu un bien ici-bas, en éprouve du regret, peut le rendre ou le reprendre dans les dix jours.

223. Mais au delà de dix jours, on ne peut ni rendre ni reprendre (un bien) ; celui qui le reprend ou le rend (par force) sera puni par le roi d'une amende de six cents (panas).

224. Si quelqu'un donne (en mariage) une jeune fille qui a une tare, sans en avertir (le prétendant), que le roi lui-même lui inflige une amende de quatre-vingt-seize panas.

225. Mais celui qui par méchanceté dira d'une jeune fille : « Elle n'est pas vierge », mérite une amende de cent (panas), à moins qu'il ne prouve cette tache.

226. Les prières nuptiales ne peuvent être dites que pour des vierges, et jamais en ce monde pour (des femmes) qui ne sont plus vierges, car celles-ci sont exclues des cérémonies légales.

227. Les prières nuptiales sont toujours le signe caractéristique de la femme (légitimement épousée) ; mais les hommes instruits doivent savoir que la (cérémonie n'est) consommée (qu')avec le septième pas (fait par la mariée autour du feu sacré).

faire la construction autrement : « l'homme appartenant à une corporation, etc. »

220. On peut aussi entendre « six nichkas, ou quatre souvarnas, ou un satamâna » ce qui, comme le remarque Kull., constitue « trois amendes pouvant être infligées suivant que le cas est plus ou moins grave ».

222. *Un bien* « non susceptible de détérioration, une terre, une plaque de cuivre, etc. ». (Kull.)

228. Quand quelqu'un se repent ici-bas d'avoir conclu un contrat, (le juge) devra suivant cette règle le ramener dans la voie de la justice.

229. Je vais exposer exactement selon les principes de la loi (comment il faut trancher) les différends relatifs au bétail, (causés) par la faute du propriétaire ou du berger.

230. Le jour la responsabilité de la conservation (du bétail) incombe au berger, la nuit au propriétaire, (si le bétail est) dans sa maison ; (s'il en est) autrement, le berger est responsable (aussi pendant la nuit).

231. Un vacher qu'on paye en lait pourra, avec l'assentiment du propriétaire, traire la meilleure vache sur dix ; ce sera son salaire, s'il ne reçoit point d'autres gages.

232. Si (une bête) s'est égarée, a été détruite par la vermine, déchirée par les chiens, ou s'est tuée (en tombant) dans une fosse, (et que l'accident soit dû) à la négligence du berger, c'est celui-ci seul qui doit payer (le prix de l'animal).

233. Mais lorsqu'une bête est ravie par des voleurs et que le berger donne l'éveil, il n'est pas tenu à la payer, pourvu qu'il ait averti son maître en temps et lieu (utiles).

234. Quand une bête meurt, il doit présenter au propriétaire les deux oreilles, la peau, la queue, la vessie, les tendons, le calcul biliaire (de l'animal) comme pièces à conviction.

235. Quand les chèvres et les brebis sont cernées par des loups, et que le berger n'accourt pas (pour les défendre), tout animal saisi et tué par le loup reste à la charge du berger.

236. Mais lorsqu'elles sont parquées, (et) qu'elles paissent ensemble dans une forêt, si le loup fond sur l'une d'elles et la tue, le berger en ce cas n'est nullement responsable.

232. *Vermine :* je pense qu'il faut entendre par là les serpents si nombreux aux Indes. — *Les chiens* et autres animaux de ce genre.

234. *Comme pièces à conviction :* une autre leçon porte aṅgâni les membres.

236. *Parquées,* peut-être simplement surveillées, en bon ordre.

237. Tout autour d'un village il faut laisser un pâturage communal d'une étendue de cent arcs ou de trois portées de bâton; autour d'une ville (cet espace doit être) trois fois (plus grand).

238. Si dans cet endroit le bétail endommage des céréales non encloses (de haies), que le roi n'inflige aucune amende au berger.

239. En cet endroit (le propriétaire du champ) devra faire une haie par-dessus laquelle un chameau ne puisse regarder, et fermer tous les trous par où un chien ou un sanglier pourrait passer la tête.

240. (Si le bétail fait des dégâts) dans un champ clos (situé) sur une grande route ou près d'un village, le berger mérite une amende de cent (panas); (quand) les bêtes (sont) sans gardien, le (gardien du champ) doit les éloigner.

241. Dans les autres champs (le maître de) l'animal doit payer un pana et quart (pour le dégât); mais en tout cas (tout ce qui a été endommagé dans) la récolte doit être remboursé au propriétaire du champ : telle est la règle.

242. Mais Manou a déclaré qu'il n'y avait aucune amende à payer (si le dégât a été causé par) une vache dans les dix jours après qu'elle a vêlé, par des taureaux, et par du bétail consacré aux dieux, (que ces animaux) soient accompagnés ou non d'un gardien.

243. Si (la moisson est endommagée) par la faute du propriétaire du champ, (il payera) une amende égale à dix fois

237. L'arc comme mesure de longueur représente quatre coudées, environ six pieds.

240. *Le berger* « lorsque les troupeaux sont accompagnés du berger ». (Kull.)

241. *En tout cas* « que le bétail soit accompagné ou non d'un gardien » et « l'indemnité doit être payée par le berger ou le propriétaire, selon que la faute est à l'un ou à l'autre ». (Kull.)

243. *Par la faute du propriétaire* « s'il laisse manger ses récoltes par ses propres bestiaux, ou s'il ne sème pas à l'époque convenable ». (Kull.) Le roi a droit pour sa part à 1/6 des récoltes : l'amende serait donc presque du double de la récolte.

la part (du roi); mais l'amende (sera seulement) de moitié (si la faute en est à) ses serviteurs et que le propriétaire n'en ait rien su.

244. Telle est la règle qu'un roi juste devra observer pour les délits (commis par) le propriétaire, le bétail ou le berger.

245. S'il surgit un différend entre deux villages à propos d'une limite, (c'est) pendant le mois de Djyaichtha (qu')il devra fixer cette limite, alors que les bornes sont les plus aisées à discerner.

246. Il mettra comme bornes des arbres (tels que) le *Ficus indica,* le *Ficus religiosa,* le *Butea frondosa,* le *Bombax heptaphyllum,* le *Valica robusta,* le palmier et l'arbre à lait,

247. Des ronces, des bambous de diverses sortes, des acacias, des plantes grimpantes, des tertres, des roseaux, des buissons de *Trapa bispinosa;* de cette manière la borne ne disparaît point.

248. Des pièces d'eau, des puits, des étangs, des ruisseaux ainsi que des temples doivent être mis aux points de jonction des bornes.

249. On doit aussi établir d'autres marques secrètes pour les limites, en considération des perpétuelles méprises (que commettent) les hommes en ce monde, par ignorance des bornes :

250. Pierres, os, queues de vaches, épeautres, cendres, tessons, fumier sec, tuiles, charbon, cailloux, sable,

251. Enfin toutes sortes de (substances) que la terre ne ronge pas avec le temps, on doit les faire placer, cachées (sous terre), au point de jonction des limites.

245. Jyaishṭha mai, juin. — *Aisées à discerner*, parce que « l'herbe a été desséchée par la chaleur du soleil ». (Kull.)

246. Les noms hindous de ces arbres sont: nyagrodha, açvattha, kiṃçuka, çālmalī, çāla.

247. Trapa bispinosa en sanskrit kubjaka.

251. *Les faire placer* « dans des jarres, au témoignage de Bṛhaspati ». (Kull.). On attribue à ce Richi un ancien code de lois.

252. Par ces marques, par l'ancienneté immémoriale de l'occupation, et par le cours des ruisseaux, le roi déterminera les limites de deux (villages) en différend.

253. S'il y a doute même à la vue de ces marques, on doit faire appel aux témoins pour régler une contestation de limites.

254. Les témoins (appelés) pour (une question de) limites, devront être interrogés sur les marques des bornes en présence des familles du village et des deux parties.

255. Suivant la décision unanime prononcée par eux dans l'enquête, (le roi) fera consigner (par écrit) les limites, ainsi que les noms de tous ces (témoins).

256. Mettant de la terre sur leurs têtes, portant des couronnes et des vêtements rouges, après avoir juré chacun par (la récompense de) leurs actions, qu'ils déterminent (les bornes) selon la justice.

257. S'ils déterminent (les bornes) en la manière qui vient d'être prescrite, ils sont sans reproche (et ce sont des) témoins véridiques ; mais s'ils (les) déterminent contrairement (à la justice), qu'on leur fasse payer une amende de deux cents (panas).

258. A défaut de témoins (appartenant aux deux villages en différend), que quatre habitants des villages environnants préparés (à cette fonction) fassent en présence du roi la délimitation des frontières.

259. Mais s'il n'y a ni voisins, (ni) aborigènes (qui puis-

252. On peut aussi rapporter satatam aux cours d'eau : « par des cours d'eau coulant perpétuellement ».

254. *Les deux parties* « les deux représentants des deux villages ». (Kull.)

256. *Des couronnes* « de fleurs rouges. » — *Juré* « en disant : « Puissent toutes nos bonnes actions demeurer sans récompense (si nous n'observons pas la justice) ». (Kull.)

258. *Habitants des villages voisins :* plus exactement peut-être « habitant sur les confins du village ». — *Préparés à cette fonction* prayata. B. entend ce mot comme équivalent de niyata pur.

259. *Ni voisins ni aborigènes :* ou bien en un seul terme « s'il n'y a point de voisins habitants originaires du pays ».

sent servir de) témoins dans une question de frontières, (le roi) pourra interroger même les habitants des forêts, tels que :

260. Chasseurs, oiseleurs, bergers, pêcheurs, déterreurs de racines, preneurs de serpents, glaneurs, et autres hôtes des bois.

261. Les marques que ces (gens) interrogés déclareront au sujet de la jonction des frontières, le roi les fera établir avec justice entre les deux villages.

262. La délimitation des bornes à propos d'un champ, d'une source, d'un étang, d'un jardin, d'une maison, doit être fixée par le témoignage des voisins.

263. Pour un faux témoignage à propos d'une limite que des hommes contestent, le roi condamnera les voisins à payer chacun l'amende intermédiaire.

264. Celui qui usurpe en intimidant (le possesseur) une maison, un étang, un jardin, un champ, doit être puni d'une amende de cinq cents (panas) ; (s'il a agi) par ignorance, l'amende (sera de) deux cents (panas).

265. Quand la limite ne peut être déterminée (par des marques ou des témoignages), un roi équitable, dans l'intérêt des (deux parties) fixera lui-même (la portion de) terre (qui revient à chacune); telle est la règle.

266. Ainsi a été déclarée en entier la loi relative à la délimitation des bornes; je vais maintenant exposer les décisions relatives aux outrages.

267. Pour outrage à un Brâhmane un Kchatriya payera cent (panas) d'amende ; un Vaisya cent cinquante ou deux cents ; un Soudra sera passible d'une peine corporelle.

268. Pour outrage à un Kchatriya un Brâhmane payera cinquante (panas) ; pour outrage à un Vaisya il payera la

263. L'amende intermédiaire est de 500 panas.

264. *En intimidant le possesseur* « en le menaçant de la mort ou des fers ». (Kull.) — On conçoit qu'on puisse par ignorance usurper une pièce de terre, un étang, mais pour une maison l'erreur semble peu admissible.

moitié de cinquante (panas) ; pour outrage à un Soudra (il payera) douze (panas).

269. En cas d'offense d'un Dvidja envers quelqu'un de même caste (l'amende sera) aussi de douze (panas) ; pour des propos malséants elle sera doublée.

270. Un homme de la dernière caste qui adresse des insultes grossières à des Dvidjas mérite qu'on lui coupe la langue ; car son extraction est vile.

271. S'il mentionne leur nom et leur caste d'une façon outrageante, on lui enfoncera dans la bouche une tige de fer rouge longue de dix doigts.

272. Si par insolence il (veut) en remontrer aux Brâhmanes sur leurs devoirs, que le prince lui fasse verser de l'huile bouillante dans la bouche et dans l'oreille.

273. Celui qui par insolence conteste faussement (à un homme de même caste) sa science, son pays natal, sa caste, ou les rites par lesquels son corps a été purifié, devra payer une amende de deux cents (panas).

274. Celui qui traite un autre de borgne, de boiteux ou de telle autre (qualification) analogue, la chose fût-elle vraie, payera au moins un kârchâpana d'amende.

275. Celui qui calomnie sa mère, son père, sa femme, son frère, son fils, ou son précepteur, devra payer cent (panas),

269. *Propos malséants*, littér. des paroles qui ne devraient pas être prononcées, « des insultes à l'adresse de la femme, de la mère, de la sœur d'un autre ». (Kull.)

270. Littér. : « Un homme qui n'a qu'une naissance » qui n'a pas été régénéré par l'initiation, en opposition aux Dvidjas, ceux qui ont une seconde naissance. — *Son extraction est vile*, car « il est issu des pieds de Brahmâ ». (Kull.) Cf. I, 51.

271. Comme exemple d'insulte Kull. cite « Hé ! toi Yajñadatta, rebut des Brâhmanes ! ».

273. « *A un homme de même caste* » doit être suppléé, car comme le remarque Kull., « vu la légèreté de la peine, cette règle ne s'applique pas au Soudra insultant des Dvidjas ».— *Son pays natal :* cf. II, 19, 20, où certains districts sont indiqués avec une mention honorable.

275. *Calomnie :* Kull. entend par là « une malédiction plus ou moins grave » ; suivant d'autres, le sens est « les accuse de péchés mortels ».

ainsi que celui qui ne se dérange point pour céder le pas à son précepteur.

276. (En cas d'outrages réciproques) d'un Brâhmane et d'un Kchatriya, un (roi) sage imposera au Brâhmane l'amende inférieure, et au Kchatriya l'amende intermédiaire.

277. La même punition doit être exactement appliquée à un Vaisya et à un Soudra suivant leur caste, sans mutilation (de la langue pour ce dernier) : telle est la règle.

278. Ainsi vous a été exposée en détail la règle des châtiments pour les outrages en paroles ; je vais dire maintenant la décision concernant les voies de fait.

279. Quel que soit le membre dont un (homme) de basse caste (se sert pour) blesser un supérieur, ce (membre) doit être coupé : tel est l'ordre de Manou.

280. S'il lève la main ou un bâton, il mérite d'avoir la main coupée ; si dans la colère il frappe avec le pied, il mérite d'avoir le pied coupé.

281. Un (homme) de caste inférieure qui s'avise de s'asseoir à côté d'un (homme) de caste élevée, doit être marqué sur la hanche et banni, ou bien (le roi) lui fera couper la fesse.

282. Si par insolence il crache (sur un Brâhmane), le roi lui fera couper les deux lèvres, s'il pisse (sur lui) le pénis, s'il pète (en sa présence) l'anus.

283. S'il l'empoigne par les cheveux, que (le roi) n'hésite pas à lui faire couper les mains, (et de même, s'il le saisit) par les pieds, la barbe, le cou, ou les testicules.

276. L'amende inférieure est de 250 panas, l'intermédiaire de 500.

277. *Suivant leur caste*, c'est-à-dire que le Vaisya paye l'amende inférieure, le Soudra l'amende intermédiaire, mais n'est pas passible de la mutilation de la langue suivant la prescription du v. 270, parce que la réciprocité des outrages diminue sa culpabilité.

279. *Un supérieur*, c'est-à-dire un homme des trois premières castes.

281. *Couper la fesse* « de manière à ce qu'il n'en meure pas ». (Kull.)

282. *L'anus :* on ne comprend guère comment cela peut se faire. Le châtiment est applicable au cas où l'incongruité est faite « par insolence et non par mégarde ». (Kull.)

284. S'il égratigne ou fait saigner (quelqu'un de même caste), il payera une amende de cent (panas) ; s'il entame la chair (il payera) six nichkas, s'il casse un os il sera exilé.

285. Pour dommage causé à toutes (sortes d')arbres, l'amende doit être proportionnée à leur utilité respective : telle est la règle.

286. Pour un coup donné (de manière à faire) du mal aux hommes ou aux bêtes, (le roi) proportionnera l'amende à la grandeur du mal causé.

287. Pour un membre endommagé, pour une blessure ou du sang (versé, l'agresseur) payera les frais de la guérison, ou bien (si le blessé s'y refuse) il payera le tout à titre d'amende (au roi).

288. Celui qui sciemment ou par mégarde endommage le bien d'autrui devra lui donner satisfaction et payer au roi l'équivalent du dommage.

289. S'il s'agit de cuir, d'ustensiles en cuir, en bois ou en argile, l'amende (est) de cinq fois la valeur intrinsèque ; et de même pour les fleurs, racines et fruits.

290. En ce qui concerne une voiture, le cocher et le propriétaire de la voiture, on admet dix (cas où l'amende pour dommage causé sera) remise ; pour tous les autres une amende est prescrite.

291. Quand la bride est coupée, le joug brisé, quand (la voiture) va de travers où à reculons, quand l'essieu du véhicule est rompu ou la roue cassée ;

292. Quand les traits, le licou, ou les rènes sont cassés,

284. *Six nichkas*. Cf. v. 137.

287. *S'il s'y refuse :* il faut entendre d'après Kull. « si l'auteur de la blessure ne veut pas payer les frais ». Mais il me semble plus naturel d'expliquer : « si la victime refuse d'accepter l'indemnité ». — *Le tout*, c'est-à-dire « les frais de guérison et l'amende ».

291. *La bride*, littér. la corde passée dans le nez de la bête. — *De travers ou à reculons* « par suite des inégalités du sol ». (Kull.)

292. *Gare*, littér. « ôtez-vous de là ».

et quand (le cocher) a crié « Gare ! », Manou a déclaré qu'il n'y avait pas (lieu d'infliger) une amende.

293. Mais si la voiture verse par la maladresse du cocher, alors, en cas de dommage le propriétaire devra payer une amende de deux cents (panas).

294. Si le cocher est habile (mais négligent), c'est le cocher qui supporte l'amende; mais si le cocher est maladroit, tous les voyageurs payeront une amende de cent (panas) par tête.

295. S'il se trouve arrêté dans son chemin par du bétail ou par une (autre) voiture, et qu'il cause la mort d'un être vivant, une amende (doit être infligée) sans aucun doute.

296. S'il y a mort d'homme, sa culpabilité est du coup la même que (celle d'un) voleur; pour de gros animaux, (tels que) vaches, éléphants, chameaux, chevaux et autres (l'amende est) moitié moindre.

297. Pour du menu bétail écrasé, l'amende (est) de deux cents (panas); pour de jolis quadrupèdes ou oiseaux sauvages, l'amende sera de cinquante (panas).

298. Pour des ânes, chèvres et brebis, l'amende sera de cinq mâchas; pour la mort d'un chien ou d'un porc, l'amende sera d'un mâcha.

299. Une femme, un fils, un esclave, un élève, un (jeune) frère utérin, peuvent être châtiés pour une faute commise, avec une corde ou une canne de bambou,

300. Mais (seulement) sur la partie postérieure du corps,

293. *Verse* ou peut-être « s'écarte de la route ».

294. Les voyageurs sont rendus responsables parce qu'ils ont choisi un cocher maladroit.

295. *Sans aucun doute* avicâritaḥ. Je me suis écarté ici du texte de Jolly qui porte la leçon vicāritaḥ : il faudrait entendre alors ce mot dans un autre sens : « (l'amende) est prescrite ». La nature de cette amende est déterminée dans les vers suivants 296-298.

296. *Sa culpabilité :* c'est-à-dire il paye la même amende que pour un vol, soit mille panas. — On ne s'explique pas comment un accident de voiture peut causer la mort d'un éléphant.

297. *Quadrupèdes ou oiseaux sauvages* « daims et gazelles, flamants et perroquets ». (Kull.)

300. C'est-à-dire est condamné à mille panas d'amende. Cf. v. 296.

jamais sur la tête; quiconque frappe autrement encourt la même peine qu'un voleur.

301. Ainsi vous a été exposée complètement la loi concernant les voies de fait; je vais maintenant déclarer la règle pour fixer la peine du vol.

302. Que le roi fasse tous ses efforts pour réprimer les voleurs; car par la répression du vol s'accroissent sa gloire et sa puissance.

303. Car le roi qui assure la sécurité (de ses sujets) doit toujours être honoré; en effet c'est (comme s'il accomplissait) un sacrifice perpétuel dont la sécurité (publique représenterait) les honoraires.

304. Un roi qui protège (ses sujets) acquiert le sixième des mérites spirituels de chacun d'eux; au contraire celui qui ne les protège point, acquiert également le sixième de leurs démérites.

305. Quelque (mérite que ses sujets acquièrent) par l'étude du Véda, par les sacrifices, par les aumônes, par le culte rendu (aux dieux), le roi en reçoit le sixième à juste titre pour (prix) de la protection (qu'il donne à ses peuples).

306. Quand un roi protège avec justice (toutes) les créatures, et châtie ceux qui méritent des châtiments corporels, (c'est comme s'il) offrait chaque jour un sacrifice avec cent mille honoraires.

307. Un roi qui n'assure aucune protection, et qui prend néanmoins le tribut (du sixième des fruits de la terre), les impôts, les taxes (sur les marchandises), les cadeaux quotidiens, et les amendes, ira tout droit en enfer.

308. On dit qu'un roi qui sans protéger (ses sujets) reçoit le sixième (des fruits de la terre) comme tribut, prend sur lui tous les péchés de tout son peuple.

303. *Sacrifice* : un sattra ou séance, grande fête du Soma, durant plusieurs jours, avec de nombreux officiants. — *Perpétuel*, littér. « le sattra de celui-ci croît sans cesse ». — *Les honoraires*, présents donnés à celui qui accomplit le sacrifice.

307. *Les cadeaux quotidiens* « fruits, fleurs, légumes, etc. ». (Kull.)

309. Sachez qu'un prince qui n'observe pas la loi, qui est athée, qui s'enrichit d'une manière illégale, qui ne protège pas (ses sujets), qui mange (son peuple), va en enfer.

310. Que (le roi) réprime soigneusement les criminels par trois moyens : l'emprisonnement, les fers et les divers châtiments corporels.

311. Car en réprimant les méchants et en encourageant les bons, les princes sont toujours purifiés, comme les Brâhmanes (le sont) par les sacrifices.

312. Un souverain désireux de son propre bien doit toujours se montrer patient envers les plaideurs, les enfants, les vieillards, et les malades lorsqu'ils l'invectivent.

313. Celui qui pardonne à des gens dans le malheur leurs injures, est pour ce (fait) exalté au ciel; mais celui qui, (fier) de sa puissance, ne leur pardonne pas, va pour ce (fait) en enfer.

314. Un voleur doit se présenter au roi en toute hâte, les cheveux épars et confesser le vol (en ces termes) : « J'ai fait cela, punis-moi ! »

315. Il doit porter sur ses épaules un pilon, ou une massue de bois de khadira, ou un épieu pointu aux deux bouts, ou une verge de fer.

316. Puni ou relâché, le voleur est purgé (du péché) de vol; mais le roi, en ne le punissant pas, prend sur lui la responsabilité du vol.

309. *Qui mange son peuple* : cette expression rappelle le *demoboros basileus* d'Homère.

310. *Châtiments corporels*, vadha « la schlague ou la mutilation de la main, du pied, etc. ». (Kull.)

314. *Un voleur* désigne ici, suivant Kull., celui qui a « volé l'or d'un Brâhmane ».

315. Khadira = Mimosa catechu. Ces quatre instruments correspondent dans l'ordre aux quatre castes : le voleur repentant apporte lui-même l'instrument de son supplice.

316. « Soit qu'il rende l'âme sur l'instant, frappé d'un coup de la massue ou des autres instruments, soit que, laissé pour mort, il survive ». (Kull.)

317. Le meurtrier d'un Brâhmane instruit communique sa faute à celui qui mange ses aliments, une femme infidèle à son époux, un élève ou celui pour qui le sacrifice est offert à son directeur spirituel, un voleur (la communique) au roi.

318. Les hommes qui ont commis des crimes, (mais) qui ont été punis par le roi, sont purifiés et vont au ciel, comme des gens vertueux qui ont fait de bonnes actions.

319. Celui qui vole la corde ou le seau d'un puits, ou qui détériore un réservoir, sera puni d'une amende d'un mâcha, et remettra ces (objets) en la même (place).

320. A celui qui vole plus de dix mesures de grain, un châtiment corporel (doit être infligé); pour une quantité moindre, il payera onze fois (la valeur du grain volé) et (rendra) au (possesseur) son bien.

321. De même un châtiment corporel (devra être infligé) pour (un vol d'objets) qui se vendent au poids, (tels que) or, argent et autres, ou de vêtements précieux, dépassant (une valeur de) cent (palas).

322. Pour (un vol) de plus de cinquante (palas), il est prescrit de couper la main au voleur ; pour un moindre (vol), on lui infligera une amende de onze fois la valeur intrinsèque (de l'objet).

323. (Pour avoir enlevé) des gens de qualité, et surtout des femmes, et pour avoir dérobé des bijoux précieux, (le coupable) mérite la mort.

324. Pour avoir volé de gros animaux, des armes, un remède, le roi fixera l'amende après avoir considéré le temps et le motif.

317. *Le meurtrier d'un Brâhmane :* le texte dit « le meurtrier d'un fœtus ». Y aurait-il un jeu de mots étymologique sur bhrūṇa et brahman? — *Le mari* « qui tolère un rival » (Kull.), c'est-à-dire le mari complaisant. — *L'élève* « qui néglige les sacrifices », et le *guru* « qui le tolère ». (Kull.)

319. *Un mâcha* « d'or » (Kull.) Sur cette valeur, cf. v. 134.

320. *Pour une quantité moindre*, littér. « pour les autres (cas) ». — La mesure de grains appelée kumbha = 20 droṇas de 200 palas chaque, environ 3 boisseaux ou un hectolitre.

321. Sur la valeur du pala, cf. v. 135.

325. Pour (vol) de vaches appartenant à un Brâhmane, pour avoir percé (les narines d')une vache, ainsi que pour avoir dérobé du bétail (à des Brâhmanes, le coupable) aura la moitié du pied coupé.

326. Pour (avoir volé) du fil, du coton, du ferment, du fumier de vache, de la mélasse, du lait suri, du lait, du lait baratté, de l'eau ou de l'herbe,

327. Des ustensiles en bambou et en jonc, du sel de toute sorte, (des vases) d'argile, de la terre, des cendres,

328. Des poissons, des oiseaux, de l'huile, du beurre clarifié, de la viande, du miel, et autres produits des animaux,

329. Et aussi d'autres substances de même espèce (telles que) liqueurs, bouillie de riz, mets de toute sorte, l'amende (doit être) le double de la valeur intrinsèque (de l'objet volé).

330. Pour (vol) de fleurs, graines vertes, buissons, plantes grimpantes, arbrisseaux, et autres (grains) non écossés, l'amende (sera) de cinq krichnalas.

331. Pour les (grains) écossés, légumes, racines, fruits, l'amende (sera) de cent (panas), s'il n'y a aucun lien de parenté (entre le voleur et le volé); s'il y a un lien de parenté, (elle sera) de cinquante (panas).

332. Un acte (de cette nature) exécuté avec violence en présence (du possesseur de l'objet) constitue un brigandage; (s'il est exécuté) en son absence, c'est un vol (simple); et de même ce qu'on nie après l'avoir pris.

333. Si quelqu'un vole les objets susdits, (lorsqu'ils sont) préparés (pour s'en servir), ou s'il dérobe le feu (sacré) d'une maison, que le roi lui fasse payer l'amende du premier degré.

325. *Percé les narines d'une vache*, c'est-à-dire lui avoir passé une courroie dans les narines « pour la faire travailler comme bête de somme ». (Kull.)

328. *Produits des animaux*, « cuir, corne, etc. ». (Kull.)

330. *Et autres grains*, je lis anyeshu au lieu de la leçon de Jolly alpeshu en petite quantité.

331. *Lien de parenté*, ou plus généralement un lien quelconque.

333. *L'amende du premier degré*, 250 panas. — Il s'agit ici non pas comme le veut Govind., du feu ordinaire laukika, mais du feu sacré, car « vu l'insignifiance du délit, l'amende serait exagérée ». (Kull.)

334. Quel que soit le membre avec lequel un voleur accomplit (son crime) envers la société, le roi doit le lui ôter pour l'exemple.

335. Un père, un précepteur, un ami, une mère, une épouse, un fils, un prêtre domestique ne doivent pas être laissés impunis par le roi, quand ils s'écartent de leur devoir.

336. Là où un simple particulier serait condamné à une amende d'un kârchâpana, le roi en devra payer mille : telle est la règle.

337. Pour un vol, la culpabilité d'un Soudra est huit fois plus grande, celle d'un Vaisya seize fois, celle d'un Kchatriya trente-deux fois,

338. Celle d'un Brâhmane soixante-quatre fois, ou même cent fois complètes, ou deux fois soixante-quatre fois, lorsque (chacun d'eux) connaît la nature de la faute.

339. (Prendre) des racines et fruits aux arbres, du combustible pour le feu, de l'herbe pour la nourriture des vaches, Manou a déclaré que ce n'était pas un vol.

340. Si un Brâhmane, pour prix d'un sacrifice ou de ses leçons, cherche à obtenir un bien de la main d'un homme qui a pris ce qu'on ne lui avait pas donné, il devient l'égal d'un voleur.

341. Un Dvidja en voyage dont les provisions sont épui-

334. *Pour l'exemple*, signifie suivant Kull. « pour empêcher la répétition du crime ».

336. « Cette amende il la jettera dans l'eau, ou la donnera aux Brâhmanes. » (Kull.)

337. *Culpabilité*, c'est-à-dire l'amende. — *Huit fois plus grande* « que la peine ordinaire ». (Kull.)

338. *La nature de sa faute*, littér. « la qualité de sa faute », à moins qu'on ne veuille dans doshaguṇa voir avec L. un composé copulatif « le mal et le bien de l'action ».

339. *Aux arbres* « non enclos ». (Kull.) — *Pour le feu* « du sacrifice » : la sainteté du but excuse le mal de l'action ; il en est de même dans le cas suivant.

340. *Un sacrifice* « qu'il a accompli pour lui ». — *Cherche à obtenir* : Kull. ajoute « en connaissance de cause ».

341. Cette permission n'existe pas pour le Soudra.

sées, ne doit point être mis à l'amende pour avoir pris dans le champ d'autrui deux cannes à sucre ou deux racines.

342. Celui qui attache du bétail en liberté ou met en liberté du bétail attaché (appartenant à autrui), et celui qui prend un esclave, un cheval, une voiture, encourent les mêmes peines que le voleur.

343. Un roi qui réprime les voleurs suivant ces règles acquiert de la gloire en ce monde et la plus haute félicité après la mort.

344. Un roi désireux de parvenir au séjour d'Indra et (d'avoir) une gloire impérissable et indestructible, ne doit pas un seul instant souffrir un homme qui commet un acte de violence.

345. L'homme qui commet un acte de violence doit être considéré comme le pire des méchants, (pire même) que le diffamateur, le voleur, ou celui qui frappe avec un bâton.

346. Mais le prince qui épargne l'auteur d'un acte de violence court rapidement à sa perte et se rend odieux (à ses sujets).

347. Ni par un motif d'amitié, ni en vue d'un profit considérable, le roi ne doit (jamais) laisser échapper ceux qui commettent des actes de violence et répandent la terreur parmi toutes les créatures.

348. Les Dvidjas peuvent prendre les armes lorsque leurs devoirs sont entravés et quand une calamité résultant (du malheur) des temps (menace) les castes régénérées.

349. Pour sa défense personnelle, dans une lutte pour les dons du sacrifice, pour protéger les femmes et les Brâhmanes, celui qui tue pour le bon droit n'est pas criminel.

342. « Suivant le degré plus ou moins fort du délit, ils devront être punis de la mort, de la mutilation, ou de la confiscation des biens. » (Kull.)

344. *Un acte de violence* « incendie de maison, brigandage ». (Kull.)

348. *Leurs devoirs*, ou bien « quand la justice est entravée », car dharma a les deux sens. — *Le malheur des temps* « en temps d'invasion d'une armée étrangère ». (Kull.) — *Les castes régénérées*, c'est-à-dire les Dvidjas.

349. La première partie du vers, jusqu'à *celui qui tue*, pourrait être rappor-

350. On peut tuer sans hésitation quiconque vous attaque les armes à la main, (fût-ce) un précepteur, un enfant, un vieillard ou un Brâhmane très instruit (dans le Véda).

351. Celui qui tue soit en public, soit en secret, un agresseur à main armée, ne commet aucunement un crime ; c'est la violence opposée à la violence.

352. Ceux qui entretiennent des relations criminelles avec la femme du prochain, que le prince les bannisse après les avoir marqués de châtiments qui inspirent la terreur.

353. Car de (l'adultère) provient le mélange des castes parmi le monde, et de ce (mélange) résulte la violation des devoirs qui coupe les racines mêmes (de la société) et détruit toute chose.

354. Un homme qui a des entretiens secrets avec la femme du prochain, (s'il) a été précédemment accusé de fautes (de ce genre), payera l'amende du premier degré.

355. Mais un homme qui n'a pas encore été accusé, et qui cause (avec une femme) pour un motif (avouable), ne commet aucun crime ; car il n'y a point de sa part violation (de la loi).

356. Celui qui s'entretient avec la femme du prochain à

tée à ce qui précède : « *Les Doidjas peuvent prendre les armes pour leur défense personnelle*, etc. » — *Dans une lutte pour les dons du sacrifice* « dans une lutte causée par une tentative d'enlèvement des vaches et autres dons du sacrifice ». (Kull.)

350. *On peut tuer* « lorsqu'on est dans l'impossibilité de se sauver par la fuite ». (Kull.)

352. *Châtiments qui inspirent la terreur* « couper le nez et les lèvres ». (Kull.)

353. *Adharma*, signifie « le péché » ou « le non-accomplissement des devoirs ». — « Les sacrifices n'étant pas accomplis régulièrement par suite du manque de sacrificateurs qualifiés pour les offrir, il n'y aurait pas de pluie, et par suite le monde entier périrait. » (Kull.)

355. Suivant Kull. il s'agit d'une conversation « faite en présence de témoins ».

356. « Il payera l'amende de l'adultère, mille paṇas. » (Kull.) — Parce qu'on suppose qu'il avait de mauvais desseins en choisissant un lieu solitaire et écarté pour s'entretenir avec la femme du prochain.

un bain sacré, dans une forêt ou dans un bois, ou au confluent de deux rivières, est passible (de la peine) de l'adultère.

357. Être aux petits soins (pour une femme), jouer (avec elle), toucher ses parures et ses vêtements, s'asseoir avec elle sur un lit, tous (ces actes) sont considérés comme (entachés) d'adultère.

358. Si quelqu'un touche une femme (mariée) à un endroit inconvenant ou se laisse toucher par elle (de la même façon), tous (ces actes faits) d'un consentement réciproque sont considérés comme (entachés) d'adultère.

359. Un non-Brâhmane mérite la peine de mort pour l'adultère, car les femmes des quatre castes doivent toujours être gardées avec soin.

360. Les mendiants, les bardes, les personnes qui ont accompli les rites initiatoires d'un sacrifice et les artisans peuvent sans empêchement causer avec des femmes (mariées).

361. Que personne ne lie conversation avec la femme du prochain, si on le lui a défendu; celui qui malgré la défense causerait (avec elle), mérite une amende d'un souvarna.

362. Cette règle ne concerne pas les femmes des comédiens ambulants, ni des (maris) qui vivent (des intrigues) de leurs femmes ; car ceux-ci prostituent leurs épouses, ou, se tenant cachés, favorisent leur commerce galant.

363. Toutefois, celui qui a des entretiens secrets avec ces (femmes), ou avec des servantes dépendant d'un maître, ou avec des religieuses, doit payer une légère amende.

357. *Aux petits soins*, « lui envoyer des bouquets, des parfums et des onguents ». (Kull.)

359. Un non-Brâhmane désigne un homme des trois dernières castes. Pourtant Kull. spécifie le cas d'un « Soudra qui viole une Brâhmanî ».

360. *Sans empêchement :* un autre sens, adopté par B. H. est « (à moins) qu'ils n'en aient reçu la défense (du mari) ». — *Des artisans* « cuisiniers, etc. ». (Kull.) — *Causer* « de leurs affaires ». (Kull.)

361. *Si on le lui a défendu :* « on » désigne ici le maître de la femme, svâmin, celui dont elle dépend.

363. *Des religieuses* « bouddhistes ». (Kull.) Il s'agit vraisemblablement de sectes méprisées.

364. Celui qui déflore une jeune fille malgré elle doit recevoir aussitôt un châtiment corporel; mais l'homme qui la déflore avec son consentement ne mérite point de châtiment corporel, (pourvu qu'il soit) de même (caste).

365. Si une jeune fille fait des avances à un (homme de caste) supérieure, (le roi) ne devra lui faire payer aucune (amende); mais si elle s'adresse à un (homme de caste) inférieure, il l'obligera à rester confinée chez elle.

366. (Un homme de caste) inférieure qui fait la cour à une (jeune fille de la caste) la plus élevée mérite un châtiment corporel; celui qui fait la cour à une (jeune fille de) même (caste) devra donner le prix nuptial, si le père y consent.

367. L'homme qui, dans son dérèglement, souille une jeune fille, doit avoir aussitôt les deux doigts coupés et payer une amende de six cents (panas).

368. Un (homme) de même (caste) qui déshonore une jeune fille consentante, ne doit point subir l'amputation des doigts, mais on lui infligera une amende de deux cents (panas) pour prévenir le (retour d'un pareil) fait.

369. La jeune fille qui en contamine une autre doit être condamnée à deux cents (panas) d'amende, à payer

364. *Châtiment corporel* « la mutilation des parties génitales, etc., si ce n'est pas un Brâhmane ». (Kull.)

365. *Confinée chez elle* « enchaînée jusqu'à ce qu'elle se soit défaite de sa passion ». (Kull.)

366. Uttama « de la caste la plus élevée », mais Kull. l'explique seulement par « de caste supérieure ». — *Le prix nuptial,* c'est-à-dire « l'épouser ». — « S'il courtise une jeune fille de même caste de l'aveu de celle-ci, si le père y consent, il donnera au père le prix nuptial; dans le cas contraire il payera une amende (au roi) et la jeune fille devra l'épouser ». (Kull.) — Le prix nuptial est le prix d'achat de la fiancée.

367. *Souille une jeune fille :* il ne s'agit pas ici d'un viol proprement dit, mais « seulement d'un attouchement avec les doigts ». (Kull.) Voilà pourquoi il est condamné à avoir les doigts coupés, en vertu du principe qui punit le membre coupable.

368. *Déshonore* doit s'entendre comme au vers précédent d'un acte d'onanisme. De même dans les vers suivants, 369-370.

369. *Payer deux fois le prix nuptial* « au père de la jeune fille ». (Kull.)

deux fois le prix nuptial, et à recevoir dix (coups de) verge.

370. Mais la femme (mariée) qui souille une jeune fille mérite d'avoir aussitôt la tête rasée, deux doigts coupés, et d'être promenée (à travers les rues) sur un âne.

371. (Si) une femme fière de sa parenté ou de ses (propres) avantages, outrage son époux (en se donnant à un autre), que le roi la fasse dévorer par des chiens en un lieu très fréquenté.

372. Qu'il fasse brûler le complice de sa faute sur un lit de fer rouge, et qu'on mette au-dessous du bois, (jusqu'à ce que) le coupable soit brûlé.

373. Pour un coupable (d'adultère) accusé de (récidive dans la même) année, l'amende sera double; il en sera de même pour avoir cohabité (avec récidive) avec une Vrâtyâ ou une femme de caste méprisée.

374. Un Soudra qui a des relations avec une femme d'une des trois premières castes, gardée ou non gardée, perd le membre (coupable) et tous ses (biens) si elle n'était pas gardée, et (il perd) tout (la vie et la fortune) si elle l'était.

375. (Pour adultère avec une Brâhmanî gardée), un Vaisya sera condamné à (perdre) tous ses (biens) après (avoir subi) un emprisonnement d'un an, un Kchatriya payera une amende de mille (panas) et aura la tête rasée avec de l'urine (d'âne).

376. Si un Vaisya ou un Kchatriya a des relations avec une Brâhmanî non gardée, que (le roi) fasse payer cinq cents (panas) au Vaisya et mille au Kchatriya.

377. Mais l'un et l'autre, (s'ils) ont des relations avec une

373. Une vrātyā (cf. X, 20) « est la femme d'un Dvidja qui n'a pas été initié, et qui est exclu de la Sāvitrī » (Kull.).— *Une femme de caste méprisée*, une Cāṇḍālī. — La récidive a lieu dans la même année.

374. *Gardée* « par son époux et par d'autres ». (Kull.) — La différence entre les deux cas s'explique, je pense, par ce fait que la négligence de l'époux ou autre gardien naturel de la femme diminue d'autant la culpabilité de l'adultère.

377. *Une Brâhmanî* « douée de vertus », ajoute Kull.

Brâhmanî gardée, devront être punis comme un Soudra ou brûlés sur un feu d'herbes sèches.

378. Un Brâhmane qui use par force d'une Brâhmanî gardée payera une amende de mille (panas); il en payera cinq cents (si la femme) avec laquelle il a eu des relations était consentante.

379. Pour un Brâhmane, la tonsure remplace la peine capitale, (tandis que) les autres castes sont passibles de la peine de mort.

380. Que (le roi) ne fasse jamais périr un Brâhmane, eût-il commis tous les crimes ; qu'il le bannisse de son royaume en lui laissant ses biens, et sans lui faire aucun mal.

381. On ne connaît pas dans ce monde de plus grand crime que le meurtre d'un Brâhmane; que le roi donc ne conçoive pas, même en pensée, le meurtre d'un Brâhmane.

382. Un Vaisya qui a des relations avec une femme Kchatriyâ gardée ou un Kchatriya avec une femme Vaisyâ (gardée), méritent tous deux le même châtiment que (s'il s'agissait) d'une Brâhmanî non gardée.

383. Un Brâhmane payera une amende de mille (panas) pour adultère avec des femme gardées (appartenant) à ces deux (castes); pour un Kchatriya ou un Vaisya (qui ont des relations) avec une femme Soudrâ (gardée), l'amende sera de mille (panas).

384. (Pour adultère) avec une femme Kchatriyâ non gardée, le Vaisya (sera à) l'amende de cinq cents (panas); quant

379. *Pour un Brâhmane:* il s'agit non seulement d'un cas d'adultère, mais en général de tous les crimes pouvant entraîner la peine capitale. C'est un principe absolu, confirmé par les deux vers suivants, que la personne du Brâhmane est inviolable. Par la tonsure, il faut entendre ici non pas la cérémonie appelée Cūḍākarman dont il a été question au livre II, v. 35, mais une tonsure ignominieuse, sans doute celle qui est indiquée au v. 375, être rasé avec de l'urine d'âne.

382. Ce châtiment est (cf. v. 376) une amende de 500 panas pour le Vaisya et de mille pour le Kchatriya.

384. *Quant au Kchatriya*, pour le même délit, c'est-à-dire « adultère avec une Kchatriyâ non gardée ». (Kull.)

au Kchatriya, il peut choisir d'avoir la tête rasée avec de l'urine (d'âne) ou de payer l'amende (de cinq cents panas).

385. Un Brâhmane qui a des relations avec des femmes non gardées de caste Kchatriya ou Vaisya, ou (même) avec une Soudrâ, payera cinq cents (panas) d'amende; mais (il en payera) mille (si c'est avec) une femme de la plus basse classe.

386. Le roi dans la ville duquel il n'y a ni voleur, ni adultère, ni diffamateur, ni personne qui commette des violences ou des brutalités, sera admis au royaume d'Indra.

387. La répression de ces cinq (sortes de délits) dans son royaume assure à un roi la souveraineté parmi (les rois) ses pairs, et la gloire en ce monde.

388. Si la personne pour qui est offert le sacrifice abandonne le prêtre officiant, ou si le prêtre officiant abandonne la personne pour qui est offert le sacrifice, (alors que l'un et l'autre) sont en état (d'accomplir) le sacrifice et ne sont souillés (d'aucune faute grave), ils devront être mis à l'amende de mille (panas) chacun.

389. Ni un père, ni une mère, ni une femme, ni un fils ne doivent être abandonnés ; celui qui les abandonne, à moins qu'ils ne soient dégradés (de leur caste), doit être puni par le roi d'une amende de six cents (panas).

390. Lorsque deux Dvidjas sont en discussion au sujet des devoirs des (différents) ordres, un roi soucieux de son propre

385. *De la plus basse classe :* au-dessous des quatre castes, il y a les castes mixtes dont il est question au livre X. Kull. donne pour exemple ici « une femme Cāṇḍālī ».

386. *Dans la ville* doit s'entendre plus généralement du royaume. — *Brutalité* littér. « personne qui frappe avec un bâton ». Indra est désigné ici par un de ses surnoms Çakra.

388. *A l'amende de mille panas chacun*, cela veut dire que celui des deux qui sans un motif valable, tel que l'indignité de l'autre partie, abandonne le sacrifice, est passible de l'amende.

390. *Les différents ordres :* on se rappelle qu'il y en a quatre, étudiant, maître de maison, anachorète et mendiant. Suivant Kull., il s'agit seulement « des maîtres de maison », et non des quatre ordres. D'autres l'entendent des « ermites ».

bien se gardera de décider (à la légère le sens de) la loi.

391. Les ayant honorés comme il convient, le roi, assisté de Brâhmanes, devra d'abord les apaiser par de bonnes paroles et (ensuite) leur enseigner leur devoir.

392. Un Brâhmane donnant un festin à vingt Brâhmanes, qui (néglige) d'inviter son plus proche voisin et celui qui demeure immédiatement à côté de ce dernier, (alors que tous deux) méritent (cet honneur), est passible d'une amende d'un mâcha.

393. Un Brâhmane instruit qui (néglige) d'inviter un (autre) Brâhmane instruit et vertueux à ses fêtes de famille, devra lui payer le double (de la valeur) du repas, et un mâcha d'or (comme amende au roi).

394. Un aveugle, un idiot, un estropié, un septuagénaire, et un (homme) qui rend des services aux Brâhmanes instruits ne devront être contraints à l'impôt par aucun (roi).

395. Que le roi témoigne toujours des égards à un Brâhmane instruit, à un malade, à (quelqu'un) dans le malheur, à un enfant, à un vieillard, à un indigent, à une personne de qualité, à un homme honorable.

396. Un blanchisseur doit laver (le linge) doucement sur une planche de (bois de) sâlmalî bien polie; il ne doit point changer des effets pour d'autres, ni les faire porter (par qui que ce soit).

397. Un tisserand (qui a reçu) dix palas (de fil pour faire

392. Sur le sens de prâtiveçya et d'anuveçya les commentateurs ne sont pas d'accord. Suivant Medh. prâtiveçya est le voisin qui habite en face de lui, et anuveçya celui qui habite derrière lui. J'ai suivi l'interprétation de Kull. — *Un mâcha* « d'argent ». (Kull.)

393. *A ses fêtes de famille* « telles que mariage, etc. » (Kull.) — *Un Brâhmane instruit*, un Çrotriya « son voisin ». (Kull.)

394. *Un estropié*, littér. « celui qui marche avec un banc » c'est-à-dire sans doute ce que nous appelons un cul-de-jatte.

395. *Un homme honorable*, un Ârya.

396. Çâlmalî = Bombax heptaphyllum. — « S'il fait cela, il payera une amende ». (Kull.)

397. *Un pala* en plus : « il doit rapporter une étoffe pesant onze palas, par

de l'étoffe) doit rapporter un pala en plus ; s'il agit autrement, il est passible d'une amende de douze (panas).

398. Le roi prélèvera la vingtième partie du tarif que fixeront pour les (diverses) marchandises des (gens) experts dans l'imposition des taxes, et connaissant (la valeur) de toutes les denrées.

399. Le prince confisquera tout l'avoir de celui qui par cupidité exporte des marchandises dont (le roi) a le monopole ou (dont la vente) est interdite.

400. Celui qui fraude les péages, qui achète et vend à une heure indue, qui fait une fausse déclaration dans l'énumération (de ses marchandises), payera une amende égale à huit fois (le droit qu'il a fraudé).

401. Considérant la provenance, la destination, le séjour (en magasin), le gain et le déchet de toutes les denrées, le roi fixera (les tarifs) d'achat et de vente.

402. Tous les cinq jours, ou à la fin de la quinzaine, le roi établira en présence de ces (experts) le tarif (des marchandises).

403. Les poids et mesures doivent toujours être poinçonnés et vérifiés à nouveau tous les six mois.

404. A un bac le péage pour une voiture (vide) est d'un pana, d'un demi-pana pour un homme (chargé), d'un quart (de pana) pour une vache et une femme, d'un huitième de pana pour un homme sans fardeau.

405. Des voitures chargées de colis doivent acquitter le

suite de la portion de gruau et autres substances qui entre dedans ». (Kull.) Il est évident que l'auteur vise ici l'augmentation du poids du fil brut par l'apprêt.

400. *A une heure indue* « la nuit ». (Kull.)

401. *La provenance et la destination* âgama et nirgama « de quelle distance elles viennent pour les marchandises d'importation, à quelle distance elles vont pour les marchandises d'exportation. » (Kull.)

402. « Tous les cinq jours pour les denrées d'un prix variable, et à la fin de la quinzaine pour les marchandises d'un prix invariable. » (Kull.)

405. *Des hommes sans bagages* ou « sans escorte. » Kull. entend par là « des mendiants ». — *Des caisses vides :* on peut faire du composé rikta-

péage suivant la valeur (des marchandises); des caisses vides et des hommes sans bagages (payeront) une somme insignifiante.

406. Pour un long parcours (par eau), le tarif sera proportionné au lieu et au temps ; sachez que ce (tarif n'est applicable qu'aux parcours qui suivent) les rives d'un fleuve ; en mer il n'y a point de (fret) fixé.

407. Une femme grosse de deux mois et plus, un ascète, un anachorète et les Brâhmanes portant les insignes de leur ordre ont droit à la gratuité du passage sur un bac.

408. Tout ce qui est endommagé sur un bateau par la faute des bateliers, doit être remplacé collectivement aux frais des bateliers, par cotisation.

409. Telle est la décision établie en cas de contestation des passagers, si les bateliers sont en faute pendant la traversée ; (quand l'accident est l'effet) de la fatalité, (ils ne doivent) aucune indemnité.

410. Que (le roi) oblige les Vaisyas (à faire) le commerce, le prêt d'argent, la culture, l'élève du bétail, et les Soudras à servir les Dvidjas.

411. Un Brâhmane par charité devra aider un Kchatriya et un Vaisya dans l'indigence, en leur faisant exécuter les travaux propres (à leur caste respective).

412. Si un Brâhmane par avarice (abuse de) sa puissance pour contraindre malgré eux des Dvidjas ayant reçu l'initiation à faire œuvre servile, que le roi le punisse d'une amende de six cents (panas).

bhāṇḍâni un composé possessif en le rapportant à yânâni sous-entendu : le sens serait alors « des voitures chargées de caisses vides ».

406. *Au lieu et au temps* « suivant que l'eau est fortement agitée ou calme, ou bien qu'on est en été ou en hiver ». (Kull.)

407. *Grosse de deux mois*, c'est-à-dire à partir du moment où la grossesse se voit extérieurement. — *Les insignes de leur ordre :* suivant Kull., cette expression désigne « des étudiants qui ont les insignes du noviciat ».

413. Quant au Soudra, acheté ou non, qu'il l'oblige à faire œuvre servile, car il a été créé par l'Être existant de lui-même pour le service des Brâhmanes.

414. Un Soudra même affranchi par son maître n'est pas dégagé de la servitude ; car ce (caractère) étant inné en lui, qui donc pourrait l'effacer ?

415. Il y a sept espèces d'esclaves : celui qui a été fait prisonnier sous les drapeaux, celui qui entre au service pour la nourriture, celui qui est né dans la maison, celui qui est acheté et celui qui est donné, celui qui est transmis de père en fils (par héritage), et celui qui est devenu esclave par suite d'une amende (non payée).

416. Une femme, un enfant, un esclave, ces trois (personnes) sont déclarées ne rien posséder ; (le bien) qu'elles acquièrent appartient à celui dont elles dépendent.

417. Un Brâhmane peut en toute sécurité s'approprier les biens d'un Soudra (son esclave) ; car celui-ci n'ayant rien en propre, son maître peut lui prendre son bien.

418. Que le (roi) ait soin d'obliger les Vaisyas et les Soudras à remplir leurs fonctions ; car si ces deux (castes) manquaient à leurs devoirs, le monde serait bouleversé.

419. Qu'il s'occupe chaque jour de l'achèvement de ses en-

413. *Acheté ou non* c'est-à-dire « entretenu ou non ». (Kull.) Il serait plus naturel, ce semble, d'entendre « acheté comme esclave ou seulement entré en condition en échange de sa nourriture » ; cf. v. 415 les sept catégories de serviteurs.

415. *Celui qui a été fait prisonnier sous les drapeaux* « dans une bataille ». (Kull.) Ce passage semblerait établir qu'un Kchatriya peut-être réduit en esclavage, cependant Medh. conteste cette interprétation, et veut qu'il s'agisse ici « seulement d'un Soudra pris à la guerre ».

417. Kull. ajoute « en cas de détresse, le Brâhmane peut même avoir recours à la force pour enlever à un esclave ce qu'il possède, sans s'exposer à une amende de la part du roi ». — *En toute sécurité* peut signifier ou bien « sans craindre de commettre un péché » ou tout simplement « sans s'exposer à une amende ».

treprises, et (inspecte) ses bêtes de somme, ses revenus et ses dépenses fixes, ses mines et son trésor.

420. Le roi qui règle ainsi toutes les affaires litigieuses et évite tout péché, parvient à la condition suprême.

420. On peut construire autrement : « Le roi qui règle ainsi toutes les affaires litigieuses, évite le péché et parvient à la condition suprême, » c'est-à-dire à la béatitude, à la délivrance finale, moksha.

LIVRE NEUVIÈME

Devoirs des Époux.
L'Héritage. Suite des Lois civiles et criminelles.

1. Je vais maintenant exposer les lois éternelles pour l'époux et l'épouse, qui suivent le chemin du devoir, soit séparés, soit réunis.

2. Nuit et jour les femmes doivent être tenues dans la dépendance par leurs (maris et autres) mâles (de la famille); si elles sont (trop) attachées aux objets des sens, on doit les tenir sous son autorité.

3. (C'est) leur père (qui) les protège dans leur enfance, leur époux (qui les protège dans leur jeunesse, leurs fils (qui) les protègent dans leur vieillesse; la femme ne doit jamais être indépendante.

4. Un père qui ne donne pas (sa fille en mariage) à temps est blâmable; blâmable est un époux qui ne voit pas (sa femme aux époques voulues); blâmable est un fils qui ne protège pas sa mère lorsqu'elle est devenue veuve.

1. *L'époux et l'épouse* « dans une carrière exempte d'infidélité réciproque ». Kull. — *Séparés*, c'est-à-dire quand l'époux est absent ou mort.

2. *Objets des sens* « même permis ». Kull. — Âtmano vaçe : je rapporte le pronom réfléchi à celui dans la dépendance duquel se trouve la femme, Kull. au contraire le rapporte à cette dernière : « Elles doivent être mises sous leur propre contrôle, » c'est-à-dire elles doivent réprimer elles-mêmes leur penchant excessif aux objets des sens.

4. *A temps* veut dire, suivant Gautama cité par Kull., « avant qu'elle ait commencé à avoir ses menstruations ». — *Veuve :* les lois de Manou ne connaissent pas la coutume barbare de sacrifier la femme sur le bûcher du mari défunt.

5. Les femmes doivent être particulièrement préservées contre les mauvaises inclinations, fussent-elles sans conséquence ; car non surveillées, elles feront le chagrin de deux familles.

6. Considérant que c'est là le devoir principal de (toutes) les castes, que les maris même faibles s'efforcent de garder leurs femmes.

7. Car en gardant soigneusement sa femme, on préserve sa postérité, les coutumes vertueuses, sa famille, soi-même et ses propres devoirs.

8. L'époux en entrant dans sa femme, (y) devient un fœtus et renaît ici-bas ; la dénomination de *jāyā* donnée à l'épouse, vient de ce que l'homme naît (*jāyate*) une seconde fois en elle.

9. Tel (l'homme) qu'une femme connaît charnellement, tel l'enfant qu'elle met au monde ; c'est pourquoi (l'époux) doit soigneusement garder sa femme en vue de la pureté de sa postérité.

10. Personne ne peut garder les femmes par la force ; mais on peut les garder par les moyens suivants :

11. Que (le mari) occupe sa (femme) à amasser ou à dépenser l'argent, à tenir propres (les objets et son propre corps), à (accomplir) ses devoirs, à cuire les aliments et à surveiller les ustensiles de ménage.

12. Les femmes enfermées à la maison (même sous la surveillance) d'hommes de confiance ne sont pas gardées ; celles-là (seules) sont bien gardées qui se gardent elles-mêmes.

6. *Même faibles* « aveugles, perclus ». (Kull.)

7. *Sa postérité*, c'est-à-dire on assure la pureté de sa lignée. —*Sa famille* « les enfants légitimes seuls ont qualité pour offrir les sacrifices funéraires aux Mânes des ancêtres ». (Kull.) — *Soi-même :* pour la même raison.—*Ses devoirs :* « le mari d'une femme infidèle n'a pas le droit d'allumer le feu sacré ». (Kull.)

8. Encore un calembour étymologique. B. fait remarquer que « cette idée est empruntée au Véda : voyez Aitareya Brāhmaṇa, VII, 13 ».

11. *Ses devoirs :* obéissance envers le mari.

12. *Homme de confiance* désigne sans doute un eunuque.

13. La boisson, les mauvaises fréquentations, l'absence de l'époux, le vagabondage, le sommeil (à des heures indues) et le séjour dans une maison étrangère, telles sont les six (sources de) déshonneur pour une femme.

14. Les femmes ne regardent pas à la beauté, et ne tiennent aucun compte de l'âge ; beau ou laid (elles se disent) : « C'est un homme », et se donnent à lui.

15. Par passion pour l'homme, par mobilité d'esprit, par manque naturel d'affection, elles trahissent ici-bas leurs époux, quelque soigneusement qu'on les garde.

16. Donc connaissant cette disposition naturelle qu'a mise en elles le Créateur au moment de la création, l'homme doit apporter un soin extrême à les garder.

17. (L'amour de) leur lit, (de) leur siège, (de) la toilette, la luxure, la colère, les penchants vicieux, la malice et la dépravation, (voilà les attributs que) Manou assigna aux femmes.

18. Pour les femmes, il n'y a point de cérémonies religieuses accompagnées de prières : telle est la loi établie. Les femmes, (êtres) incomplets et exclus des prières, (sont) le mensonge (même) : telle est la règle.

19. En effet il y a plusieurs passages dans les Védas mêmes

14. Cette conception du caractère de la femme est tout à fait orientale. La Bruyère a dit avec plus de justesse et de courtoisie : « Il y a des femmes pour qui un jardinier est un jardinier, et d'autres pour qui c'est un homme. » Peut-être faut-il limiter le jugement sévère de Manou aux femmes qui sont dans les six cas énumérés au v. 13.

17. *L'amour de leur lit et de leur siège*, c'est-à-dire la paresse. — *Les penchants vicieux*, littér. anāryatā le manque de noblesse. — Manou est ici non pas l'auteur des lois, mais le créateur Manou fils de l'Être existant par lui-même.

18. *Cérémonies accompagnées de prières* (mantras), « telles que la cérémonie de la naissance, etc. ». (Kull.) — *Exclues des prières* (mantras), signifie « qu'il n'y a pour elles aucune cérémonie accompagnée de mantras ». Kull. ajoute qu'elles sont « ignorantes de la loi, étant privées (de la connaissance) de la Smṛti et de la Çruti qui en sont le fondement ». Cf. livre II, 66.

19. Littér. « Il y a plusieurs textes révélés (çruti) chantés dans les saintes écritures (nigama). »

destinés à caractériser le naturel (de la femme). Écoutez (maintenant les textes sacrés concernant) l'expiation de leurs (péchés).

20. « Si ma mère dévoyée et infidèle à son époux a péché, puisse mon père éloigner de moi cette semence ! » Telle est la teneur de cette formule d'expiation.

21. Si (une femme) médite en son esprit quoi que ce soit de fâcheux pour son époux, cette (formule) est déclarée (l'expiation) parfaite de cette infidélité.

22. Quelles que soient les qualités d'un homme à qui une femme s'unit légitimement, elle les acquiert elle-même, comme une rivière (qui se confond) dans l'Océan.

23. Akchamâlâ, (bien que) née dans la plus basse caste, par son union avec Vasichtha, et Sâranguî (par son union) avec Mandapàla devinrent dignes d'honneur.

24. Elles et d'autres femmes ici-bas, qui étaient de basse extraction, ont atteint un rang élevé, grâce aux belles qualités de leurs époux.

25. Telle est la règle toujours pure de conduite ordinaire du mari et de la femme ; apprenez maintenant les lois relatives aux enfants, source de prospérité ici-bas et après la mort.

20. *Dévoyée*, peut-être au sens propre « allant dans la maison d'un autre ». (Kull.) — *Cette semence* « de l'homme adultère ». — Cette formule est mise dans la bouche « d'un fils instruit de la faute de sa mère ». (Kull.) B. fait remarquer qu'elle « se retrouve dans le Çâṅkhâyana Gṛhya Sûtra, III, 13 ».

21. « Cette prière est une expiation pour le fils et non pour la mère. » (Kull.)

22. « Quand une rivière s'unit à l'Océan, son eau devient aussi salée. » (Kull.)

23. Vasishṭha, célèbre sage védique auquel on attribue plusieurs hymnes, épousa une Cāṇḍālī. — Akshamālā ou Arundhatī : cette dernière personnifie l'étoile du matin. — Le sage Mandapāla, suivant le Mahābhārata, malgré sa dévotion, étant tombé en enfer, parce qu'il n'avait pas d'enfant pour l'en tirer, prit la forme de l'oiseau dit Sāraṅga et eut d'une femelle de cette espèce quatre enfants. — *Devinrent dignes d'honneur*, veut dire qu'elles obtinrent le ciel en récompense de leur dévouement à leurs époux.

25. *Après la mort*, parce que les enfants font les sacrifices funéraires aux Mânes.

26. Entre des femmes heureuses par leur fécondité, dignes d'honneur, et qui sont (comme) un flambeau (éclairant toute) la maison, et la déesse de la fortune, il n'existe pas, dans les familles, la moindre différence.

27. Mettre au monde des enfants, les soigner quand ils sont nés, et (surveiller) les soins domestiques dans tous leurs détails, (telles sont) évidemment les fonctions de la femme.

28. La postérité, l'accomplissement des devoirs religieux, les petits soins, la volupté suprême, (tout cela) dépend de l'épouse, ainsi que (l'entrée du) ciel pour les ancêtres et pour soi-même.

29. Celle qui réfrénant ses pensées, ses paroles et son corps, ne trahit pas son époux, arrive dans le même monde que lui (après la mort) et est appelée par les gens de bien une femme vertueuse.

30. Mais par son infidélité à son mari, une femme encourt le blâme en ce monde, et (après la mort) elle renaît dans le sein d'un chacal et est affligée de maladies affreuses.

31. Apprenez maintenant, relativement au fils, cette sainte décision applicable à toute l'humanité, prononcée par les gens vertueux et par les grands sages, nés dès le principe.

32. Ils sont d'avis que le fils (légitime) appartient au seigneur (de la femme) ; mais en ce qui concerne celui qui a en-

26. Calembour sur strī femme et çrī la déesse de la Fortune : cela revient à dire qu'une femme vertueuse et féconde fait la prospérité d'une maison.

27. *Les soins domestiques* « régaler les hôtes et amis, etc. ». (Kull.) — *Dans tous leurs détails* pratyartham : une autre leçon porte pratyaham journellement.

28. *Devoirs religieux* « l'agnihotra et autres ». (Kull.)—Par volupté suprême il faut entendre ici le plaisir sexuel. — *L'entrée du ciel*, parce que celui qui n'a pas de fils légitime tombe en enfer. Cf. la note du v. 23 sur la légende de Mandapâla. Le mot putra fils est expliqué ailleurs par le calembour étymologique de put-trâ qui tire de l'enfer appelé put.

30. *Maladies affreuses*, ou comme dans plusieurs autres passages, maladies qui sont la punition d'une faute antérieure, telles que « la phtisie et la lèpre ». (Kull.)

32. *Propriétaire du sol* désigne le mari de la femme : « même s'il ne l'a pas engendré lui-même ». (Kull.) La comparaison de la femme à un champ

gendré (un fils illégitime), il y a divergence dans les textes révélés ; les uns déclarent (que l'enfant appartient) à celui qui l'a engendré, les autres disent (qu'il est) au propriétaire du sol.

33. La tradition considère la femme comme le champ et l'homme comme la semence ; la production de tous les êtres corporels (est due) à l'union du sol avec la semence.

34. Parfois c'est la semence qui prédomine, parfois c'est la matrice de la femme ; mais quand toutes les deux sont égales, (c'est alors) que le produit est (le plus) estimé.

35. De la semence et de la matrice, c'est la semence qui est déclarée plus importante : car le produit de toutes les créatures est caractérisé par les signes distinctifs de la semence.

36. Quelque semence qu'on jette dans un sol préparé (par le labourage) en temps (opportun), une (plante de) même (espèce) pousse en cet endroit, portant les propriétés distinctives de sa (semence).

37. En effet cette terre est appelée l'éternelle matrice des êtres créés, et (pourtant) la semence ne développe dans ses productions aucune des qualités de la matrice.

38. Ici-bas des semences de différentes sortes, semées en temps voulu par les laboureurs dans un même terrain poussent (chacune) suivant leur propre nature.

39. Les deux espèces de riz, le sésame, les deux espèces de fèves, l'orge, croissent suivant leur semence, ainsi que l'ail et la canne à sucre.

fécondé est usuelle. — Au lieu de kartari il y a une autre leçon bhartari suivie par B. qui traduit ainsi « relativement au sens du mot *seigneur*, les textes révélés diffèrent ».

33. *La tradition :* smṛtā signifie peut-être tout simplement « la femme est dite le champ, etc. ».

36. La comparaison manque un peu de justesse, car le terroir influe seulement sur les qualités accessoires de la plante, sans altérer l'espèce, tandis que la femelle modifie l'espèce : témoin les animaux hybrides.

39. Le riz vrîhi et le riz çâli (j'ignore en quoi diffèrent les deux espèces). — La fève mudga *Phaseolus mungo* et la fève mâsha *Phaseolus radiatus*.

40. Qu'une (sorte de) plante soit semée et qu'il en pousse une autre, c'estce qui n'arrive point ; quelque semence qu'on sème, il croît (une plante de même espèce).

41. Aussi un homme instruit, bien élevé, versé dans les Védas et les Angas, et désireux de vivre longtemps, ne doit-il jamais semer dans la femme d'autrui.

42. Ceux qui connaissent (les choses du) passé citent à ce sujet les stances chantées par le dieu du Vent, qui (recommandent) à l'homme de ne point semer de semence dans la femme d'autrui.

43. De même que la flèche enfoncée (par un chasseur) dans une blessure déjà faite (par un autre) est (une flèche perdue), ainsi se perd aussitôt la semence (jetée) dans la femme d'autrui.

44. Ceux qui connaissent (les choses du) passé considèrent cette terre (Prithivî) comme l'épouse du roi Prithou ; ils disent qu'un terrain appartient à celui qui l'a défriché, un daim à celui qui (le premier) l'a percé d'une flèche.

45. « L'homme est autant que sa femme, lui-même et ses enfants », est-il dit ; et les Brâhmanes déclarent également ceci : « L'homme est dit ne faire qu'un avec la femme. »

46. Ni par vente, ni par abandon, une femme n'est dégagée (des lois qui l'unissent à) son époux ; nous savons que telle est la loi établie de toute antiquité par le Seigneur des créatures.

41. *Les Védas et les Angas* est le commentaire de jñāna et vijñāna, deux mots qui signifient connaissance et science.

42. Le dieu du vent Vāyu : il y a là une allusion qui m'échappe.

43. *Se perd* pour celui qui la répand « parce que c'est le propriétaire du champ (le mari) qui recueille le fruit de la postérité ». (Kull.)

44. Pṛthu, cf. VII, 42 et note. Pṛthu força la terre qui s'y refusait à donner ses fruits pour la nourriture des êtres animés ; c'est de lui que celle-ci prit son nom. — On voit ici pourquoi il est dit dans le vers précédent que la flèche enfoncée dans une blessure déjà faite est *perdue* : c'est parce que le gibier appartient au premier tireur.

45. *L'homme est autant*, c'est-à-dire « l'homme complet se compose de ces trois personnes ». — *Est-il dit* « dans les Védas ». — *Les Brâhmanes* « instruits dans les Védas ». (Kull.)

47. Une seule fois se fait le partage (de l'héritage), une seule fois une jeune fille est donnée en mariage, une seule fois on dit : « J'accorde. ». Ces trois actes n'ont lieu qu'une fois.

48. De même que pour les vaches, juments, chamelles, servantes, buffles femelles, chèvres et brebis, ce n'est pas le procréateur qui possède les petits, ainsi (en est-il) pour les femmes du prochain.

49. Ceux qui ne possèdent pas de champ, mais qui ont de la semence et qui la répandent dans le champ d'autrui, ne récoltent aucunement le fruit de la moisson produite.

50. Quand même un taureau engendrerait cent veaux dans les vaches d'un autre (propriétaire), ces veaux seraient au propriétaire des vaches ; la semence du taureau aurait été répandue en pure perte.

51. Ainsi ceux qui ne possèdent pas de champ et répandent leur semence dans le champ d'autrui, font le bénéfice du propriétaire du champ, et celui qui a donné la semence ne retire aucun fruit.

52. Si aucune convention n'existe entre le propriétaire du champ et celui qui a donné la semence (relativement) à la moisson, le grain appartient évidemment au propriétaire du champ, car la matrice est plus importante que la semence.

53. Mais si par contrat (un champ) est confié (à une autre personne) en vue de l'ensemencement, alors celui qui a fourni la semence et le propriétaire du champ sont tous deux

47. *Le partage* « à condition qu'il ait été fait suivant la justice ». (Kull.)— *J'accorde*, c'est-à-dire la jeune fille : c'est le père qui dit cela. On pourrait aussi entendre cette phrase dans un sens plus général, à propos de n'importe quel don.

51. *Ceux qui ne possèdent pas de champ*, c'est-à-dire « ceux qui ne sont pas mariés ». (Kull.)

52. *La matrice est plus importante que la semence*, semble en contradiction avec ce qui est dit au v. 35, où la semence est déclarée supérieure à la matrice ; mais c'est que le point de vue est tout différent.

53. Je ne pense pas qu'il faille ici prendre le mot *champ* dans un sens métaphorique comme au v. 51.

considérés ici-bas comme ayant droit (au produit) de ce (sol).

54. Si, emportée par le fleuve ou par le vent, la semence pousse dans le champ d'un (étranger, le produit de) cette semence est au possesseur du champ ; le propriétaire de la semence ne recueille pas la moisson.

55. Sachez que telle est la règle applicable à la progéniture des vaches, juments, servantes, chamelles, chèvres et brebis, oiseaux femelles et buffles femelles.

56. Ainsi vous a été déclarée la valeur relative de la semence et de la matrice; je vais maintenant exposer la loi (concernant) les femmes en cas de détresse.

57. La femme d'un frère aîné est pour le cadet (comme) l'épouse d'un gourou, et la femme du cadet est considérée (comme) la belle-fille de l'aîné.

58. Un frère aîné qui a des relations avec la femme de son cadet, ou un cadet (avec la femme) de son aîné, sauf en cas de détresse, sont tous deux déchus de leur caste, même (s'ils ont été) autorisés à le faire.

59. Au cas où la postérité fait défaut, les rejetons désirés pourront être obtenus par une femme régulièrement autorisée (au moyen d'une cohabitation) avec le beau-frère ou quelque (autre) parent jusqu'à la sixième génération.

60. Celui à qui il a été enjoint (d'avoir des relations) avec

56. *La valeur relative* littér. la valeur et la non-valeur. — *En cas de détresse* signifie « quand elles n'ont pas d'enfants ». (Kull.)

57. Guru est pris ici dans son sens le plus large, non pas spécialement le précepteur spirituel, mais toute personne à laquelle on doit une sorte de respect filial. Peut-être désigne-t-il spécialement ici le beau-père, et alors l'épouse d'un guru pourrait être traduit par « belle-mère », en opposition à « belle-fille » qui vient dans le second membre de phrase.

58. *Autorisés* « par le mari ou par des parents ». (Kull.)—*Sauf en cas de détresse* « à moins qu'il n'y ait pas d'enfants ». (Kull.) Ces relations peuvent être autorisées en cas de stérilité du mariage, comme on le voit au vers suivant.

59. *Parent jusqu'à la sixième génération.* Sapiṇḍa.

60. *Une veuve* « ou une femme dont le mari est encore vivant, lorsqu'il n'y a pas d'enfant ». (Kull.)

une veuve, devra (le faire) oint de beurre clarifié, en silence, pendant la nuit, (et) engendrer en elle un fils, jamais deux.

61. Quelques (sages) entendus en ces matières, considérant que le but de cette délégation n'est pas rempli (s'il n'y a qu'un fils), pensent qu'un second (fils) peut être légitimement engendré dans les femmes (ainsi autorisées).

62. Mais quand le but de cette délégation auprès d'une veuve a été rempli conformément à la loi, les deux personnes doivent se conduire vis-à-vis l'une de l'autre comme un beau-père et une belle-fille.

63. Si les deux délégués violent la règle et se guident par leurs désirs charnels, l'un et l'autre seront déchus de leur caste (comme) ayant souillé (l'un) la couche d'une belle-fille, (l'autre) celle d'une belle-mère.

64. Les Dvidjas ne devront jamais autoriser une veuve à (avoir un commerce charnel) avec un autre (que son mari); car ceux qui l'autorisent (à avoir des relations) avec un autre violent la loi éternelle.

65. Dans les passages du Véda relatifs au mariage, il n'est point fait mention d'une autorisation (de ce genre), le mariage des veuves en secondes noces n'est pas non plus indiqué dans les lois nuptiales.

66. Cet (usage), blâmé par les Dvidjas instruits (comme) une loi (bonne pour) des animaux, fut, dit-on, (établi) même pour les hommes quand Vena était roi.

61. *S'il n'y a qu'un fils*, « qui n'a qu'un fils, n'a pas de fils ». (Kull.)

62. *Les deux personnes*, c'est-à-dire celui qui avait été délégué pour engendrer un fils, et la femme auprès de laquelle il avait été délégué. — Leurs rapports charnels doivent cesser dès que l'enfant est engendré. — *Un beau-père :* littér. un guru.

63. *Les deux délégués.* « Le frère aîné et le frère cadet. » (Kull.) — *Belle-mère :* littér. guru.

64. Ce vers et les suivants 64-68 contiennent une théorie diamétralement opposée à celle qui vient d'être énoncée ; il y a là sans doute une interpolation d'époque plus récente. Cf. l'Introduction.

66. Il a été question ailleurs de l'orgueil de Vena qui voulut que les sacrifices lui fussent adressés et non aux dieux, et qui fut tué par les Brâh-

67. Cet excellent parmi tous les rois sages, qui auparavant possédait la terre entière, causa la confusion des castes, son intelligence ayant été obscurcie par la concupiscence.

68. Depuis lors, les sages blâment celui qui par égarement autorise une femme dont l'époux est mort à avoir des enfants (d'un autre homme).

69. Si le fiancé d'un jeune fille meurt après que les fiançailles ont été faites, le propre frère (du défunt) doit l'épouser d'après la règle suivante .

70. Ayant, suivant le rite, épousé cette (jeune fille qui doit être) vêtue de blanc et de conduite pure, il aura des relations avec elle une fois à chaque époque (favorable) jusqu'à (ce qu'il obtienne) de la progéniture.

71. Un (homme) sensé, après avoir accordé sa fille à quelqu'un, ne doit point la donner de nouveau à un autre; car celui qui, après l'avoir accordée (une première fois), la donne une seconde, encourt (le péché de) faux témoignage en ce qui concerne un homme.

72. Même après avoir épousé légitimement une jeune fille, on peut la répudier (si elle est) entachée de blâme, malade, déflorée, (ou si on vous l'a) fait épouser par ruse.

73. Si quelqu'un donne en mariage une fille ayant un défaut sans le déclarer, (le mari) peut annuler le (contrat) avec le malhonnête (homme) qui (lui) a donné la jeune fille.

manes avec des brins d'herbe kuça. Il semblerait d'après ce passage qu'il ait été l'introducteur de la pratique du niyoga ou délégation.

67. Kull. remarque qu'il était « excellent entre tous les râjarshis parce qu'il possédait la terre entière, et non à cause de sa vertu ».

68. « Cette interdiction du niyoga prononcée par lui-même (Manou) appartient à l'âge Kali dit Bṛhaspati. » (Kull.)

69. *Si le fiancé*, littér. l'époux.

70. « L'enfant ainsi procréé appartient au défunt. » (Kull.)

71. Ce péché est mentionné au liv. VIII, 98, où il est dit que « par le faux témoignage en ce qui concerne un homme, on tue mille parents ».

72. *Entachée de blâme* suivant Kull. signifie « qui a des marques funestes ». — *Déflorée*, c'est l'interprétation de Kull.; vipra dushṭa signifie exactement corrompu.

73. Cf. VIII, 205 et 224.

74. Un homme que ses affaires (appellent au loin) peut partir après avoir assuré des moyens d'existence à son épouse; car une femme même honnête peut se pervertir (quand elle est) pressée par le besoin.

75. Si (l'époux) avant de partir (lui) a assuré des moyens d'existence, elle devra vivre en observant la chasteté; s'il est parti sans rien lui assurer, qu'elle subsiste par un métier honorable.

76. Si l'époux est parti pour accomplir un devoir pieux, elle devra l'attendre huit ans; (s'il est parti) pour (acquérir) la science ou la gloire six ans, et trois (s'il est parti) pour son plaisir.

77. Un mari devra patienter un an avec une épouse qui le hait; mais au bout d'une année, il devra la priver de son douaire et cesser de cohabiter avec elle.

78. Si elle manque (à ses devoirs envers son époux, parce que celui-ci) est adonné (au jeu), buveur, ou frappé d'une maladie, elle doit être abandonnée pendant trois mois, et privée de ses parures et de ses meubles.

79. Mais si son aversion (provient de ce que son mari est) fou, dégradé (de sa caste), châtré, impuissant, ou frappé de maladies affreuses, elle ne peut être ni abandonnée, ni privée de son douaire.

80. Une (femme) buveuse, de mauvaises mœurs, insou-

75. *En observant la chasteté*, « sans jamais aller dans la maison d'un autre homme ». (Kull.) — *Un métier honorable* « tel que filer, etc. ». (Kull.)

76. *Devoir pieux* « pour exécuter un ordre de son guru, ou en pèlerinage ». (Kull.) — *Pour son plaisir*, ou peut-être « pour une affaire d'amour, pour jouir d'une autre femme ». (Kull.) — « Ensuite elle ira le retrouver. » (Kull.)

77. *Patienter* : littér. l'attendre : l'aversion est comme un éloignement. — *Au bout d'un an* « si elle continue à le haïr ». — *Il devra la priver de son douaire* « ce qu'il lui a donné, tel que ornements, etc., en lui octroyant seulement la nourriture et le vêtement ». (Kull.)

79. *Maladies affreuses* « telles que la lèpre, etc. ». (Kull.)

80. *Malade* « de la lèpre, etc. ». — *Méchante* « qui bat ses domestiques et autres ». (Kull.)

mise, malade, méchante, prodigue, peut toujours être remplacée par une autre.

81. Une (femme) stérile peut être remplacée la huitième année, une (femme) dont tous les enfants sont morts la dixième, une (femme) qui n'enfante que des filles la onzième; mais celle qui est acariâtre (peut être remplacée) immédiatement.

82. Mais une (femme) malade qui est bonne et vertueuse dans sa conduite ne peut être remplacée qu'avec son consentement, et ne doit jamais être traitée sans respect.

83. Une femme remplacée qui quitte la maison (conjugale) en colère doit être immédiatement enfermée ou répudiée en présence de (sa) famille.

84. Mais celle qui, malgré la défense, boit des liqueurs même à une fête, ou fréquente les spectacles et les réunions, sera punie d'une amende de six krichnalas.

85. Si les Dvidjas épousent des femmes de leur (caste) ou d'une autre (caste), la préséance, les honneurs et le logement de ces (femmes) doivent être (déterminés) d'après l'ordre de leur caste.

86. Parmi tous (les Dvidjas, c'est) la (femme) de même (caste) et non jamais celle d'une autre caste qui doit remplir auprès de l'époux le service du corps, et (l'assister) dans les devoirs religieux de tous les jours.

87. Mais l'insensé qui fait remplir ces (fonctions) par une autre (femme), alors qu'il a près de lui une (femme) de même caste, a été de toute antiquité considéré comme (aussi méprisable qu')un Tchândâla (engendré par un Soudra et une) Brâhmanî.

88. (S'il se présente un) prétendant distingué, beau, de même (caste, un père) pourra lui donner sa fille en mariage,

83. *Sa famille* « son père, etc. ». (Kull.) La femme remplacée n'est pas pour cela chassée du domicile conjugal.

84. *Malgré la défense* « de son mari ». (Kull.)

88. *L'âge* « huit ans ». (Kull.)

suivant la règle, lors même qu'elle n'a pas atteint (l'âge).

89. Mais une jeune fille, même nubile, devra rester dans la maison (paternelle) jusqu'à la mort plutôt que d'être jamais donnée à un (prétendant) dépourvu de qualités.

90. Une jeune fille nubile devra attendre trois années (un mari); passé ce temps, elle pourra prendre (à son choix) un époux de même caste.

91. Si on néglige de la marier et qu'elle se cherche elle-même un époux, elle ne commet aucun péché, ni celui qu'elle prend.

92. Une fille qui se choisit elle-même (un mari), ne doit emporter avec elle aucune parure (venant) de son père, de sa mère ou de ses frères ; si elle en emportait, ce serait un vol.

93. Celui qui prend une jeune fille déjà nubile ne doit pas au père le prix nuptial, car ce dernier perd tous ses droits (sur sa fille) en empêchant (les effets de) sa nubilité.

94. Un (homme) de trente ans peut épouser une jeune fille de douze ans qu'il aime, ou un (homme) de vingt-quatre ans une (jeune fille) de huit ans; si (l'accomplissement de) ses devoirs devait souffrir d'un retard, (qu'il se marie) au plus tôt.

95. L'époux qui prend une femme donnée par les Dieux, sans avoir pour elle d'amour, doit (pourtant) toujours l'entre-

90. *Attendre un mari* « de la main de son père ou des autres personnes dont elle dépend ». (Kull.) La jeune fille que ses parents ne marient pas a le droit au bout de trois ans de se marier par elle-même.

91. *Si on néglige : on* désigne ici « son père et ses autres parents ». (Kull.)

93. *En empêchant les effets de sa nubilité*, c'est-à-dire « en l'empêchant de devenir mère ». (Kull.) — Ce vers est en contradiction avec certains autres relatifs au prix nuptial. Medh. le considère comme n'étant pas de Manou.

94. *Ses devoirs* « si ses études sont terminées, pour ne pas retarder son entrée dans l'ordre des maîtres de maison ». (Kull.) D'après ce vers il semble que le mari doit avoir en moyenne deux fois ou deux fois et demie l'âge de sa femme.

95. *Donnée par les dieux* « par Bhaga, Aryaman, Savitar, etc. ». (Kull.) ; ce sont les dieux dont on invoque les noms à la cérémonie du mariage. L'expression de *donnée par les Dieux* veut dire tout simplement légitime-

tenir, (si elle est) vertueuse, afin d'être agréable aux Dieux.

96. Les femmes ont été créées pour (mettre au monde) des enfants, les hommes pour (perpétuer) l'espèce; c'est pourquoi l'accomplissement en commun de devoirs religieux (par l'époux) avec l'épouse est prescrit dans le Véda.

97. Si celui qui donne le prix (nuptial) pour (obtenir) une jeune fille meurt après l'avoir donné, celle-ci épousera le frère (de son futur), si elle y consent.

98. Même un Soudra ne doit pas accepter le prix nuptial en donnant sa fille (en mariage); car celui qui accepte ce prix fait une vente déguisée de sa fille.

99. Ni les gens vertueux (des temps) anciens, ni ceux (des temps) modernes, n'ont certes jamais fait ceci de donner (une fille) à quelqu'un après l'avoir promise à un autre.

100. Certes, nous n'avons jamais ouï dire même dans les créations antérieures (qu'un homme de bien) ait fait une vente déguisée de sa fille pour une somme appelée prix nuptial.

101. « Que la fidélité réciproque dure jusqu'à la mort », voilà en somme ce qui doit être considéré comme la loi suprême pour le mari et la femme.

102. Et ainsi un mari et une femme, unis par la cérémonie (du mariage) doivent constamment s'efforcer de ne pas être désunis (et) de ne pas violer la fidélité mutuelle.

103. Ainsi vous a été déclarée la loi concernant mari et femme, (loi) fondée sur l'affection, et (les moyens) d'obtenir la postérité en cas de détresse; apprenez maintenant (les règles) de partage du patrimoine.

ment épousée, parce que les Dieux garantissent en quelque sorte le contrat. B. entend ceci un peu différemment : « Le mari reçoit sa femme des Dieux, il ne l'épouse pas selon sa propre volonté. »

96. « La règle pour allumer le feu (sacré) est commune à l'époux et à l'épouse. » (Kull.)

97. *Meurt* « avant que le mariage ait été consommé ». (Kull.)

98. Ce vers condamne formellement la *vente* des filles, tandis que le précédent l'autorise : il y a là une contradiction manifeste.

104. Après la mort d'un père et d'une mère, que les frères réunis se partagent l'héritage paternel, car ils n'y ont aucun droit du vivant (de leurs parents).

105. (Ou bien) l'aîné seul doit recueillir la succession paternelle en entier (et) les autres doivent vivre dans sa dépendance, comme (ils vivaient auparavant) dans celle du père.

106. Aussitôt après la naissance d'un premier-né, un homme devient père d'un fils, et (il est) libéré de sa dette envers les Mânes ; cet aîné mérite donc la totalité du patrimoine.

107. Ce fils seul, par lequel il paye sa dette et obtient l'immortalité est l'enfant du devoir ; les autres sont les enfants de l'amour.

108. Un fils aîné doit protéger ses plus jeunes frères comme un père ses enfants, et ceux-ci, suivant la loi, doivent se comporter vis-à-vis de l'aîné comme des fils (envers un père).

109. L'aîné fait prospérer la famille ou au contraire la ruine; l'aîné est le plus respectable ici-bas; l'aîné ne doit pas être traité sans égard par les gens de bien.

110. Si l'aîné se conduit comme un frère aîné (doit le faire), qu'il soit (honoré) à l'égal d'un père et d'une mère ; s'il n'a pas la conduite d'un frère aîné, il doit (néanmoins) être respecté comme un parent.

104. *Se partagent l'héritage paternel* « si le frère aîné renonce à son droit d'aînesse ». (Kull.)—*Du vivant de leurs parents* « le père, s'il le veut, peut faire le partage entre ses fils ». (Kull.)

106. *Aussitôt après la naissance* « même avant la cérémonie de l'initiation ». (Kull.) — *Sa dette envers les Mânes :* on a déjà vu que le ciel est fermé aux ancêtres pour qui l'on n'accomplit pas le çrāddha : la naissance d'un fils assure donc la perpétuité du sacrifice funéraire.

107. *L'enfant du devoir*, c'est-à-dire celui qui a été engendré en vue de l'accomplissement des devoirs pieux.

108. « S'il n'y a pas eu de partage des biens, l'aîné doit fournir aux plus jeunes la nourriture et les vêtements comme le ferait un père. » (Kull.)

109. « Lorsqu'il n'y a pas eu de partage fait, l'aîné, suivant qu'il est vertueux ou non, fait prospérer la famille ou la ruine. » (Kull.)

110. *Comme un parent* « comme un oncle maternel, etc. ». (Kull.)

111. Qu'ils vivent ainsi ensemble ou séparément, s'ils désirent (remplir séparément) les devoirs religieux; car les devoirs religieux se multiplient par la séparation; par conséquent les cérémonies séparées sont conformes à la loi.

112. L'aîné (a droit à) un préciput égal au vingtième (du patrimoine) avec ce qu'il y a de meilleur dans tous les biens, le puîné à moitié de cela, le cadet au quart.

113. Que l'aîné et le plus jeune prennent (leur part) selon qu'il a été dit; les autres (frères) entre l'aîné et le plus jeune auront (chacun) une part intermédiaire.

114. Parmi les biens de toute sorte, l'aîné prendra le meilleur, ainsi que tout ce qui a une valeur particulière, et sur dix (têtes de bétail), il obtiendra la plus belle.

115. (Parmi des frères) qui excellent (également) dans leurs occupations, il ne sera point (prélevé) de préciput sur dix (têtes de bétail en faveur de l'aîné); on lui donnera seulement une bagatelle comme marque d'honneur.

116. Si l'on prélève ainsi un préciput (pour l'aîné), on doit faire des parts égales (avec le reste); mais au cas où l'on ne fait aucun prélèvement, voici quelle doit être la répartition entre les (frères) :

117. L'aîné prendra une part en plus (de la sienne), le

111. *Se multiplient par la séparation*, parce que « chacun accomplit pour son compte les cinq grands sacrifices et autres rites ». (Kull.) Dharma signifie à la fois « devoir religieux » et « les mérites spirituels que l'on acquiert par l'accomplissement des devoirs religieux ».

112. La part supplémentaire du puîné est de un quarantième, celle du cadet de un quatre-vingtième ; le reste de l'héritage est partagé également. Cf. v. 116.

113. *Une part intermédiaire* « chacun recevra un quarantième ». (Kull.) Tous les frères entre l'aîné et le cadet sont traités sur le même pied.

114. *Tout ce qui a une valeur particulière* désigne un objet isolé, qu'on ne peut répartir entre les cohéritiers, « un vêtement ou une parure,» dit Medh. — *La plus belle :* Kull. fait une restriction, « si l'aîné a de bonnes qualités, que les autres n'ont pas ».

115. *Dans leurs occupations*, « la récitation du Véda ». (Kull.)

117. Soit 55 à partager entre quatre frères ; l'aîné aura 20, le puîné 15, les deux plus jeunes chacun 10.

puîné une part et demie, les plus jeunes chacun une part; telle est la règle établie.

118. Quant aux filles, leurs frères doivent individuellement leur donner (quelque chose) sur leur lot, chacun un quart de leur part; ceux qui s'y refuseraient seraient déchus (de leur caste).

119. On ne doit jamais partager une seule chèvre, une seule brebis, ou un animal solipède unique; (s'il reste) une chèvre ou une brebis en surplus (après le partage), elle est dévolue à l'aîné.

120. Si un plus jeune frère engendre un fils dans la femme de son aîné, le partage doit être fait également entre eux; telle est la règle établie.

121. Le représentant (qui est le fils engendré par le plus jeune frère) ne peut prendre, suivant la loi, la place de l'héritier principal (qui est le frère aîné, au point de vue du préciput) ; l'héritier principal est (devenu) père par la procréation (d'un fils par le plus jeune frère); c'est pourquoi, conformément à loi (précitée), on doit donner (à ce fils) une part (égale à celle de son oncle, et rien de plus).

122. S'il y a un doute sur la manière de faire le partage, quand le cadet est né de la femme première épousée, et l'aîné de la seconde (femme),

118. Suivant le commentaire de Kull. les frères doivent donner une dot à leurs sœurs non mariées, et de la même caste qu'eux, c'est-à-dire nées de la même mère, au cas où le père a eu plusieurs femmes de castes différentes.

119. « On ne doit ni compenser la différence en donnant un autre objet de même valeur, ni vendre l'animal pour en partager ensuite le prix. » (Kull.)

120. *Un plus jeune frère* « ayant reçu l'autorisation (niyoga) ». (Kull.) — *Entre eux* « entre le fils ainsi né (kshetraja) et l'oncle qui est son père naturel, et cet (enfant) n'a pas droit au préciput qu'aurait eu le père (c'est-à-dire le frère aîné) ». (Kull.)

121. C'est-à-dire que cet enfant n'a aucun droit au préciput qu'aurait eu son père légal (le frère aîné), parce qu'il n'est le fils de ce dernier que par autorisation (niyoga). J'ai suivi pour ce vers obscur le commentaire de Kull.

122. La primogéniture est-elle déterminée par l'antériorité de la naissance de l'enfant, ou par le fait d'être né de la première femme ?

123. Le (fils) né de la première (femme) prendra pour préciput un taureau (excellent) ; puis les autres taureaux de moindre valeur (seront) pour ses (frères) inférieurs par (l'ordre dans lequel ont été épousées) leurs mères.

124. Mais le (fils) aîné, né de la femme première épousée, prendra quinze (vaches) et un taureau, les autres recevront leur part selon (le rang) de leur mère : telle est la règle.

125. Entre fils nés de mères égales (par la caste) et sans (aucune autre) distinction, il n'y a point de précellence due à la mère ; la primogéniture est subordonnée à (la date de) la naissance.

126. (Les Sages) déclarent que l'invocation (à Indra contenue) dans (les prières dites) Soubrahmanyâ (est le privilège) du premier-né, et entre deux jumeaux (engendrés en même temps) dans des matrices, la primogéniture est reconnue (dépendre de l'ordre) de leur naissance.

127. Celui qui est sans fils peut par le rite suivant charger sa fille de lui en donner un, (en disant) : « Que l'enfant qui naîtra d'elle fasse à mon intention les offrandes aux Mânes. »

128. Conformément à cette règle Dakcha lui-même, le

123. Pūrvaja ici n'est pas l'aîné, mais comme le définit Kull., « celui qui est né de la première femme ».

124. *Le fils aîné* « s'il est savant et vertueux ». (Kull.) — *Recevront leur part* « se partageront les vaches qui restent, suivant l'ordre dans lequel leurs mères ont été épousées ». (Kull.)

125. *Précellence due à la mère :* c'est-à-dire que si les mères sont de même caste, l'ordre dans lequel elles ont été épousées est indifférent. En général les dernières épousées sont de caste inférieure. Ce vers est en contradiction avec les précédents.

126. *Dans des matrices :* faut-il entendre des matrices *différentes?* Et alors *jumeaux* signifierait deux enfants dont la conception a été faite à la même époque, mais appartenant à deux femmes différentes.

127. *Peut* « faire sa fille putrikā, en disant, au moment de la donner en mariage, et avec le consentement de son gendre : Que l'enfant qui naîtra d'elle, etc. ». (Kull.)

128. Daksha un des Prajāpatis avait 24, 50 ou 60 filles : son histoire est racontée dans le Mahābhārata et les Purāṇas.

Seigneur des créatures, chargea jadis (ses filles) de lui donner des fils pour accroître sa race.

129. Il en donna dix à Dharma, treize à Kasyapa, vingt-sept au roi Soma, les traitant avec honneur dans la joie de son âme.

130. Un fils est un (autre) soi-même, une fille *commissionnée* est l'égale d'un fils ; lorsqu'il existe une telle (fille qui est un autre) soi-même, quel autre pourrait prétendre à l'héritage ?

131. Quel que soit le douaire de la mère, il doit être la part de la fille (non mariée); et le fils de la fille (*commissionnée*) hérite de tous les biens de (son aïeul maternel mort) sans enfants.

132. Que le fils d'une fille (*commissionnée*) prenne donc tout l'avoir du (grand-)père (maternel) mort sans enfant, et que lui seul offre deux gâteaux funéraires, (l'un) à son propre père, (l'autre) à son aïeul maternel.

133. Entre le fils d'un fils et le fils d'une fille (*commissionnée*) il n'y a point de différence ici-bas suivant la loi ; car le père (de l'un) et la mère (de l'autre) sont sortis du corps du même (homme).

134. Mais si après qu'une (fille) a été chargée de donner un fils, il naît (au père de celle-ci) un fils, le partage en ce cas doit être égal, car une femme n'a pas de droit d'aînesse.

129. Dharma la justice personnifiée. — Kaçyapa, sage védique, fils de Marîci: de cet hymen naquirent les dieux, les démons, les oiseaux, les serpents et tous les êtres vivants. — Soma, le dieu Lunus : les vingt-sept épouses de Soma président aux vingt-sept astérismes lunaires.

130. *Commissionnée*, une putrikā, cf. v. 127.

131. *Non mariée :* d'après Gautama cité par Kull., c'est le sens de kumārî

132. B. comprend différemment la première partie de ce vers : « Le fils de la fille putrikā doit (aussi) prendre l'avoir de son (propre) père, qui ne laisse pas (d'autre) enfant. » — Ainsi le fils de la putrikā hérite en partie double de son aïeul maternel et de son propre père (s'il est fils unique) : voilà pourquoi il offre les deux gâteaux funéraires.

133. Kull. interprète différemment : « Il n'y a point de différence au point de vue des affaires mondaines (loke), ni des devoirs religieux (dharmataḥ). »

134. *Le partage doit être égal,* « il n'y a pas de préciput à donner au fils de la putrikā ». (Kull.)

135. Mais si une fille *commissionnée* meurt n'importe comment sans (laisser de) fils, le mari de la fille *commissionnée* peut sans hésiter prendre son bien.

136. (Si) une (fille) ayant reçu ou non commission, enfante un fils d'un (époux) de même (caste), l'aïeul maternel devient par (la naissance de) cet (enfant) possesseur d'un petit-fils; ce dernier doit offrir le gâteau funèbre et hériter de la fortune.

137. Par un fils on conquiert les mondes, par un petit-fils on obtient l'immortalité ; mais par le fils de ce petit-fils on obtient le monde du soleil.

138. Parce qu'un fils délivre (trā) son père de l'enfer appelé Pout, il a été nommé *Pouttra* (sauveur de l'enfer) par Brahmâ lui-même.

139. Entre le fils d'un fils et le fils d'une fille *commissionnée*, il n'y a pas de différence ici-bas ; car même le fils d'une fille sauve (son aïeul maternel) dans l'autre monde comme (le ferait) le fils d'un fils.

140. Que le fils d'une fille *commissionnée* offre le premier gâteau funéraire à sa mère, le second au père de celle-ci, le troisième au père du père (de sa mère).

141. Un fils adoptif doué de toutes les qualités héritera de tous les biens de celui (qui l'a adopté), bien qu'il soit issu d'une autre famille.

135. Le père ne peut hériter de sa fille putrikā. — *Son bien* désigne ici ce qu'on lui a donné de son vivant.

136. Suivant Kull. kṛtā et akṛtā signifient, le premier « que la jeune fille a été faite putrikā au moment du mariage, avec le consentement du futur » (cf. v. 127), et le second que « la destination de la fille a été faite mentalement » et non en termes exprès.

137. *Les mondes*, c'est-à-dire le ciel.

138. Ce calembour étymologique sur le mot putra fils n'a bien entendu aucune valeur. — Brahmā Svayaṃbhū, l'être existant par lui-même.

141. *Un fils adoptif*, littér. un fils donné dattrima. — Les commentateurs ne sont pas d'accord sur cette règle. Voici, je crois, l'opinion la plus admissible : s'il y a un fils légitime et un fils adoptif en présence, le dernier, s'il est doué de toutes les vertus, recevra la sixième partie de l'héritage ; il n'héritera du tout qu'à défaut d'un fils légitime ou d'un kshetraja (c'est-à-dire d'un fils engendré par autorisation).

142. Un (fils) donné ne fait plus partie de la famille, et n'a plus droit au bien de son père par le sang : le gâteau funéraire suit la famille et le patrimoine, les offrandes aux Mânes cessent (envers) celui qui a donné (son fils à un autre).

143. Ni le fils d'une femme qui n'a point été autorisée (à enfanter d'un autre homme), ni celui (qu'une femme) ayant (déjà) un fils a eu de son beau-frère, n'ont droit à aucune part, (l'un) étant le fils d'un amant, (l'autre) le produit de l'amour sensuel.

144. Un enfant mâle engendré sans observer la règle (indiquée plus haut), même dans une femme qui y a été autorisée, n'a pas droit à l'héritage paternel, car il est engendré par un homme déchu (de sa caste).

145. Un fils né d'une (femme) autorisée peut hériter comme un fils charnel ; car cette semence et la postérité (qui en sort) appartiennent légitimement au propriétaire du champ.

146. Celui qui prend sous sa garde le bien et la femme d'un frère mort, devra après avoir engendré un fils pour son frère (en vertu d'une autorisation), remettre à cet (enfant) l'héritage.

147. Si une femme autorisée a un fils de son beau-frère ou d'un autre (proche parent), cet (enfant) est déclaré inapte à hériter, et engendré en vain, (s'il a été) procréé (seulement) par concupiscence.

148. Telle est la règle qu'on doit reconnaître pour le partage (entre enfants nés) de femmes d'une même (caste); apprenez maintenant (la règle de partage) entre (fils) engendrés par un seul homme dans plusieurs femmes de diverses (castes).

141. *Plus haut*. V. 60. — *Déchu :* il est dit au v. 63 que celui qui n'observe pas le précepte indiqué au v. 60 est par le fait déchu de sa caste.

145. *Un fils né d'une femme autorisée* « s'il est engendré suivant les règles prescrites et doué de bonnes qualités ». (Kull.) — Le propriétaire du champ désigne ici métaphoriquement le mari.

147. Suivant une autre leçon il faudrait entendre : « une femme *non* autorisée ».

149. Si un Brâhmane a quatre femmes (appartenant aux diverses castes) par ordre, voici la règle de partage entre les fils enfantés par elles :

150. Le laboureur, le taureau (fécondateur des) vaches, le chariot, les parures et l'habitation devront être donnés comme préciput au fils de la Brâhmanî, avec une part (de choix) en vertu de sa prééminence.

151. Le fils de la Brâhmanî recevra trois parts du patrimoine, le fils de la Kchatriyâ deux parts, le fils de la Vaisyâ une part et demie, le fils de la Soudrâ n'aura qu'une part.

152. Ou bien encore un homme versé dans la loi divisera la totalité de l'héritage en dix parts et procédera à un partage équitable ainsi qu'il suit :

153. (L'enfant de la) Brâhmanî prendra quatre parts, le fils de la Kchatriyâ trois parts, le fils de la Vaisyâ deux parts, le fils de la Soudrâ une part.

154. Que le (Brâhmane) laisse ou ne laisse pas de fils (né d'une femme des castes Dvidjas), on ne doit pas d'après la loi donner plus du dixième au fils de la Soudrâ.

155. Le fils d'une Soudrâ (qu'il ait été engendré par) un Brâhmane, un Kchatriya, ou un Vaisya, n'est pas apte à hériter ; il (n')a pour sa part (que) ce que son père lui donne (directement).

156. Tous les fils de Dvidjas nés de (femmes) de la même caste (que leur époux) devront donner à l'aîné un préciput, et se partager également le reste entre eux.

157. Pour un Soudra c'est une règle que sa femme doit être

151. Soit 75 à partager entre eux : le premier aura 30, le second 20, le troisième 15 et le quatrième 10.

153. « Sans prélever de préciput. » (Kull.)

154. « S'il n'y a pas de fils de caste brâhmanique, tout l'héritage (sauf ce dixième) reviendra aux fils de la Kcha riyâ et de la Vaisyâ. » (Kull.)

155. Ce vers semble une contradiction avec les précédents, comme le remarque Kull. Ce dernier suppose que « cela dépend des qualités ou de l'absence de qualités de la Soudrâ, ou bien l'interdiction de recevoir le dixième de l'héritage concerne le fils de la Soudrâ non épousée ».

157. « Aucun n'a droit à un préciput. » (Kull.)

de même caste et non d'une autre; les fils qui naissent d'elle auront une part égale, fussent-ils cent.

158. Parmi les douze fils des hommes que Manou issu de l'Être existant par lui-même a mentionnés, six sont parents et héritiers, et six parents sans être héritiers.

159. Le fils légitime, le (fils) engendré dans la femme (autorisée), le (fils) donné, le (fils) adopté, le (fils) né clandestinement et le (fils) rejeté (sont tous) les six héritiers et parents.

160. Le (fils) né d'une jeune fille (non mariée), le (fils) apporté en mariage (par la femme), le (fils) acheté, le (fils) né d'une femme remariée, le (fils) qui s'est donné lui-même, et le (fils) d'une Soudrâ, (sont tous) les six parents sans être héritiers.

161. Le résultat obtenu en (voulant) passer l'eau avec un mauvais bateau est le même que celui qu'on obtient en (essayant) de passer les ténèbres (infernales) avec (l'aide de) fils méprisables.

162. Si un fils légitime et un fils engendré dans la femme autorisée sont tous deux cohéritiers, à l'un des deux seuls (appartient) l'héritage paternel, à l'exclusion de l'autre.

163. Le fils légitime (est) seul le maître de la fortune

158. « Les six derniers n'ont pas droit à l'héritage de la famille, mais sont des parents, et comme tels, accomplissent les libations d'eau et autres cérémonies qui incombent aux parents. » (Kull.)

159. *Autorisée*, cf. ce qui a été dit précédemment du niyoga. — *Le fils rejeté* « par ses parents naturels ». (Kull.)

160. *Le fils apporté en mariage* est celui dont la femme était déjà enceinte lorsqu'elle s'est mariée.

161. En d'autres termes, on ne peut pas plus passer l'enfer avec l'aide de fils méprisables, que passer l'eau dans une mauvaise barque. On a vu v. 138 que les fils servent à vous tirer de l'enfer. — Kull. indique qu'il faut entendre par *fils méprisables* « le kshetraja (fils engendré dans la femme autorisée, cf. v. 59) et les autres ». D'où il suit qu'il n'y a que le premier des douze qui soit apte à vous tirer de l'enfer.

162. Le cas envisagé ici est celui où une femme a eu un fils de son beau-frère par autorisation du mari, et où un fils légitime est né dans la suite.

163. *De quoi subsister*, « la nourriture et le vêtement ». (Kull.) — *Les*

paternelle ; mais pour ne point faire tort aux autres, qu'il (leur) donne de quoi subsister.

164. Mais lorsque le fils légitime fait le partage de l'héritage paternel, qu'il donne un sixième ou un cinquième du patrimoine au fils engendré dans la femme (autorisée).

165. (C'est ainsi que) le fils légitime et le fils engendré dans la femme (autorisée) se partagent le patrimoine ; quant aux dix autres, suivant leur rang, ils ont une part dans la famille et dans l'héritage.

166. Le fils (qu'un homme) a de sa propre femme régulièrement épousée doit être reconnu comme le fils légitime (et) le premier en rang.

167. Le fils engendré dans le lit conjugal d'un homme mort, impuissant ou malade, (lorsque) la femme a été autorisée suivant la loi spéciale, s'appelle le fils de l'épouse.

168. Le fils que son père et sa mère donnent de leur plein gré, en faisant une libation d'eau, à une personne sans enfant, (et qui est) de même (caste que le père adoptif) doit être reconnu comme l'enfant donné.

169. L'enfant de même (caste) dont on fait son fils, sachant (distinguer) le bien et le mal et doué de vertus filiales, doit être considéré comme le fils adoptif.

autres « sauf le kshetraja ou fils engendré dans la femme par autorisation ». (Kull.)

164. « Au kshetraja, suivant qu'il est ou non doué de qualités. » (Kull.)

165. *Suivant leur rang*, veut dire que dans l'ordre énoncé plus haut « chacun a part à défaut du précédent ». (Kull.) Ainsi par exemple, s'il n'y a pas de fils donné, c'est le fils adopté qui a part. Cf. v. 159.

166. *De sa propre femme*, littér. « dans son propre champ ». — *Le fils légitime*, aurasa, le fils de sa chair.

167. *La loi spéciale*, le niyoga. — *Le fils de l'épouse*, le kshetraja.

168. *De leur plein gré* pritisaṃyuktam « et non sous l'empire de la crainte, etc. ». (Kull.) On peut aussi rapporter ce composé à l'enfant « plein d'affection pour la famille qui l'adopte ». — *Une personne sans enfants*, littér. dans la détresse, âpadi.

169. Littér. le fils fait, kṛtrima. — *Distinguer le bien et le mal*, c'est-à-dire sachant « que l'accomplissement ou le non-accomplissement des çrâddhas et autres cérémonies relatives à la vie future produisent le mérite spirituel ou le péché ». (Kull.)

170. Si (un enfant) naît dans la demeure de quelqu'un, sans qu'on sache de qui il est, (c'est un fils) né clandestinement dans la maison, et il appartient à l'époux de la femme qui l'a enfanté.

171. L'enfant abandonné par son père et sa mère, ou par l'un des deux, que l'on accueille dans sa maison, est appelé l'enfant rejeté.

172. L'enfant qu'une demoiselle met au monde secrètement dans la maison paternelle doit être appelé le fils de la demoiselle, né d'une fille non mariée et (appartenant) à l'épouseur (futur de celle-ci).

173. (Si) une (fille) enceinte se marie, qu'elle soit connue ou non (pour telle, l'enfant qu'elle porte dans) son sein appartient à l'épouseur, et est appelé l'enfant reçu avec l'épouse.

174. Si quelqu'un pour (s'assurer une) postérité achète à ses père et mère un enfant, (que celui-ci lui soit) semblable ou non (en qualités), cet (enfant) est dit le (fils) acheté.

175. Si une (femme) abandonnée de son époux ou veuve, se remarie de son plein gré, (le fils) qu'elle enfante est appelé fils d'une femme remariée.

176. Si elle est (encore) vierge (quand elle se remarie), ou si elle revient (à son époux) qu'elle a quitté (jeune pour en suivre un autre), elle devra accomplir à nouveau la cérémonie (nuptiale) avec son second mari (ou avec le premier qu'elle reprend).

177. L'orphelin de père et de mère ou (l'enfant) abandonné sans motif (par ses parents), qui se donne de plein gré à quelqu'un, s'appelle (un fils) donné de lui-même.

178. Le fils qu'un Brâhmane engendre par luxure dans une

171. *Ou par l'un des deux* « lorsque l'autre est mort ». (Kull.)

174. *S'assurer une postérité* « qui accomplisse en son honneur les sacrifices funéraires ». (Kull.) — *Semblable* « en bonnes qualités et non en caste, cette dernière condition étant exigée également pour tous ces fils ». (Kull.)

177. *Sans motif* « par aversion ». (Kull.)

178. Étymologie par calembour de pâraçava que Manou dérive de pârayan

Soudrâ, (bien que) vivant, est un cadavre, d'où son nom de cadavre vivant.

179. Si un Soudra a un fils d'une esclave, ou de la femme esclave de son esclave, (ce fils) peut prendre une part (de l'héritage), avec l'autorisation (de son père) : telle est la règle établie.

180. Ces onze fils qu'on vient d'énumérer en commençant par le fils de l'épouse, les Sages les reconnaissent pour les substituts du fils (légitime, destinés à empêcher) qu'il y ait interruption dans les cérémonies (funèbres).

181. Ces fils mentionnés comme substituts (du fils légitime) étant sortis de la semence d'autrui, appartiennent à celui de la semence duquel ils sont nés, et à aucun autre.

182. Si parmi des frères issus d'un même (père et d'une même mère), il s'en trouve un qui ait un fils, Manou a déclaré que tous possèdent un fils par le moyen de ce (seul) fils.

183. Si parmi toutes les femmes d'un même (mari), l'une a un fils, Manou a déclaré que toutes possèdent un fils par le moyen de ce (seul) fils.

184. A défaut de chacun des plus élevés (dans l'ordre de ces douze fils, c'est) celui qui vient immédiatement après qui

vivant et çava cadavre. B. H., traduit « est un cadavre pour sauver son père de l'enfer ». — *Dans une Soudrâ* « épousée par lui ». (Kull.)

180. *Ces onze fils* énumérés aux v. 159-160. — *Substituts :* c'est-à-dire chacun dans l'ordre destiné à remplacer le précédent, si celui-ci fait défaut, dans la célébration des çrâddhas.

181. Prasaṅgât, expression obscure. B. traduit « mentionnés *par rapport* au (fils légitime) ». B. H. « en certaines occasions ». — Ce vers contredit ce qui a été affirmé ailleurs que l'enfant appartient au champ et non au semeur. Kull. remarque « qu'ils ne doivent pas être adoptés, s'il y a un fils légitime (aurasa) ou une fille chargée de donner un fils au père sans enfant (putrikâ) ».

182. « Et alors on ne doit pas faire de substitution de fils : c'est celui-là qui offrira les gâteaux funéraires et recueillera l'héritage. » (Kull.)

183. Même restriction que dans le cas précédent : « quand une des co-épouses a un fils, une autre femme ne doit point adopter de fils donné ou autre ». (Kull.)

184. *Égaux en condition*, veut dire nés de la même mère et par consé-

est apte à hériter ; s'il y en a plusieurs égaux (en condition), ceux-ci ont tous droit à une part du patrimoine.

185. (Ce ne sont) ni les frères ni les pères, (ce sont) les fils (qui) recueillent l'héritage du père ; (mais) le père peut prendre l'héritage (d'un fils décédé) sans enfant mâle, ou bien les frères.

186. Les libations d'eau doivent être faites pour trois (ascendants), le gâteau funéraire doit être offert à trois (ascendants) ; le quatrième (descendant) est celui qui offre (les libations et le gâteau funéraire) ; le cinquième n'y participe point.

187. Le bien doit toujours revenir au plus proche parent du (défunt) sapinda, puis (à son défaut), à une (personne) de de la même famille, (puis) à un précepteur spirituel ou même à un élève.

188. Mais à défaut de tous (ces héritiers naturels), que des Brâhmanes versés dans les trois Védas, purs et maîtres de leurs sens, se partagent l'héritage ; ainsi la loi sera sauvegardée.

189. Le bien d'un Brâhmane ne doit jamais être pris par le roi : telle est la règle. Mais pour les autres castes, à défaut de tout (héritier naturel), le roi peut recueillir la succession.

quent occupant le même rang dans la série, par exemple plusieurs fils de la femme remariée.

185. *Les fils* « le fils légitime, et à son défaut le fils de l'épouse, et les autres substituts ». (Kull.) — *Sans enfant mâle* « et qui ne laisse ni veuve ni fille ». (Kull.) — *Les frères* « à défaut du père ou de la mère ». (Kull.)

186. *Trois ascendants* « le père, le grand-père paternel et le bisaïeul ». (Kull.) — *N'y participe point*, et par suite n'a point droit à l'héritage à l'exclusion des frères et autres collatéraux ; le droit de succession ne s'étend donc pas au delà du petit-fils.

187. D'après le vers précédent on voit qu'il faut ici restreindre la qualité de sapiṇḍa au troisième descendant, tandis qu'en général, au point de vue religieux, elle s'étend jusqu'au sixième. — Sakulya, de la même famille, désigne les parents éloignés, les samānodakas.

188. *Se partagent l'héritage* « et offrent les gâteaux funéraires ; de la sorte il n'y aura pas de violation de la loi relative aux sacrifices funèbres envers le défunt auquel appartenait le bien ». (Kull.)

190. Si (la veuve) de celui qui est mort sans enfant a un fils d'un homme de la même famille, (c'est) à ce (fils) qu'elle remettra la totalité du bien.

191. Que si deux (fils) enfantés par une mère de deux (pères différents) se disputent la fortune, chacun d'eux doit à l'exclusion de l'autre prendre ce qui vient de son père.

192. Mais quand la mère est morte, tous les frères utérins et toutes les sœurs utérines doivent se partager également le bien maternel.

193. Si ces (sœurs) ont des filles, qu'on leur donne aussi en signe d'affection quelque chose de l'avoir de leur grand'-mère maternelle, suivant leur dignité.

194. (Les présents faits) devant le feu (nuptial), à la procession nuptiale, ce qui a été donné en signe d'affection, ce qui vient du frère, de la mère et du père, voilà ce qu'on appelle la sextuple propriété de la femme.

195. (Les présents) qu'elle a reçus après le mariage et ceux que lui fait son époux par affection doivent revenir à ses enfants, (même) si elle meurt du vivant de son mari.

196. Si une (femme mariée suivant les rites) de Brahmâ, des Dieux, des Sages, des Musiciens célestes, ou du Seigneur de la création meurt sans postérité, son bien est déclaré (appartenir) à son époux seul.

197. Mais les biens qui ont été donnés à une (femme) mariée

190. Il s'agit d'un fils enfanté par autorisation avec le frère du défunt ou un autre proche parent.

191. « Les deux pères étant morts » ; Kull. pense qu'il s'agit spécialement du cas où le fils d'une femme remariée est en compétition avec le fils légitime du premier époux. En ce cas, le bien du premier mari revient au fils du premier lit, celui du second au fils du deuxième lit.

192. *Les sœurs utérines* « non mariées : quant à celles qui sont mariées, elles reçoivent un cadeau proportionné à la fortune ». (Kull. citant l'opinion de Bṛhaspati). — Sur l'avoir de la mère, cf. v. 194.

193. *Des filles* « non mariées ». (Kull.)

195. *Reçus après le mariage* « de la famille de son époux ou de sa propre famille ». (Kull.)

196. Cf. sur ces rites, III, 21 sqq.

197. *Les autres rites* « celui des Démons et celui des Vampires ». (Kull.)

suivant le rite des Asouras et autres (rites méprisables) sont déclarés (appartenir) à sa mère et à son père, si elle meurt sans postérité.

198. Quel que soit le bien qui ait été donné n'importe quand à une femme par son père, (c'est) la fille de la Brâhmanî (qui) doit en hériter ou bien l'enfant de cette dernière.

199. Les femmes ne doivent point se faire un pécule sur les biens de la famille qui sont communs à plusieurs, ni même sur leur propre avoir, sans l'autorisation de leur époux.

200. Les parures qu'une femme a portées du vivant de son époux, les héritiers (de celui-ci) ne doivent point se les partager ; s'ils le font, ils sont déchus (de leur caste).

201. N'ont aucune part (à l'héritage) les impuissants, les (gens) dégradés (de leur caste), ainsi que les aveugles et les sourds de naissance, les fous, les idiots, les muets, et ceux qui sont privés de quelque organe.

202. Mais c'est une règle qu'un (homme) sage donne à tous ceux-ci, selon ses moyens, la nourriture et le vêtement jusqu'à la fin (de leur existence) ; car (s'il) ne leur donnait rien il serait dégradé (de sa caste).

203. Mais si jamais l'impuissant et les autres désiraient

198. « Un Brâhmane ayant des femmes de différentes castes, si la Kchatriyâ ou une autre meurt sans postérité, ce que son père lui a donné revient à la fille de la co-épouse de caste brâhmanique, ou aux enfants d'icelle, dans le cas où la défunte est morte sans postérité. » (Kull.)

199. *Leur propre avoir :* suivant Kull., cela signifie « l'avoir propre de l'époux », en opposition aux biens de famille indivis ; quant à l'avoir propre de la femme, celle-ci en a la libre disposition.

200. *Du vivant de l'époux* peut se rapporter à ce qui suit, et alors le sens est : « Les héritiers ne doivent point se partager du vivant de l'époux les parures qu'une femme a portées. »

201. *Privés de quelque organe.* Signifie suivant Kull. « les boiteux et autres ». Cette exclusion des estropiés s'explique par la croyance que les infirmités de naissance sont la punition de fautes commises dans une vie antérieure.

202. Atyantam jusqu'à la fin, signifie d'après B., « sans restriction ».

203. L'impuissant peut avoir un enfant kshetraja, c'est-à-dire engendré par un autre que le mari avec autorisation de celui-ci.

(prendre) femme, leurs enfants, si tant est qu'ils aient une postérité, sont aptes à hériter.

204. Quelque bien qu'un aîné, après la mort de son père, acquière (par son propre labeur, il doit en revenir) une portion aux plus jeunes (frères); pourvu qu'ils aient profité dans la science (sacrée).

205. Mais si tous, étant ignorants, ont acquis du bien par leur travail, en ce cas le partage doit être égal, (puisque ce bien) ne vient pas du père : telle est la décision.

206. Le bien (acquis par) la science appartient à celui-là seul qui l'a gagné; de même un (présent) d'amitié, un (cadeau) de noces, ou un (don fait à un hôte et accompagné) d'un mélange de miel (et de lait sur).

207. Mais si l'un des frères, se suffisant par son propre travail, n'a pas envie de sa part (de l'héritage), qu'il soit exclu du partage, après avoir reçu quelque petite chose pour son entretien.

208. Ce qu'un (des frères) gagne par son labeur sans détriment du bien patrimonial, étant acquis par ses propres efforts, il n'est pas obligé de le partager contre son gré (avec les autres).

209. Si un père recouvre un bien de famille que n'avait pu recouvrer (son propre père), il n'est pas tenu d'en faire part, contre son gré à ses fils, (puisque c'est un bien) gagné par lui-même.

210. Si des frères (d'abord) séparés, (puis) vivant en commun, font un nouveau partage, en ce cas les parts doivent être égales ; il n'y a point le droit d'aînesse.

204. Il s'agit du cas où des frères vivant en communauté de biens, viendraient après coup à faire un partage.

205. *Ont acquis du bien* « par l'agriculture, le commerce ». (Kull.) — *Le partage est égal* veut dire « qu'il n'y a point de préciput pour l'aîné ». (Kull.)

206. *Le mélange de miel et de lait sur*, madhuparka, est le plat qu'on offre à un hôte.

207. *Reçu quelque petite chose* « afin que ses enfants par la suite ne puissent réclamer ». (Kull.)

211. (Au moment du partage), si l'aîné ou le plus jeune est privé de sa part, ou si l'un des deux meurt, sa part n'est pas perdue.

212. Que ses (frères) utérins, et (parmi ses demi-frères) ceux qui s'étaient mis en commun (avec lui), et ses sœurs utérines se réunissent ensemble et se la partagent également.

213. Un aîné qui par avarice dépouille ses plus jeunes frères perd (sa qualité de) frère aîné, n'a plus droit à une part (exceptionnelle) et mérite d'être puni par le roi.

214. Tous les frères adonnés à des actes répréhensibles ne méritent pas (d'avoir part à) l'héritage ; l'aîné ne doit point se faire un avoir propre au détriment de ses plus jeunes frères.

215. Si des frères vivant en commun (avec leur père) associent leurs efforts (pour acquérir de la richesse), le père ne doit jamais (lors du partage) avantager un de ses enfants.

216. Mais un (fils) né après le partage prendra seul la part du père ; ou bien si quelques-uns (des autres fils) se sont associés de nouveau avec (le père), il partagera avec eux.

217. Une mère dont le fils (meurt) sans enfant, doit hériter de lui ; si la mère elle-même est morte, c'est la mère du père qui prendra le bien.

218. Quand tout le passif et l'actif ont été partagés suivant la règle, tout ce qu'on découvre par la suite doit être également (réparti).

211. *Privé de sa part* « parce qu'il se fait ascète ».

212. *Se la partagent* « au cas où il ne laisse ni fils, ni épouse, ni fille, ni père, ni mère ». (Kull.)

213. Le texte porte « est privé de sa part ». Mais Kull. explique bhâga par uddhârabhâga, la part exceptionnelle, le préciput.

214. *Actes répréhensibles* « le jeu, l'ivrognerie, etc. ». (Kull.) — *Au détriment de ses plus jeunes frères*, littér. « en ne leur donnant pas (ce qui leur revient) ».

217. Suivant Kull. l'ordre de succession en pareil cas est : 1° le père et la mère, 2° les frères ; 3° les neveux ; 4° la mère du père. — Il est entendu que le fils dont la succession est ouverte ne laisse ni fils, ni fille, ni veuve.

219. Un vêtement, une voiture, une parure, des aliments cuits, de l'eau, des femmes (esclaves), un conseiller ou un prêtre de la famille, un pâturage sont déclarés indivisibles.

220. Ainsi vous a été expliqué le partage (des successions) et la règle de l'attribution (des parts aux divers) fils, à commencer par le fils de l'épouse et les autres suivant l'ordre; écoutez maintenant la loi concernant le jeu.

221. Un roi doit exclure de son royaume le jeu et le pari; ces deux vices ruinent les royaumes des princes.

222. Le jeu et le pari ne sont rien moins qu'un vol manifeste; aussi un roi doit-il toujours s'efforcer de les réprimer tous les deux.

223. Parmi les hommes on appelle jeu ce qui se fait avec des objets inanimés, pari ce qui se fait avec des êtres animés.

224. Tous ceux qui s'adonnent au jeu ou au pari, ou qui en encouragent la pratique, que le roi leur inflige une peine corporelle, comme aux Soudras qui usurpent les insignes des Dvidjas.

225. Joueurs, danseurs et chanteurs, hommes cruels, fauteurs d'hérésies, gens adonnés à des occupations prohibées, marchands d'eau-de-vie, doivent être aussitôt chassés de la ville.

219. *Une voiture, une parure,* « dont un des cohéritiers avait usé personnellement avant l'époque du partage, ne doivent point être partagées; si toutefois ces objets avaient une grande valeur, ils devraient être partagés ». (Kull.) — *L'eau* « d'un étang doit être à la jouissance de tous ». (Kull.) — *Un conseiller spirituel ou un prêtre de la maison,* est le commentaire de Kull., pour yogakshema, qui signifie seulement « bien, avoir », B. traduit d'après Medh. : « biens destinés à des usages pieux et à des sacrifices », ce qui donne un sens préférable.

220. *Les divers fils :* les onze sortes de fils, autres que le fils légitime, et qui ont été énumérées plus haut.

223. « Le jeu se fait avec des dés, des bâtonnets; le pari est engagé sur des bêliers, des coqs que l'on fait battre. » (Kull.)

224. *Qui en encouragent la pratique :* « les teneurs de tripots ». (Kull). — *Une peine corporelle :* « suivant la gravité du cas, le roi lui fera couper la main, etc. ». (Kull.) — *Les insignes des Dvidjas,* « le cordon sacré, etc. ».

225. *Hommes cruels,* « ceux qui haïssent les gens instruits dans les Védas ». (Kull.)

226. Ces voleurs déguisés habitant dans les États d'un roi, font continuellement du mal aux sujets vertueux par l'exercice de leurs coupables métiers.

227. Dans un âge antérieur on a vu le jeu (causer) de grandes inimitiés ; aussi un sage ne doit-il pas s'y adonner même par amusement.

228. A tout homme qui s'y adonne en cachette ou bien ouvertement, le roi doit infliger le châtiment qui lui plaira.

229. Un (homme de) caste Kchatriya, Vaisya ou Soudra, s'il est hors d'état de payer l'amende, s'acquittera de sa dette par le travail; un Brâhmane la payera petit à petit.

230. Aux femmes, aux enfants, aux fous, aux vieillards, aux pauvres et aux infirmes, le roi (fera) infliger le châtiment avec une verge, un jonc, une corde et autres tels (instruments).

231. Ceux qui étant préposés à (l'administration des) affaires ruinent les affaires des plaideurs, (parce qu'ils) se chauffent au feu de l'argent, que le roi confisque leurs (biens).

232. Ceux qui font de faux édits, ceux qui corrompent les ministres, ceux qui tuent les femmes, les enfants, les Brâhmanes, ainsi que ceux qui ont des intelligences avec l'ennemi, qu'il les mette à mort.

233. Quand une (affaire) a été conclue ou une (punition) infligée, le roi après s'être assuré qu'on a procédé légalement, ne doit jamais revenir (sur ce qui a été décidé).

234. (Quand) un ministre ou un juge règlent une affaire d'une façon illégale, le roi en personne doit revenir sur cette (affaire) et (leur) imposer mille (panas d'amende).

227. *Un âge antérieur*, un kalpa. Suivant les commentateurs, c'est une allusion à l'histoire de Nala et de Yudhishṭhira.

231. *Se chauffent au feu de l'argent* veut dire métaphoriquement qu'ils se laissent corrompre à prix d'argent. Il semble difficile d'admettre l'interprétation de L. « enflammés de l'orgueil de la richesse ».

232. *Corrompent* ou bien « font naître des dissensions parmi les ministres ».

235. Le meurtrier d'un Brâhmane, un buveur d'eau-de-vie, un voleur, celui qui souille la couche d'un gourou, tous ces gens-là doivent être considérés chacun comme de grands pécheurs.

236. Si ces quatre (grands pécheurs) n'accomplissent pas une pénitence, (que le roi) leur inflige un châtiment corporel accompagné d'une amende selon la loi.

237. (Pour avoir souillé) la couche d'un gourou, (le coupable sera marqué au front avec un fer rouge d'un signe figurant) les parties sexuelles de la femme ; pour avoir bu des liqueurs, (il sera marqué) d'une enseigne de taverne ; pour vol, d'un pied de chien ; pour meurtre d'un Brâhmane, d'un homme sans tête.

238. Privés de toute participation aux repas, aux sacrifices, à l'étude et au mariage, qu'ils errent sur la terre, misérables et exclus de tous les devoirs religieux.

239. Ces (gens) marqués devront être repoussés par leurs parents paternels et maternels, et ne méritent ni pitié ni respect : telle est la prescription de Manou.

240. Mais (les coupables) de toute caste qui accomplissent la pénitence prescrite, ne devront pas être marqués au front par (ordre du) roi ; il leur fera seulement payer la plus forte amende.

241. Pour les crimes (qu'on vient de dire) une amende intermédiaire sera infligée à un Brâhmane ; ou bien il sera exilé du royaume en gardant son argent et ses meubles.

242. Mais ceux des autres (castes) qui commettent ces crimes involontairement méritent qu'on leur confisque tout leur (avoir) ; et (s'ils les commettent) volontairement (ils méritent) l'exil.

235. *Un voleur*, « celui qui a volé l'or d'un Brâhmane ». — *Un buveur* « un Dvidja buveur de surâ ». (Kull.) — Guru ici a le sens le plus étendu.

237. *Pour vol* « de l'or d'un Brâhmane ». (Kull.)

241. *Un Brâhmane* « doué de qualités, et qui a péché involontairement; mais s'il est dépourvu de qualités et qu'il ait péché volontairement, il doit être exilé ». (Kull.) Cf. le vers suivant.

242. *L'exil :* suivant Kull. pravâsanam serait « la peine de mort ».

243. Un bon prince ne doit point s'approprier l'argent d'un grand pécheur ; s'il se l'approprie par cupidité, il est lui-même infecté de la faute (commise par le pécheur).

244. Qu'il jette à l'eau cette amende en l'offrant à Varouna, ou bien qu'il en fasse cadeau à un Brâhmane instruit et vertueux.

245. Varouna est le seigneur du châtiment, car il exerce son autorité même sur les rois ; un Brâhmane qui a étudié tout le Véda est le seigneur du monde entier.

246. Dans tout (pays) où le roi évite de s'approprier le bien des malfaiteurs, les hommes naissent en temps (convenable) et vivent longtemps ;

247. Et les moissons des cultivateurs poussent chacune comme elles ont été semées, et les enfants ne meurent pas et il ne naît pas de monstre.

248. (Si) un homme de basse caste fait du mal à un Brâhmane avec intention, que le roi le frappe de diverses sortes de châtiments corporels inspirant la terreur.

249. La faute d'un prince est considérée comme égale, soit qu'il punisse un innocent ou délivre un coupable ; mais (son) mérite spirituel (est grand) quand il réprime (justement).

250. Ainsi a été exposée tout au long la (règle pour) décider les procès entre deux plaideurs, (dont le cas rentre dans une des) dix-huit catégories.

251. Un souverain qui accomplit ainsi exactement ses devoirs conformément à la loi, peut chercher à acquérir les pays qu'il ne possède pas (encore) et doit protéger ceux qu'il possède déjà.

246. *En temps convenable,* c'est-à-dire « à terme ». (Kull.)

247. *Ne meurent pas* « en bas âge ». (Kull.)

248. *Un homme de basse caste* « un Soudra ». (Kull.)

249. *Son mérite spirituel,* dharma, ou peut-être simplement « son devoir est de réprimer justement ».

250. Sur les dix-huit catégories ou chefs d'accusation, cf. VIII, v. 3 sqq.

251. *A acquérir* « en inspirant de l'affection aux peuples ». (Kull.)

252. Après avoir mis l'ordre exact dans ses États et bâti des forteresses suivant (les préceptes) des livres, qu'il fasse constamment tous ses efforts pour ôter les épines (de son royaume).

253. En protégeant ceux qui ont une conduite honorable et en ôtant les épines, les souverains uniquement préoccupés de la défense de leurs sujets parviennent au ciel.

254. Mais (si) le prince perçoit les tributs sans punir les voleurs, son royaume est ébranlé et (lui-même) perd le ciel.

255. Au contraire (quand) le royaume est en sûreté, protégé par le bras puissant (du roi), il prospère constamment comme un arbre bien arrosé.

256. Que le prince, voyant (tout) par ses espions, découvre les deux sortes de voleurs qui ravissent le bien d'autrui ; (les uns) manifestes, (les autres) cachés.

257. De ces (deux sortes), les voleurs manifestes (sont ceux) qui vivent (en trichant) sur les diverses marchandises, les voleurs cachés sont les larrons, les (brigands) des forêts et autres.

258. Les prévaricateurs, les tricheurs, les escrocs, les joueurs, ceux qui vivent en enseignant des prières propitiatoires, les hypocrites et les diseurs de bonne aventure,

252. Vishṭadeça signifie peut-être « s'étant établi dans un pays » ; il semble pourtant que le roi n'a pas le choix du pays qu'il doit gouverner. — *Livres :* allusion aux préceptes donnés l. VII, v. 70 sqq. — *Les épines*, c'est-à-dire « les voleurs, les malfaiteurs ». (Kull.)

253. *Honorables*, littér. « qui vivent comme des Âryas ». — Le texte porte « au triple ciel ».

255. A côté de sicyamânaḥ arrosé, il y a une autre leçon sevyamânaḥ entouré de soins.

256. Câracakshu peut signifier aussi « qui a ses yeux pour espions ».

257. *Les larrons* « ceux qui s'introduisent par une brèche faite dans un mur ». (Kull.)

258. *Les tricheurs*, ou suivant Kull. « ceux qui extorquent de l'argent par des menaces ». — *Les escrocs* ou peut-être « les falsificateurs de métaux précieux, tels que l'or, etc. ». (Kull.) — *Des prières propitiatoires* « pour obtenir des richesses, des fils, etc. ». (Kull.) — *Les hypocrites* « ceux qui affectent une bonne conduite et en secret sont des méchants ». (Kull.)

259. Les ministres et les médecins qui ne font pas leur devoir, ceux qui exercent un art et les adroites courtisanes,

260. Ceux-là et leurs pareils, se montrant ouvertement, ainsi que d'autres qui agissent en secret, et, gens sans honneur, portent les insignes des gens honorables, (le roi) doit les considérer comme des épines (de la société).

261. Les ayant découverts par des (agents) de confiance déguisés et exerçant le même métier, et par des espions (cachés sous) divers déguisements, qu'il les (fasse) inciter (à commettre des délits), et les amène (ainsi) en son pouvoir.

262. Après avoir fait publier selon la vérité les crimes (commis) par eux dans leurs diverses actions, que le roi leur inflige une peine proportionnée à leur fortune et à leur délit.

263. Car sans le châtiment il est impossible de réprimer la perversité des voleurs à l'âme méchante, qui rôdent en cachette sur cette terre.

264. Les maisons de réunion, les réservoirs, les pâtisseries, les lupanars, les tavernes et restaurants, les carrefours, les arbres consacrés, les assemblées, les spectacles,

265. Les vieux jardins, les forêts, les boutiques d'artisans, les maisons abandonnées, les bois et les parcs,

266. Ces lieux et autres pareils, que le souverain les fasse surveiller par des postes et des patrouilles, ainsi que par des espions, afin d'écarter les voleurs.

267. Par le moyen de ci-devant voleurs, adroits, (se faisant

259. *Ministres :* mahâmâtra signifie aussi « cornac d'éléphant ». — *Qui ne font pas leur devoir*, c'est-à-dire qui ne guérissent pas, les charlatans. — *Ceux qui exercent un art*, par exemple « les peintres de profession ». (Kull.)

260. On peut construire le mot à mot différemment « ces épines manifestes..., le roi doit apprendre à les connaître ».

261. *Divers déguisements*, cf. VII, v. 154 et note sur les cinq classes d'espions. — Protsâhya « les excitant »; il s'agit vraisemblablement ici de ce que nous appelons les agents provocateurs. Une autre leçon porte protsâdya « les anéantissant ».

267. *Les inciter :* il s'agit ici, comme au v. 261, de la provocation au délit

les) compagnons de ces (malfaiteurs), s'associant à eux et connaissant leurs diverses pratiques, il devra les découvrir et les inciter (à commettre des délits).

268. Sous prétexte de (leur offrir) divers aliments (délicats), de les conduire chez des Brâhmanes, ou à (une représentation de) tours de force, (ces espions) les amèneront en présence (des gens du roi).

269. Ceux qui ne viennent pas (au lieu désigné) et ceux qui ont éventé ces ci-devant (voleurs employés par le roi), qu'il les attaque de vive force et les tue, avec leurs amis, parents et proches.

270. Un roi juste ne doit point mettre à mort un voleur (sur lequel on n'a) pas (saisi l'objet) volé ; mais celui qui est porteur (de l'objet) volé et des instruments (de sa profession), il ne doit pas hésiter à le faire mourir.

271. Tous ceux qui dans un village fournissent des aliments aux voleurs, ou leur donnent une cachette pour leurs instruments, qu'il les punisse de mort.

272. (Si) ceux qu'il a chargés de protéger ses provinces, et les voisins auxquels il a enjoint (de remplir cet office, demeurent) neutres en cas d'attaque (par des brigands), qu'il les châtie aussitôt comme des voleurs.

273. L'homme qui subsistant (de l'accomplissement) des

qui doit amener la répression. D'autres entendent par là « qu'il les fasse sortir de leur retraite ».

268. *Délicats*, « des gâteaux et du riz au lait ». (Kull.) — *Chez des Brâhmanes*, « en leur disant : Il y a un Brâhmane qui connaît un moyen de faire réussir tous vos désirs ; allons le voir ». — *Tours de force*, « en leur disant : Il y a un homme qui à lui seul combat contre plusieurs ; allons le voir ». (Kull.) — *Les amèneront en présence du roi* pour les faire arrêter.

269. J'ai traduit le terme obscur de mûlapraṇihitâḥ d'après le commentaire de Kull. Il serait peut-être plus simple d'entendre « qui ont reconnu la racine », c'est-à-dire la raison de ces agissements, en d'autres termes, qui ont éventé le piège.

271. Le composé bhâṇḍâvakâçadâḥ, peut signifier aussi « qui fournissent aux voleurs des instruments et un asile ».

272. Par *voisins* il faut entendre ici sans doute les vassaux.

273. « Celui qui accomplit les cérémonies pour les autres et subsiste des

devoirs pieux s'écarte de la règle de (son) devoir, (que le roi) le consume par le châtiment (comme) violateur de son devoir.

274. Quand un village est attaqué, une digue détruite, ou qu'un acte de brigandage se commet sur une route, quiconque ne se hâte pas (de porter secours) suivant ses moyens, doit être banni en emportant ses biens.

275. Ceux qui dérobent les trésors du roi et ceux qui persistent à (faire) des choses contraires (à ses ordres), qu'il leur inflige divers châtiments corporels, ainsi qu'à ceux qui excitent (contre lui) ses ennemis.

276. Le roi fera couper les mains aux voleurs de nuit avec effraction et les fera empaler sur un pieu pointu.

277. Il fera couper deux doigts à un coupeur de bourse à son premier vol, à son second une main et un pied, à son troisième il lui infligera la peine de mort.

278. Ceux qui donnent (aux voleurs) du feu, des aliments, des armes ou un abri, ainsi que les recéleurs du vol, le prince doit les punir à l'égal des voleurs.

279. Celui qui détruit (la digue) d'un réservoir, le (roi) le fera périr (en le noyant) dans l'eau ou par la mort ordinaire ; ou bien (il le condamnera) à réparer (le dommage), mais en lui infligeant l'amende la plus forte.

280. Que le roi fasse périr sans balancer ceux qui forcent un grenier, un arsenal, un temple, ceux qui volent des éléphants, des chevaux et des chars.

281. Celui qui détourne l'eau d'un étang anciennement creusé, ou qui coupe une conduite d'eau, devra payer l'amende du degré inférieur.

dons du sacrifice, même étant Brâhmane, etc. » (Kull.) Il s'agit ici des prêtres sacrifiants, de ceux qui vivent en accomplissant les cérémonies pour d'autres.

275. *Divers châtiments corporels*, « tels que couper la main, le pied, la langue ». (Kull.)

277. *Deux doigts*, « le pouce et l'index ». (Kull.)

279. *La mort ordinaire*, c'est-à-dire la tête tranchée. — *L'amende la plus élevée* = 1,000 panas.

280. *Un grenier* « royal ». (Kull.)

282. Mais celui qui sans un besoin pressant dépose des ordures sur une route royale, devra payer deux kârchâpanas et nettoyer aussitôt l'ordure.

283. Mais un homme en pressant besoin, un vieillard, une femme enceinte, un enfant, devront (en être quittes pour) une réprimande et pour nettoyer (l'ordure) : telle est la règle.

284. Tout médecin (ou vétérinaire) qui traite de travers (une maladie devra payer) une amende : s'il s'agit d'animaux (l'amende) du degré inférieur, s'il s'agit d'humains (l'amende) moyenne.

285. Celui qui détruit un pont, un étendard, un poteau, des images, devra réparer tout (le dégât) et payer cinq cents (panas).

286. Pour avoir frelaté des marchandises de bonne qualité, ainsi que pour avoir brisé des perles ou les avoir mal percées, on doit payer l'amende du premier degré.

287. L'homme qui agit malhonnêtement avec d'honnêtes (acheteurs), ou qui fait des prix différents, doit être puni de l'amende du premier degré ou du degré intermédiaire.

288. (Que le roi) place toutes les prisons sur une route royale d'où l'on puisse voir les criminels tourmentés et défigurés.

289. Celui qui détruit la muraille ou comble le fossé en-

284. J'ai ajouté *vétérinaire* à cause de ce qui suit, bien que le texte n'établisse pas cette distinction.

285. *Un étendard* « à la porte du roi, etc. ». (Kull.) — *Des images* « de petites images en terre glaise, etc. ». (Kull.) Il est probable qu'il ne s'agit pas d'*idoles*, car le châtiment serait plus grave.

286. Littér. gâté des objets qui n'étaient pas gâtés. — Kull. explique ainsi : « pour avoir fourré des objets de mauvaise qualité parmi les objets de bonne qualité ». — *Pour avoir mal percé des perles :* il faut sous-entendre que l'auteur de la maladresse n'est pas le propriétaire des perles, ou bien qu'il a cherché à les vendre en trompant l'acheteur.

287. Samaiḥ est expliqué par Kull. samamūlyadātṛbhiḥ qui payent un prix égal et auxquels « on donne des marchandises de qualité différente, les unes supérieures, les autres inférieures »; mais sama a le sens de *honnête*. On peut aussi sous-entendre avec cette épithète le mot *choses*, « celui qui agit inégalement avec des choses qui sont égales ».

tourant une forteresse, ou qui enfonce la porte (d'une ville) devra être banni sur-le-champ.

290. Pour tout maléfice, que (le roi) inflige une amende de deux cents (panas) ainsi que pour une cérémonie (magique accomplie) avec des racines (lorsque le but) n'a pas été atteint, et pour toute sorte de sorcellerie.

291. Celui qui vend de mauvaise graine, celui qui met de la (bonne) graine par-dessus (la mauvaise), celui qui détruit une borne, méritent un châtiment corporel, la mutilation.

292. Mais un orfèvre qui agit frauduleusement est la pire de toutes les épines; le souverain doit le faire couper en morceaux avec des rasoirs.

293. Pour vol d'instruments aratoires, d'armes, de remèdes, le roi fixera le châtiment selon l'époque et le mobile (du vol).

294. Le souverain et les ministres, la capitale, les États, le trésor, l'armée et les alliés, tels sont les sept éléments (qui font) dire qu'un royaume a sept membres.

295. Sachez que parmi ces sept éléments d'un royaume (énumérés) dans l'ordre, chacun est plus important (que le suivant, et sa) destruction (est une calamité) plus grande.

296. Ici-bas, dans un royaume à sept membres, qui se tient droit comme le triple bâton (d'un ascète), aucun (des éléments) n'a de prééminence par la supériorité de ses qualités sur (celles des) autres.

290. *Maléfice* « par des sacrifices qui doivent causer la mort de quelqu'un ». (Kull.) — *Avec des racines*, c'est-à-dire avec des plantes qui sont censées mettre les personnes à notre discrétion, tels les philtres. — « Au cas où il résulte la mort de quelqu'un la punition est celle du meurtre. » (Kull.)

291. *De mauvaise graine* « pour de la bonne ». (Kull.) — *Par-dessus la mauvaise* « et qui vend le tout comme de bonne qualité ». (Kull.) Une autre leçon de Nand. adoptée par Jolly bījotkrashṭā au lieu de bījotkṛshṭam, signifie « qui ramasse de la graine déjà semée ». J'ai gardé la leçon de Kull.

296. *Les trois bâtons d'un ascète* « qui sont liés ensemble, et se supportent mutuellement ». (Kull.) Ce vers semble en contradiction avec le précédent, qui dit que le premier est plus important que le second, et ainsi de suite. B. traduit un peu différemment : « à cause de l'importance des qualités de chacun pour les autres ».

297. Chaque membre pris à part est spécialement appelé à telle ou telle fonction ; chacun est déclaré le meilleur relativement à la fonction propre accomplie par lui.

298. Par des espions, par le déploiement de sa puissance et par l'exécution d'entreprises (diverses), le roi doit constamment connaître sa force et celle de ses ennemis.

299. Ayant considéré toutes les calamités et tous les vices (qui affligent ses États et ceux des autres), et leur plus ou moins de gravité, qu'alors (seulement) il commence une entreprise.

300. Bien que fatigué, il doit recommencer plusieurs fois ses entreprises, car la fortune récompense l'homme persévérant dans ses desseins.

301. Les (divers) âges (du monde) — Krita, Tretâ, Dvâpara et Kali — tous (rappellent les diverses) conduites d'un roi ; c'est pourquoi le roi est dit (représenter) un âge.

302. Endormi il est l'âge Kali, éveillé l'âge Dvâpara, prêt à agir l'âge Tretâ, agissant l'âge Krita.

303. Le roi doit imiter la conduite glorieuse d'Indra, du soleil, du vent, de Yama, de Varouna, de Tchandra, du feu, de la terre.

304. De même qu'Indra pleut pendant les quatre mois pluvieux, ainsi le roi exerçant l'office d'Indra doit (faire) pleuvoir ses bienfaits sur son royaume.

305. De même que pendant huit mois le soleil pompe l'eau avec ses rayons, ainsi (le roi) doit constamment tirer à lui les taxes de son royaume : car c'est (en cela que son) office (ressemble à celui) du soleil.

299. *Les calamités* « épidémies, etc. ». — *Les vices* « les malheurs résultant de l'amour, de la colère, etc. ». (Kull.)

301. Sur les quatre âges du monde, cf. I, v. 69, sqq. Le roi, suivant qu'il se conduit bien ou mal, fait régner l'âge d'or ou l'âge de fer.

302. L'âge Kali est le plus mauvais et le plus récent des quatre âges. Voilà pourquoi il est identifié avec le roi endormi, parce que le roi endormi ne fait pas régner la justice.

303. Ces diverses comparaisons sont élucidées dans les vers suivants.

306. De même que le vent se meut, pénétrant dans toutes les créatures, ainsi le roi doit pénétrer (partout) au moyen de ses espions ; car c'est (en cela que son) office (ressemble à celui) du vent.

307. De même que Yama au temps venu réprime amis et ennemis, ainsi (le roi) doit réprimer tous les sujets ; car c'est (en cela que son) office (ressemble à celui) de Yama.

308. De même qu'on voit (des gens) enlacés dans les liens de Varouna, ainsi (le roi) doit enchaîner les méchants ; car c'est (en cela que son) office (ressemble à celui) de Varouna.

309. De même que les mortels se réjouissent en voyant la pleine lune, ainsi (la vue) du prince (doit réjouir ses) sujets ; (c'est en cela qu'il) remplit l'office de Tchandra.

310. Que (le roi) soit toujours plein d'ardeur et d'énergie (à punir) les méfaits et qu'il détruise les ministres ennemis (de sa personne) ; c'est en cela qu'il est dit (remplir) l'office du feu.

311. De même que la terre supporte également toutes les créatures, ainsi (le roi doit) supporter tous ses sujets ; (c'est en cela qu'il remplit) l'office de la terre.

312. Usant de ces moyens et d'autres (pareils), que le roi sans se fatiguer réprime constamment les voleurs dans ses États et dans (ceux) d'autrui.

313. Même tombé dans la plus grande détresse, qu'il n'irrite jamais les Brâhmanes, car ceux-ci dans leur courroux pourraient en un instant l'anéantir avec son armée et ses chars.

307. Yama le juge des morts. — *Réprime* jeu de mots sur le nom de Yama et la racine yam qui veut dire réprimer ; l'étymologie du reste n'est pas sûre.

308. Les liens de Varuṇa sont une expression métaphorique pour désigner l'hydropisie.

309. Candra est le dieu Lunus.

311. *La terre supporte :* encore un jeu de mots étymologique dharā dhārayate.

312. *Dans ceux d'autrui*, c'est-à-dire « ceux qui habitent dans d'autres royaumes, et qui viennent piller le sien ». (Kull.)

313. *Qu'il n'irrite jamais les Brâhmanes*, c'est-à-dire « qu'il ne leur ôte

314. Qui donc ne (risquerait) de périr en irritant ceux dont (la malédiction) est cause que le feu dévore tout, que (l'eau de) l'Océan est imbuvable, et que la lune disparaît et renaît tour à tour ?

315. Comment pourrait-on prospérer en faisant du mal à ceux qui courroucés créeraient d'autres mondes, (d'autres) gardiens du monde, et dépouilleraient les dieux de leur nature divine ?

316. Quel (homme) désireux de vivre voudrait causer du tort à ceux sur lesquels reposent éternellement les (trois) mondes et les dieux, et dont la richesse est le Véda ?

317. Instruit ou ignorant, un Brâhmane est une grande divinité, de même que le feu, employé ou non (au sacrifice) est un puissant dieu.

318. Même dans les cimetières, le (feu), ce brillant purificateur, n'est pas souillé ; et quand on y a jeté l'oblation, dans les sacrifices, il croît encore (en puissance).

319. Aussi, bien qu'adonnés à toutes (sortes) d'occupations peu estimées, les Brâhmanes doivent toujours être honorés ; car (un Brâhmane) est la plus haute divinité.

pas leurs biens ». (Medh.) — *Anéantir* « par des malédictions et des incantations ». (Kull.)

314. Allusion à des légendes épiques. Bhṛgu maudit Agni et le condamna à tout dévorer. C'est à une malédiction de Vaḍavāmukha que l'Océan doit ses eaux salées, et Daksha pour punir Candra son gendre de sa désobéissance le condamna à la consomption ; mais les filles de Daksha implorèrent sa compassion et il adoucit la sentence en rendant la consomption périodique : c'est ainsi que s'expliquent les phases lunaires.

315. Littér. « ferait les Dieux non Dieux », allusions à des légendes épiques. Viçvāmitra pour forcer les Dieux à recevoir au ciel Triçaṅku, créa par le pouvoir de ses austérités sept nouveaux Richis et d'autres constellations, et menaça de créer un autre Indra et d'autres Dieux. Māṇḍavya par sa malédiction fit naître Yama dans le corps d'un Soudra.

316. *Sur lesquels reposent les trois mondes et les Dieux*, par le moyen du sacrifice : sans le sacrifice les Dieux ne pourraient subsister, et sans les Dieux les mondes à leur tour ne pourraient subsister. — *Les trois mondes*, le ciel, l'air et la terre, ou bien le ciel, la terre et l'enfer.

318. *L'oblation*, le beurre clarifié qu'on jette dans la flamme.

320. Si jamais les Kchatriyas devenaient insolents envers les Brâhmanes, (c'est) aux Brâhmanes seuls à les faire rentrer dans la soumission ; car les Kchatriyas sont issus des Brâhmanes.

321. Le feu provient de l'eau, le Kchatriya du Brâhmane, le fer de la pierre; leur pouvoir qui pénètre partout est impuissant contre (l'élément où) ils ont pris naissance.

322. Ni la caste des Kchatriyas ne prospère sans la caste des Brâhmanes, ni la caste des Brâhmanes sans la caste des Kchatriyas; mais les Brâhmanes et les Kchatriyas en s'unissant prospèrent dans ce monde et dans l'autre.

323. Après avoir donné aux Brâhmanes tout l'argent provenant des amendes et transmis son royaume à son fils, (que le roi) cherche le trépas dans une bataille.

324. Se conduisant ainsi et toujours appliqué à ses devoirs de roi, qu'il fasse travailler tous ses serviteurs au bonheur de son peuple.

325. Ainsi a été exposée en entier la règle éternelle (concernant) les devoirs d'un roi; apprenez maintenant la règle des devoirs pour le Vaisya et le Soudra, dans l'ordre.

326. Après avoir été initié et s'être marié, que le Vaisya

320. *A les faire rentrer dans la soumission* « par des malédictions et incantations ». (Kull.)

321. *Leur pouvoir*, c'est-à-dire le feu ne peut rien contre l'eau, le Kchatriya contre le Brâhmane, le fer contre la pierre. — *Le feu provient de l'eau :* cela veut dire, suivant Medh., que l'eau passe dans les végétaux, dont le bois sert à faire le feu. Le fer provient de la pierre, parce qu'il vient d'un minerai. Quant à l'origine des Kchatriyas dont il est ici question, elle est en désaccord avec ce qui a été dit au chapitre de la Création.

323. *L'argent des amendes*, « sauf celles qui ont été payées par les grands criminels ». (Kull.) — Le roi, lorsqu'il est vieux, bien entendu, doit chercher la mort dans une bataille, « ou à défaut d'une bataille, il doit se laisser mourir de faim ». (Kull.) D'autres commentateurs indiquent le suicide par la submersion ou par la crémation.

326. *Sa profession* vârttâ, c'est-à-dire les occupations par lesquelles un Vaisya doit subsister : le commerce, l'agriculture et l'entretien des troupeaux.

s'occupe constamment de sa profession et de l'entretien de ses troupeaux.

327. Car le Seigneur des créatures ayant créé les troupeaux, les donna en garde au Vaisya ; au Brâhmane et au roi il confia toutes les créatures humaines.

328. Un Vaisya ne doit jamais formuler ce vœu : « Je voudrais ne pas garder les troupeaux » ; et quand le Vaisya est disposé (à en prendre soin), aucun autre ne doit les garder.

329. Il doit connaître le cours des pierres précieuses, perles, coraux, métaux, tissus, parfums et essences.

330. Il doit être au courant de (la manière) de semer les graines, de la bonne ou mauvaise qualité des terres, et connaître à fond le système des poids et mesures,

331. Et aussi le bon et le mauvais côté des objets, les avantages et les désavantages des contrées, les profits et pertes (sur) les marchandises, et l'élève du bétail.

332. Il doit savoir (quels sont) les gages des serviteurs, et les divers dialectes des hommes, et la manière de conserver les objets, et (les conditions de) l'achat et de la vente.

333. Qu'il mette tous ses efforts à accroître ses biens par des moyens légitimes, et qu'il ait soin de donner la nourriture à toutes les créatures.

334. Mais l'obéissance envers les Brâhmanes instruits dans les Védas, maîtres de maison, et renommés (pour leur vertu, voilà) le suprême devoir d'un Soudra, (et ce) qui le conduit à la béatitude.

335. S'il est pur, obéissant envers ses supérieurs, doux en

327. *Créatures humaines* prajāḥ : je pense qu'il faut donner à ce mot ce sens restreint en opposition à paçūn, les troupeaux, de l'hémistiche précédent.

328. *Aucun autre*, c'est-à-dire aucun homme d'une autre caste.

329. *Cours*, littér. la valeur supérieure moyenne et inférieure.

334. La vertu qu'on recommande particulièrement au Vaisya c'est la libéralité, au Soudra c'est l'obéissance.

335. *Ses supérieurs*, c'est-à-dire ceux des castes plus élevées. — *Soumis*

paroles, sans présomption, toujours soumis aux Brâhmanes, il obtient (de renaître dans) une caste plus élevée.

336. Ainsi se trouve exposée la règle pure de conduite des (quatre) castes, (lorsqu'elles ne sont) pas dans la détresse ; apprenez maintenant par ordre leurs (devoirs) en cas de détresse.

aux Brâhmanes, littér. « cherchant un refuge auprès des Brâhmanes, et à leur défaut, auprès des Kchatriyas et des Vaisyas ». (Kull.)

LIVRE DIXIÈME

Castes mêlées ; Occupations des castes ; Temps de détresse.

1. Que les trois castes des Dvidjas, fidèles à leurs occupations propres étudient (le Véda), mais que les Brâhmanes seuls l'enseignent, et nul autre : telle est la décision.

2. Le Brâhmane doit savoir les moyens d'existence (prescrits) par la loi pour toutes (les castes) ; il doit en instruire les autres, et lui-même s'y conformer.

3. En vertu de sa prééminence, de sa supériorité, de son origine, de l'observance des vœux, et de son initiation spéciale, le Brâhmane est le seigneur de (toutes) les castes.

4. Les castes Brâhmane, Kchatriya et Vaisya sont les trois castes qui ont deux naissances ; la quatrième, celle des Soudras, n'en a qu'une. Il n'existe point de cinquième (caste).

5. Dans toutes les castes, doivent être considérés comme appartenant à la caste seulement les (enfants) qui sont nés dans l'ordre direct de femmes d'égale (caste) et vierges (à l'époque de leur mariage).

6. Les enfants engendrés par des Dvidjas avec des femmes

3. *Sa prééminence :* « la supériorité de sa race » (Kull.), ou « de ses qualités ». (Medh.) — *Son origine* « de la tête de Brahmâ ». (Kull.) — *L'observance des vœux,* tels que « ceux d'un Snâtaka ». Kull. entend autrement : « sa connaissance parfaite du Véda ».

4. *Il n'y a point de cinquième caste* primitivement ; mais il y a des castes inférieures et méprisées, résultant du mélange des castes principales, et dont l'énumération vient ci-après.

5. *Dans l'ordre direct,* « Brâhmane avec Brâhmanî, Kchatriya avec Kchatriyâ » (Kull.)

6. *Semblables à leur père* « mais inférieurs en caste ». (Kull.) Ces enfants

de la caste immédiatement inférieure sont déclarés semblables (à leurs pères, mais) entachés de blâme par la faute de leur mère.

7. Telle est l'éternelle loi pour (les enfants) nés de femmes (de la caste) immédiatement inférieure (à celle de leurs mères) ; apprenez maintenant la règle légale pour ceux qui naissent (de femmes) inférieures de deux ou trois degrés.

8. D'un Brâhmane (uni) à une Vaisyâ naît un (fils) appelé Ambachtha, (d'un Brâhmane uni) à une Soudrâ (naît) un Nichâda nommé aussi un Pârasava.

9. D'un Kchatriya (uni) à une Soudrâ naît un être appelé Ougra, tenant du Kchatriya et du Soudra, qui se complaît dans les mœurs cruelles.

10. Les enfants d'un Brâhmane et d'une (femme des) trois castes (inférieures), d'un Kchatriya et d'une (femme) des deux (dernières) castes, d'un Vaisya et d'une (femme) de l'unique caste (inférieure à la sienne), ces six (sortes d'enfants) sont appelés *repoussés*.

11. D'un Kchatriya (uni) à la fille d'un Brâhmane naît (un fils appelé) d'après sa caste un Soûta, d'un Vaisya (uni) à une femme de (caste) royale ou sacerdotale naissent un Mâgadha et un Vaidéha.

12. D'un Soudra (uni) à une Vaisyâ, à une Kchatriyâ, à

sont le Mūrdhāvasikta (fils d'un Brâhmane et d'une Kchatriyâ), le Māhishya (fils d'un Kchatriya et d'une Vaisyâ), et le Karaṇa (fils d'un Vaisya et d'une Soudrâ). « Le Mūrdhāvasikta a pour fonction d'enseigner à conduire un éléphant, un cheval, un char et le maniement des armes; le Māhishya a pour métier l'enseignement de la danse, de la musique et de l'astronomie, ainsi que la garde des moissons; la profession du Karaṇa est de servir les Dvidjas, etc. » (Kull.)

7. *De deux ou trois degrés :* littér. « séparées par une ou deux castes », c'est-à-dire par exemple de Brâhmane à Vaisyâ ou à Soudrâ.

8. Ce nom de pāraçava est expliqué au livre IX, v. 178, « un cadavre vivant ».

9. Ugra est un adjectif qui signifie cruel.

10. *Repoussé* apasada.

12. Le plus vil est le Cāṇḍāla, parce que la distance entre ses deux parents est la plus considérable.

une Brâhmanî, naissent (des fils issus) d'une confusion des castes (et qu'on appelle) Âyogava, Kchattar et Tchândâla : (ce sont) les plus vils des hommes.

13. De même qu'un Ambachtha et un Ougra, engendrés dans l'ordre direct, avec (des femmes) de deux castes au-dessous, sont considérés (comme pouvant être touchés sans impureté), ainsi (en est-il) du Kchattar et du Vaidéha quoique nés dans l'ordre inverse.

14. Ces fils de Dvidjas engendrés dans des femmes d'une caste immédiatement inférieure, qu'on vient d'énumérer par ordre, on les désigne sous le nom d'*immédiats*, à cause de la tache (provenant de l'infériorité) de leur mère.

15. Un Brâhmane engendre de la fille d'un Ougra un (enfant) appelé Âvrita, de la fille d'un Ambachtha un Âbhîra, d'une (femme de caste) Âyogava un Dhigvana.

16. D'un Soudra naissent dans l'ordre inverse trois (sortes d'enfants) *repoussés :* l'Âyogava, le Kchattar et le Tchândâla le plus vil des hommes.

17. D'un Vaisya naissent dans l'ordre inverse un Mâgadha et un Vaidéha, d'un Kchatriya (naît) seulement un Soûta : ces trois (fils) sont aussi *repoussés*.

18. Le fils d'un Nichâda et d'une Soudrâ est par sa naissance un Poulkasa; mais le fils d'un Soudra et d'une femme Nichâdî est dénommé un Koukkoutaka.

13. L'ordre direct descend du Brâhmane au Soudra, l'ordre inverse remonte du Soudra au Brâhmane : ainsi l'Ambashṭha naît d'un Brâhmane et d'une Vaisyâ (deux degrés plus bas, ordre direct), l'Ugra d'un Kchatriya et d'une Soudrâ. Au contraire le Kshattar naît d'un Soudra et d'une Kchatriyâ (deux degrés plus haut, ordre inverse), le Vaidéha d'un Vaisya et d'une Brâhmanî.

14. *Immédiats* anantara : les ekāntaras sont ceux dont le père et la mère sont séparés par une caste (par exemple Brâhmane avec Vaisyâ), et les dvyantaras ceux dont le père et la mère sont séparés par deux castes.

16. *Repoussés :* « Incapables de remplir les devoirs de fils c'est-à-dire d'offrir les sacrifices funéraires aux Mânes des ancêtres. » (Kull.)

17. *Seulement,* parce qu'au-dessus du Kchatriya il ne reste qu'une caste.

18. Pulkasa, ou Pukkasa, suivant une autre leçon.

19. De même le fils d'un Kchattar et d'une Ougrâ est appelé Svapâka; mais celui qui est engendré par un Vaidéha et une femme Ambachthâ se nomme un Vena.

20. Les (enfants) nés de Dvidjas (mariés) à des (femmes) de même caste, mais qui n'accomplissent pas les cérémonies, étant exclus de la Sâvitrî, doivent être désignés sous le nom de Vrâtyas.

21. D'un Vrâtya (de caste) Brâhmane naissent un Bhridjjakantaka abject, un Âvantya, un Vâtadhâna, un Pouchpasékhara et un Saikha.

22. D'un Vrâtya (de caste) royale (naissent) un Djhalla, un Malla, un Litchchivi, un Nata, un Karana, un Khasa, un Dravida.

23. D'un Vrâtya (de caste) Vaisya naît un Soudhanvan, un Tchârya, un Kâroucha, un Vidjanman, un Maitra, un Sâtvata.

24. De l'adultère (entre personnes de diverses) castes, de mariages avec des femmes qu'il est interdit d'épouser, de l'abandon des occupations (prescrites) pour chacun, résulte la confusion des castes.

25. Je vais énumérer complètement ces (enfants) d'origine mixte, nés dans l'ordre direct ou dans l'ordre inverse, et qui sont connexes les uns aux autres.

26. Le Soûta, le Vaidéhaka, le Tchândâla le plus vil des hommes, et le Mâgadha, celui qui est Kchattar de naissance, ainsi que l'Âyogava,

20. *Les cérémonies*, « telles que l'initiation, etc. ». (Kull.) — Vrātya = excommunié.

21. Pushpaçekhara ou Pushpadha. « Ces diverses dénominations proviennent de la différence des contrées. » (Kull.)

22. Licchivi ou Nicchivi, suivant les éditions.

25. *L'ordre direct*, cf. note du v. 13. — Anyonyavyatishaktāḥ « connexes les uns aux autres », terme obscur. B. H. traduit : « et ceux (dont la naissance) est mutuellement confondue ». L. d'après Kull. le rapporte aux castes : « produits par les races mêlées, lorsqu'elles s'unissent entre elles ».

27. Tous les six engendrent avec des femmes de même (classe) des races semblables ; ils (en) procréent (aussi) avec des (femmes) appartenant à la caste de leur mère, et avec des femmes (de condition) supérieure.

28. De même que d'un (Brâhmane et de femmes) des trois castes (Kchatriya, Vaisya, Soudra ou) des deux castes (Kchatriya et Vaisya) naît (dans l'ordre direct un fils de même race qui devient un Dvidja) et (aussi) d'une femme de même caste, lorsqu'il n'y a aucun degré intermédiaire, de même entre ces (races) rejetées l'ordre (est pareil).

29. Ces six (mentionnés plus haut) à leur tour engendrent, (en s'unissant) réciproquement avec les femmes les uns des autres, plusieurs (sortes d'enfants) méprisables, repoussés des castes, et encore plus méprisables qu'eux-mêmes.

30. De même qu'un Soudra engendre avec une femme de caste Brâhmane un enfant qui est repoussé (des castes), ainsi celui qui est exclu (des castes) engendre (avec des femmes) des quatre castes (des enfants) encore plus repoussés (des castes que lui-même).

31. Mais ces hommes repoussés (des castes) engendrent à leur tour, dans l'ordre inverse, des (enfants encore) plus repoussés (des castes qu'eux-mêmes, et), abjects, (ils engendrent) des castes (encore plus) abjectes au nombre de quinze.

32. Un Dasyou engendre avec une femme Âyogavâ un

27. *Des races semblables*, « la similitude est relative non à la famille du père, mais à celle de la mère ». (Kull.)

28. Le sens de ce vers reste obscur pour moi. J'ai suivi le commentaire de Kull. B. H. traduit : « Comme le *moi* d'un homme est né de femmes de deux des trois castes, et, quand il n'y a pas de caste intermédiaire, de femmes de sa propre caste, etc. » B. met « Comme un (Brâhmane) engendre en (des femmes de) deux des trois (castes dvidjas) un fils semblable à lui-même, mais inférieur à cause du degré plus bas de la mère, et un égal à lui-même, avec une femme de sa propre race, etc ». En somme l'idée de Manou n'est pas claire. — *L'ordre est pareil* signifie suivant Kull. qu'il n'y a pas de différence de rang entre les enfants de classe mixte engendrés dans l'ordre inverse.

29. *Mentionnés plus haut* au v. 26.

32. A *parer et à servir son maître*, ou bien en faisant avec Kull. un

Sairandhra adroit à parer et à servir (son maître), vivant comme un esclave, (quoiqu'il ne soit) pas esclave, et subsistant (aussi) de ses filets.

33. Un Vaidéha engendre (avec une femme Âyogavâ) un Maitreyaka aux douces paroles, qui loue continuellement les gens, sonnant une cloche au lever du soleil.

34. Un Nichâda engendre (avec une femme Âyogavâ) un Mârgava ou Dâsa, qui vit du métier de batelier, et que les habitants de l'Âryâvarta appellent Kaivarta.

35. Ces trois (êtres) de caste vile naissent chacun de femmes Âyogavâs, qui portent les vêtements des morts, sont méprisées et mangent des aliments prohibés.

36. D'un Nichâda (et d'une femme Vaidéhî) naît un Kârâvara, ouvrier en cuir, d'un Vaidéha (et de femmes de caste Kârâvara et Nichâda) naissent un Andhra et un Méda qui habitent en dehors du village.

37. D'un Tchândâla et d'une femme Vaidéhî, naît un Pândousopâka, qui travaille le bambou; d'un Nichâda (et d'une femme Vaidehî) naît un Âhindika.

38. Mais d'un Tchândâla et d'une femme Poulkasî naît un Sopâka, (être) méchant, qui vit du même métier que son père, objet de mépris pour les gens de bien.

39. Une femme Nichâdî enfante d'un Tchândâla un fils (appelé) Antyâvasâyin employé dans les cimetières, et méprisé même de ceux qui sont repoussés (des castes).

40. Ces races, issues d'une confusion (des castes), désignées d'après leurs pères et leurs mères, peuvent se reconnaître à leurs occupations, soit qu'elles se cachent, soit qu'elles se montrent.

composé de dépendance, « à servir son maître dans sa toilette ». — *Filets* « pour tuer les daims et autres bêtes sauvages ». (Kull.)

35. *Ces trois*, c'est-à-dire le Sairandhra, le Maitreyaka et le Mārgava.

37. Āhiṇḍika « exerçant le métier de geôlier ». (Kull.)

38. *Qui vit du même métier que son père* mūlavyasanavṛttimān est expliqué par Kull. « qui a pour métier d'exécuter par ordre du roi les criminels », comme le Cāṇḍāla.

41. Six fils nés (de Dvidjas et de femmes) de la même caste ou d'une caste immédiatement inférieure, ont les devoirs des Dvidjas ; mais tous ceux qui sont nés dans l'ordre inverse (des castes) sont considérés comme ayant les mêmes devoirs que les Soudras.

42. Par la vertu de leurs austérités et de la semence (dont ils sortent) ceux-ci parviennent ici-bas d'âge en âge à des existences plus relevées ou plus dégradées parmi les hommes.

43. Mais pour avoir abandonné les rites sacrés et négligé les Brâhmanes, voici les races de Kchatriyas qui sont tombées peu à peu en ce monde au rang de Vrichalas :

44. Les Paoundrakas, les Tchodas, les Dravidas, les Kâmbodjas, les Yavanas, les Sakas, les Pâradas, les Pahlavas, les Tchînas, les Kirâtas, les Daradas.

45. Toutes les races en ce monde qui sont en dehors de celles qui naquirent de la bouche, des bras, des cuisses, des pieds (de Brahmâ), qu'elles parlent la langue des Barbares ou celle des Âryas, sont appelées Dasyous.

46. Ceux qui ont été mentionnés comme (fils) *repoussés* des Dvidjas, ou comme nés par un renversement de l'ordre des castes, doivent vivre (en exerçant) des métiers dédaignés par les Dvidjas.

41. *Six fils :* un Brâhmane avec une Brâhmanî ou une Kchatriyâ, un Kchatriya avec une Kchatriyâ ou une Vaisyâ, un Vaisya avec une Vaisyâ ou une Soudrâ, engendrent *six* sortes de fils dans l'ordre direct, qui ont les devoirs des Dvidjas. Mais ceux qui sont engendrés dans l'ordre inverse, par exemple le Sûta né d'un Kchatriya et d'une Brâhmanî ont les devoirs des Soudras.

43. Vṛshala = Soudra.

44. Quelques-unes de ces dénominations sont aisément reconnaissables dans des noms modernes telles que celles des Dravidiens, des Cambodgiens. Les Yavanas désignent chez les écrivains Hindous les Grecs (iônes).

45. *En dehors* « qui ont été exclues des castes pour leur négligence des cérémonies sacrées ». (Kull.)

46. *Les repoussés* (apasada) sont ceux « qui sont nés du mélange des castes Dvidjas dans l'ordre direct ». (Kull.) Cf. v. 10.

47. Aux Soûtas le soin des chevaux et la conduite des voitures, aux Ambachthas la médecine, aux Vaidéhas la garde des femmes, aux Mâgadhas le commerce.

48. Aux Nichâdas la destruction du poisson, aux Âyogavas le métier de charpentier, aux Médas, aux Andhras, aux Tchountchous et aux Madgous la destruction des animaux de forêts.

49. Aux Kchattars, aux Ougras, aux Poulkasas le soin de tuer ou de prendre (les bêtes) qui vivent dans des trous, aux Dhigvanas le travail du cuir, aux Venas la musique instrumentale.

50. Ces (races) doivent habiter près des arbres consacrés, dans les cimetières, sur les montagnes et dans les bois, être reconnaissables (à certains insignes) et vivre de leurs occupations propres.

51. La demeure des Tchândâlas et des Svapatchas (doit être) en dehors du village; ils ne doivent point posséder de vaisselle, (et n'ont pour toute) propriété (que) des chiens et des ânes.

52. Pour vêtements qu'ils aient les habits des morts, (qu'ils prennent) leur nourriture dans des plats cassés ; (que) leurs parures (soient) en fer et (qu'ils mènent) sans cesse une vie errante.

53. Un homme observateur de la loi ne doit point recher-

47. *La garde des femmes*, littér. « le service des femmes », c'est-à-dire « la garde du harem ». (Kull.)

48. *La destruction du poisson et la destruction des animaux des forêts*, c'est-à-dire la pêche et la chasse. Les Cuñcus et les Madgus n'ont pas été mentionnés précédemment. Suivant Kull., ils sont « nés d'un Brâhmane avec une femme Vaidéhī, et d'un Brâhmane avec une femme Ugrā ».

49. *Le travail du cuir* ou suivant Kull. « la vente du cuir, à la différence des Kārāvaras » qui s'occupent de la préparation du cuir, comme on l'a vu au v. 36.

51. *Posséder de vaisselle :* « la vaisselle de fer et autre matière dans laquelle ils ont mangé ne doit plus être employée ». (Kull.) Cf. le vers 54 où il est dit qu'ils doivent manger dans des plats cassés.

53. *Observateur de la loi*, ou bien, comme l'entend B. « un homme qui remplit un devoir religieux ».

cher leur commerce ; (ils ne doivent avoir) affaire qu'entre eux et ne se marier qu'avec (des femmes) de la même (caste).

54. La nourriture que leur donnent les autres doit leur être servie dans des plats cassés ; la nuit il leur est défendu de circuler dans les villages et les villes.

55. Le jour ils doivent vaquer à leurs occupations, reconnaissables à des insignes (déterminés) par le roi ; ils doivent emporter les cadavres (de ceux qui meurent) sans parents : telle est la règle.

56. Sur l'ordre du roi, qu'ils exécutent toujours les condamnés conformément à la loi, et qu'ils prennent (pour eux) les vêtements, la literie et les parures des suppliciés.

57. C'est à ses actes qu'on peut reconnaître un homme exclu de sa caste, inconnu, d'origine impure, qui, quoique méprisable, a l'air d'un homme d'honneur.

58. La bassesse, la grossièreté, la cruauté, la négligence des devoirs religieux trahissent en ce bas monde un homme d'origine impure.

59. Un homme de basse extraction tient son caractère de son père ou de sa mère, ou de tous les deux ; en aucun cas, il ne peut dissimuler son naturel.

60. Un homme même né dans une grande famille, (mais qui est issu) d'un mélange de castes, possède plus ou moins un caractère (en rapport avec) cette (origine).

61. Le royaume où se produisent de ces naissances irrégulières, destructives (de la pureté) des castes, périt rapidement avec ses habitants.

62. Le sacrifice désintéressé de la vie en faveur d'un Brâhmane ou d'une vache, ou pour la défense des femmes et des enfants, assure à ces (êtres) dégradés la félicité suprême.

54. *Dans des plats cassés* « et par l'intermédiaire des domestiques ». (Kull.) Ce vers signifie peut-être qu'ils « ne doivent point eux-mêmes se préparer leur nourriture, mais la recevoir d'autrui ». — L'interdiction de circuler la nuit rappelle celle dont le moyen âge frappait les Juifs.

57. Littér., « quoique non Ârya a l'air d'un Ârya ». — Ârya est parfois synonyme de Dvidja.

63. Le respect de la vie (des créatures), la véracité, le respect de la propriété, la pureté et la répression des sens, telle est en résumé la loi des quatre castes formulée par Manou.

64. (Si une femme de la classe) issue d'un Brâhmane et d'une Soudrà enfante avec un (époux de caste) supérieure, la (classe) inférieure remonte au premier rang au bout de sept générations.

65. C'est ainsi qu'un Soudra s'élève au rang de Brâhmane, et qu'un Brâhmane descend au rang de Soudra ; sachez qu'il en est de même pour la postérité d'un Kchatriya et d'un Vaisya.

66. (Supposez) un (enfant) issu n'importe comment d'un Brâhmane et d'une (femme) de basse origine, et (un enfant issu) d'une Brâhmanî et d'un (homme) de basse origine, s'il y a (contestation) sur celui auquel appartient la supériorité :

67. Celui qui est né d'un homme honorable et d'une femme de basse origine peut par ses vertus devenir un homme honorable ; celui qui est né d'une (mère) honorable

64. C'est-à-dire suivant Kull. « si une femme de la classe Pāraçava (issue d'un Brâhmane et d'une Soudrâ) épouse un Brâhmane, et qu'elle ait une fille qui épouse un Brâhmane, et ainsi de suite, jusqu'à la septième génération, l'enfant qui naît alors acquiert la qualité de Brâhmane. »

65. *C'est ainsi qu'un Soudra*, c'est-à-dire la postérité d'un Soudra par une succession de mariages. Suivant Kull., pour la descendance d'un Brâhmane et d'une Kchatriyâ, il faut trois générations pour revenir à la condition de Brâhmane, ou descendre à celle de Kchatriya pur; pour la postérité d'un Brâhmane et d'une Vaisyâ il faut cinq générations. La postérité d'un Vaisya et d'une Soudrâ met trois générations pour reprendre la qualité de Vaisya, ou descendre à celle de Soudra pur; pour celle d'un Kchatriya et d'une Soudrâ il faut cinq générations, et trois pour la postérité d'un Kchatriya et d'une Vaisyâ. En d'autres termes suivant que la femme est de un, deux ou trois degrés inférieure à l'époux, il faut trois, cinq ou sept générations pour revenir à la pureté primitive de la caste du mari, ou descendre tout à fait à la caste de la femme.

66. *De basse origine*. Littér. non Âryâ, une Soudrâ. — *N'importe comment*, c'est-à-dire « même en dehors du mariage ». (Kull.)

67. *Honorable*, littér. Ârya et non Ârya ; c'est la qualité du père qui prédomine.

et d'un (père) de basse origine (reste un homme) de basse origine ; telle est (notre) décision.

68. Ni l'un ni l'autre ne doit être initié, telle est la loi établie ; le premier à cause de la tache de sa naissance, le second (parce qu'il a été procréé) dans l'ordre inverse des castes.

69. De même qu'une bonne semence poussant dans un bon sol réussit, ainsi le fils d'un père et d'une mère honorables est digne de (recevoir) l'initiation complète.

70. Certains sages attribuent plus d'importance à la semence, d'autres au sol ; d'autres (en attribuent une égale) et à la semence et au sol ; mais voici à ce sujet la règle établie :

71. La semence jetée dans un mauvais sol y périt ; de même un sol où l'on n'a rien planté n'est qu'une terre stérile.

72. Puisque par la vertu de la semence (des enfants même) nés d'animaux devinrent des sages honorés et glorifiés, (c'est) la semence (qui) est proclamée supérieure (au sol).

73. Ayant considéré un homme (de caste) vile qui fait les actes d'un homme (de caste) honorable et un homme (de caste) honorable qui fait les actes d'une homme (de caste) vile, le Créateur a déclaré ceci : « Ces deux (hommes) ne sont ni égaux, ni inégaux. »

74. Les Brâhmanes appliqués (aux moyens d'atteindre) l'union avec Brahmâ et assidus à leurs devoirs, doivent vivre (en accomplissant) exactement dans leur ordre les six actes (suivants) :

70. Comparez ce passage avec ce qui est dit aux vers 33-41 du livre IX.

72. Kull. cite l'exemple de Ṛshyaçṛṅga, fils de Vibhâṇḍaka, qui suivant le Mahâbhârata et le Râmâyana était né d'une daine et avait une petite corne (çṛṅga) au front.

73. Ils diffèrent par la caste, et se ressemblent « parce que tous deux font des actes défendus. C'est pourquoi personne ne doit faire les actes qui lui sont interdits ». (Kull.)

74. Brahmayonisthâḥ, littér. « se tenant dans Brahmâ comme dans leur source ».

75. Enseigner et étudier, sacrifier pour soi et sacrifier pour les autres, donner et recevoir, (tels sont) les six actes (prescrits) pour un (homme) de la première caste.

76. De ces six actes (qui) lui (sont propres), trois lui procurent sa subsistance : sacrifier pour autrui, enseigner et recevoir (des présents de gens) purs.

77. (En descendant) du Brâhmane au Kchatriya, trois de ces actes cessent (d'être prescrits, à savoir) : enseigner, sacrifier pour autrui et en troisième (lieu) accepter (des présents).

78. Ces mêmes (actes) cessent aussi (d'être prescrits) pour le Vaisya : telle est la règle ; car le Seigneur des créatures, Manou, a dit que ces actes ne convenaient pas à ces deux (castes).

79. Les moyens de subsistance du Kchatriya sont de porter l'épée et le javelot, du Vaisya (de faire) le commerce, (de garder) les troupeaux et de labourer ; leurs devoirs religieux sont de donner (des présents), d'étudier (le Véda) et d'accomplir) les sacrifices.

80. Parmi leurs occupations respectives, les plus recommandables sont pour un Brâhmane l'enseignement du Véda, pour un Kchatriya la protection (des peuples), pour un Vaisya le commerce.

81. Mais un Brâhmane qui ne peut subsister par l'occupation susdite qui lui est propre, peut vivre suivant la loi du Kchatriya, car ce dernier est le plus rapproché de lui (dans l'ordre des castes).

82. « Au cas où il ne pourrait subsister par aucune de ces deux (occupations) que devra-t-il faire ? » Si (cette question) se pose, (voici la réponse) : « Qu'il vive de la vie d'un Vaisya, en s'adonnant à l'agriculture et au soin des troupeaux. »

83. Mais un Brâhmane ou même un Kchatriya vivant des moyens d'existence d'un Vaisya doivent autant que possible

75. *Enseigner et étudier* « le Véda et les Aṅgas ». (Kull.)

77. En d'autres termes ces trois actes sont interdits au Kchatriya.

83. *D'autres créatures* « telles que les bœufs et autres (employés à labou-

éviter l'agriculture, qui cause beaucoup de mal, et dépend d'autres (créatures).

84. (Quelques-uns) pensent que l'agriculture est chose excellente ; mais cette occupation est blâmée par les (gens) vertueux ; car (l'instrument) de bois à pointe de fer endommage la terre et les (êtres) qui vivent dans la terre.

85. Mais celui que l'insuffisance de ses moyens d'existence oblige à renoncer à l'accomplissement des devoirs religieux pourra, pour s'enrichir, trafiquer des marchandises (que vend un) Vaisya, en exceptant ce qui (doit être) excepté.

86. Qu'il évite (de vendre) toute espèce de condiments, des aliments cuits ainsi que du sésame, des pierres, du sel, du bétail et des (êtres) humains,

87. Toute espèce d'étoffes teintes, (des tissus de) chanvre, lin, laine, même non teints, fruits, racines, plantes (médicinales),

88. Eau, armes, poison, viande, soma, parfums de toutes sortes, lait (frais), miel, lait suri, beurre clarifié, huile de sésame, cire, sucre, herbe *kousa*,

89. Toutes les bêtes des forêts, (animaux) pourvus de crocs, oiseaux, liqueurs spiritueuses, indigo, laque, ainsi que tous les solipèdes.

90. Mais celui qui vit d'agriculture, peut à son gré vendre des grains de sésame purs (de tout mélange) en vue de (l'accomplissement) des devoirs (religieux, pourvu qu'il) les ait fait pousser lui-même par sa culture, et qu'ils n'aient pas séjourné longtemps.

91. S'il fait des grains de sésame autre chose qu'un ali-

rer) ». (Kull.) Le vers suivant explique en quoi l'agriculture cause beaucoup de mal.

85. *Celui* « le Brâhmane ou le Kchatriya ». (Kull.)

86. Ou bien « du riz cuit (mêlé) avec des grains de sésame ». — « Le sel est mentionné à part pour marquer la gravité du péché ». (Kull.)

87. *Teintes* (rakta), plus spécialement peut-être *rouges*, le rouge étant la couleur par excellence. En espagnol *colorado* signifie rouge.

88. *Cire*, littér., miel, madhu.

ment, un onguent, ou un don, il renaîtra sous forme de ver, et sera plongé avec ses ancêtres dans des excréments de chien.

92. (Pour avoir vendu) de la viande, de la laque, du sel, un Brâhmane est déchu immédiatement (de sa caste) ; pour avoir vendu du lait, il devient Soudra au bout de trois jours.

93. Mais pour avoir vendu volontairement ici-bas les autres marchandises (prohibées) un Brâhmane acquiert au bout de sept jours la condition de Vaisya.

94. Des essences peuvent être échangées contre des essences, mais non du sel contre des essences, des aliments cuits contre des aliments cuits, et des grains de sésame contre un égal poids d'autres grains.

95. Un homme de caste royale tombé dans la détresse, peut vivre par tous ces (moyens) ; mais il ne doit jamais s'arroger les occupations (de la caste) supérieure.

96. Un homme de basse caste, se livrant par cupidité aux occupations (des castes) supérieures, doit être dépouillé par le roi de ses biens et exilé sur-le-champ.

97. Mieux vaut (accomplir) incomplètement ses propres fonctions que bien remplir celles d'autrui, car celui qui vit selon la loi d'une autre caste déchoit immédiatement de la sienne.

98. Un Vaisya qui ne peut vivre de ses propres fonctions peut au besoin subsister des occupations d'un Soudra, en évitant les actes prohibés, et il doit renoncer (à celles-ci) dès qu'il le peut.

99. Mais un Soudra incapable de trouver du service auprès des Dvidjas et menacé (de voir) ses enfants et sa femme mourir (de faim), peut vivre des travaux manuels.

100. (Qu'il pratique) les métiers manuels et les divers arts dont l'accomplissement rend (le plus de) services aux Dvidjas.

101. Un Brâhmane qui ne (veut pas) adopter les occu-

94. *Des essences*, rasa, ou « liquides » ou « condiments ».

95. *De la caste supérieure*, c'est-à-dire des Brâhmanes.

100. *Métiers* « charpentiers, etc. » ; *arts* « peintre, etc. ». (Kull.)

pations (d'un Kchatriya ou) d'un Vaisya et persévère dans sa voie, bien que pressé par l'indigence et tourmenté (par la faim), peut pratiquer la règle de conduite suivante :

102. Un Brâhmane tombé dans la détresse peut accepter de n'importe qui ; car d'après la loi, il n'est pas possible que ce qui est pur soit souillé.

103. Enseigner (le Véda) à des (gens) méprisables, offrir (pour eux) le sacrifice ou accepter (d'eux des présents) n'est pas une faute pour les Brâhmanes ; car ils sont (purs) comme l'eau et le feu.

104. Celui qui en danger de mourir (de faim) accepte des aliments de n'importe qui, n'est pas plus souillé de péché que l'air par la fange.

105. Adjîgarta pressé par la faim s'approcha pour tuer son fils et ne fut pas souillé de péché, (car) il n'agissait (ainsi que) pour calmer sa faim.

106. Vâmadéva qui connaissait le juste et l'injuste, lorsque tourmenté (par la faim) il voulut manger de la viande de chien pour sauver sa vie, ne se souilla (d'aucun péché).

107. Bharadvâdja, le rigide ascète, accepta du charpentier Bribou plusieurs vaches, lorsqu'il était tourmenté par la faim avec ses fils dans une forêt déserte.

108. Visvâmitra qui connaissait le juste et l'injuste, tourmenté par la faim, s'approcha pour manger une cuisse de chien qu'il reçut des mains d'un Tchândâla.

102. *Ce qui est pur*. par exemple « le Gange, etc. ». (Kull.)

103. *Les Brâhmanes* « en détresse ». (Kull.)

105. « Le sage Ajīgarta vendit son fils Çunaḥçepha pour un sacrifice. » (Kull.) Cf. Aitareya Brāhmaṇa, VII, 13-16.

106. Vāmadeva, sage védique auquel on attribue plusieurs hymnes ; dans l'un d'eux il dit : « Pressé par un extrême besoin j'ai cuit les entrailles d'un chien ». C'est à ce passage que fait allusion Manou.

107. Bharadvāja, sage auquel on attribue plusieurs hymnes védiques, fils de Bṛhaspati et frère de Droṇa le précepteur des Pāṇḍavas ; il est question de lui dans le Mahâbhârata et le Râmâyana.

108. Viçvāmitra, sage célèbre que ses austérités élevèrent de la condition de Kchatriya à celle de Brâhmane.

109. (Entre ces divers actes), accepter (d'êtres méprisables), offrir (pour eux) le sacrifice et (leur) enseigner (le Véda), l'acceptation (des présents) est (ce qu'il y a de) plus bas de la part d'un Brâhmane (et ce dont il est le plus) puni dans l'autre monde.

110. (Car) l'offrande du sacrifice et l'enseignement (du Véda) sont toujours faits pour (des gens) dont l'âme a été régénérée (par les sacrements), tandis qu'un présent s'accepte même d'un Soudra, (homme) de la plus basse caste.

111. Par la prière et les oblations s'efface la faute commise en offrant le sacrifice (pour des gens méprisables), ou en leur enseignant (le Véda) ; mais (le péché) encouru en acceptant (d'eux des présents s'efface) par l'abandon du présent et les austérités.

112. Un Brâhmane sans ressources peut glaner des épis et ramasser des grains épars (sur le champ) de n'importe qui ; car glaner vaut mieux qu'accepter des présents, et ramasser des grains épars est réputé (plus louable) que glaner.

113. Des Brâhmanes sortis de noviciat doivent s'adresser au souverain, lorsqu'ils sont dans la misère et qu'ils ont besoin (d'objets en) métal vil, ou (d'autres) articles ; mais il ne faut pas s'adresser à celui qui n'est pas disposé à donner.

114. (Accepter un champ) inculte (est moins blâmable qu'accepter) un champ cultivé ; (parmi les objets suivants) vache, chèvre, brebis, or, grains, aliments préparés, c'est toujours le premier nommé (dont l'acceptation) est moins blâmable (par rapport au suivant).

109. *Puni*, littér. « blâmé ».

110. *Dont l'âme a été régénérée*, c'est-à-dire « des Dvidjas ». (Kull.)

112. *Des présents* « de gens non vertueux ». (Kull.)

113. *Sortis de noviciat*, des Snâtakas. — *Il ne faut pas s'adresser*, littér. « il doit être quitté ». Medh. et Govind. entendent par là « il faut quitter le pays de ce prince, il ne faut pas y rester ». Kull. ajoute : « si le prince est connu pour être un peu avare ».

115. Il y a sept moyens légaux d'acquérir la richesse : héritage, donation, achat, conquête, placement à intérêt, exécution d'un travail et acceptation (de présents) des gens vertueux.

116. Enseignement, arts manuels, travail à gages, domesticité, garde des troupeaux, commerce, agriculture, contentement (de peu), mendicité, prêt à intérêt, (tels sont) les dix moyens de subsistance.

117. Ni un Brâhmane, ni un Kchatriya ne doivent prêter à intérêt; mais ils peuvent s'ils le veulent, dans un but pieux, prêter à un grand pécheur (moyennant) un faible (taux).

118. Un roi qui en temps de détresse, prend même le quart (des récoltes) n'est coupable d'aucune faute, (pourvu qu'il) protège ses sujets dans la mesure de ses moyens.

119. Sa fonction propre c'est de vaincre ; dans le combat, qu'il ne tourne point le dos. Après avoir protégé les Vaisyas de son épée, il peut prélever l'impôt légal :

120. (A savoir) des Vaisyas le huitième comme taxe sur les grains, le vingtième (sur l'or et le reste, jusqu'à une somme) minima d'un kârchâpana. (Quant aux) Soudras, aux artisans et aux manouvriers, qu'ils s'acquittent (envers lui) par leur travail.

115. *Donation*, lābha, « trouvaille, etc., ou donation amicale ». (Kull.) — « Les trois premiers moyens sont permis à toutes les castes, le quatrième est permis au Kchatriya, le cinquième et le sixième au Vaisya, le septième au Brâhmane. » (Kull.) — *Exécution d'un travail*, karmayoga ; c'est, suivant Kull., « le labourage et le commerce ».

116. *Enseignement*, vidyā : ordinairement le mot désigne l'enseignement du Véda; mais ici, suivant Kull., il s'agit d'autres sciences que de la science sacrée : « la logique, l'exorcisme contre les poisons, etc. ». — *Arts manuels* « l'écriture, etc. ». (Kull.).— *Moyens de subsistance* « en temps de détresse ». (Kull.)

117. *Ni un Brâhmane* « même en détresse ». (Kull.)

118. Cf. VII, v. 130, où il est dit que le roi a droit au huitième, au sixième, ou au douzième des récoltes, et au cinquantième des bénéfices en troupeaux et en argent.

119. *Les Vaisyas*, pour dire le peuple en général.

120. Ce précepte s'applique au cas de détresse : en toute autre circons-

121. Mais un Soudra en quête de moyens d'existence peut servir un Kchatriya et même gagner sa vie au service d'un riche Vaisya.

122. Mais il peut servir les Brâhmanes soit en vue du ciel, soit en vue de l'une et l'autre (vie) ; car celui dont on dit qu'il est le serviteur d'un Brâhmane atteint le but.

123. Le service des Brâhmanes seul est réputé l'occupation par excellence d'un Soudra ; car tout ce qu'il fait en dehors de cela est pour lui sans fruit.

124. Ceux-ci doivent lui assigner sur leur train de maison des moyens d'existence en rapport avec ses mérites, après avoir examiné ses capacités, son adresse et ses charges de famille.

125. Ils doivent (lui) donner les restes de (leurs) aliments, (leurs) vieux vêtements, le rebut des grains et les vieux meubles.

126. Pour un Soudra il n'y a point (de péché entraînant) la déchéance, et il n'est point apte à recevoir l'initiation ; il n'est point qualifié pour (l'accomplissement) des devoirs religieux, (mais) il ne lui est pas défendu (d'accomplir certains) devoirs (tels que le *pâkayadjna* et autres).

127. (Les Soudras) désireux (d'acquérir) des mérites spirituels, et connaissant (leurs) devoirs, (qui) imitent la conduite

tance le roi doit s'en tenir à la règle donnée au livre VII, v. 130. — *Le huitième des grains* « ou même le quart », comme il est dit au v. 118.

121. *Un Soudra* « qui ne trouve pas d'emploi auprès d'un Brâhmane ». Kull.) — *Au service d'un Vaisya* « à défaut d'un Kchatriya ». (Kull.)

122. *L'une et l'autre vie* « en vue du ciel et en vue de gagner sa subsistance ». (Kull.) — B. H. entend littér. « celui par qui le mot Brahman est sans cesse prononcé (produit, jâta) ». — *Le but*, c'est-à-dire la félicité suprême, la délivrance finale.

126. *Pour un Soudra* « qui mange de l'ail et autres choses (prohibées) ». (Kull.) — *Péché entraînant la déchéance*, pâtaka. — *Les devoirs religieux* « tels que l'agnihotra et autres ». (Kull.) — Le pâkayajña littér. « sacrifice cuit » désigne certains rites domestiques très simples.

127. *Désireux d'acquérir des mérites spirituels* ou simplement « d'accomplir leur devoir ». — *La conduite des gens vertueux* « des trois castes ». (Kull.) « Suivant Yâjñavalkya ils n'encourent pas de péché en accomplis-

des gens vertueux, tout en évitant (de réciter) les textes sacrés, ne pèchent pas et obtiennent des éloges.

128. Plus un (Soudra) imite, sans murmurer, la conduite des gens vertueux, plus il gagne (de bénédictions) en ce monde et dans l'autre, sans s'exposer au blâme.

129. Un Soudra, même s'il le peut, ne doit pas amasser de richesses, car un Soudra qui s'enrichit fait tort aux Brâhmanes.

130. Ainsi ont été exposés les devoirs des quatre castes, en temps de détresse ; ceux qui les observent exactement, arrivent au chemin (de la félicité) suprême.

131. Voilà, exposée en entier, la règle du devoir des quatre castes. Je vais maintenant déclarer la règle pure concernant les expiations.

sant les cinq sacrifices et autres, à condition de s'abstenir (de la récitation) des mantras, sauf le mantra de l'adoration. » (Kull.)

128. *La conduite des gens vertueux* « des Dvidjas dans les actes qui ne sont pas défendus ». (Kull.)

129. *Fait tort aux Brâhmanes* « parce qu'il s'enorgueillit de ses richesses et refuse de les servir ». (Kull.)

LIVRE ONZIÈME

Pénitences et Expiations.

1. Celui qui désire une postérité, celui qui veut accomplir un sacrifice, celui qui voyage, celui qui a donné tous ses biens, celui qui mendie pour son précepteur, celui qui mendie pour son père et sa mère, celui qui mendie pour faire ses études, celui qui est malade,

2. Ces neuf Brâhmanes doivent être considérés comme Snâtakas, mendiant pour (accomplir) la loi sacrée ; à ces indigents on doit faire des présents en proportion de leur savoir.

3. A ces meilleurs d'entre les Dvidjas on doit donner des aliments avec des présents (en dedans de l'enceinte du sacrifice) ; aux autres, il est recommandé de donner des aliments en dehors de l'enceinte du sacrifice.

4. Mais un roi doit distribuer comme il convient toutes (sortes) de pierres précieuses et des présents à titre d'honoraires du sacrifice aux Brâhmanes instruits dans les Védas.

5. Quand (un homme) déjà marié prend une seconde femme, et qu'il a demandé (de l'argent pour se marier), le seul fruit

1. *Celui qui désire une postérité*, c'est-à-dire celui qui veut se marier. — *Donné tous ses biens* « qui a donné son avoir comme honoraires (dakshiṇā) du sacrifice à un sacrifice dit viçvajit (qui conquiert tout) ». (Kull.)

2. On peut construire aussi : « Ces neuf Brâhmanes Snâtakas doivent être considérés comme mendiant par des raisons vertueuses. » — *Des dons* « tels que des vaches, de l'or, etc. ». (Kull.)

3. *De l'argent pour se marier*, pour couvrir les frais du mariage, pour payer le prix nuptial ; on a vu ailleurs que le mariage est un achat déguisé de la future.

(qu'il retire de ce mariage) est le plaisir sexuel ; les enfants (appartiennent) à celui qui a donné l'argent.

6. Que chacun distribue selon ses moyens des présents aux Brâhmanes instruits dans le Véda et détachés (des choses de la terre ; par là) on gagne le ciel après la mort.

7. Celui qui possède des aliments en suffisance pour nourrir pendant trois ans et même plus les personnes qui sont à sa charge, est digne de boire le soma.

8. Mais le Dvidja dont l'avoir est inférieur à ce (chiffre) et qui boit le soma, n'en retire aucun fruit, quand même il aurait déjà bu le soma précédemment.

9. Un homme riche qui donne à des étrangers tandis que sa propre famille est dans la gêne, est un hypocrite de vertu ; le miel qu'il aura savouré d'abord se tournera en poison pour lui.

10. Ce qu'un homme fait pour assurer son bonheur futur au détriment des personnes dans sa dépendance, tourne à mal pour lui en cette vie et après la mort.

11. Lorsqu'un sacrifice offert (par un Dvidja et) surtout par un Brâhmane est interrompu (faute) d'un objet, (dans un lieu où) règne un roi juste,

12. Pour assurer la réussite du sacrifice, (le sacrificateur) peut prendre cet objet dans la maison d'un Vaisya qui (bien

6. *Détachés des choses de la terre*, ou « qui vivent seuls, qui ont quitté enfants, femme, etc. ». (Kull.)

7. *Boire le soma*, « il a le droit d'accomplir le sacrifice du soma, dans le but d'assurer l'accomplissement de ses désirs ». (Kull.)

8. *Précédemment*, au sacrifice annuel (nitya opposé à kāmya), qui est indiqué au livre IV, 26.

9. *Qui donne* « par ostentation ». — Le miel « de la réputation » se tourne pour lui en poison « en enfer ».

10. Aurdhvadehikam : B. H. traduit : « Si quelqu'un accomplit des rites funéraires. »

11. *Faute d'un objet*, littér. « faute d'un membre ». — *Un roi juste*, « car celui-ci ne punira pas une personne qui se conforme aux prescriptions des livres ». (Kull.)

12. *Prendre* « par force ou par ruse ». (Kull.) — *Les sacrifices* « le Pâkayajña et autres ». (Kull.) — *Ne boit par le soma*. Cf., v. 7, 8, note.

que) riche en troupeaux, ne fait pas de sacrifices et ne boit pas le soma.

13. Ou bien, s'il le veut, qu'il prenne deux ou trois (objets nécessaires au sacrifice) dans la maison d'un Soudra; car un Soudra n'a rien à faire avec le sacrifice.

14. (Si un homme) possédant cent vaches n'allume pas le feu (sacré, si un homme) possédant mille vaches n'offre pas le sacrifice (du soma), que le (sacrificateur) n'hésite pas à prendre dans leur maison (les objets nécessaires).

15. Il peut (aussi) les prendre (à un Brâhmane) qui toujours reçoit et jamais ne donne, si ce dernier ne veut pas (les) accorder (de bon gré); par là, sa gloire s'étend et ses mérites spirituels croissent.

16. De même (le Brâhmane) dont la règle est de n'avoir pas de provisions pour le lendemain, quand il n'a pas mangé pendant six repas, peut au septième prendre (des aliments) à un (homme) qui néglige ses devoirs.

17. Qu'il les prenne soit dans la grange, soit dans le champ, soit dans la maison, n'importe où; mais qu'il confesse la chose au (propriétaire) si celui-ci l'interroge.

18. Un Kchatriya ne doit en aucun cas prendre ce qui

13. *Ou bien* « s'il ne peut les prendre chez un Vaisya ». (Kull.) — *Un Soudra n'a rien à faire avec le sacrifice :* ou bien comme traduit B. H. « quand on accomplit les sacrifices, un Soudra n'a aucun droit de possession ». — Kull. ajoute : « Comme il est interdit à un Brâhmane de demander à un Soudra un objet pour le sacrifice, il doit le lui prendre de force. » Cette interdiction est formulée plus loin au vers 24.

15. *Les prendre* « par force ou par ruse ». (Kull.) — *A un Brâhmane :* quelques commentateurs l'entendent de toutes les castes.

16. *Six repas* « trois jours ». — *Au septième* « le matin du quatrième jour ». — *Qui néglige ses devoirs :* « tels que la libéralité et autres ». (Kull.) Hînakarman signifie littér. « qui néglige les cérémonies, les œuvres ». — On peut encore entendre ce vers différemment : au lieu de « dont la règle est de n'avoir pas de provisions pour le lendemain », on peut traduire « il peut prendre des aliments...., mais sans toutefois faire une provision pour le lendemain ».

18. « De même un Vaisya ou un Soudra ne doivent pas prendre ce qui est à un Kchatriya, qui est leur supérieur par la caste. » (Kull.)

appartient à un Brâhmane; mais s'il est dans le besoin, il a le droit d'enlever ce qui appartient à un Dasyou, ou à quelqu'un qui néglige les sacrifices.

19. Celui qui prend les biens des méchants pour les donner aux gens vertueux, fait de lui-même un bateau et transporte les uns et les autres.

20. Le bien de ceux qui sont zélés pour les sacrifices est appelé par les sages le patrimoine des dieux; mais la richesse de ceux qui ne sacrifient point est dite le patrimoine des démons.

21. Un prince juste ne doit point infliger de châtiment à celui (qui, par force ou par ruse, prend ce dont il a besoin pour les besoins précédemment énoncés); car c'est par la folie du Kchatriya que le Brâhmane souffre la faim.

22. Après s'être enquis des charges de famille de celui-ci et avoir examiné sa science et sa conduite, que le souverain lui assigne des moyens d'existence conformes à la loi (prélevés) sur son propre train de maison.

23. Lui ayant assigné des moyens d'existence, qu'il le protège envers et contre tous; car il obtient la sixième partie des mérites de celui qu'il protège ainsi.

24. Un Brâhmane ne doit jamais demander à un Soudra un objet en vue du sacrifice; car le sacrificateur qui fait une telle demande (à un Soudra) renaît après la mort comme Tchândâla.

25. Un Brâhmane qui a demandé un objet en vue du sacrifice, et qui ne l'emploie pas tout (à ce pieux usage), devient pour cent ans (après sa mort) un oiseau de proie ou une corneille.

19. *Les uns et les autres* « celui auquel il ôte en le délivrant du péché (d'avarice), et celui auquel il donne en le tirant du dénuement ». (Kull.)

21. *Du Kchatriya*, c'est-à-dire du roi : le roi ne devrait pas laisser les Brâhmanes dans le besoin.

22. *Conformes à la loi* ou simplement « convenables, réguliers ».

25. *Un oiseau de proie*, un bhâsa, peut-être un vautour.

26. Le pervers qui par cupidité attente à la propriété des dieux et des Brâhmanes vivra dans l'autre monde des restes des vautours.

27. Au bout de l'an on doit toujours offrir le sacrifice Vaisvânarî, à titre d'expiation pour l'omission des (sacrifices) prescrits d'animaux et des cérémonies du soma.

28. Mais un Dvidja qui sans (être en) détresse accomplit les devoirs religieux suivant les règles (prescrites pour les temps) de détresse, n'en tire aucun profit dans l'autre monde : telle est la décision.

29. Les Visve-Devas, les Sâdhyas et les grands Sages (de la caste) brâhmanique, craignant pour leur vie dans des (temps) de détresse, créèrent une règle substituée à la place de la règle (primitive).

30. Aucune récompense dans l'autre monde n'est réservée au pervers qui pouvant (se conformer) à la règle primitive, agit d'après la règle secondaire.

31. Un Brâhmane instruit de la loi ne doit porter devant le roi aucune (plainte) ; son propre pouvoir lui suffit pour châtier ceux qui lui font du mal.

32. Son propre pouvoir est supérieur au pouvoir du roi ; donc le Brâhmane doit (se servir) de son seul pouvoir pour punir ses ennemis.

33. Qu'il n'hésite pas à employer les textes de l'Atharva-Véda et ceux d'Anguiras; car la parole est l'arme du Brâhmane, avec laquelle il peut anéantir ses ennemis.

26. *Dans l'autre monde*, c'est-à-dire « dans une autre naissance ». (Kull.) Je ne vois pas bien quel est l'animal désigné ici comme vivant des restes des vautours.

27. Il s'agit ici d'omission involontaire.

32. « Son pouvoir ne dépend que de lui, le pouvoir du roi dépend des autres. » (Kull.)

33. *Les textes*, c'est-à-dire les prières magiques, les charmes, les incantations. — Je traduis Atharva-Véda à cause du commentaire ; mais comme le quatrième Véda n'est nommé nulle part dans Manou, il faut peut-être prendre Atharvan comme le nom du sage : Atharvan est le fils aîné de

34. Un Kchatriya doit triompher du malheur par la force de son bras, un Vaisya et un Soudra au moyen de leurs richesses, un Brâhmane par des prières et des oblations au feu.

35. Le Brâhmane est appelé le créateur, le punisseur, le précepteur, le bienfaiteur ; on ne doit rien lui dire qui soit de mauvais augure, ni employer (à son égard) de termes grossiers.

36. Ni une jeune fille, ni une jeune femme, ni un (homme) de peu de science, ni un insensé ne peuvent offrir le (sacrifice) Agnihotra, non plus qu'un malade ou une (personne) non initiée.

37. Car lorsque de telles (personnes) offrent l'oblation, elles tombent en enfer, ainsi que celui pour qui (elle est offerte) ; c'est pourquoi le prêtre du sacrifice doit être (un homme) versé dans les (rites) relatifs à la disposition des trois feux sacrés, et ayant une connaissance parfaite du Véda.

38. Un Brâhmane riche qui n'offre pas comme honoraires à (la cérémonie de) l'Agnyâdhéya un cheval consacré à Pradjâpati, devient (l'égal) de celui qui n'a pas allumé le feu sacré.

39. Un homme qui a la foi, et dont les sens sont domptés, doit accomplir d'autres (actes) pieux; mais il ne doit en aucun cas offrir des sacrifices où les honoraires du prêtre sont insuffisants.

40. Un sacrifice où les honoraires du prêtre sont insuffi-

Brahmâ et l'auteur présumé du recueil qui porte son nom. Aṅgiras est un autre sage auquel on attribue plusieurs hymnes védiques.

34. *Un Brâhmane*, littér. le meilleur des Dvidjas.

35. Kull. construit autrement : « celui qui..., etc., est appelé à bon droit un Brâhmane ». — Par vidhātar, créateur, il entend « celui qui accomplit les rites sacrés ». — *Le punisseur* « celui qui punit à propos son fils ou son élève ». — *Bienfaiteur* « de toutes les créatures ». (Kull.)

36. *Une jeune femme* « mariée ou non mariée ». — *Offrir le sacrifice :* littér. être le hotar.

37. *Les rites* Vaitāna.

38. L'Agnyādheya, littér. l'action d'allumer le feu sacré.

40. *La renommée et la réputation :* suivant Kull, yaças est la réputation pendant la vie, et kīrti la réputation après la mort.

sants détruit les organes des sens, la renommée, et le (bonheur au) ciel, la longévité, la réputation, la postérité, le bétail (de celui qui l'offre) ; aussi un homme de peu de fortune ne doit-il point offrir de sacrifice.

41. Un Brâhmane entretenant l'Agnihotra, qui néglige volontairement le feu sacré, doit accomplir la pénitence lunaire durant un mois, car cette (faute) est égale au meurtre d'un fils.

42. Ceux qui après avoir reçu de l'argent d'un Soudra célèbrent un Agnihotra, sont (considérés comme) les prêtres des Soudras, et blâmés des gens instruits dans les Védas.

43. Mettant le pied sur la tête de ces insensés, qui honorent le feu sacré (allumé avec l'argent) d'un Soudra, le donateur (seul) traversera les infortunes (dans l'autre monde).

44. Un homme qui néglige un acte prescrit, ou qui accomplit un (acte) blâmé, ou qui est attaché aux objets des sens, doit faire une pénitence.

45. Les sages prescrivent la pénitence pour les fautes commises involontairement ; (mais) quelques-uns, sur la foi des textes révélés, déclarent (la pénitence applicable) même aux (fautes) intentionnelles.

46. Une faute commise involontairement est expiée par la lecture du Véda, mais (une faute) qu'un (homme) par démence commet volontairement (est expiée) par diverses sortes de pénitences.

47. Un Dvidja qui soit par fatalité, soit pour (une action) commise (dans une vie) antérieure, est obligé de faire une pénitence, ne doit avoir aucun contact avec les gens vertueux avant que sa pénitence ne soit accomplie.

41. *La pénitence lunaire*, cf. XI, 217. — *Néglige* « matin et soir ». (Kull.)

43. Satatam, littér. perpétuellement, est commenté par paraloke dans l'autre monde. — *Le donateur* « le Soudra ». (Kull.)

46. *Par démence :* « dans l'égarement de la passion ou de la haine ». (Kull.)

47. *Fatalité* daivât, c'est-à-dire « par inadvertance ». (Kull.). — *Les actions commises dans une vie antérieure :* certaines maladies, notamment la

48. Il y a des méchants qui subissent une déformation corporelle (en punition) de crimes commis ici-bas, d'autres (en punition) de crimes commis (dans une vie) antérieure.

49. Celui qui vole l'or (d'un Brâhmane) a l'onychie, le buveur d'eau-de-vie a les dents noires, le meurtrier d'un Brâhmane la phtisie, celui qui viole la couche d'un maître spirituel une maladie de peau.

50. Un calomniateur a l'ozène, un dénonciateur une mauvaise haleine, un voleur de grains a un membre en moins, un falsificateur (de grains et autres marchandises) un membre en trop.

51. Un voleur d'aliments (a) la dyspepsie, un voleur de la (sainte) parole (est frappé de) mutisme, un voleur de vêtements (a) la lèpre blanche, un voleur de chevaux est boiteux.

52. Le voleur d'une lampe devient aveugle, celui qui l'éteint (méchamment) devient borgne ; le mal (fait aux créatures est puni de) maladie générale, (tandis qu'en) ne leur faisant aucun mal on est exempt de maladies.

53. Ainsi, suivant la différence de leurs actions, naissent des (êtres) méprisés par les (gens) vertueux (tels que) crétins, muets, aveugles, sourds, estropiés.

54. C'est pourquoi il convient d'accomplir toujours les pénitences en vue de la purification ; car ceux dont les fautes n'ont pas été expiées, renaissent avec des marques déshonorantes.

phtisie et la lèpre, sont considérées comme la punition d'actes commis antérieurement.

49. *Une maladie de peau :* suivant Kull. « le gland dépourvu de prépuce ».

51. *Un voleur de la sainte parole*, « celui qui étudie le Véda sans en avoir reçu l'autorisation ». (Kull.)

52. Ce vers est rejeté par certains commentateurs. — La fin du vers est lue différemment par Kull. sphîto'nyastryabhimarshakaḥ, « l'adultère a de l'œdème ».

53. *De leurs actions* « dans une existence antérieure ». (Kull.)

55. Le meurtre d'un Brâhmane, l'usage des liqueurs fortes, le vol, l'adultère avec la femme d'un gourou, ainsi que la fréquentation de ceux (qui commettent ces actes) sont déclarés des péchés mortels.

56. S'attribuer faussement un haut rang, porter une calomnie devant le roi, accuser faussement un maître spirituel, (est un péché) équivalent au meurtre d'un Brâhmane.

57. L'oubli du Véda, l'outrage au Véda, le faux témoignage, le meurtre d'un ami, l'usage des aliments défendus ou (de mets) impropres à être mangés, ces six (actes) sont équivalents à l'usage des liqueurs fortes.

58. Le vol d'un dépôt, d'une personne, d'un cheval, d'argent, de terrain, de diamants et de perles est déclaré équivalent à un vol d'or.

59. La fornication avec des sœurs utérines, avec des jeunes filles ou des femmes de la plus basse (caste), avec l'épouse d'un ami ou celle d'un fils est considérée comme équivalente à la souillure du lit d'un gourou.

60. Tuer une vache, sacrifier pour (des personnes) indignes du sacrifice, entretenir des relations adultères, se vendre soi-même (comme esclave), abandonner son précepteur, son père, sa mère, son fils, délaisser l'étude (du Véda) et (l'entretien du) feu sacré,

61. Laisser son plus jeune frère se marier le premier, se marier avant un frère aîné, donner sa fille (à une personne qui est dans) l'un de ces deux (cas), ou sacrifier pour cette (personne),

62. Déshonorer une vierge, (faire) l'usure, enfreindre un

55. Répétition du v. 235, IX. — *Le vol* « de l'or d'un Brâhmane ». (Kull.). Ce dernier restreint l'expression surāpānam en disant « les liqueurs défendues ». — Guru ici est pris dans le sens le plus large.

57. *Impropres à être mangés* « de l'ordure, etc. ». (Kull.)

61. *Dans l'un de ces deux cas*, c'est-à-dire soit au frère aîné qui laisse son plus jeune frère se marier avant lui, soit au frère cadet qui se marie avant son aîné.

62. *Un vœu*, « le vœu de chasteté du novice ». (Kull.)

vœu, vendre un étang, un jardin de plaisance, sa femme ou son enfant,

63. Être un excommunié, abandonner un parent, enseigner (le Véda) pour un salaire, apprendre (le Véda) d'un précepteur salarié, vendre des articles dont la vente est prohibée,

64. Surveiller toutes (sortes de) mines, exécuter les grands travaux de construction, détruire les plantes (médicinales), vivre (de la prostitution) de sa femme, (pratiquer) la sorcellerie et les incantations au moyen de racines,

65. Abattre des arbres encore verts pour (en faire) du combustible, accomplir des cérémonies pour soi seul, manger des aliments prohibés,

66. Ne pas entretenir le feu (sacré, commettre) un vol, ne pas payer ses dettes, lire de mauvais livres, exercer le métier de danseur et de chanteur,

67. Voler des grains, des métaux vils, du bétail, avoir commerce avec une femme adonnée aux liqueurs fortes, tuer une femme, un Soudra, un Vaisya, un Kchatriya, être athée : (ce sont là) les péchés secondaires.

68. Faire du mal à un Brâhmane, respirer ce qui ne doit pas être respiré ou des liqueurs fortes, tricher, (commettre un acte de) pédérastie : (tous ces actes) sont considérés comme entraînant la perte de la caste.

63. *Excommunié*, un Vrātya exclu de la Sāvitrī, cf. X, 20.

65. *Des cérémonies pour soi seul*, « cuire pour soi seul ». (Kull.) — *Aliments prohibés* « manger de l'ail, etc., une fois et sans intention ». (Kull.)

66. *Un vol :* « le vol d'un objet précieux autre que l'or ». (Kull.) — *Ses dettes :* « les trois dettes aux Dieux, aux Mânes, aux hommes ». (Kull.) — Par *mauvais livres* il faut entendre « des livres en contradiction avec la Çruti et la Smṛti ». (Kull.)

67. *Tuer une femme* « sans préméditation ». (Kull.) — *Athée* : nāstika signifie littér. « celui qui dit : Il n'y a pas (de vie future). »

68. *Faire du mal à un Brâhmane* « avec un bâton ou avec la main ». (Kull.) — *Ce qui ne doit pas être respiré* « par suite de sa mauvaise odeur, tel que l'ail, l'ordure, etc. ». (Kull.)

69. Tuer un âne, un cheval, un chameau, un daim, un éléphant, une chèvre, une brebis, ainsi qu'un poisson, un serpent, un buffle : (ces actes) doivent être considérés comme faisant (descendre le coupable au même niveau que) le mélange des castes.

70. Accepter des cadeaux de gens très méprisables, (faire) le commerce, servir un Soudra et dire un mensonge : (ces actes) doivent être considérés comme rendant indigne de recevoir des présents.

71. Tuer des vers, des insectes, des oiseaux, manger ce qui a été en contact avec des liqueurs fortes, voler des fruits, du bois, des fleurs, manquer de courage : (ce sont des péchés qui) causent une souillure.

72. Apprenez maintenant exactement les différentes pénitences par lesquelles on efface chacun des divers péchés qui viennent d'être énumérés.

73. Pour se purifier, le meurtrier d'un Brâhmane doit bâtir une hutte dans la forêt et y habiter douze ans, vivant d'aumônes et prenant une tête de mort pour étendard ;

74. Ou bien il peut de son plein gré (s'exposer) comme cible (aux traits) de guerriers instruits (de son dessein), ou se jeter trois fois la tête la première dans un feu allumé ;

75. Ou bien il peut offrir le sacrifice du cheval (ou d'autres

70. *Accepter des cadeaux de gens méprisables*, c'est-à-dire de ceux qui sont énumérés au livre IV, v. 84. — *Indigne de recevoir des présents*, ou peut-être, dans un sens plus général, « indigne ».

73. Suivant Kull. « cette prescription concerne un Brâhmane qui a tué un autre Brâhmane sans le vouloir. Pour un Kchatriya le terme est doublé, pour un Vaisya triplé, pour un Soudra quadruplé ». (Kull.)

74. *Ou bien :* « si c'est un Kchatriya dépourvu de vertu qui a tué volontairement un Brâhmane instruit dans les quatre Védas, et vertueux ». (Kull.) — *Instruits de son dessein*, c'est-à-dire qui savent qu'il veut se faire tuer exprès. On pourrait aussi comprendre « des archers habiles ». — *Trois fois*, c'est-à-dire « jusqu'à ce que mort s'ensuive ». (Kull.) Dans le cas où le meurtrier involontaire était doué de qualités, et sa victime dépourvue de qualités, il pourra choisir la peine plus légère fixée au vers suivant.

75. « Cette prescription concerne les Dvidjas en cas de meurtre non prémédité ». (Kull.) Ces divers noms de sacrifices signifient : Svarjit = le vain-

tels que) le Svardjit, le Gosava, l'Abhidjit, le Visvadjit, le Trivrit ou l'Agnichtout;

76. Ou bien pour expier le meurtre d'un Brâhmane, il devra marcher cent yodjanas, récitant un des Védas, mangeant peu et domptant ses sens ;

77. Ou bien il peut offrir tout son avoir à un Brâhmane instruit dans les Védas, ou assez de bien pour subsister, ou une maison avec son mobilier ;

78. Ou bien se nourrissant (seulement) de graines qu'on offre dans les sacrifices, qu'il suive la rivière Sarasvatî en allant contre le courant ; ou bien réduisant sa nourriture, qu'il récite trois fois la Sanhitâ du Véda.

79. Ayant rasé (ses cheveux) qu'il habite sur la lisière du village ou dans un parc à vaches, ou dans un ermitage, ou au pied d'un arbre, mettant son plaisir à faire du bien aux Brâhmanes et aux vaches.

80. Qu'il sacrifie sans hésiter sa vie pour un Brâhmane ou une vache, (car) le sauveur d'une vache ou d'un Brâhmane est absous du meurtre d'un Brâhmane.

81. Il est (aussi) absous, lorsqu'il combat au moins trois fois (pour défendre les biens) d'un Brâhmane, ou qu'il recouvre tous les biens d'un Brâhmane, ou qu'il perd la vie pour ce motif.

queur du ciel, Gosava = sacrifice de la vache, Abhijit = le victorieux, Viçvajit = l'omni-vainqueur, Trivṛt = le triple, Agnishṭut = la louange du feu.

76. *Ou bien* « en cas de meurtre non prémédité commis par un Dvidja sur un Brâhmane qui n'est Brâhmane que par la naissance (c'est-à-dire qui ne remplit pas ses devoirs) ». (Kull.) — 100 yojanas environ 400 kilom.

77. *Ou bien* « au cas où le meurtrier involontaire est un riche Brâhmane, et où le Brâhmane tué n'était Brâhmane que par la caste ». (Kull.)

78. Saṃhitâ signifie proprement un texte arrangé d'après les règles grammaticales de la combinaison des lettres (sandhi).

79. Suivant Kull., ce vers permet à celui qui a encouru la pénitence de douze années, au lieu de se retirer dans la forêt, d'habiter sur la lisière du village.

80. B. construit différemment : « celui qui sans hésitation sacrifie sa vie pour un Brâhmane ou une vache est absous du meurtre d'un Brâhmane, et aussi celui qui sauve la vie d'une vache ou d'un Brâhmane ».

82. (Celui qui est) ainsi fidèle à son vœu (d'austérité), chaste et recueilli, au bout de douze ans a expié le meurtre d'un Brâhmane.

83. Ou bien il est (encore) absous après avoir confessé son crime dans une assemblée des dieux de la terre et des dieux des hommes (réunis) à un sacrifice du cheval, et avoir pris (avec les Brâhmanes) le bain de purification.

84. Le Brâhmane (est dit) la racine de la loi, le Kchatriya (en) est dit le sommet; voilà pourquoi celui qui confesse sa faute devant une assemblée de telles (gens) est purifié.

85. En vertu de son origine même le Brâhmane est une divinité même pour les dieux, et il est une autorité pour (les hommes en) ce monde; car le Véda même est le fondement de cette (autorité).

86. Que trois seulement de ces (Brâhmanes) instruits dans les Védas proclament l'expiation pour les fautes, cela (suffit) à purifier les (pécheurs); car la parole des hommes instruits (sert de) purification.

87. Un Brâhmane qui pratique dans le recueillement l'une quelconque de ces règles (de purification) est absous du crime qu'il a commis en tuant un Brâhmane, par l'empire (qu'il prend) sur lui-même.

88. Pour avoir détruit le fœtus (d'un Brâhmane dont le sexe était) inconnu, ou un Kchatriya, ou un Vaisya en train de sacrifier, ou une femme ayant ses règles, qu'il accomplisse la même pénitence.

89. De même pour avoir donné un faux témoignage, pour avoir injurié son précepteur, volé un dépôt, causé la mort d'une femme ou d'un ami.

83. *Les dieux de la terre* « les Brâhmanes comme prêtres sacrifiants ». — *Les dieux des hommes* « les Kchatriyas comme organisateurs du sacrifice ». (Kull.) — *Le sacrifice du cheval*, l'Açvamedha. — Cette prescription s'applique au cas « d'un Brâhmane vertueux qui tue sans préméditation un autre Brâhmane dépourvu de mérite ». (Kull. citant l'autorité du Bhavishyapurāṇa.)

89. *Un faux témoignage* « dans un procès à propos d'or ou de terrain ». (Kull.) — *La femme* « d'un Brâhmane qui entretient le feu sacré ». (Kull.)

90. Telle est l'expiation imposée pour le meurtre involontaire d'un Brâhmane; pour le meurtre volontaire d'un Brâhmane, il n'y a point de pénitence prescrite.

91. Un Dvidja qui a eu la démence de boire de la (liqueur) sourâ, devra boire (cette même) liqueur bouillante; quand son corps est échaudé par ce (breuvage) il est absous de son péché;

92. Ou bien qu'il boive de l'urine de vache bouillante, ou de l'eau, ou du lait, ou du beurre clarifié, ou du purin (à la même température) jusqu'à ce que mort (s'ensuive);

93. Ou bien pour expier (le péché) d'avoir bu de (la liqueur) sourâ, qu'il mange pendant une année, une fois chaque nuit, des grains (de riz), ou un gâteau d'huile, qu'il porte une haire, (les cheveux) nattés et un emblème (de marchand de liqueurs).

94. Car l'eau-de-vie est une corruption du grain, et le péché (aussi) est appelé une corruption; voilà pourquoi Brâhmanes, Kchatriyas, Vaisyas ne doivent point boire d'eau-de-vie.

95. Sachez qu'il y a trois sortes d'eaux-de-vie, (l'eau-de-vie) de sucre, (l'eau-de-vie) de farine de riz, et celle qu'on tire (des fleurs de l'arbre) madhoûka; chacune en particulier et toutes en général sont interdites aux Brâhmanes.

90. *Il n'y a point de pénitence prescrite*, c'est-à-dire le crime est trop grand pour pouvoir être expié par une pénitence. Pourtant Kull. interprète ainsi ce précepte : « Cette purification (celle de douze années indiquée au v. 73) doit être doublée. »

91. *De boire* « volontairement ». (Kull.) La contradiction entre mohât « par égarement » du texte, et l'explication du commentaire « volontairement », n'est qu'apparente ; « par égarement » ne veut pas dire ici « inconsciemment », mais « par passion » : la passion égare sans cesser d'être volontaire.

93. Cette pénitence relativement plus douce est suivant l'opinion de Kull. pour le cas où l'on a bu involontairement de la liqueur.

94. Mala signifie souillure, immondice, au propre et au figuré : par mala l'auteur entend, je pense, la fermentation du grain.

95. La première gauḍî est le rhum, la deuxième paishṭî est l'arak, la troisième mâdhvî est tirée des fleurs de la *Bassia latifolia*. — *Aux Brâhmanes :*

96. (Toutes les autres) eaux-de-vie, les viandes (prohibées, la liqueur) sourâsava, forment la nourriture des Yakchas, des Démons et des Vampires; il doit s'en abstenir, le Brâhmane qui mange les oblations consacrées aux dieux.

97. Un Brâhmane hébété par l'ivresse peut tomber dans une immondice, ou réciter (de travers) un (passage du) Véda, ou commettre quelque acte inconvenant.

98. Si le Brahme qui réside dans son corps est une fois noyé dans l'alcool, sa qualité de Brâhmane l'abandonne, et il descend au rang de Soudra.

99. Ainsi vous ont été expliquées les diverses expiations (du crime) d'avoir bu de l'eau-de-vie; je vais maintenant dire (quelles sont) les pénitences (infligées) pour avoir volé de l'or.

100. Un Brâhmane qui a commis un vol d'or, doit se présenter au roi et confesser son méfait en disant : « Sire, punissez-moi ! »

101. Que le roi prenant une massue l'en frappe lui-même une fois; le voleur est purifié par ce coup; ou bien un Brâhmane peut se purifier rien que par des austérités.

102. Or le Dvidja qui désire effacer par des austérité la

« l'arak est défendu aux trois classes de Dvidjas, comme la plus pernicieuse de toutes; les deux autres sont défendues seulement aux Brâhmanes ». (Kull.)

96. *Toutes les autres eaux-de-vie :* « en dehors du rhum, de l'arak et de la liqueur mādhvī, il y en a neuf sortes ». (Kull. citant Pulastya.) — Avec le surāsava cela fait donc treize sortes de liqueurs enivrantes. — Les Yakshas sont des demi-dieux de la suite de Kuvera, le gardien des richesses.

98. *Le Brahme :* Brahman signifie à la fois l'Être suprême et le Véda.

99. *Volé de l'or* « à un Brâhmane ». (Kull.) Cette restriction a été faite déjà plusieurs fois.

100. Vers à peu près identique au v. 314, livre VIII. Seulement ici le voleur désigné est un Brâhmane ; peut-être comme le remarque Kull. Manou a-t-il mis un Brâhmane exempli gratia, pour désigner un homme en général, un Kchatriya ou un autre.

101. *Prenant une massue,* « que le coupable porte sur son épaule », comme au v. 315 du livre VIII. — *Est purifié par le coup,* « qu'il meure, ou qu'il en réchappe ». (Kull.)

102. Sur la pénitence prescrite pour le meurtre d'un Brâhmane, cf. XI, 73 sqq.

souillure contractée en volant de l'or, doit accomplir la pénitence (prescrite) pour le meurtre d'un Brâhmane, vêtu de vêtements d'écorce et (habitant) dans les forêts.

103. Telles sont les pénitences par lesquelles un Brâhmane peut effacer le péché qu'il a commis en volant (de l'or) ; voici maintenant par quelles pénitences il peut expier le crime d'adultère avec la femme d'un gourou.

104. Celui qui a souillé la couche d'un gourou confessera son crime, et se couchera sur un (lit) de fer rougi, ou embrassera un tuyau (de métal) incandescent; par sa mort il sera purifié.

105. Ou bien il se coupera lui-même la verge et les testicules, et les portant dans le creux de ses mains, il se dirigera vers la région du Sud-Ouest, en marchant tout droit devant lui jusqu'à ce qu'il tombe (mort).

106. Ou bien tenant une massue en forme de pied de lit, vêtu d'(habits en) écorce, la barbe longue, (habitant) dans une forêt déserte, qu'il accomplisse pendant un an, dans le recueillement, la pénitence (dite) de Pradjâpati.

107. Ou bien, domptant ses sens, qu'il accomplisse trois mois durant la pénitence lunaire, (se nourrissant) de (riz sauvage) propre aux oblations, et de bouillie d'orge, pour effacer (le péché qu'il a commis en souillant) la couche d'un gourou.

103. Guru, ici au sens le plus large, le père naturel ou le père spirituel.

104. *Qui a souillé* « en connaissance de cause » ajoute le commentaire de Kull. ; il semble d'ailleurs difficile qu'un crime de cette nature puisse être commis non intentionnellement. — *L'épouse* « de même caste ». — *Un tuyau* : suivant Kull. « l'image en fer d'une femme ».

105. *La région du Sud-Ouest :* « la région du Nirṛti (génie de la destruction) ».

106. Suivant Kull. ce précepte s'applique au cas où « l'inceste est le résultat d'une méprise ». — La pénitence de dite Prajāpati est indiquée plus loin v. 212.

107. *Ou bien* « dans le cas où l'épouse du guru n'était ni vertueuse, ni de même caste ». (Kull.) De là une pénitence plus douce. — *Pénitence lunaire*, cf. plus loin v. 217.

108. Telles sont les pénitences par lesquelles ceux qui ont commis des péchés mortels peuvent effacer leur souillure; quant à ceux qui ont commis des péchés secondaires, (ils se purifieront) par les diverses pénitences suivantes :

109. Celui qui a commis un péché secondaire en tuant une vache, boira pendant un mois (de la bouillie) d'orge; s'étant rasé et couvert de la peau de sa (victime), il habitera dans un parc à vaches.

110. Dans les deux mois (suivants), il devra, domptant ses sens, (ne) manger (qu'au) quatrième repas (des aliments) sans sel et en petite quantité, et se baigner dans l'urine de vache.

111. Le jour il suivra les vaches, et debout il aspirera la poussière qu'elles soulèvent; la nuit il les servira et les adorera, et demeurera dans (la posture dite) « la manière de s'asseoir en homme ».

112. Maître de lui, exempt de colère, qu'il s'arrête lorsqu'elles s'arrêtent, marche derrière elles quand elles marchent, s'asseye quand elles se reposent.

113. (Si une vache est) malade ou menacée par un voleur, par un tigre, ou par d'autres dangers, ou tombée ou embourbée, qu'il la délivre par tous les moyens.

114. Qu'il fasse chaud, qu'il pleuve, qu'il fasse froid ou que le vent souffle violemment, il ne doit point s'abriter lui-même sans avoir (d'abord) abrité de son mieux la vache.

115. S'il (voit une vache) manger (quelque chose) dans sa maison, son champ, sa grange, ou dans ceux d'autrui, ou un veau boire (du lait), qu'il ne dise (rien).

116. Le meurtrier d'une vache qui suit les vaches (pour les servir), selon cette règle, efface au bout de trois mois le péché qu'il avait commis.

109. *En tuant une vache* « sans le vouloir », sans cela le péché serait mortel.

110. *Au quatrième repas*, c'est-à-dire « une fois tous les deux jours ». — *Se baigner :* suivant Medh. il s'agit seulement d'un bain de pieds.

111. *Il les adorera* ou « les saluera ». — La posture vīrāsana consiste « à être assis sans s'appuyer contre un mur, etc. ». (Kull.)

117. Sa pénitence complètement accomplie, il donnera un taureau et dix vaches, ou s'il ne (les) possède pas, il offrira tout ce qu'il possède à des (Brâhmanes) instruits dans les Védas.

118. Les Dvidjas ayant commis des péchés secondaires, sauf (l'étudiant) qui a rompu son vœu de chasteté, peuvent pour se purifier accomplir la même pénitence, ou bien encore la pénitence lunaire.

119. Quant à (l'étudiant) qui a rompu son vœu de chasteté, qu'il sacrifie la nuit, dans un carrefour, un âne borgne à Nirriti, suivant le rite des sacrifices domestiques.

120. Après avoir suivant la règle répandu les oblations dans le feu, il fera à la fin (du sacrifice) des offrandes de beurre clarifié au Vent, à Indra, au précepteur (des Dieux Brihaspati) et à Agni, en récitant le verset du Rig : « Puissent les Marouts verser ensemble !... »

121. Ceux qui sont instruits des Védas, et qui connaissent la Loi, disent qu'une émission volontaire de sperme de la part d'un Dvidja soumis au vœu (du noviciat est) une violation du vœu (de chasteté).

122. Tout l'éclat (que communique le) Véda (est perdu) pour le novice qui rompt son vœu, (et) passe dans ces quatre (divinités), les Marouts, Indra, Brihaspati et Agni.

123. S'il a commis ce péché, qu'il aille revêtu de la peau d'un âne mendier à la porte de sept maisons, en confessant son action.

119. *Un âne borgne :* ou « noir » suivant une autre leçon kṛshṇena au lieu de kāṇena. — *Les sacrifices domestiques* pākayajña.

120. *Au précepteur des dieux*, le texte dit seulement le guru. — Agni est désigné ici sous son appellation de vahni le véhicule des offrandes. — Le verset en question, comme le remarque B., se retrouve Taittirīya-Āraṇyaka, II, 18,4. Le texte ne donne que les deux premières syllabes complétées par Kull. samāsiñcantu māruta iti.

122. Indra est ici nommé Puruhūta. — Bṛhaspati est désigné sous le nom de guru comme plus haut, et Agni sous celui de Pāvaka le purificateur.

123. *D'un âne* « qu'il a sacrifié » comme il est dit au vers 119.

124. Des aumônes recueillies en celles-ci faisant un seul (repas) par jour, et se rinçant la bouche aux trois moments (principaux) de la journée, il est purifié au bout d'un an.

125. Pour avoir commis volontairement un des actes qui entraînent la déchéance de caste, que (le coupable) accomplisse la pénitence Sântapana, et (si l'acte a été) involontaire, celle (dite) de Pradjâpati.

126. Pour les actes qui vous ravalent à une caste mêlée, ou vous rendent indigne de recevoir des présents, (on devra accomplir) la pénitence lunaire pendant un mois ; pour ceux qui entraînent une souillure, on devra pendant trois jours s'échauder avec de la bouillie d'orge (brûlante).

127. Le quart (de la pénitence fixée) pour le meurtre d'un Brâhmane est prescrit (comme expiation) du meurtre d'un Kchatriya, le huitième si c'est un Vaisya (qui a été tué), le seizième si c'est un vertueux Soudra.

128. Un Brâhmane qui a tué involontairement un Kchatriya devra pour se purifier donner mille vaches et un taureau ;

129. Ou bien qu'il accomplisse pendant trois ans la pénitence imposée au meurtrier d'un Brâhmane, maîtrisant ses sens, les cheveux nattés, demeurant loin du village et habitant au pied d'un arbre.

130. Un Brâhmane qui a tué un vertueux Vaisya devra accomplir la même pénitence durant un an et donner cent vaches.

131. Le meurtrier d'un Soudra devra accomplir intégra-

124. *Se rinçant la bouche* ou « se baignant ». — Les trois moments, savanas, sont le matin, midi et le soir.

125. Sāṃtapana, pénitence décrite plus loin au v. 213.

126. Cf. v. 68, 69, 70. — *Indigne de recevoir des présents* ou peut-être simplement comme plus haut « indigne ».

127. Il s'agit ici du meurtre volontaire d'un Kchatriya. L'épithète de *vertueux* retombe aussi sur le Kchatriya et le Vaisya.

128. *Donner mille vaches* « à des Brâhmanes ». (Kull.)

130. *Qui a tué :* il s'agit d'un meurtre involontaire.

131. *Le meurtrier* « involontaire » comme au vers précédent.

lement cette pénitence pendant six mois, ou bien encore il pourra donner un taureau et dix vaches blanches à un Brâhmane.

132. Pour le meurtre d'un chat, d'un ichneumon, d'un geai bleu, d'une grenouille, d'un chien, d'un lézard, d'une chouette, d'une corneille, qu'il accomplisse la (même) pénitence que pour le meurtre d'un Soudra;

133. Ou bien qu'il boive trois jours du lait, ou qu'il fasse un chemin d'un yodjana, ou bien qu'il se baigne dans un fleuve, ou bien qu'il récite l'hymne adressé à la divinité des eaux.

134. Pour avoir tué un serpent, un Brâhmane donnera une bêche en fer, pour (avoir tué) un eunuque une charge de paille et un mâchaka de plomb;

135. Un pot de beurre clarifié pour (avoir tué) un sanglier; une mesure de grains de sésame pour une perdrix; un veau de deux ans pour un perroquet; un (veau) de trois ans pour un courlis.

136. Pour avoir tué un flamant, une grue, un héron, un paon, un singe, un vautour, un épervier, qu'il donne une vache à un Brâhmane.

137. Pour avoir tué un cheval, il donnera un vêtement; pour un éléphant, cinq taureaux noirs; pour une chèvre ou un bélier, un bœuf de trait; pour un âne, un (veau) d'un an.

132. Ici au contraire il s'agit du meurtre volontaire d'un de ces animaux. — Cette pénitence est la pénitence lunaire.

133. *Ou bien* « si le meurtre n'a pas été prémédité ». (Kull.) — *Trois jours :* le texte dit « trois nuits ». — Yojana = environ 4 kilomètres. — Suivant Kull. cette alternative est pour le cas où le pénitent est empêché par la faiblesse de son estomac de boire du lait; de même s'il ne peut accomplir la pénitence du yojana, il aura le choix de la suivante. — *Qu'il se baigne* « trois nuits consécutives ». (Kull.) — Cette prière, remarque B., se trouve Rig-Véda, X, 9.

134. *Donnera* « à un autre Brâhmane ». (Kull.)

135. *Une mesure* un droṇa.

137. Tous ces dons doivent être entendus comme expiation du meurtre commis et non comme indemnité au propriétaire des animaux; voilà pourquoi le récipient est toujours un Brâhmane.

138. Pour avoir tué des animaux sauvages carnassiers, il donnera une vache à lait; pour des animaux sauvages non carnassiers une génisse; pour un chameau un krichnala.

139. Pour avoir tué une femme adultère (appartenant à l'une) des quatre castes, il donnera suivant l'ordre des classes, un sac de cuir, un arc, un bouc ou une brebis, pour sa purification.

140. Un Brâhmane qui n'a pas le moyen d'expier par des dons le meurtre d'un serpent ou des autres (animaux mentionnés), pourra pour chacun d'eux accomplir une pénitence afin d'effacer sa faute.

141. Pour avoir détruit un millier de (petits) animaux vertébrés, ou un plein chariot d'invertébrés, il fera la (même) pénitence que pour le meurtre d'un Soudra.

142. Mais pour le meurtre (isolé) de (petits) animaux vertébrés, qu'il donne quelque petite chose à un Brâhmane; pour avoir détruit (isolément) des invertébrés, il sera purifié (chaque fois par une simple) suspension de respiration.

143. Pour avoir coupé des arbres fruitiers, ainsi que des buissons, des plantes grimpantes, des lianes ou des plantes en fleurs, qu'il récite cent (fois un texte du) Rig Véda.

144. (Pour avoir détruit) toutes sortes de créatures qui

138. « Un kṛshṇala d'or ». (Kull.)

139. *Suivant l'ordre*, c'est-à-dire un sac de cuir pour la Brâhmanî, un arc pour la femme Kchatriyâ, etc. — Il est vraisemblable qu'il s'agit ici de meurtre involontaire.

140. *Une pénitence :* suivant Kull. « la pénitence dite de Prajāpati ».

141. *De petits animaux vertébrés.* Comme spécimens Kull. mentionne « le lézard et autres », et parmi les *invertébrés* il cite « les punaises ».

142. *Quelque petite chose* « un paṇa ». (Kull. citant l'autorité de Sumantu.) — *Isolé.* Kull. indique qu'il s'agit d'animaux « tués un par un ». — *Une suspension de respiration* « en récitant trois fois la Sâvitrî avec les vers initiaux (çiras), le monosyllabe OM et les trois mots sacramentels (vyāhṛtis) Bhūḥ, Bhuvaḥ, Svaḥ ». (Kull.)

143. *Pour avoir coupé* « une fois et sans préméditation ». (Kull.)

144. *Toutes sortes :* l'adverbe sarvaças peut signifier aussi « en toute circonstance ». — *Liquides* ou peut-être « condiments »; rasa signifie littér. suc.

naissent dans les aliments ou dans les liquides, dans les fruits, dans les fleurs, l'expiation (consiste à) manger du beurre clarifié.

145. Pour avoir arraché sans motif des plantes cultivées, ou nées spontanément dans la forêt, il servira une vache durant un jour (en s'imposant) la pénitence (de ne boire que) du lait.

146. Telles sont les pénitences (par lesquelles) on peut effacer tout péché volontaire ou involontaire commis en détruisant (des créatures) ; écoutez (maintenant quelle est l'expiation) pour avoir mangé des aliments défendus.

147. (Celui qui) a bu par mégarde de (l'eau-de-vie appelée) Vârounî est purifié par une nouvelle initiation; (même s'il en a bu) avec intention), une (pénitence) entraînant la mort ne doit pas (lui) être imposée; telle est la règle.

148. (Celui qui) a bu de l'eau renfermée dans un vase ayant contenu de la (liqueur) sourâ ou toute autre liqueur spiritueuse, devra pendant (cinq jours et) cinq nuits boire du lait bouilli avec la plante Sankhapouchpî.

149. (Celui qui) a touché, donné, ou reçu avec la formule d'usage de l'eau-de-vie, ou qui a bu l'eau laissée par un Soudra, doit pendant trois jours boire de l'eau bouillie avec de l'herbe kousa.

150. Mais un Brâhmane qui après avoir bu le soma respire l'odeur (exhalée par) un buveur de sourâ se purifie en

147. Par vāruṇī il faut entendre suivant les commentateurs toute autre liqueur que l'alcool de riz (surā) pour lequel la pénitence est indiquée au v. 93. — *Une nouvelle initiation* « précédée d'une pénitence taptakṛcchra (indiquée au v. 215) ». (Kull.) — B. dans une note propose d'entendre la deuxième partie du vers tout autrement que les commentateurs, « mais la faute de celui qui en boit intentionnellement ne peut être expiée, elle reste aussi longtemps qu'il vit ; telle est la règle établie ». En d'autres termes pour le crime de boire avec intention de l'eau-de-vie la mort est la seule expiation.

148. Saṅkhapushpī = Andropogon aciculatum.

149. *Reçu avec la formule d'usage* « après avoir dit : C'est bien (merci) ». (Kull.) — Le texte porte « suivant la règle ».

150. *Bu le soma* « dans le sacrifice du soma ». (Kull.)

retenant trois fois sa respiration dans l'eau et en mangeant du beurre clarifié.

151. Les (gens) des trois castes Dvidjas qui auraient mangé par mégarde des excréments ou de l'urine, ou (une chose quelconque) ayant touché la (liqueur) sourâ devront être initiés à nouveau.

152. La tonsure, le cordon sacré, le bâton, la sollicitation des aumônes et les vœux ne font pas partie de (cette) deuxième cérémonie d'initiation des Dvidjas.

153. Celui qui a mangé des aliments (provenant de gens) dont on ne doit pas accepter de nourriture, ou bien les restes d'une femme ou d'un Soudra, ou bien de la viande défendue, devra boire de la bouillie d'orge pendant (sept jours et) sept nuits.

154. Un Brâhmane qui a bu des (liquides) aigris et des décoctions astringentes, lors même que ces substances sont (réputées) pures, devient impur jusqu'à ce qu'elles aient été expulsées.

155. Un Brâhmane qui a avalé l'urine ou l'ordure d'un porc domestique, d'un âne, d'un chameau, d'un chacal, d'un singe, d'une corneille, accomplira une pénitence lunaire.

156. Celui qui a mangé des viandes séchées, des champignons poussés à terre, et (des aliments de provenance) inconnue, (ou) ayant séjourné dans un abattoir accomplira la même pénitence.

152. *Les vœux* « d'abstinence de miel, viande, femmes et autres choses ». (Kull.)

153. Au livre IV, v. 222, la pénitence imposée pour avoir mangé des aliments offerts par des personnes dont on ne doit pas accepter de nourriture est un jeûne de trois jours, ou une pénitence kṛcchra suivant que le péché a été involontaire ou volontaire.

154. *Des liquides* « des sucs doux par leur nature, mais devenus aigres ». (Kull.) — *Pures*, c'est-à-dire « non prohibées ». (Kull.)

155. Ce vers vise le cas d'un acte commis sans intention.

156. *De provenance inconnue*, ou bien « sans le savoir ». Je ne pense pas qu'il faille attacher une grande importance à l'épithète de bhaumâni « poussés à terre ». Suivant Medh. les champignons poussés à terre sont opposés

157. Pour avoir mangé (de la viande) d'un animal carnassier, d'un sanglier, d'un chameau, d'un coq, d'un être humain, d'une corneille, d'un âne, l'expiation est la pénitence (dite) brûlante.

158. Le Dvidja dont le noviciat n'est pas achevé, qui mange des aliments à un (sacrifice) mensuel, jeûnera trois jours et restera un jour dans l'eau.

159. Mais l'étudiant qui en n'importe quelle occasion mange du miel ou de la viande doit accomplir une pénitence ordinaire et (ensuite) achever ce qui lui reste (à accomplir) de son noviciat.

160. Celui qui mange les restes d'un chat, d'une corneille, d'un mulot, d'un chien, d'un ichneumon, ou (un aliment) dans lequel il est tombé un cheveu ou un insecte, doit boire une infusion d'herbe Brahmasouvartchalâ.

161. Celui qui est soucieux de sa pureté ne doit pas manger d'aliments défendus, ou s'il en mange sans le vouloir, qu'il les vomisse, ou se purifie immédiatement (par les diverses sortes de) purifications (prescrites).

162. Ainsi vous ont été exposées les diverses pénitences prescrites pour avoir mangé des aliments défendus; écoutez (maintenant) la règle des pénitences (destinées) à effacer le péché de vol.

à ceux qui croissent dans le creux des arbres, lesquels ne sont pas prohibés. Cf. aussi le précepte du livre V, v. 19.

157. *Pénitence dite brûlante*, taptakṛcchra indiquée plus loin au v. 215. Il s'agit ici d'un acte commis avec intention.

158. Littér. : « le Dvidja qui n'est pas encore revenu (de la maison de son précepteur) ». — *Un sacrifice mensuel* « un Çrâddha dit ekoddishṭa ». (Kull.)

159. *Mangé du miel ou de la viande* « sans le vouloir, ou dans un moment de détresse. » (Kull.) — *De son noviciat*, littér. « de son vœu ». La pénitence désignée ici est celle de Prajâpati.

160. *Un cheveu ou un insecte*, ou bien « un insecte de cheveu, c'est-à-dire un pou ». — La plante désignée ici est inconnue : peut-être l'hélianthus ou suivant B. H. « la rue sacrée ».

161. Suivant quelques commentateurs le mot çodhana signifie non pas un moyen de purification, mais un *purgatif*.

163. Un Brâhmane ayant volontairement dérobé du grain, des aliments ou un objet dans la maison (d'une personne) de sa caste, se purifie en faisant la pénitence (dite de Pradjâpati) durant une année.

164. La pénitence lunaire est la purification prescrite pour avoir enlevé des hommes, des femmes, ou (usurpé) un champ, une maison, ou les eaux d'un bassin ou d'un étang.

165. Celui qui a volé des objets de peu de valeur dans la maison d'autrui devra les restituer et accomplir la pénitence (dite) Sântapana pour sa purification.

166. Pour avoir volé des friandises (telles que des gâteaux), ou des aliments (tels que du lait), une voiture, un lit, un siège, des fleurs, racines et fruits, l'expiation (consiste à avaler) les cinq produits de la vache.

167. (Pour un vol) d'herbe, de bois, d'arbres, d'aliments séchés, de cassonnade, d'habits, de cuir, de viande, (on doit observer) un jeûne de (trois jours et) trois nuits.

168. (Pour un vol de) pierres précieuses, perles, corail, cuivre, argent, fer, laiton ou pierre, (la pénitence est de ne) manger (que) des grains (crus) pendant douze jours.

169. (Pour avoir volé) du coton, de la soie, de la laine, un animal fissipède ou solipède, un oiseau, un parfum, des plantes médicinales ou une corde, (on ne doit vivre que de) lait durant trois jours.

170. Telles sont les pénitences par lesquelles un Dvidja efface le péché qu'il a commis en volant; mais (voici) les pénitences (prescrites) pour se purifier d'avoir eu des relations avec (une femme) dont l'approche vous était interdite.

171. Celui qui a eu des relations avec des sœurs utérines,

164. *Enlevé des hommes ou des femmes*, c'est-à-dire « des esclaves ».

165. *Objets de peu de valeur* « en étain, en plomb, etc. » (Kull.)

166. Kull. explique bhakshya par « gâteau, etc. (modaka) », et bhojya par « lait, etc. » — *Les cinq produits de la vache*, « lait doux, lait sur, beurre, urine, bouse ». (Kull.)

171. Répétition du v. 59. Suivant Kull. le sacrifice de la vie ne doit être fait que pour délits commis en connaissance de cause et avec récidive.

avec la femme d'un ami, d'un fils, ou avec des filles non mariées ou des femmes des castes les plus basses, devra accomplir la pénitence (fixée) pour le viol de la couche d'un gourou.

172. Celui qui a eu des relations avec la fille de sa tante paternelle (qui est pour lui comme) une sœur, ou avec la fille de sa tante maternelle, ou avec la fille de son oncle maternel, accomplira une pénitence lunaire.

173. Un sage ne prendra pour épouse (aucune de) ces trois femmes; (c'est) à cause (du lien) de parenté qu'on ne doit point les épouser; car celui qui se marie avec (l'une d')elles, tombe en enfer.

174. Un homme qui accomplit le coït avec des animaux, ou avec une femme ayant ses règles, ou (qui l'approche autrement que par) ses parties sexuelles, ou dans l'eau, devra accomplir une pénitence Sântapana.

175. Le Dvidja qui a un commerce charnel avec un (autre) homme, ou avec une femme dans une voiture (traînée par) des vaches, ou dans l'eau, ou pendant le jour, devra se baigner tout habillé.

176. Un Brâhmane qui a des relations avec une femme Tchândâlâ ou (toute autre) de basse classe, qui mange (leurs aliments) ou reçoit (leurs présents) déchoit (de sa caste si son acte a été) inconscient; (s'il a agi) volontairement, il tombe au même rang qu'elles.

177. (Quand) une femme est débauchée, que (son) époux

174. *Avec des animaux* « sauf avec une vache, car dans ce cas il doit accomplir durant une année la pénitence de Prajāpati ». (Kull.)

175. *Avec un homme* « dans n'importe quel lieu ». (Kull.) Tandis qu'avec une femme le péché est restreint au cas où l'acte a été commis dans une voiture.

176. *Déchoit*, « il devra accomplir la pénitence prescrite pour un dégradé, et la gravité de la peine indique qu'il s'agit spécialement du cas où il y a eu récidive dans l'acceptation des présents et des aliments ». (Kull.) — *Inconscient :* cette restriction porte non pas sur l'acte lui-même, qui ne peut avoir été involontaire, mais sur la condition de la femme qui a pu être ignorée ou connue de celui qui a eu des rapports avec elle.

l'enferme dans un appartement isolé et lui fasse accomplir la pénitence (prescrite) pour l'homme adultère.

178. Mais si elle pèche une seconde fois, séduite par un (homme) de même (caste), une pénitence ordinaire (accompagnée d')une pénitence lunaire est prescrite pour l'expiation de sa (faute).

179. Le (péché) qu'un Brâhmane commet en passant une nuit avec une Vrichalî, il l'efface en trois années, en vivant d'aumônes et en récitant constamment (des prières).

180. Telle est l'expiation (prescrite) pour ces quatre (sortes) de pécheurs; écoutez maintenant les expiations (imposées à) ceux qui ont des rapports avec des (hommes) dégradés (de leur caste).

181. Celui qui hante un (homme) dégradé est dégradé (lui-même) au bout d'un an, non pas en sacrifiant (pour lui), en (lui) donnant l'instruction ou en (contractant avec lui) une union de famille, mais (rien qu'en partageant) sa voiture, son siège et ses aliments.

182. L'homme qui fréquente quelqu'un de ces (gens) dégradés devra accomplir la pénitence prescrite pour celui-ci, afin de se purifier de cette fréquentation.

183. Les parents jusqu'au sixième degré et les parents

178. *Ordinaire:* « la pénitence dite de Prajâpati ». (Kull.)

179. *Des prières:* « la Sâvitrî et autres ». (Kull.)

180. *Ces quatre sortes de pécheurs* « ceux qui tuent, ceux qui mangent des aliments défendus, ceux qui volent, et ceux qui ont des relations avec des femmes qu'ils ne devraient pas approcher ». (Kull.) — *Des rapports :* ici il s'agit des relations ordinaires, et non comme précédemment des relations sexuelles.

181. *Non pas en sacrifiant* « ce qui entraîne la dégradation non pas en un an, mais immédiatement ». (Kull.) — On peut comprendre ce vers d'une façon tout opposée : « il est dégradé lui-même au bout d'un an en sacrifiant pour lui, en lui donnant l'instruction ou en contractant avec lui une union de famille, et non pas (simplement) pour avoir partagé sa voiture, son siège et ses aliments ». Ce dernier péché étant bien plus léger n'entraîne la dégradation qu'après une période de temps plus longue.

183. *Les parents :* les Sapiṇḍas et les Samânodakas. — *Des libations* « comme pour un mort, quoiqu'il soit encore en vie ». (Kull.) — Il s'agit d'un

éloignés d'un (homme) dégradé doivent faire (pour lui des libations) d'eau en dehors (du village), en un jour néfaste, le soir, en présence des parents, du prêtre officiant et du maître spirituel.

184. Une esclave doit renverser du pied un pot plein d'eau (pour lui) comme pour un mort; ses parents jusqu'au sixième degré et ses parents éloignés demeureront impurs un jour et une nuit.

185. On doit s'abstenir de lui causer ou de s'asseoir à côté de lui, de lui donner (sa part) d'héritage et (d'entretenir avec lui) les rapports qui existent entre les hommes.

186. (Son droit) d'aînesse doit être supprimé ainsi que son préciput d'aîné; la part de l'aîné doit revenir à un frère plus jeune, (mais) supérieur en vertu.

187. Mais quand il a accompli la pénitence (prescrite), que (ses parents) renversent un nouveau pot plein d'eau et se baignent avec lui dans un étang sacré.

188. Après avoir jeté ce pot dans l'eau, qu'il rentre en sa maison et accomplisse comme par le passé tous les devoirs de famille.

189. On doit suivre la même règle pour les femmes dégradées (de leur caste); mais on doit leur fournir les vêtements, la nourriture et la boisson, et les loger (dans une hutte) près de la maison.

190. On ne doit pas avoir affaire avec des pécheurs non purifiés; mais on ne doit jamais faire de reproches à ceux qui ont fait leur expiation.

191. Il ne faut pas fréquenter les meurtriers d'enfants, les ingrats, ni ceux qui ont tué des suppliants ou des femmes, lors même qu'ils se seraient purifiés suivant la Loi.

grand pécheur, mahāpātakin. — *Les parents* : suivant Medh. il s'agit des parents de ceux qui accomplissent la cérémonie, et non de celui qui est dégradé. Kull. ne précise pas.

186. *Son droit d'aînesse* « s'il est l'aîné ».

187. *Ses parents* « Sapiṇḍas et Samānodakas ». (Kull.)

191. Ce vers est une restriction au précédent. — *Les ingrats*, ceux qui rendent le mal pour le bien, littér. « ceux qui détruisent le bien qu'on leur

192. Les Dvidjas auxquels la Sâvitrî n'a pas été enseignée suivant la règle, il faudra leur faire accomplir trois pénitences (ordinaires), et (ensuite) les initier conformément à la Loi.

193. La même expiation est prescrite pour les Dvidjas qui ont commis des actes illicites, ou qui ont négligé (l'étude du) Véda, et qui désirent faire pénitence.

194. Des Brâhmanes qui ont acquis du bien par un acte répréhensible sont purifiés par la renonciation à ce (bien), par la prière et par les austérités.

195. En récitant avec recueillement trois mille (fois) la Sâvitrî, en vivant de lait pendant un mois dans un parc à vaches, on est absous (du péché) d'avoir reçu (des présents) d'un méchant.

196. Lorsque (le pénitent) amaigri par le jeûne revient du parc à vaches, il doit s'incliner devant (les Brâhmanes qui) lui demanderont : « Ami, désires-tu être (notre) égal ? »

197. Après avoir répondu aux Brâhmanes « Assurément ! », qu'il éparpille de l'herbe pour les vaches, et quand les vaches ont sanctifié cet emplacement, que (les Brâhmanes) l'admettent (de nouveau parmi eux).

198. Celui qui a fait un sacrifice pour des excommuniés, (rendu) les derniers devoirs à des étrangers, (accompli) une cérémonie magique ou un sacrifice impur, est absous par trois pénitences (simples).

a fait par de mauvais procédés ». (Kull.) — *Des suppliants*, littér. « ceux qui cherchaient une protection pour leur vie ». (Kull.)

192. *La Sâvitrî n'a pas été enseignée*, c'est-à-dire qui n'ont pas reçu le sacrement de l'initiation dont l'enseignement de la Sâvitrî fait partie. — *La pénitence ordinaire*, cf. note du v. 178.

194. *Un acte répréhensible* « en recevant des présents des méchants, etc. ». (Kull.)

196. *Notre égal*, « et ne recommenceras-tu pas à recevoir des présents des méchants ? ». (Kull.)

197. *Ont sanctifié cet emplacement* « en mangeant l'herbe ». (Kull.)

198. *Des excommuniés* vrātyas. — Une cérémonie magique, c'est-à-dire une incantation destinée à ôter la vie à quelqu'un, telle que « le rite

199. Un Dvidja qui a repoussé un suppliant, divulgué le Véda (mal à propos), expie sa faute en vivant d'orge durant un an.

200. Celui qui a été mordu par un chien, un chacal, un âne, un carnassier domestique, un homme, un cheval, un chameau, un sanglier, se purifie par une suspension de respiration.

201. Manger (seulement) à tous les six repas pendant un mois, réciter la Sanhitâ (du Véda) et (faire) continuellement les oblations (dites) Sâkalas, (tels sont les moyens de) purification pour ceux qui sont exclus des gens honorables.

202. Un Brâhmane qui est monté volontairement dans une voiture (traînée par) un chameau ou par un âne, ou qui s'est baigné tout nu, est purifié par une simple suspension de respiration.

203. Celui qui pressé (par le besoin) décharge son ventre, sans (avoir à proximité) de l'eau, ou qui (fait cette opération) dans l'eau, est purifié en se baignant tout habillé en dehors (du village et) en touchant une vache.

204. Pour avoir négligé les cérémonies usuelles prescrites par le Véda et omis les devoirs d'un maître de maison, le jeûne est la pénitence (imposée).

205. Pour avoir dit « Houm ! » à un Brâhmane ou tutoyé un supérieur, on doit se baigner, jeûner le reste de la journée et apaiser (l'offensé) par un salut respectueux.

206. Celui qui a frappé (un Brâhmane) même avec un brin

çyena et autres ». (Kull.) Je ne sais en quoi consiste ce rite : le mot çyena signifie *aigle.*— *Le sacrifice impur* dit ahîna qui dure de deux à douze jours.

199. *Mal à propos* « à des gens auxquels il ne doit pas être enseigné ». (Kull.)

200. *Un carnassier domestique* « un chat, un ichneumon, etc. ». (Kull.)

201. *A tous les six repas*, c'est-à-dire faire un repas tous les trois jours. — Les çâkalas sont des oblations au nombre de huit, accompagnées chacune d'une prière particulière.

204. *Le jeûne* « pendant un jour entier ». (Kull.) — *Un maître de maison* littér. « un Snâtaka ».

205. « Hum ! veut dire : Tenez-vous tranquille ! » (Kull.)

d'herbe, ou qui l'a attaché par le cou avec un vêtement, ou qui l'a vaincu dans une contestation, devra l'apaiser en se prosternant (devant lui).

207. Mais celui qui menace un Brâhmane avec l'intention de le tuer, tombe en enfer pour cent ans; celui qui l'a frappé (effectivement), pour mille ans.

208. Autant le sang d'un Brâhmane coagule (de grains) de poussière, autant de milliers d'années celui qui a fait (couler ce sang) demeure en enfer.

209. Pour avoir menacé un Brâhmane, (l'offenseur) fera une pénitence simple, pour l'avoir jeté à terre une pénitence extraordinaire; pour avoir répandu son sang, qu'il fasse (à la fois) une pénitence simple et une pénitence extraordinaire.

210. Pour l'expiation des péchés auxquels il n'a pas été prescrit de purification (particulière), on doit fixer une pénitence, après avoir pris en considération les moyens (du coupable) et (le caractère de) la faute.

211. Je vais maintenant vous exposer les moyens pratiqués par les Dieux, les Sages et les Mânes, par lesquels un homme peut effacer (ses) fautes.

212. Un Dvidja qui accomplit (la pénitence dite) de Pradjâpati doit pendant trois jours (manger seulement) le matin, pendant trois jours (seulement) le soir, pendant trois jours manger (seulement ce qui lui a été donné) sans qu'il l'ait demandé, et pendant trois autres jours ne rien manger du tout.

213. (Absorber pendant un jour) de l'urine de vache, de la bouse de vache, du lait (doux), du lait suri, du beurre clarifié, de l'infusion d'herbe Kousa, (puis) jeûner (un jour et) une nuit, (constitue ce qu'on) appelle une pénitence *brûlante*.

214. Un Dvidja accomplissant une pénitence extraordi-

209. Les pénitences kṛcchra et atikṛcchra sont indiquées plus loin, v. 212 et 214.

213. *Pénitence brûlante*, sāṃtapana.

214. *Pénitence extraordinaire*, atikṛcchra.

naire, devra pendant trois (fois) trois jours manger de la manière indiquée (pour la pénitence simple, mais) une (seule) bouchée à chaque repas, et jeûner pendant les trois derniers jours.

215. Un Brâhmane accomplissant la pénitence *ardente* boira de l'eau, du lait, du beurre bouillants et de la vapeur, chaque substance pendant trois jours, et se baignera une fois dans le recueillement.

216. Un jeûne de douze jours (accompli) par un (homme) maître de ses sens et attentif, (constitue) la pénitence *éloignée,* qui efface tous les péchés.

217. Diminuer (sa nourriture) d'une bouchée chaque (jour de la quinzaine) noire, et l'augmenter (dans la même proportion) pendant la (quinzaine) blanche, en se baignant au (moment de chacune des) trois libations, est ce qu'on appelle une pénitence lunaire.

218. On doit suivre intégralement cette règle dans (la pénitence dite) en forme de grain d'orge, (mais alors) on doit commencer la pénitence lunaire au début de la quinzaine blanche, domptant (ses organes des sens).

215. *Pénitence ardente,* taptakṛcchra.

216. *Pénitence éloignée,* parākakṛcchra.

217. Suivant le commentaire de Kull. le pénitent doit manger quinze bouchées le jour de la pleine lune et retrancher une bouchée chaque jour de la quinzaine noire, de manière que le quatorzième jour il ne prenne plus qu'une bouchée, et qu'il jeûne le jour de la nouvelle lune, puis il recommence à prendre une bouchée le premier jour de la quinzaine blanche, et ajoute progressivement une bouchée chaque jour qui suit.— *Les trois libations* « le matin, à midi, le soir ». — Upaspṛçan signifie peut-être « se rinçant la bouche » et non « se baignant ». —*La pénitence* cāndrāyaṇa est appelée *taille de fourmi* parce qu'elle est mince au milieu, et s'élargit vers les deux extrémités.

218. *La pénitence* yavamadhyama est une variété de la pénitence lunaire; elle est dite en forme de grain d'orge, c'est-à-dire large au milieu et mince aux extrémités, parce que l'on commence par une bouchée en augmentant progressivement pendant la quinzaine blanche jusqu'à quinze bouchées, puis on diminue dans la même proportion pendant la quinzaine noire. On remarquera que cette diminution et cette augmentation d'aliments sont parallèles à la décroissance et à la croissance de la lune.

219. Celui qui accomplit la pénitence lunaire des ascètes devra, se maîtrisant lui-même, avaler (pendant un mois chaque jour) à midi, huit bouchées de graines du sacrifice.

220. Quand un Brâhmane mange dans le recueillement quatre bouchées le matin et quatre après le coucher du soleil (durant un mois, il accomplit ce qu'on) appelle la pénitence lunaire des enfants.

221. Celui qui recueilli mange pendant un mois, n'importe de quelle manière, trois (fois) quatre-vingts bouchées de graines du sacrifice, parviendra (après sa mort) au séjour du dieu de la Lune.

222. Les Roudras, les Âdityas, les Vasous, les Marouts et les grands Sages pratiquèrent cette pénitence pour écarter tout mal.

223. Que (le pénitent) lui-même fasse chaque jour une oblation au feu (en prononçant) les trois grandes paroles, qu'il ne fasse aucun mal (aux créatures, et qu'il évite) le mensonge, la colère et la malhonnêteté.

224. Qu'il se baigne tout habillé trois fois par jour et trois fois par nuit, et n'adresse en aucun cas la parole à des femmes, à des Soudras ou à des gens dégradés (de leur caste).

225. Qu'il passe (son temps) debout (le jour) et assis (la

219. *Ascète*, yati. — *Graines du sacrifice*, graines sauvages. — Cette troisième variété de pénitence lunaire « peut commencer avec la quinzaine blanche, ou avec la quinzaine noire ». (Kull.)

221. *N'importe de quelle manière*, c'est-à-dire pourvu qu'il ne dépasse pas durant le mois la somme de deux cent quarante bouchées, il peut les répartir comme il veut.

222. Le dieu Rudra suivant une légende naquit du front de Brahmâ, et sur l'ordre de ce dieu sépara sa nature en mâle et femelle, puis multiplia chacun de ces deux en divinités, dont les unes étaient blanches et bienfaisantes, les autres noires et malfaisantes. Les Âdityas président à chaque mois de l'année et sont des personnifications du soleil. Les Vasus, divinités au nombre de huit, serviteurs d'Indra, et personnifications des phénomènes naturels. Les Maruts sont les vents personnifiés.

223. *Les trois grandes paroles*, les vyâhṛtis, bhûḥ, bhuvaḥ et svaḥ. Cf. II, 76.

225. *Fidèle à ses vœux* « en ce qui concerne la ceinture d'herbe Muñja, le bâton, etc. » (Kull.)

nuit), ou s'il ne le peut, couché sur la terre (nue); qu'il soit chaste, fidèle à ses vœux, qu'il honore son précepteur spirituel, les dieux et les Brâhmanes.

226. Qu'il récite constamment autant qu'il le peut la Sâvitrî et (autres prières) purificatoires, (et) qu'il (apporte) la même attention dans tous les vœux qui ont pour but d'effacer les péchés.

227. Telles sont les expiations (par lesquelles) doivent se purifier les Dvidjas dont les fautes ont été révélées; quant à ceux dont les fautes n'ont pas été révélées, ils se purifient par les prières et par les oblations.

228. Par la confession, par le repentir, par l'ascétisme, par la récitation (du Véda), un pécheur est absous de sa faute, et aussi au besoin par les aumônes.

229. A mesure qu'un homme coupable d'un péché le confesse spontanément, il en est absous, comme un serpent (se débarrasse) de sa peau.

230. Autant son esprit regrette la mauvaise action, autant son corps est déchargé de cette faute.

231. Car celui qui a commis un péché et s'en repent est absous de ce péché; l'homme qui renonce (au péché en ces termes) : « Je ne le ferai plus, » est purifié.

232. Ayant ainsi médité dans son esprit sur les conséquences des actions après la mort, qu'il soit toujours vertueux de pensées, de paroles et de corps.

233. Celui qui a commis un acte répréhensible sciemment ou inconsciemment, et désire en être absous, ne doit pas le commettre une seconde (fois).

234. Si pour un acte quelconque fait par lui, son esprit

228. *Au besoin*, littér. « en cas de détresse, âpadi », c'est-à-dire « s'il est incapable d'accomplir des austérités ». (Kull.)

230. *Son corps :* par çarira le commentaire entend « l'âme vivante, l'âme individuelle, le jîvâtman ».

231. Au lieu de naraḥ (édition Jolly). Kull. lit tu saḥ, texte suivi par B., « mais il est purifié seulement par la résolution de cesser de pécher, etc. »

233. « La pénitence serait double » Kull. citant l'autorité de Devala.

(sent) un poids, qu'il fasse pénitence de cet (acte), jusqu'à ce qu'il éprouve un soulagement (complet).

235. Toute félicité divine ou humaine a sa racine dans l'austérité, son centre dans l'austérité, sa fin dans l'austérité, au dire des Sages qui connaissent le sens du Véda.

236. L'austérité d'un Brâhmane (consiste dans) la connaissance (du Véda), l'austérité d'un Kchatriya dans la protection (des sujets), l'austérité d'un Vaisya dans (la pratique) de sa profession, l'austérité d'un Soudra dans le service (des autres).

237. Les sages maîtres d'eux-mêmes, et vivant de fruits, de racines et d'air, contemplent par (la vertu de) leur seule austérité les trois mondes avec (toutes les créatures) animées et inanimées.

238. Les plantes (médicinales), la santé, la science et les divers séjours divins s'obtiennent par la seule austérité; l'austérité est (le moyen) d'y arriver.

239. Tout ce qui est difficile à surmonter, difficile à acquérir, difficile à atteindre, difficile à faire, peut être accompli par l'austérité; car tout cède à (la puissance de) l'austérité.

240. Et même les grands criminels et les autres pécheurs sont absous de leurs fautes rien que par les austérités rigoureusement pratiquées.

241. Insectes, serpents, papillons, bétail, oiseaux et végétaux (même) arrivent au ciel par la vertu de l'austérité.

235. C'est-à-dire la félicité n'est produite et ne subsiste que par la pratique de l'austérité.

238. On pourrait rapprocher daivī de vidyā, le science divine, et entendre sthitiḥ la position (dans la vie). Mais le commentaire rapproche daivī de sthitiḥ « les diverses situations dans le ciel ».

239. Littér. « l'austérité est difficile à surmonter ». Il me semble difficile d'admettre l'interprétation de L. : « L'austérité est ce qui présente le plus d'obstacle. »

240. *Les grands criminels,* ceux qui ont commis des péchés mortels, entraînant la dégradation, mahāpātaka. — *Pécheurs,* littér. « ceux qui ont fait des choses qui ne doivent pas être faites ».

241. *Végétaux,* littér. les êtres privés du mouvement. Ce vers signifie que

242. Quelques péchés que les hommes commettent en pensées, en paroles ou en actions, tout est promptement consumé par le feu de l'austérité, lorsqu'ils ont l'austérité pour seule richesse.

243. Les dieux agréent les offrandes et font réussir les désirs seulement du Brâhmane purifié par l'austérité.

244. Le tout-puissant Seigneur des créatures produisit ce livre rien que par son austérité; de même les sages ont obtenu (la connaissance) du Véda par leur austérité.

245. Les dieux voyant (que) l'origine sainte de tout cet (univers procède) de l'austérité, ont proclamé la grande puissance de l'austérité.

246. La récitation quotidienne du Véda, l'accomplissement des (cinq) grands sacrifices dans la mesure de ses moyens et la résignation effacent promptement les souillures, même celles causées par le péché mortel.

247. De même que le feu consume en un moment par sa flamme le combustible qu'on y met, ainsi celui qui entend le Véda consume tout péché par le feu de sa science.

248. On vous a ainsi déclaré, suivant la loi, les pénitences pour les fautes (révélées); apprenez maintenant les pénitences pour les (fautes tenues) secrètes.

249. Seize suspensions de respiration accompagnées (de la récitation) des trois paroles sacramentelles et de la syllabe OM, répétées tous les jours pendant un mois purifient même le meurtrier d'un Brâhmane instruit.

les âmes qui résident dans ces êtres inférieurs, peuvent après des transmigrations arriver au ciel par le pouvoir de l'austérité.

242. *L'austérité pour seule richesse*, ou plus simplement « lorsqu'ils sont riches en austérités ».

243. Cela équivaut à dire que si le Brâhmane n'est pas purifié par l'austérité, les dieux n'agréent pas ses offrandes et ne font pas réussir ses désirs.

244. *Le Seigneur des créatures*, c'est-à-dire « Brahmâ ». (Kull.)

246. On pourrait aussi entendre au sens actif mahāpātakajāni « même si elles ont produit les grands crimes », comme traduit B. H.

249. Le commentaire ajoute après la syllabe OM « et la Sâvitrî. — *Le meurtrier d'un Brâhmane* ou bien le « meurtrier d'un fœtus ».

250. Même un buveur de sourâ est purifié en récitant (l'hymne) de Koutsa (commençant) ainsi : « Loin d'ici... », (l'hymne) de Vasichtha (commençant) ainsi : « Vers... », (l'hymne) Mâhitra et les (vers appelés) Souddhavatîs.

251. En récitant une fois (par jour durant un mois l'hymne) qui commence par ces mots : « De lui vous... » et le Sivasankalpa, même un voleur d'or devient à l'instant sans tache.

252. En répétant (l'hymne qui commence par) : « Buvez l'oblation », (et celui qui commence par) : « L'inquiétude ne le... », (et celui qui commence par) : « Ainsi, ainsi... », et en récitant l'hymne à Pouroucha, le profanateur de la couche d'un gourou est absous.

253. Celui qui désire effacer ses fautes grandes ou petites, devra répéter (une fois par jour), durant un an, l'hymne (qui commence par) : « Loin... » (ou celui qui commence par) : « Quel que soit... » ou (celui qui commence par) : « Ainsi, ainsi... »

254. Celui qui a accepté des (présents) interdits ou mangé des aliments défendus se purifie en trois jours en récitant (l'hymne qui commence par : « Vite le réjouissant... »

255. Celui qui a commis beaucoup de péchés se purifie en

250. Kutsa et Vasishṭha, sages védiques auxquels on attribue plusieurs hymnes. — Comme le remarque B. le premier de ces hymnes se trouve Rig-Véda, I, 97, le second Rig-Véda, VII, 80, le troisième Rig-Véda, X, 185; les Çuddhavatīs (textes contenant le mot çuddha purifié) se trouvent Rig-Véda, VIII, 84, 7-9.

251. L'hyme commençant par asya vām se trouve Rig-Véda, I, 164; le Çivasaṃkalpa, Vāj. Saṃh., XXXIV, 1. — Il s'agit toujours de l'or d'un Brâhmane,

252. Jolly imprime havishyantīya, mais le Dictionnaire de Saint-Pétersbourg considère cette leçon comme fautive au lieu de havishpāntīya. Ces quatre hymnes, comme le remarque B., se trouvent Rig-Véda, X, 88, X, 126, X, 119, X, 90.

253. Rig-Véda, I, 24, 14, et VII, 89, 5. — Le troisième déjà mentionné antérieurement se trouve X, 119. — *Ses fautes* « secrètes ». (Kull.)

254. Rig-Véda, IX, 58, 1-4. — *En récitant* « une fois par jour », cette restriction s'applique aussi aux préceptes suivants.

255. Rig-Véda, VI, 74, 1-4, et IV, 2, 4-6. — *Aryaman* « Varuṇa et Mitra », ajoute Kull.

récitant durant un mois (l'hymne) à Soma et à Roudra et les trois vers (commençant par) : « Aryaman... », et en se baignant dans une rivière.

256. Un (homme) chargé de fautes (graves) doit répéter pendant une demi-année les sept vers (commençant par) : « Indra... » ; celui qui a commis un acte répréhensible dans l'eau, devra subsister d'aumônes pendant un mois.

257. Un Dvidja efface un péché même très grave en offrant durant un an du beurre clarifié, avec les prières des sacrifices (dits) Sâkalas ou en récitant l'hymne (qui commence par) : « Salut... »

258. Celui qui est entaché d'un péché mortel devra suivre les vaches dans le recueillement ; en répétant pendant un an les (hymnes) Pâvamânîs et en ne vivant que d'aumônes il est purifié.

259. Ou bien encore s'il répète trois fois la Sanhitâ du Véda dans une forêt, pur et sanctifié par trois (pénitences dites) parâka, il est absous de toutes ses fautes.

260. Mais celui qui maîtrisant ses sens jeûne trois jours, se plonge trois fois par jour dans l'eau et récite trois fois (l'hymne appelé) *effaceur de péchés,* est absous de toutes ses fautes.

261. De même que le sacrifice du cheval, le roi des sacrifices, supprime toutes les fautes, de même l'hymne (dit) *effaceur de péchés* enlève tous les péchés.

256. Rig-Véda, I, 106, 1-7. — *Un acte répréhensible dans l'eau*, « répandre de l'urine ou des excréments ». (Kull.)

257. Çākalas, cf. v. 201, note. — On peut couper nama (salut) en deux mots.

258. *Pâvamânîs :* le neuvième maṇḍala du Rig-Véda relatif à la purification du soma quand il a été pressé.

259. *La Saṃhitā :* la récension complète du Véda « avec les Mantras et les Brāhmaṇas ». (Kull.) — Sur la pénitence parāka, cf. v. 216.

260. Aghamarshaṇa (effaceur de péchés) est aussi le nom d'un saint auquel on attribue la composition de certains hymnes. C'est dans ce sens que l'entend B., « l'hymne vu par Aghamarshaṇa ». Cet hymne se trouve Rig-Véda, X, 190. — *Trois fois par jour*, « aux trois moments : le matin, midi, le soir ». (Kull.) — Je prends yukta au sens de niyata.

262. Un Brâhmane qui sait par cœur le Rig-Véda ne serait souillé d'aucun crime, eût-il anéanti les trois mondes ou accepté les aliments de n'importe qui.

263. Celui qui répète trois fois avec recueillement la Sanhitâ du Rig(-Véda) ou bien (celle du) Yadjour(-Véda), ou (celle du) Sâma(-Véda) avec les Oupanichads est absous de toutes ses fautes.

264. De même qu'une motte de terre jetée dans un grand lac se dissout en y tombant, ainsi toute mauvaise action est (comme) submergée dans le triple Véda.

265. Les (prières) du Rig(-Véda) et les principales (prières) du Yadjour(-Véda), ainsi que les différents (hymnes) du Sâma(-Véda), doivent être reconnus comme (formant) le triple Véda; qui les connaît, (est dit) instruit dans le Véda.

266. Cette primitive essence du Véda, composée de trois lettres, sur laquelle repose la triade (védique), est un autre triple Véda, qui doit être gardé secret; celui qui en est instruit (est dit) versé dans le Véda.

263. Les Upanishads, littér. « les parties mystérieuses, la doctrine ésotérique », partie philosophique du Véda qui fait suite aux Brāhmaṇas, et forme une partie de la Çruti ou parole révélée.

265. *Les principaux* au lieu de ādyāni, il y a une leçon différente anyāni « les autres » ou « qui diffèrent des premières », comme l'entend B.

266. *Essence du Véda*, littér. *Brahman*, souvent employé pour désigner le Véda. — Les trois lettres A, U, M, forment le monosyllabe mystique OM. — *La triade védique :* on a déjà fait remarquer que Manou ne connaît que trois Védas.

LIVRE DOUZIÈME

Transmigration des Ames; Béatitude finale.

1. « Tu nous as déclaré toute la loi concernant les quatre castes, ô toi qui es sans péché ! Explique-nous (maintenant) selon la vérité la rétribution finale des actions. »

2. Et le vertueux Bhrigou, fils de Manou, répondit aux grands Sages : « Écoutez la décision (en ce qui concerne la rétribution) de tout cet ensemble d'actes. »

3. Les actes procédant de l'esprit, de la parole ou du corps produisent des fruits bons ou mauvais; des actes résultent les (diverses) conditions des hommes, la supérieure, la moyenne et l'inférieure.

4. Sachez que l'esprit est ici-bas l'instigateur de cet (acte) lié avec le corps, qui est de trois degrés, qui a trois sièges et se répartit en dix catégories.

5. Convoiter le bien d'autrui, méditer en son esprit des choses défendues, embrasser l'erreur, (telles sont) les trois (mauvaises) actions mentales.

6. L'outrage, le mensonge, la calomnie et le bavardage inconsidéré doivent être (regardés comme) les quatre (mauvaises actions) verbales.

1. Ce sont les grands Sages qui s'adressent à Bhṛgu le narrateur supposé du livre de Manou.

4. *Trois degrés*, « supérieur, moyen, inférieur ». (Kull.) — *Trois sièges*, « l'esprit, la parole, le corps ». (Kull.) — *Dix catégories* énumérées ci-après.

5. *Méditer des choses défendues*, « le meurtre d'un Brâhmane, etc. » (Kull.) — *L'erreur*, « la négation d'un autre monde, le matérialisme ». (Kull.)

7. S'approprier ce qui n'a pas été donné, faire du mal (aux créatures) en dehors des cas prescrits par la loi, entretenir des relations adultères, (voilà ce) qu'on appelle les trois (mauvaises) actions corporelles.

8. Pour un (acte) mental bon ou mauvais, (l'homme) reçoit sa récompense dans son esprit, (il la reçoit) dans sa voix pour un (acte) verbal, dans son corps pour un (acte) corporel.

9. Pour des actes coupables procédant du corps, un homme (après sa mort) entre dans la condition des êtres inanimés, pour (ceux qui procèdent) de la voix dans la condition des oiseaux ou des bêtes sauvages, pour (ceux qui procèdent) de l'esprit, (il renaît dans) une basse caste.

10. Celui dans l'intelligence duquel réside une triple autorité (exercée) sur la parole, la pensée et le corps, est appelé (à juste titre un homme) à trois bâtons.

11. L'homme qui exerce cette triple autorité (sur sa parole, sa pensée et son corps dans ses rapports) avec toutes les créatures, et qui dompte ses désirs et sa colère parvient ainsi à la félicité suprême.

12. (Le principe) qui fait agir ce corps est appelé le *connaisseur du champ;* et ce (corps) qui accomplit les actes est appelé par les sages le *composé d'éléments.*

13. Il est un autre esprit interne dont le nom est le principe vital, qui naît en même temps que tous les (êtres) cor-

7. *Faire du mal*, c'est-à-dire tuer des animaux autrement que pour les sacrifices autorisés.

10. *Jeu de mots :* tridaṇḍin signifie qui a trois bâtons ; les trois bâtons sont l'insigne de la vie ascétique. D'autre part daṇḍa signifie aussi autorité. L'auteur veut dire que le véritable ascète n'est pas celui qui porte comme insigne les trois bâtons, mais celui qui exerce un triple empire sur sa parole, sa pensée et son corps.

12. *Ce corps :* Kull. explique le mot ātman par « corps, le moi corporel ». — Kshetrajña, le connaisseur du champ ; on a déjà vu à propos de la paternité l'emploi métaphorique du mot kshetra, champ ; ici le kshetrajña est donc l'âme qui connaît le corps. — Le bhūtātman, composé d'éléments, est le corps « qui tire son origine des éléments tels que la terre et autres ». (Kull.)

13. *L'esprit interne* antarātman. — *Le principe vital,* jīva « au moyen

porels, par le moyen duquel sont perçus tous les plaisirs et toutes les peines dans les existences (successives).

14. Ces deux (principes), le *grand* et le *connaisseur du champ*, unis avec les éléments, pénètrent *Celui* qui réside dans (tous) les êtres les plus élevés comme les plus bas.

15. Du corps de ce dernier jaillissent d'innombrables manifestations qui perpétuellement mettent en mouvement les êtres de toute sorte.

16. Avec des particules des cinq (éléments) est formé après la mort, pour les hommes pervers, un autre corps durable, destiné aux souffrances (de l'enfer).

17. Après que (les âmes des méchants) ont enduré au moyen de ce corps les souffrances (infligées par) Yama dans l'autre monde, (les particules qui les composent) se résorbent suivant leur catégorie, dans les mêmes principes élémentaires (dont elles étaient sorties).

18. Quand elle a expié les péchés, sources d'infortunes, nés de l'attachement aux objets des sens, cette (âme) purifiée de ses souillures retourne vers ces deux (principes) puissants.

duquel, transformé en conscience et en sens, le kshetrajña dans les existences successives perçoit le plaisir et la peine ». (Kull.)

14. *Le grand*, mahān (ici du masculin) c'est l'intelligence, c'est le jīva du vers précédent opposé au kshetrajña. — *Les éléments* « les cinq éléments tels que la terre, etc. » (Kull.) — *Celui* désigne suivant Kull. le paramātman, l'Âme suprême.

15. *De ce dernier*, c'est-à-dire du paramātman. — *Manifestations*, littér. des formes mūrtayaḥ que Kull. explique par « des principes vitaux (jīvāḥ) ».

16. *Particules :* mātrā est peut-être ici synonyme de bhūta; on pourrait donc traduire simplement « avec les cinq éléments ». — *Durable* « pour résister aux tourments ». (Kull.)

17. *Dans l'autre monde*, iha n'a pas ordinairement ce sens-là; il s'oppose au contraire à paraloke. Kull. explique ainsi : « Après avoir subi au moyen de ce corps les tourments infligés par Yama, ces âmes perverses étant subtiles, à la dissolution de ce corps grossier, se résorbent dans ces parties constitutives des éléments. »

18. *Cette âme :* c'est-à-dire l'âme individuelle, le jīva; les deux puissants sont le mahān et le kshetrajña du v. 14. Pourtant Kull. entend par là le mahān et le paramātman.

19. Ces deux (principes) examinent ensemble sans relâche le mérite ou la culpabilité de cette (âme, et celle-ci) unie à ses (mérites ou à ses démérites) obtient la félicité ou le malheur dans ce monde et dans l'autre.

20. Si (l'âme) a pratiqué surtout le bien et très peu le mal, revêtue (d'un corps composé) de ces mêmes éléments, elle goûte la félicité au ciel.

21. Mais si elle s'est principalement adonnée au mal et très peu au bien, dépouillée de ces éléments, elle subit les tortures infligées par Yama.

22. Cet esprit vital, après avoir enduré les tourments (infligés) par Yama, purifié de ses souillures, revêt de nouveau ces cinq mêmes éléments partie par partie.

23. (Que l'homme), considérant par le moyen de sa pensée ces (diverses) conditions de l'esprit vital (résultant de la pratique) du bien ou du mal, dirige toujours son esprit vers le bien.

24. Sachez que la Bonté, la Passion et l'Obscurité sont les trois qualités de l'âme par le moyen desquelles le *grand* pénètre et réside dans toutes les choses existantes sans exception.

25. Lorsqu'une de ces qualités prédomine absolument dans un corps, elle rend (l'âme) qui est revêtue de ce corps éminemment distinguée par cette qualité.

26. (Le signe distinctif) de la Bonté est la connaissance, (celui de) l'Obscurité (est) l'ignorance, (celui de) la Passion

20. *Ces mêmes éléments* « la terre et les autres transformés en un corps grossier ». (Kull.)

21. *Dépouillée* « après la mort, de ces éléments qui constituaient le corps humain, et revêtue d'un corps durable propre à sentir les tourments, formé des particules subtiles des éléments ». (Kull.)

22. *Cet esprit vital* le jīva. — *Revêt*, c'est-à-dire reprend un corps humain ou autre ». (Kull.) — *Partie par partie*, c'est-à-dire chacun dans la proportion voulue.

24. Les trois qualités sattva, rajas et tamas sont suivant la philosophie sāṅkhya le substratum de tout ce qui existe. — *L'âme*, c'est-à-dire suivant Kull. le mahat. — *Le grand*, l'intelligence, cf. v. 14, note.

est l'amour et l'aversion; telle est la nature de ces (trois qualités) qui pénètre et réside dans toutes les choses existantes.

27. Quand on découvre dans son âme un sentiment de joie, une sorte de calme, un éclat pur, on doit y reconnaître la qualité de Bonté.

28. Dans tout ce qui est accompagné de peine et cause du déplaisir à l'âme, on doit reconnaître (la qualité) de Passion, (laquelle est) irrésistible et entraîne perpétuellement les (âmes) revêtues d'un corps (vers les objets des sens).

29. Dans tout ce qui est accompagné de confusion, tout ce qui a le caractère d'une matière indistincte, tout ce qu'on ne peut ni conjecturer, ni connaître, on doit reconnaître la (qualité d')Obscurité.

30. Je vais maintenant déclarer complètement quels sont les résultats produits par ces trois qualités, (résultats) excellents, intermédiaires ou mauvais.

31. La lecture du Véda, l'austérité, la science, la pureté, l'empire sur les sens, l'accomplissement des devoirs et la méditation sur l'âme, (voilà) les signes distinctifs de la qualité de Bonté.

32. Le plaisir (qu'on prend) à entreprendre, le manque de fermeté, la pratique des actes criminels et la poursuite continuelle des objets des sens, (voilà) les signes distinctifs de la qualité de Passion.

33. La cupidité, la somnolence, l'irrésolution, la cruauté, le scepticisme, le délaissement des bonnes coutumes, l'habitude de mendier et la négligence, (voilà) les signes distinctifs de la qualité d'Obscurité.

29. *Confusion* « incapacité de discerner le bien du mal ». (Kull.) — On peut écrire en deux mots avyaktaṃ vishayâtmakam, leçon suivie par B. H. « ce qui est indistinct, ce qui a pour essence le sensuel ». — *Connaître* « ni par le sens intime (ou conscience), ni par les sens extérieurs ».

30. *Excellents, intermédiaires ou mauvais,* littér. le premier, celui du milieu, le dernier.

32. *A entreprendre* « en vue d'un profit ». (Kull.)

33. Bhinnavṛtti est expliqué par âcâraparilopa le délaissement des bonnes coutumes. (Kull.)

34. En outre, voici en résumé et par ordre les signes distinctifs de ces trois qualités (telles qu'elles) se trouvent dans les trois (temps, le présent, le passé et l'avenir).

35. Si un acte qu'on a fait, qu'on fait ou qu'on va faire, vous cause de la honte, l'(homme) instruit doit le considérer comme marqué du signe distinctif de la qualité d'Obscurité.

36. Sachez que tout acte par lequel on désire (acquérir) une renommée brillante en ce monde, et dont (toutefois) la non-réussite ne vous afflige pas, (est marqué du signe distinctif de la qualité) de Passion.

37. Mais ce qu'on désire connaître de tout (son cœur), ce qu'on accomplit sans honte et ce dont l'âme éprouve de la satisfaction, cet (acte) est marqué du signe distinctif de la Bonté.

38. Le désir (sensuel) est dit le signe distinctif de l'Obscurité, la (recherche de la) richesse (celui) de la Passion, (l'amour de) la vertu (est) le signe distinctif de la Bonté; de ces (trois choses), c'est toujours la dernière nommée qui est meilleure (que la précédente).

39. Je vais brièvement exposer par ordre les transmigrations à travers tout cet (univers) auxquelles (l'âme) est soumise, suivant (qu'elle possède) chacune de ces trois qualités.

40. Ceux qui ont la qualité de Bonté parviennent à la condition divine, ceux qui ont la qualité de Passion à la condition humaine, ceux qui ont la qualité d'Obscurité (descendent) toujours à la condition animale; telles sont les trois (sortes) de transmigrations.

34. Le texte dit simplement : dans les trois (choses) trishu, mais les commentateurs sont d'accord pour l'entendre des trois moments du temps. A noter la leçon de Nand. nṛshu, dans les hommes.

37. Sarveṇa, Kull. commente par sarvâtmanâ. B. H. traduit différemment en prenant jñâtum avec la valeur passive « un acte qu'on désire être connu de chacun ». — *Ce qu'on désire connaître* « le sens du Véda, etc. ». (Kull.)

38. *L'amour de la vertu*, ou bien « la recherche du mérite spirituel (dharma).

41. Mais sachez que ces trois sortes de transmigrations dues aux (trois) qualités (se subdivisent à leur tour) en trois (degrés), inférieur, moyen et supérieur, suivant les différences des actes et du savoir (de chacun).

42. (Êtres) inanimés, vers et insectes, poissons, serpents, ainsi que tortues, bétail et animaux sauvages (composent) la condition inférieure que produit l'Obscurité.

43. Éléphants, chevaux, Soudras et Barbares méprisés, lions, tigres, sangliers (composent) la condition moyenne que produit l'Obscurité.

44. Baladins, oiseaux, hypocrites, démons et vampires (composent) la condition supérieure parmi celles que produit l'Obscurité.

45. Bâtonnistes, lutteurs, comédiens, gens qui subsistent d'un métier vil, joueurs et buveurs (composent) la condition inférieure produite par la Passion.

46. Rois, guerriers, prêtres domestiques des rois, et les hommes qui excellent dans la controverse (composent) la condition moyenne produite par la Passion.

47. Musiciens célestes, Gouhyakas, Yakchas (et) Génies au service des dieux, ainsi que les Nymphes célestes (composent) la condition supérieure produite par la Passion.

48. Ermites, ascètes, Brâhmanes, les troupes des divinités aux chars aériens, les astérismes lunaires et les Daityas

42. *Êtres inanimés*, « arbres, etc. ». (Kull.)

43. *Barbares*, mleccha, l'épithète « méprisés » ne restreint pas la compréhension du terme.

44. Sur les oiseaux ou suparṇas cf. livre I, 37. — Les Démons et les Vampires, les Râkshasas et Piçâcas. Cf. I, 43.

45. Au lieu de kuvṛttayaḥ Kull. lit çastravṛttayaḥ ceux qui vivent du métier des armes, les maîtres d'armes.

47. Les Gandharvas ou musiciens célestes; les Guhyakas et les Yakshas sont des demi-dieux gardiens des trésors, au service de Kuvera. Les Apsaras sont les Nymphes célestes.

48. Les troupes des Vaimânikas ou divinités qui se meuvent dans des chars aériens appelés vimânas. Les Daityas ou descendants de Diti sont des géants ennemis des dieux.

(composent) la condition inférieure produite par la Bonté.

49. Sacrificateurs, Sages, Dieux, Védas, constellations, années, Mânes et Sâdhyas (composent) la condition moyenne produite par la Bonté.

50. Brahmâ, les Créateurs de l'Univers, la Loi, le *Grand* et l'*Invisible* (composent), au dire des Sages, la condition suprême produite par la Bonté.

51. Ainsi (vous) a été expliqué en entier tout ce (système de) transmigrations (produit) par les trois sortes d'actes, (composé de) trois classes, (dont chacune a) trois subdivisions et qui embrasse toutes les créatures.

52. (En punition) de l'attachement aux (objets des) sens, de la négligence des devoirs, les ignorants, les plus vils des hommes, ont en partage les naissances les plus basses.

53. Apprenez maintenant en détail et par ordre pour quelles actions (commises) ici-bas l'esprit vital entre dans telle ou telle matrice en ce monde.

54. Après avoir subi pendant de longues séries d'années d'affreux (tourments en) enfer, les grands criminels sont soumis à l'expiration de ce temps aux transmigrations suivantes :

55. Le meurtrier d'un Brâhmaṇe entre dans le corps d'un chien, d'un porc, d'un âne, d'un chameau, d'une vache, d'une chèvre, d'une brebis, d'un daim, d'un oiseau, d'un Tchândâla, d'un Poulkasa.

49. Les Sâdhyas sont une classe de divinités inférieures, personnifiant les rites et prières du Véda, habitant avec les dieux ou dans la région intermédiaire entre ciel et terre.

50. *Les créateurs* « Marîci et les autres ». (Kull.) — Le Grand et l'Invisible, le Mahân et l'Avyakta sont les deux principes du système Sânkhya personnifiés.

53. *L'esprit vital* le jîva. — *Matrice*, c'est-à-dire « existence ». (Kull.)

54. *Sont soumis* « pour ce qui reste de leurs fautes (c'est-à-dire pour achever leur expiation) ». (Kull.)

55. Dans le corps littér. dans la matrice. — Il entre dans l'une quelconque de ces matrices « suivant la gravité ou la légèreté de ce qui lui reste a expier de sa faute ». (Kull.)

56. Un Brâhmane buveur de sourâ entrera (dans le corps) d'un ver, d'un insecte, d'un papillon de nuit, d'un oiseau qui se nourrit d'excréments ou d'un animal destructeur.

57. Un Brâhmane qui a volé (passera) mille fois (dans des corps) d'araignées, de serpents, de lézards, d'animaux aquatiques ou de vampires destructeurs.

58. Celui qui a profané la couche d'un gourou (renaîtra) cent fois (à l'état) de brin d'herbe, de ronce, de liane, (d'oiseau) carnassier, (d'animal) pourvu de crocs et (de bête) dont la nature est sanguinaire.

59. Ceux qui aiment à faire le mal deviennent des carnassiers; ceux qui mangent des aliments défendus, des vers; les voleurs, des (êtres) qui s'entre-dévorent; ceux qui ont commerce avec des femmes de la plus basse caste, des revenants.

60. Celui qui a fréquenté des gens dégradés (de leur caste), qui (a eu des relations) avec la femme d'autrui, et celui qui a volé un bien appartenant à un Brâhmane, devient un démon ennemi des Brâhmanes.

61. L'homme qui par cupidité a dérobé des diamants, des perles ou du corail, ou divers (autres) joyaux renaît parmi les orfèvres.

62. Pour avoir volé du grain il devient rat, (pour avoir volé) du cuivre (il devient) flamant, (pour avoir volé) de l'eau (il devient) poule d'eau, (pour avoir volé) du miel (il

56. *Animal destructeur*, « tigre, etc. ». (Kull.)

57. *Qui a volé* « l'or d'un Brâhmane ». (Kull.) — Vampires ou Piçâcas.

58. *D'un gourou*, c'est-à-dire de son père naturel ou spirituel. — *D'oiseau carnassier*, « vautour et autres ». (Kull.) — *D'animal pourvu de crocs*, « lion, etc. ». (Kull.) — *Bête dont la nature est sanguinaire*, littér. commettant des actes cruels, expression commentée par vadhaçîla.

59. *Des êtres qui s'entre-dévorent* « des poissons et autres ». (Kull.) — *Des revenants* pretas.

60. *Un bien appartenant à un Brâhmane*, « mais non de l'or ». (Kull.) — *Un démon* appelé Brahmarâkshasa.

61. *Orfèvres* « quelques-uns entendent par là l'oiseau appelé hemakâra ». (Kull.) C'est en effet un sens très acceptable.

62. *Des essences*, « de la sève de canne à sucre, etc. » (Kull.)

devient) taon, (pour avoir volé) du lait (il devient) corneille, (pour avoir volé) des essences (il devient) chien, (pour avoir volé) du beurre clarifié (il devient) un ichneumon.

63. (S'il a volé) de la viande (il devient) vautour; du lard, cormoran; de (l'huile de) sésame, un (oiseau) tailapaka; du sel, un grillon; du lait suri, un oiseau balâkâ.

64. S'il a dérobé de la soie (il devient) perdrix; de la toile, grenouille; une étoffe de coton, courlis; une vache, iguane; de la mélasse, chauve-souris.

65. (S'il a volé) des parfums précieux, (il devient) un rat musqué; des légumes à feuilles, un paon; des aliments préparés de diverses sortes, un porc-épic; des aliments non préparés, un hérisson.

66. S'il a dérobé du feu, il devient héron; des ustensiles, guêpe; pour vol d'étoffes de couleur, il renaît (sous la forme d'un) francolin.

67. (S'il a volé) un daim ou un éléphant, (il devient) loup; un cheval, (il devient) tigre; des racines et fruits, singe; une femme, ours; de l'eau, coucou; des voitures, chameau; du bétail, bouc.

68. L'homme qui a dérobé par force n'importe quel objet appartenant à autrui, ainsi que celui qui a mangé les gâteaux du sacrifice avant qu'ils aient été offerts (à une divinité), renaîtra inévitablement à l'état de bête.

63. *Cormoran* (?) madgu, espèce d'oiseau d'eau. — Tailapaka, oiseau inconnu, ce nom signifie buveur d'huile. — Balâkâ, cigogne (?).

65. *Aliments*, anna signifie aussi plus particulièrement du riz. On pourrait traduire « du riz cuit et du riz cru ».

66. *Francolin* (?) ou perdrix rouge (?). — Quelques-unes de ces attributions reposent sur une similitude d'attributs : ainsi le voleur de *parfums* devient un rat *musqué*; le voleur d'étoffes de *couleur* devient une perdrix *rouge;* d'autres reposent sur une simple allitération, vâgguda chauve-souris, et guḍa mélasse; d'autres enfin paraissent tout à fait arbitraires.

67. *De l'eau* « pour boire ». (Kull.) — *Coucou* stokaka « qui demande une goutte d'eau » appelé aussi câtaka, Cuculus melanoleucus, oiseau qui passe chez les Hindous pour ne boire que de l'eau de pluie.

68. *Offerts*, c'est-à-dire « avant qu'on en ait jeté une partie dans le feu ».

69. Les femmes aussi qui ont commis un vol d'une manière analogue se chargent du (même) péché; elles renaissent à l'état de femelles de ces mêmes êtres (qu'on vient d'énumérer).

70. (Les hommes des quatre) castes qui sans nécessité ont abandonné leurs devoirs respectifs, après avoir transmigré dans des existences misérables, renaissent dans la condition d'esclaves parmi leurs ennemis.

71. Un Brâhmane qui a manqué à ses devoirs devient un revenant (appelé) Oulkâmoukha qui se nourrit de vomissement; un Kchatriya (devient un revenant appelé) Katapoûtana qui se nourrit d'immondices et de cadavres.

72. Un Vaisya qui a manqué à ses devoirs devient un revenant (appelé) Maitrâkchadjyotika qui mange du pus; un Soudra devient (un revenant appelé) Tchailâsaka.

73. Plus les gens dont l'âme (est portée à la) sensualité s'adonnent aux (plaisirs des) sens, plus leur propension augmente.

74. Par la répétition de ces actes coupables, ces insensés s'attirent ici-bas des souffrances dans ces diverses transmigrations (que voici) :

75. Le séjour dans le Tâmisra et autres enfers épouvantables, la forêt (dont les arbres ont) des épées en guise de feuilles et autres (lieux horribles), la captivité et les mutilations ;

70. *Leurs devoirs respectifs*, « les cérémonies telles que les cinq sacrifices et autres ». (Kull.) — *Ennemis*, littér. les Dasyus; une autre leçon du reste porte çatrushu au lieu de dasyushu.

71. Ulkāmukha veut dire : dont la bouche est un brandon enflammé; le sens du mot kaṭapūtana est obscur.

72. Maitrākshajyotika est suivant Kull. « un démon à qui son anus sert d'œil, ou qui a une lumière dans l'anus »; c'est du reste l'explication de ce composé. Quant au Cailāsaka c'est « un Preta ou revenant qui se nourrit de poux ».

74. *Insensés*, littér. de peu d'intelligence. — *Ces diverses transmigrations* « dans des matrices de plus en plus méprisables d'animaux et autres ». (Kull.)

76. Diverses tortures (telles que) d'être dévoré par des corneilles et des chouettes, de (manger) une bouillie de sable brûlant et d'être cuit dans des pots, (supplice) intolérable ;

77. Renaissances perpétuelles dans des matrices (d'êtres) inférieurs exposés à des maux sans fin, tourments par le froid et le chaud et terreurs de toutes sortes;

78. Séjour répété dans (diverses) matrices, naissances pénibles, captivités rigoureuses, esclavage sous les autres ;

79. Séparation d'avec leurs parents et amis, et cohabitation avec les méchants, perte des richesses gagnées, acquisition d'amis (qui deviennent des) ennemis;

80. Vieillesse sans ressources, tourments des maladies, afflictions de toute espèce et (enfin) la mort invincible, (telles sont les épreuves qui les attendent).

81. Dans quelque disposition d'esprit qu'on accomplisse tel ou tel acte, on en recueille le fruit avec un corps doué de cette même qualité.

82. Ainsi ont été expliqués entièrement les origines et les résultats des actes; apprenez (maintenant) les actes qui procurent à un Brâhmane la délivrance finale.

83. L'étude du Véda, les austérités, la connaissance, dompter ses sens, ne point faire de mal (aux créatures), servir son précepteur spirituel, (tels sont) les meilleurs moyens (d'arriver) à la délivrance finale.

78. *Séjour répété*, le seul fait de renaître plusieurs fois constitue par lui-même une peine.

79. *Perte des richesses gagnées*, littér. acquisition et perte de biens, c'est-à-dire biens acquis pour les reperdre ensuite.

80. *Vieillesse sans ressources* ou peut-être « l'âge (mal) incurable ».

81. *Disposition d'esprit* « produite par la qualité de Bonté, la qualité de Passion, ou la qualité d'Obscurité ». (Kull.) — Le corps futur sera doué d'une de ces trois qualités, suivant l'esprit dans lequel on a accompli l'acte « tel que bain, aumône, etc. ». (Kull.) — Cf. v. 41 sqq. les divers corps produits par chacune des trois qualités avec leurs trois degrés.

83. *La connaissance* « ayant pour objet Brahme ». (Kull.)

84. Parmi toutes ces actions vertueuses en ce monde, en est-il une (qui soit) déclarée plus propre (que les autres) à conduire l'homme à la délivrance finale?

85. Entre toutes, la connaissance de l'Âme est déclarée la plus excellente; elle est la première de toutes les sciences, car par elle on obtient l'immortalité.

86. Parmi tous les six actes (précédemment énumérés), les actes prescrits par le Véda doivent toujours être considérés comme les plus efficaces pour assurer la félicité suprême ici-bas et dans l'autre monde.

87. Car dans l'accomplissement des actes prescrits par le Véda, tous les autres (actes) sans exception sont contenus par ordre dans les diverses règles des cérémonies.

88. Les actes prescrits par le Véda sont de deux sortes, les uns procurant le bonheur (matériel), les autres assurant la délivrance finale; les uns ayant un but intéressé, les autres un but désintéressé.

89. Un acte qui assure la réussite d'un désir ici-bas ou

84. Ce vers est une question adressée par les grands Sages à Bhṛgu qui leur répond au vers suivant.

85. *La connaissance de l'Âme* « de l'Âme suprême, paramâtman, enseignée par les Upanishads ». (Kull.)

86. Karma vaidikam, Kull. l'entend dans le sens de paramātmajñāna la connaissance de l'Âme suprême; les autres commentateurs au contraire prennent cette expression dans son sens littéral, « acte prescrit par le Véda », c'est-à-dire les rites, les sacrifices. Le v. 85 n'a en vue que le moksha ou délivrance finale, tandis que le v. 86 considère la félicité en ce monde et dans l'autre.

87. Ici Kull. explique karma vaïdikam par « l'adoration de l'Âme suprême ».

88. Dans ce vers au contraire Kull. donne à karma vaidikam son sens ordinaire « le jyotishṭoma et autres sacrifices ». — Les actes dits pravṛtta sont les cérémonies faites dans le but d'une récompense ici-bas ou dans l'autre monde, les actes dits nivṛtta sont les cérémonies faites sans aucune vue intéressée, et partant plus méritoires que les autres. B. traduit : « Qui causent une continuation de l'existence mondaine, pravṛtta », et « qui causent une cessation de l'existence mondaine, nivṛtta ». Au fond l'idée est la même.

89. *D'un désir* « un sacrifice pour obtenir de la pluie ». (Kull.) — *Dans*

dans l'autre monde est appelé intéressé; mais celui qui est étranger à tout désir (de récompense) et (qu'on accomplit après avoir) d'abord (acquis) la connaissance (de l'Être divin) est déclaré désintéressé.

90. Celui qui accomplit des actes intéressés atteint l'égalité de rang avec les dieux; mais celui-ci qui accomplit des actes désintéressés s'élève assurément au-dessus des cinq éléments.

91. Celui qui voit également soi-même dans tous les êtres et tous les êtres dans soi-même, s'offrant soi-même en sacrifice, s'identifie avec l'être qui brille de son propre éclat.

92. Un Brâhmane, même après avoir renoncé aux rites prescrits (par les Sâstras), doit s'appliquer à la connaissance de l'Âme suprême, à l'extinction (de ses passions) et à l'étude du Véda.

93. Car c'est en cela que consiste surtout pour un Brâhmane l'objet principal de l'existence; c'est en atteignant cela et non autrement qu'un Dvidja parvient à ses fins.

94. Le Véda est l'œil éternel des Mânes, des Dieux, des hommes; le livre du Véda ne peut pas avoir été fait (par les hommes), il est incommensurable (pour la raison humaine); telle est la décision.

l'autre monde « un sacrifice tel que le jyotishṭoma et autres en vue d'obtenir le paradis ». (Kull.) — Jñānapūrva peut signifier aussi « ayant la connaissance pour guide, dirigé par la connaissance ».

90. *Qui accomplit :* il faut entendre cela d'actes pieux répétés fréquemment. — *Au-dessus des cinq éléments*, c'est-à-dire se dépouille des éléments qui composent le corps, « atteint la délivrance finale ». (Kull.)

91. *Soi-même*, c'est-à-dire qui se dit : « Moi je suis contenu dans tous les êtres animés et inanimés, et tous les êtres sont contenus en moi. » (Kull.) — Ātmayājin, qui se sacrifie lui-même ou qui sacrifie à soi-même, signifie suivant Kull. « qui accomplit le jyotishṭoma et autres sacrifices suivant la manière du Brahmārpaṇa ». — *S'identifie avec l'être qui brille de son propre éclat* (avec Brahmâ), c'est-à-dire obtient la délivrance finale. On peut traduire aussi « il obtient l'indépendance, la domination », car la racine rāj a les deux sens de briller et de régner.

93. *Parvient à ses fins* kṛtakṛtya signifie littér. qui a fait ce qu'il devait faire, c'est-à-dire qui voit tous ses désirs accomplis.

95. Tous les textes révélés qui ne reposent pas sur le Véda et tous les faux systèmes de philosophie ne produisent aucun fruit après la mort; car ils sont déclarés fondés sur l'Obscurité.

96. Et tous les (systèmes) autres que le (Véda) qui naissent et meurent (rapidement) sont stériles et mensongers, parce qu'ils sont de date plus récente.

97. Les quatre castes, les trois mondes, les quatre ordres distincts, le présent, le passé et le futur, tout cela est expliqué au moyen du Véda.

98. Le son, la tangibilité, la forme, le goût et l'odeur, ce cinquième (attribut), sont expliqués au moyen du Véda seul, selon l'origine, les qualités et les actes.

99. L'éternel traité du Véda soutient tous les êtres; c'est pourquoi je considère comme la (chose) suprême celle qui assure la félicité à cette créature (l'homme).

100. Commandement des armées, pouvoir royal, fonctions de juge, souveraineté sur le monde entier, celui qui connaît le traité du Véda est digne de tout.

101. De même qu'un feu violent consume même les arbres humides, ainsi celui qui connaît le Véda efface toutes les souillures de son âme, nées de ses (mauvaises) actions.

102. En quelque ordre que se trouve (un homme) connaissant le véritable sens du traité du Véda, même tandis qu'il est (encore) en ce bas monde, il devient propre à l'union avec Brahme.

95. *Les textes révélés* Jolly imprime çrutayaḥ. D'autres textes portent smṛtayaḥ les traditions.

96. *Qui naissent*, Kull. précise en disant qu'ils « sont sortis de la main des hommes. »

97. Prasidhyati signifierait plus littér. « dépend du Véda pour sa réussite ».

98. Le composé guṇakarmataḥ est obscur. Kull. entend karman au sens de karma vaidikam, et guṇa au sens des trois qualités primordiales, Bonté, Passion, Obscurité : le sens serait alors « par le moyen des rites védiques dérivant des trois qualités de Bonté, Passion et Obscurité, sources du son, de la tangibilité, etc. »

99. *Cette créature*, Kull. entend par là « l'homme qui est propre à accomplir les rites védiques ».

103. Ceux qui ont lu sont supérieurs aux ignorants; ceux qui retiennent (ce qu'ils ont lu) sont plus estimables que ceux qui ont lu (mais oublié); ceux qui comprennent (le sens de ce qu'ils ont appris) sont supérieurs à ceux qui retiennent (sans comprendre); ceux qui mettent en pratique (ce qu'ils ont appris valent mieux) que ceux qui comprennent (mais qui ne pratiquent point).

104. L'austérité et la science (sacrée) sont le plus excellent moyen pour un Brâhmane (d'atteindre) la délivrance finale; par l'austérité il tue le péché, par la science il obtient l'immortalité.

105. La perception, l'induction et les traités comprenant les divers enseignements traditionnels, (voilà) trois (choses qui) doivent être bien comprises de quiconque désire la claire intelligence de la Loi.

106. Celui-là seul et nul autre, connaît la loi qui, s'appuyant sur un système philosophique en harmonie avec le traité du Véda, médite (l'œuvre) des anciens sages et les préceptes de la Loi.

107. Ainsi ont été complètement et exactement expliqués les actes qui assurent la délivrance finale; (maintenant) on va révéler la partie secrète de ce traité de Manou.

108. Si l'on demande : « Dans les (cas de la) loi qui n'ont pas été mentionnés, quelle doit être (la règle de conduite)? » (voici la réponse) : « Ce que des Brâhmanes instruits décideront (aura force de) Loi sans contestation. »

109. Doivent être reconnus comme instruits les Brâhmanes qui ont étudié selon la Loi le Véda avec ses appendices, et qui peuvent donner des preuves sensibles du livre révélé.

104. *La science* « la connaissance de l'âme universelle ». (Kull.)

105. — *Les traités* Kull. explique çâstra par la Smṛti.— *Les enseignements traditionnels*, les âgamas, les livres d'enseignement des diverses écoles.

106. *L'œuvre des anciens sages*, le Véda dont les hymnes sont attribués aux Richis.

109. *Selon la loi* « en observant les prescriptions relatives aux étudiants et autres ». (Kull.) — *Ses appendices* « les Aṅgas, qui sont la Mīmāṃsā, le

110. Ce qu'une assemblée d'au moins dix, ou d'au moins trois (personnes) vertueuses aura décidé (être) la loi, que personne ne le conteste.

111. Trois (personnes) versées (chacune dans un) des trois Védas, un logicien, un interprétateur (de la doctrine Mîmânsâ), un étymologiste, un jurisconsulte et un membre de chacun des trois premiers ordres, constituent l'assemblée d'au moins dix membres.

112. Un Rig-Védiste, un Yadjour-Védiste et un Sâma-Védiste doivent être considérés (comme constituant) l'assemblée d'au moins trois membres pour la décision des points douteux de la loi.

113. Ce que même un seul Brâhmane instruit dans le Véda déclare (être) la loi doit être considéré comme (ayant force de) loi suprême, plutôt que la décision de milliers d'ignorants.

114. (Même) des milliers (de Brâhmanes) qui n'ont pas rempli leurs vœux (de noviciat), qui ne sont pas versés dans le Véda et qui vivent uniquement (du privilège) de leur caste, ne constituent pas en se réunissant une assemblée (légale).

115. Le péché de celui qui a été instruit par des sots, personnifications de l'Obscurité, et ignorants de la loi, retombe multiplié au centuple sur ceux qui (lui) ont exposé la (loi).

Code des lois et les Purāṇas ». (Kull.) — La Mīmāṃsā désigne un système philosophique ayant pour objet l'interprétation du Véda. — *Ceux qui peuvent donner des preuves sensibles*, « les Brâhmanes qui en récitant le texte révélé, sont cause qu'il devient perceptible par les sens, qui en enseignent le véritable sens ». (Kull.)

111. *Un logicien* haituka, suivant Kull. « celui qui connaît le système du Nyāya qui n'est pas en contradiction avec la Çruti et la Smṛti ». — *Un interprétateur de la doctrine Mīmāṃsā* : le texte dit simplement tarkin commenté par le composé mīmāṃsātmakatarkavid.— *Les trois premiers ordres*, c'est-à-dire « étudiant, maître de maison, ermite ».

114. *Leurs vœux*, « qui n'ont pas rempli les vœux d'un étudiant, tels que (ceux relatifs à) la Sāvitrī et autres ». (Kull.)

115. Tamobhūta signifie littér. dont la nature est la qualité d'obscurité.

116. Tous les (moyens) les plus excellents pour assurer la délivrance finale vous ont été exposés; un Brâhmane qui ne s'en écarte pas obtient la condition la plus élevée.

117. C'est ainsi que cette auguste divinité, dans son désir (de faire) le bonheur des mondes me révéla tout ce mystère suprême de la loi (sacrée).

118. Que (le Brâhmane) recueillant son attention, voie dans son âme individuelle l'univers, le réel et le non réel; car en voyant dans son âme individuelle l'univers, il n'abandonne pas son esprit à l'iniquité.

119. L'âme seule (est) toutes les divinités; l'univers repose sur l'âme ; car (c'est) l'âme (qui) produit l'enchaînement des actes des (êtres) corporels.

120. Que (le Brâhmane par la méditation) voie l'identité de l'éther avec les cavités du corps, du vent avec (les organes) du mouvement et du toucher, de la lumière suprême avec (les organes) de la digestion et de la vue, de l'eau avec les parties grasses et de la terre avec les parties charnues (de son corps);

121. De la lune avec l'esprit, des régions célestes avec (l'organe) de l'ouïe, de Vichnou avec (les organes) de la locomotion, d'Indra avec la force, du feu avec (l'organe) de la parole, de Mitra avec les (organes) excrétoires et du Seigneur des créatures avec (les organes) de la génération.

117. C'est Bhṛgu qui parle, et *l'auguste divinité* qui lui a révélé la loi est Manou. — *Le mystère* « qui doit être tenu caché aux disciples indignes ». (Kull.)

118. Âtman désigne ici suivant Kull. « l'Âme suprême », et suivant Govind. « l'âme individuelle ».

119, Ici âtman suivant Govind. est l'Âme suprême.

120. *Voie l'identité*, littér. fasse entrer saṃniveçayet. — *L'éther*, jeu de mots sur kha ether, et kha trou du corps (il y en a neuf). — *Lumière* tejas « du feu et du soleil ». (Kull.) — Sneha, littér. graisse. Kull. l'entend des fluides du corps. D'autres comme Medh. y voient « la cervelle et autres substances analogues ». — *Les parties charnues* mūrti est expliqué par çarīrapārthivabhāga « les portions terrestres du corps ».

121. *L'esprit* le manas, le sens interne. — *Les régions célestes* diçaḥ au

122. Qu'il reconnaisse le Mâle suprême comme le souverain de toutes (choses), plus subtil que le subtil même, brillant comme l'or, accessible à l'intelligence (seulement quand elle est comme) endormie (dans la contemplation).

123. Les uns l'appellent Agni, les autres Manou seigneur des créatures, d'autres Indra, d'autres le souffle vital, d'autres l'éternel Brahme.

124. Pénétrant toutes les créatures par le moyen des cinq éléments (constitutifs), il leur fait accomplir un cycle perpétuel de transmigrations par la naissance, l'accroissement et la destruction.

125. Ainsi celui qui par (le moyen de son) âme (individuelle) reconnaît l'âme (universelle) dans tous les êtres, devient animé des mêmes sentiments envers tous et s'absorbe en Brahme, (ce qui est) la condition suprême.

126. Un Dvidja qui récite ce Traité de Manou révélé par Bhrigou, aura toujours une conduite vertueuse et atteindra la condition qu'il souhaite.

nombre de huit représentant les points cardinaux et présidées par huit divinités. — Indra est appelé ici Hara. — *Le feu*, Agni. — Je soupçonne un calembour sur Mitra et mûtra urine. — Prajâpati est rapproché en sa qualité de créateur des organes de la génération.

122. *Endormie*, « l'œil et les autres sens extérieurs suspendant leurs fonctions », la contemplation est une sorte de sommeil. — Sur le Mâle, le Purusha qui n'est autre que Brahme, cf. liv. I, v. 11.

124. *Des cinq éléments* « les enveloppant avec des corps formés des cinq grands éléments tels que la terre, etc. » (Kull.) — *Un cycle* littér. « comme une roue de voiture. »

126. Le vers commence par « le mot iti qui marque la fin du discours de Bhṛgu. » (Kull.) Le dernier vers n'est donc pas dans la bouche du narrateur des lois de Manou. — La condition qu'il souhaite, c'est « le paradis, la délivrance finale ». (Kull.)

FIN

ERRATA

Page	2	ligne	29	au lieu de	Sankhya	lisez	*Sânkhya.*
»	11	—	16	—	Auttami	—	*Aouttami.*
»	11	--	30	—	karma	—	*karman.*
»	15	—	13	—	Brahmâne	—	*Brâhmane.*
»	28	—	21	—	Brahmane	—	*Brâhmane.*
»	32	—	39	—	viāhṛtis	—	*vyāhṛtis.*
»	34	—	34	—	brāhmana	—	*brāhmaṇa.*
»	87	—	33	—	Vishnu	—	*Vishṇu.*
»	94	—	29	—	Vishnu	—	*Vishṇu.*
»	101	—	31	—	prāṇās	—	*prāṇāḥ.*
»	107	—	33	—	Joly	—	*Jolly.*
»	108	—	20	—	Samghâta	—	*Sanghâta.*
»	176	—	24	—	Voulu,	—	*Voulut.*
»	260	—	30	—	Vasishtha	—	*Vasishṭha.*
»	279	—	32	—	Kchariyâ	—	*Kchatriyâ.*
»	340	—	33	—	de dite	—	*dite de*

INDEX

A

Abhidjit (sacrifice), XI, 75.
Âbhîra (caste), X, 15.
Acquisition (moyens légaux d'), X, 115.
Adhvaryou (prêtre), VIII, 209.
Âdityas (divinités), III, 284; XI, 222.
Adjîgarta (sage), X, 105.
Âdjyapas (mânes), III, 197, 198.
Adoptif (fils), IX, 141, 159.
Adultère, IV, 134; VIII, 352 sqq., 371 sqq., 382 sqq.; XI, 103 sqq., 170 sqq.
Agastya (sage), V, 22.
Age (d'une épouse), IX, 94.
— (les quatre — du monde), I, 68 sqq., 81 sqq.; IX, 301, 302.
— (des dieux), I, 71.
Agni (le feu, divinité), III, 85, 211; V, 96; IX, 303, 310; XI, 120, 122; XII, 121, 123.
Agnichtoma (sacrifice), II, 143.
Agnichtout (sacrifice), XI, 75.
Agnichvâttas (mânes), III, 195, 199.
Agnidagdhas (mânes), III, 199.
Agnihotra (sacrifice), II, 15; IV, 10; XI, 36, 41, 42.
Agnyâdheya (sacrifice), II, 143; VIII, 209; XI, 38.
Âhavanîya (feu), II, 231.
Ahîna (sacrifice), XI, 198.
Âhindika (caste), X, 37.
Ahouta (sacrifice), III, 73, 74.
Aînesse, IX, 105 sqq.; XI, 186.
Akchamâlâ (personnage mythologique), IX, 23.
Alimentation (cérémonie de la première), II, 34.
Aliments (permis ou défendus), IV, 205 sqq., 247 sqq., 253; V, 5 sqq.; X, 104 sqq.; XI, 153 sqq.
Ambachtha (caste), X, 8, 13, 15, 19, 47.
Ambassadeur, VII, 63 sqq., 153.
Ame, I, 15, 54; VI, 29, 49, 63, 65, 73, 82; VIII, 84; XII, 85, 91, 92, 118, 119, 125.
Amendes, VIII, 138, 159; IX, 229, 231.
Amour de soi, II, 2.
Amrita, III, 285; IV, 4, 5.
Anagnidagdhas (mânes), III, 199.

Andhatâmisra (enfer), IV, 88, 197.
Andhra (caste), X, 36, 48.
Angas (du Véda), II, 105, 141, 242; III, 184, 185; IV, 98; V, 82; IX, 41.
Anguiras (sage), I, 35; II, 151; III, 198; XI, 33.
Anoumati (divinité), III, 86.
Antyâvasâyin (caste), IV, 79; X, 39.
Ânvâhârya (sacrifice), III, 123.
Aouttami (Manou), I, 62.
Apsaras. Cf. Nymphes célestes.
Âranyaka (traité), IV, 123.
Ârcha (mode de mariage), III, 21, 53.
Ârya, II, 39; VII, 69; VIII, 75, 179, 395; IX, 253; X, 45, 57, 67.
Âryâvarta (contrée), II, 22; X, 34.
Asamvrita (enfer), IV, 81.
Asipatravana (enfer), IV, 90.
Ascète, I, 114; V, 137; VI, 33 sqq.; VIII, 407; XII, 48.
Âsoura (mode de mariage), III, 21, 24, 25.
Asouras ou mauvais esprits, I, 37; III, 225.
Âsvina (mois), VI, 15.
Asvins (divinités), IV, 231.
Atharva-Véda (texte), XI, 33.
Atome flottant, VIII, 132, 133.
Atri (sage), I, 35; III, 16, 196.
Aumônes, II, 48 sqq., 182 sqq.; III, 94 sqq.; IV, 33; VI, 43, 50 sqq.; X, 116; XI, 1 sqq.
Austérité, I, 33, 34, 41, 86, 110; II, 83, 97, 164, 166, 167, 228, 229; III, 134; IV, 148, 236; V, 107; VI, 22, 23, 30, 70; XI, 101, 235 sqq.; XII, 31, 83, 104.
Autorisée (femme), III, 173; IX, 59 sqq.
Âvantya (caste), X, 21.
Avortement, XI, 88.
Âvrita (caste), X, 15.
Âyogava (caste), X, 12, 15, 16, 26, 32, 35, 48.

B

Bain (final), I, 111; II, 245; III, 4.
— (règle du), II, 176; IV, 45, 129, 201, 203; VI, 69.
Bali (offrande), III, 70, 74, 81, 87, 89, 90, 91, 94, 108, 121, 265; VI, 7.
Barhichads (mânes), III, 196, 199.
Bâton, II, 45 sqq., 64, 174; IV, 36.
Bhadrakâlî (divinité), III, 89.
Bharadvâdja (ascète), X, 107.
Bhridjjakantaka (caste), X, 21.
Bhrigou (sage), I, 35, 59, 60; III, 16; V, 1, 3; XII, 2, 126.
Bhoûh, Bhouvah et Svah (paroles sacramentelles), II, 76, 78, 81; VI, 70; XI, 223, 249.
Bonté (qualité), XII, 24 sqq.
Brahmâ, masc. le Créateur, Brahme ou Brahman, neut.,

l'Absolu, l'Être suprême, I, 11, 17, 50, 68, 72, 73; II, 58, 59, 82, 84, 233, 244, 248; III, 70, 89, 194; IV, 92, 182, 232, 260; V, 93; VI, 32, 79, 81, 85; VII, 14; VIII, 11, 81; X, 74; XI, 98; XII, 50, 102, 123, 125.
Brâhmanas (traités), IV, 100.
Brahmândjali (cérémonie), II, 70, 71.
Brâhmane (caste).
— (amende payée par les), IX, 229.
— (attentat contre), IV, 165 sqq.; VIII, 267, 380, 381; IX, 235, 237; XI, 55; XII, 55.
— (crimes des — et leur châtiment), VIII, 123, 124, 268, 276, 338, 340, 378, 379, 383, 385, 392.
— (demandant l'aumône), II, 49 sqq.
— (devoirs et fonctions) I, 88, 102 sqq.; IV, 2 sqq.; X, 1, 2, 74 sqq., 81 sqq.; 101 sqq. 117.
— (droit à prendre le bien d'autrui), VIII, 339; XI, 11 sqq.
— (épouses), III, 13 sqq.
— (fonctions judic.), VIII, 1, 9 sqq., 87, 391; XII, 108 sqq.
Brâhmane (funérailles), V, 92.
— (impureté), V, 83 sqq.
— (initiation), II, 36 sqq.
— (mânes), III, 197, 199.
— (nom), II, 31, 32.
— (origine), I, 31, 93; XII, 48.
— (présents aux), VII, 37, 38, 79, 82 sqq., 145; XI, 4.
— (puissance), I, 93 sqq.; IX, 245, 313 sqq.; X, 3; XI, 31 sqq.
— (purification), II, 58 sqq.
— (purificateurs d'une compagnie), III, 183 sqq.
— (repas et aliments offerts aux), III, 96 sqq., 125 sqq.; IV, 192.
— (respect envers les), IV, 39, 52, 58, 135, 142, 162; X, 43.
— (rites de mariage), III, 23, 24, 35.
— (salut), II, 122 sqq.
— (serment), VIII, 113.
— (supériorité marquée par la science), II, 155.
— (témoignage), VIII, 88.
— (tonsure), II, 65.
Brâhmanî, VIII, 375 sqq.; IX, 87, 151 sqq., 198.

Brahmarchis (pays des), II, 19.
Brahmâvarta (contrée), II, 17, 19.
Brâhmyahouta (rite), III, 73, 74.
Bribou (personnage mythologique), X, 107.
Brihaspati (divinité), XI, 120, 122.

C

Cadeaux de mariage (défendus), III, 53; (permis), III, 54.
Castes (changement de), VII, 42; X, 42 sqq., 64 sqq.
— (devoirs des), II, 26 sqq.; X, 63.
— (exclusion et réintégration), XI, 181 sqq.
— (mélange des), X, 6 sqq.
— (origine des quatre), I, 31, 87 sqq.; X, 4, 45.
Ceinture, II, 42, 43, 64, 169, 174.
Conception (cérémonie de la), II, 16, 26, 142.
Conduite (bonne), II, 6, 12, 18; IV, 145.
Connaisseur du champ (principe), XII, 12, 13, 14.
Contentement de soi-même, II, 6, 12.
Cordon sacré, II, 27, 44, 64, 174; IV, 36.
Créateur, IX, 16; X, 73; XII, 50.
Création, I, 1 sqq.

D

Daityas (divinités), III, 196; XII, 48.
Dakcha (divinité), IX, 128, 129.
Dakchinâ (le feu du sacrifice), II, 231.
Dânavas (divinités), III, 196, 201.
Daradas (race), X, 44.
Dâsa (caste), X, 34.
Dasyou (race), V, 131; VIII, 66; X, 32, 45; XI, 18; XII, 70.
Démons, VII, 23, 38; XI, 96; XII, 60. Cf. aussi Asouras et Râkchasas.
Dettes, VIII, 4, 47 sqq., 139 sqq., 151 sqq., 176, 177.
— (envers les Mânes), IX, 106.
— (les trois), IV, 257; VI, 35; XI, 66.
Dhanvantari (divinité), III, 85.
Dharana (poids), VIII, 135.
Dharma (la justice personnifiée), I, 81, 82; VIII, 14 sqq.; IX, 129.
Dhigvana (caste), X, 15, 49.
Dieux, I, 22, 67, 94; II, 59; III, 201; IV, 130, 152, 224, 251, 257; V, 127; VI, 24; VII, 23, 72, 201; VIII, 85, 87, 96, 103, 110; XI, 20, 26, 211, 243, 245; XII, 49, 94.
Djhalla (caste), X, 22.
Djyaichtha (mois), VIII, 245.
Doctrine ésotérique, II, 140.
Dravida (caste), X, 22, 44.
Drichadvatî (rivière), II, 17.
Drona (mesure), VII, 126.
Dvâpara (âge), I, 85, 86; IX, 301, 302.

E

Eau (dans la Création), I, 8, 13, 78.
— (dans la vie sociale), III, 163; IX, 219, 274, 281; XI, 164.
— (hymne à la divinité des), XI, 133.
— (invocation aux), VIII, 106.
Éléments (les cinq), I, 27.
— (les grands), I, 6, 18.
— (subtils), I, 56.
— (les sept — d'un royaume), IX, 294 sqq.
Enfants (immédiats), X, 14.
— (repoussés), X, 10.
Épouse (choix d'une), III, 4 sqq.
Époques (où l'on peut approcher une femme), III, 45 sqq.
Ermite, VI, 1 sqq.
Esprit (manas ou sens interne, cf. ce mot), XII, 4.
— (créateur), I, 74, 75.
— (les — vitaux), II, 120.
— (mauvais — cf. Asouras).
Être (suprême), VI, 43, 72.
— (existant par lui-même ou Svayambhoû), I, 3, 6, 92, 94; V, 39; VIII, 124, 413.
Éther, I, 75, 76.
Excommuniés (vrâtyas), II, 39, 40; VIII, 373; X, 20 sqq.; XI, 63, 198.

F

Feu, cf. Agni.
Fornication, VIII, 364 sqq.; XI, 59, 171.
Fortune (déesse), IX, 26. Cf. Srî.

G

Gâdhi (personnage mythologique), VII, 42.
Gandharvas (divinités), ou Musiciens célestes, I, 37; III, 196; VII, 23; XII, 47.
— (rite de mariage des), III, 21 sqq., 32; IX, 196.
Gange (fleuve), VIII, 92.
Garouda (oiseau mythologique), VII, 187.
Gârhapatya (feu du sacrifice), II, 231.
Glanure, IV, 5; X, 112.
Golaka (fils adultérin), III, 174.
Gotama (législateur), III, 16.
Gosava (sacrifice), XI, 75.
Gouhyakas (divinités), XII, 47.
Grains (considérés comme mesures de poids), (d'orge), VIII, 134; (de moutarde blanche), VIII, 133, 134; (de moutarde noire), VIII, 133.
Grand (principe, le Mahat), I, 15; XII, 14, 24, 50.

H

Havichmats (Mânes), III, 198.
Havirbhoudjs (Mânes), III, 197.

Hérétiques, IV, 30, 61; V, 89, 90; IX, 225.
Héritage (loi de partage), I, 115; IX, 47, 103 sqq.
Hospitalité, III, 70, 80, 94, 99 sqq.; IV, 29, 179, 182.
Hotar (prêtre), VIII, 209.
Houta (sacrifice), III, 73, 74.

I

Idoles, III, 152, 180; IV, 39, 130, 153.
Imposition du nom (cérémonie), II, 30; V, 70.
Indra (divinité), III, 87; IV, 182; V, 96; VII, 4, 7; VIII, 344, 386; IX, 303, 304; XI, 120, 122; XII, 121, 123.
Initiation, II, 36 sqq., 148 sqq., 169, 170.
— (à nouveau), XI, 147, 151, 152.
Initié (devoirs d'un), II, 69 sqq.
Instruments (les cinq — de destruction des êtres animés), III, 68.
Interruption de la récitation du Véda, II, 105, 106; IV, 101 sqq.
Investiture (de la ceinture d'herbe moundja), II, 169, 171.
— (du cordon sacré), II, 27. Cf. ces mots.
Invisible (l'), XII, 50.

J

Jeu et pari, I, 115; II, 179; III, 151, 159, 160; IV, 74; VII, 47, 50; VIII, 159; IX, 220 sqq.
Jugement de Dieu, VIII, 114, 115, 116.
Justice (personnifiée). Comparez Dharma.
Jour (de Brahmâ), I, 68, 72, 73.
— (des dieux), I, 67.
— (des mânes), I, 66.

K

Ka (divinité), II, 58, 59.
Kâchthâ (division du temps), I, 64.
Kaivarta (caste), X, 34.
Kalâ (division du temps), I, 64.
Kâlasoûtra (enfer), III, 249; IV, 88.
Kali (âge), I, 85, 86; IX, 301, 302.
Kâmbodja (race), X, 44.
Karana (caste), X, 22.
Kârâvara (caste), X, 36.
Kârchâpana (valeur monétaire), VIII, 136.
Kâroucha (caste), X, 23.
Kasyapa (sage), IX, 129.
Katapoûtana (fantôme), XII, 71.
Kavi, II, 151 154; III, 198.
Kâvyas (mânes), III, 199.

Kchatriya (caste). Cf. aussi Roi.
— (Cérémonies diverses) (choix d'un nom), II, 31, 32.
(funérailles), V, 92.
(mariage), III, 23, 24, 26, 44.
(salutation), II, 127.
(tonsure), II, 65.
— (crimes divers, VIII, 267, 276, 337, 375 sqq., 382 sqq.
— (dégradation), X, 43, 44.
— (devoirs et fonctions), I, 89; VII, 87, 144; X, 77, 79, 83, 95, 117.
— (épouses), III, 13, 14.
— (initiation), II, 36 sqq.
— (mânes), III, 197.
— (origine), I, 31, 87; XII, 46.
— (purification), II, 62; V, 83, 99.
— (témoignage), VIII, 88, 113.
Kchattar (caste), X, 12, 13, 16, 19, 26, 49.
Khasa (caste), X, 22.
Khilas (textes), III, 232.
Kinnaras (demi-dieux), I, 39; III, 196.
Kirâtas (race), X, 44.
Koûchmândas (textes), VIII, 106.
Koudmala (enfer), IV, 89.
Kouhoû (divinité), III, 86.
Koukkoutaka (caste), X, 18.
Kounda (fils adultérin), III, 174.
Kourous (pays des), II, 19; VII, 193; VIII, 92.
Koutsa (hymne de), XI, 250.
Kouvera ou Koubera (divinité), V, 96; VII, 4, 7, 42.
Kratou (divinité), I, 35.
Krichnala (poids), VIII, 134, 135.
Krita (âge), I, 69, 81, 83, 85, 86; IX, 301, 302.

L

Lente (poids), VIII, 133.
Libations (aux morts), V, 69, 70, 88, 89.
— (aux mânes et aux dieux), II, 176; III, 70, 82, 283; VI, 24.
Litchchivi (race), X, 22.
Lohasankou (enfer), IV, 90.
Lohatchâraka (enfer), IV, 90.
Loi (les dix-huit titres de la), VIII, 3 sqq.
— (des castes, familles, corporations), VIII, 41 sqq.
— (points douteux), XII, 108 sqq.
— (source de la), II, 6 sqq.

M

Mâcha, mâchaka (valeur monétaire), VIII, 134, 135.
Madgou (caste), X, 48.
Madhyadésa (région), II, 21.

Mâgadha (caste), X, 11, 17, 26, 47.
Mâgha (mois), IV, 96.
Magie, IX, 290; XI, 31 sqq., 64.
Mahânaraka (enfer), IV, 88.
Mahâraourava (enfer), IV, 88.
Mahat (principe). Cf. Grand.
Mahâvîtchi (enfer), IV, 89.
Mâhitra (hymne), XI, 250.
Main (parties consacrées de la), II, 58, 59.
Maitra (caste), X, 23.
Maitrâkchadjyotika (fantôme), XII, 72.
Maitreyaka (caste), X, 33.
Mâle ou Pouroucha (principe), I, 11, 19; VII, 17; XII, 122; (hymne à), XI, 252.
Malla (caste), X, 22.
Mandapâla (sage), IX, 23.
Mânes, I, 37, 66, 94; II, 58, 59; III, 91, 192 sqq., 284; IV, 249, 257; XI, 211; XII, 49, 94.
Manou, I, 1 sqq., 36, 61, 63, 102, 119; II, 7; III, 150, 194, 222; IV, 103; V, 41, 131; VI, 54; VII, 42; VIII, 124, 139, 168, 204, 242, 292, 339; IX, 17, 158, 182, 183, 239; X, 63, 78; XII, 123.
Mantras (prières), IV, 100.
Manvantara (période), I, 79, 80.
Mârgasîrcha (mois), VII, 182.
Mârgava (caste), X, 34.
Mariage, II, 67.
— (âge du), IX, 88 sqq.
— (modes divers de), III, 20 sqq.
Mariage (permis ou défendu), III, 5 sqq.
— (des veuves), V, 161, 162; IX, 64, 65, 69, 70, 176.
Marîtchi (divinité), I, 35, 58; III, 194, 195.
Marouts (divinités), III, 88; XI, 120, 122, 222.
Matsyas (race), II, 19; VII, 193.
Mauvais esprits. Cf. Asouras.
Méda (caste), X, 36.
Ministres, VII, 54 sqq.; 141, 146, 216, 226; IX, 234, 294.
Mitra (divinité), XII, 121.
Mixture de miel ou Madhuparka, III, 3, 119, 120; V, 41; IX. 206.
Mletchchas (race), II, 23.
Mouhoûrta (division du temps), I, 64.
Mrita (aumône), IV, 4, 5.

N

Nâgas (demi-dieux), I, 37. Cf. Sarpas.
Nahoucha (roi), VII, 41.
Naissance (cérémonie), II, 27, 29.
— (seconde), II, 148, 169.
— (troisième), II, 169.
Nara (divinité), I, 10.
Nârada (divinité), I, 35.
Nârâyana (divinité), I, 10.
Nata (caste), X, 22.
Nichâda (caste), X, 8, 18, 34, 36, 37, 39, 48.

Nichka (valeur monétaire), VIII, 137.
Nimécha (division du temps), I, 64.
Nimi (roi), VII, 41.
Nirriti (divinité), XI, 105, 119.
Nivîtin (cérémonie), II, 63.
Nom (choix du — des enfants), II, 31 sqq.
Noviciat, II, 41 sqq., 175 sqq.
Nuit (de Brahmâ), I, 68, 72, 73.
— (des dieux), I, 67.
— (des mânes), I, 66.
Nymphes célestes ou Apsaras, I, 37; XII, 47.

O

Oblations au feu, II, 28; III, 210, 214; VIII, 106.
Obscurité (qualité), I, 49, 55; XII, 24 sqq., 95, 115.
Œuf de Brahmâ, I, 9, 12, 13.
Offrandes aux dieux et aux mânes, II, 28; III, 82 sqq.; IV, 31; V, 16, 45, 52; IX, 142.
Offrandes aux Sages, II, 28.
OM (syllabe mystique), II, 74 sqq., 81 sqq.; VI, 70; XI, 249, 266.
Ordres (les quatre), III, 77, 78; VI, 89 sqq.
Organes (les onze), II, 89 sqq.
Oudgâtar (prêtre), VIII, 209.
Ougra (caste), X, 9, 13, 15, 19, 49.
Oulkâmoukha (fantôme), XII, 71.
Oupâkarman (cérémonie), IV, 95, 119.
Oupanichads (traités), VI, 29; XI, 263.
Oupavîtin (cérémonie), II, 63.
Outsarga (cérémonie), IV, 96, 97, 119.
Outathya (personnage mythologique), III, 16.

P

Pahlava (peuple), X, 44.
Pala (poids), VIII, 135.
Pana (valeur monétaire), VIII, 136, 138.
Pândousopâka (caste), X, 37.
Pantchâla (race), II, 19; VII, 193.
Panthâna (enfer), IV, 90.
Paoucha (mois), IV, 96.
Pârada (peuple), X, 44.
Pârasava (caste), IX, 178; X, 8.
Parivettar (frère cadet marié avant son aîné), Parivitta, III, 154, 170, 171; XI, 61.
Particules subtiles (Création), I, 16 sqq.
Parvan (jour), III, 45; IV, 150, 153.
Passion (qualité), XII, 24 sqq.
Pâvamânî (texte), V, 86; XI, 258.
Péché originel, II, 27.
Pénitence (ardente), XI, 215.
— (brûlante), XI, 157, 213.
— (éloignée), XI, 216, 259.

Pénitence (en forme de grain d'orge), XI, 218.
— (lunaire), V, 20 ; VI, 20 ; XI, 41, 107, 126, 155, 156, 164, 172, 178, 219, 220.
— (ordinaire), XI. 159, 178, 198, 209.
— (de Pradjâpati), XI, 125, 163, 212.
— (Sântapana), V, 20 ; XI, 125, 165, 174.
— (pour avoir bu des liqueurs spiritueuses), XI, 91 sqq., 147 sqq.
— (pour fornication ou adultère), XI, 104 sqq., 170 sqq.
— (pour infraction aux vœux du noviciat), II, 181, 187, 220, 221 ; XI, 119 sqq., 158, 159.
— (pour meurtre), XI, 73 sqq., 127 sqq.
— (pour relations avec des dégradés), XI, 180 sqq.
— (pour violences envers les Brâhmanes), XI, 205 sqq.
— (pour vol), XI, 89 ; 100 sqq., 162 sqq.
Phâlgouna (mois), VII, 182.
Pidjavana (personnage mythologique), VII, 41 ; VIII, 110.
Pindânvâhâryaka (sacrifice), III, 122.
Pisâtchas ou Vampires, I, 37, 43 ; V, 50 ; XI, 96 ; XII, 44, 57.
Pitrimedhâ (cérémonie), V, 65.
Points cardinaux, I, 13.
Politique des rois, VII, 159 sqq. ; IX, 294 sqq.
Pouchpasekhara (caste), X, 21.
Poundraka ou Paoundraka (peuple), X, 44.
Poulaha (divinité), I, 35.
Poulastya (divinité), I, 35 ; III, 198.
Poulkasa ou Poukkasa (caste), IV, 79 ; X, 18, 38, 49 ; XII, 55.
Pourâna (valeur monétaire), VIII, 136.
Pourânas (textes), III, 232.
Pouroucha. Cf. Mâle.
Pout (enfer), IX, 138.
Poûtimrittika (enfer), IV, 89.
Prahouta (sacrifice), III, 73, 74.
Pramrita (agriculture), IV, 4, 5.
Praouchthapada (mois), IV, 95.
Prâsita (sacrifice), III, 73, 74.
Pratchetas (divinité), I, 35.
Prâtchînâvîtin (cérémonie), II, 63.
Prayâga (contrée), II, 21.
Prêtre domestique, IV, 179 ; VII, 78 ; XII, 46.
Pretas (fantômes), III, 230 ; XII, 59.
Prières, II, 85 sqq.
Prise de la main (cérémonie), III, 43.

Prix nuptial, VIII, 204; IX, 93, 97 sqq.
Prithou (roi), VII, 42; IX, 44.
— Prithivî (la terre, épouse de Prithou), IX, 44.
Procédure judiciaire, VIII, 1 sqq.; IX, 229 sqq.
Purification (des objets), V, 110 sqq.
— (des personnes), II, 53; V, 85 sqq., 134 sqq.
— (à l'occasion d'un décès), V, 58 sqq.
— (à l'occasion d'une naissance), V, 58 sqq.
— (pour avoir suivi un enterrement), V, 103.
— (pour avoir touché un cadavre), V, 64, 65.

Q

Qualités (les trois), I, 15; XII, 24 sqq.

R

Raivata (Manou), I, 62.
Râkchasas (démons), I, 37, 43; III, 21 sqq, 33, 170, 196, 204, 230, 280; IV, 199; VII, 23, 38; XI, 96; XII, 44.
Raourava (enfer), IV, 88.
Rationalisme, II, 11.
Répression des organes, II 88, 92 sqq.
Repas, II, 51 sqq.
— (funéraires), III, 83, 122 sqq., 140, 141, 148 sqq., 220, 222 sqq., 234, 235, 246, 250.
Retour à la maison (cérémonie), II, 108; III, 4.
Révélation, I, 108; II, 8 sqq., 13, 35, 169; IV, 155; XII, 109.
Ridjîcha (enfer), IV, 90.
Rig-Véda, I, 23; II, 158; III, 145; IV, 123, 124; XI, 262, 263, 265; XII, 112.
Rincement de la bouche, II, 53, 58 sqq.; V, 139.
Rita (glanure), IV, 5.
Roi (devoirs et fonctions), VII et VIII, *passim*.
— (administration), VII, 54 sqq., 80 sqq., 114 sqq., 223.
— (bravoure), VII, 87 sqq.; IX, 323.
— (conquêtes), VII, 99 sqq., 201 sqq.; IX, 251; X, 115.
— (étude et connaissances), VII, 43.
— (impôts), VII, 127 sqq., 137 sqq.; X, 118, 119, 120.
— (jugement des procès), VIII, 1 sqq.; IX, 233, 234.
— (libéralité envers les Brâhmanes), VII, 37, 38, 79, 82 sqq., 134 sqq., 145; XI, 4, 22, 23.

Roi (protection des sujets), VII, 2, 3, 35, 88, 111, 112, 142, 144; VIII, 172, 303 sqq.; IX, 253; X, 80, 118.
— (punition des crimes), VII, 13 sqq.; VIII, 302, 310 sqq.; IX, 252 sqq., 312.
— (vices), VII, 45 sqq. Cf. aussi Kchatriya.

S

Sacrifice (du cheval), XI, 75, 83, 261.
— (les cinq grands), II, 28; III, 67, 69 sqq., 154; IV, 22; V, 169; VI, 5; XI, 246.
— (dakchasyâyana), VI, 10.
— (aux dieux), III, 240, 254, 256; IV, 21.
— (aux êtres ou esprits), III, 70, 74, 81, 90; IV, 21.
— (funéraires ou Srâddhas: cf. aussi Repas funéraires et Sacrifices aux mânes), III, 138, 140, 144, 148, 151, 176, 178, 187, 204, 205, 276, 277, 278, 280, 281.
— (au feu: cf. Agnihotra).
— (aux mânes), III, 122, 127, 129, 135, 149, 188, 190, 232, 240, 250, 254, 279.
Sacrifice (de la nouvelle lune), IV, 25; VI, 9.
— (de la pleine lune), IV, 25; VI, 9.
— (pâkayadjnas), II, 86, 143; XI, 119.
— (aux sages), IV, 21.
— (au seigneur des créatures), III, 86; V, 152; VI, 38.
— (du Soma), IV, 26; XI, 7 sqq.
— (aux Visvadévas ou dieux réunis), III, 83 sqq.
— (visvadjit), XI, 75.
Cf. aussi les termes spéciaux tels que Agnichtoma, Agnihotra, etc.
Sâdhyas (divinités), I, 22; III, 195; XI, 29; XII, 49.
Sages ou saints, I, 1, 34, 36, 41; II, 176; III, 194, 201; IV, 257; V, 1, 3; VII, 18, 29, 210; VIII, 110; IX, 31, 68; XI, 20, 29, 45, 211, 222, 235, 244; XII, 2, 49, 50, 106.
Saikha (caste), X, 21.
Sairandhra (caste), X, 32.
Sakâkola (enfer), IV, 89.
Saka (peuple), X, 44.
Sâkala (sacrifice), XI, 201, 257.
Sâlmalî (rivière infernale), IV, 90.
Salutation, II, 117, 120 sqq.; IV, 154.
Samânodaka (parent), V, 60; XI, 183.

Sâma-Véda. I, 23, III, 145; IV, 123, 124; XI, 263; XII, 112.
Sampratâpana (enfer), IV, 89.
Sandjîvana (enfer), IV, 89.
Sanghâta (enfer), IV, 89.
Saoumyas (Mânes), III, 199.
Saounaka (sage), III, 16.
Sapinda (parent), II, 247; III, 5; V, 59 sqq., 84, 100, 103; IX, 59, 186, 187; XI, 183.
Sapindîkarana (cérémonie), III, 247, 248.
Sâranguî (personnage mythologique), IX, 23.
Sarasvatî (rivière et divinité), II, 17; VIII, 105; XI, 78.
Sarpas ou Serpents (cf. Nâgas). I, 37; III, 196; VII, 23.
Satamâna (valeur monétaire), VIII, 137.
Sâtvata (caste), X, 23.
Satyânrita (commerce), IV, 4, 6.
Savitar (divinité), IV, 150.
Sâvitrî (hymne), II, 39, 77, 81, 101, 102. 104, 118. 148, 170, 220; XI, 192, 195, 226.
Seigneur des créatures ou Pradjâpati), II, 77, 84, 226; III, 86; IV, 182, 225, 248; V, 28, 152; VI, 38; IX, 46, 327; XI, 38, 244; XII, 121, 123.
— (les Seigneurs des créatures), I, 34, 35; XII, 50.
— (rite de mariage du), III, 21 sqq., 30, 38 sqq.
Sens interne, manas, II, 92.
Sivasankalpa (texte), XI, 251.
Snâtaka (qui a pris le bain final), I, 113; II, 138, 139; X, 113; XI, 2, 204.
Soma (divinité), III, 87, 211; V, 96; IX, 129; XI, 255.
— (sacrifice du), IV, 26; XI, 7 sqq.
— (vente du), III. 158, 180.
Somapas (mânes), III, 197, 198.
Somasads (mânes), III, 195.
Sommeil de Brahmâ, I, 51 sqq.
Sopâka (caste), X, 38.
Sortie (cérémonie de la première — de la maison), II, 34.
Soubrahmanyâ (texte), IX, 126.
Soudâs (roi), VII, 41; VIII, 110.
Soudhanvan (caste), X, 23.
Soudra (caste) :
— (adultère), VIII, 374.
— (devoirs et fonctions), I, 91; VIII, 410, 413, 414, 418; IX, 334, 335; X, 99, 100, 121 sqq.
— (funérailles), V, 92.
— (héritage), IX, 157, 179.
— (mânes), III, 197.
— (mariage), III, 13, 23, 24, 44; IX, 157.
— (meurtre d'un), XI, 67.
— (nom), II, 31, 32.
— (origine), I, 31. 87; XII, 43.
— (outrages), VIII, 267, 270 sqq.

Soudra (présents et aliments offerts par un), IV, 211, 218, 223, 253 ; XI, 24.
— (purification), II, 62 ; V. 83, 99, 139, 140.
— (résidence), II, 24.
— (salutation), II, 127.
— (témoignage), VIII, 88, 113.
— (tonsure), V, 140.
— (violences et voies de fait), VIII, 279 sqq.; IX, 248.
— (vol), VIII, 337.
Soudrâ (mariage ou adultère avec une femme), III, 13 sqq., 44, 155, 191, 250; XIII, 383, 385; XI, 179.
Soukâlins (mânes), III, 197.
Souparnas (êtres mythologiques), I, 37; III, 196; VII, 23; XII, 44.
Sourâ (liqueur), XI, 94, 95, 148, 151, 250.
Soûrasena (pays), II, 19; VII, 193.
Soûta (caste), X, 11, 17, 26, 47.
Soumoukha (roi), VII, 41.
Souvarna (valeur monétaire), VIII, 134, 135, 137.
Srâddha. Cf. Sacrifice funéraire.
Srâvana (mois), IV, 95.
Srî (divinité), III, 89.
Subsistance (moyens de), X, 116.
— (d'un Brâhmane en détresse), X, 102 sqq.
Subsistance (d'un Kchatriya), X, 95.
— (d'un Soudra), X, 99, 100.
— (d'un Vaisya), X, 79, 80, 98.
Substituée (fille), III, 11; IX, 127 sqq.
Svadhâ (rite), III, 223.
Svapâka (caste), III, 92; X, 19.
Svârotchicha (Manou), I, 62.
Svardjit (sacrifice), XI, 75.
Svayambhoû. Cf. Être existant par lui-même.

T

Tâmasa (Manou), I, 62.
Tâmisra (enfer), IV, 88, 165; XII, 75.
Tapana (enfer), IV, 89.
Tchâkchoucha (Manou), I, 62.
Tchailâsaka (fantôme), XII, 72.
Tchaitra (mois), VII, 182.
Tchândâla (caste), III, 239; IV, 79; V, 85, 131; IX, 87; X, 12, 16, 26, 37, 51; XI, 24; XII, 55.
Tchândâlî (femme), VIII, 373; XI, 176.
Tchandra (divinité), IX, 303, 309.
Tchârya (caste), X, 23.
Tchîna (caste), X, 44.
Tchoda (caste), X, 44.
Terre (origine), I, 78.
Tonsure (rite), II, 27, 35, 65; V, 58, 67.

Touràyana (sacrifice), VI, 10.
Tradition, I, 108; II, 6, 9, 10, 12; IV, 155.
Transmigration, I, 28, 29, 55, 56; V, 164; VI, 61 sqq.; IX, 30; XI, 25; XII, 15 sqq., 41 sqq.
Tretâ (âge), I, 83, 85, 86; IX, 301, 302.
Trisouparna (texte), III, 185.
Trivrit (sacrifice), XI, 75.

U

Usure, usurier, III, 153, 180; IV, 210, 220, 224; VIII, 140 sqq.; X, 116; XI, 62.

V

Vachat (rite), II, 106.
Vaideha (caste), X, 11, 13, 17, 19, 26, 31, 33, 36, 37, 47.
Vaisvânarî (sacrifice), XI, 27.
Vaisya (caste).
— (adultère), VIII, 375, 376, 382, 383, 384.
— (au service d'un Brâhmane), VIII, 411.
— (devoirs et fonctions), I, 90; VIII, 410, 418; IX, 326 sqq.; X, 79, 98.
— (funérailles), V, 92.
— (mânes), III, 197.
— (mariage), III, 13, 23, 24, 35, 44.
— (meurtre d'un), XI, 67, 88, 127, 130.
Vaisya (nom), II, 31, 32.
— (noviciat), II, 41 sqq., 190.
— (origine), I, 31, 87.
— (outrages), VIII, 267, 277.
— (purification), II, 62; V, 83, 99.
— (salutation), II, 127.
— (témoignage), VIII, 88, 113.
— (tonsure), II, 65.
— (vol), VII, 337.
Vaisyâ (adultère avec une femme), VIII, 382 sqq.
Vaivasvata (Manou), I, 62.
Vâmadeva, X, 106.
Vampires. Cf. Pisâtchas.
Varouna (divinité), III, 87; V, 96; VII, 3, 7; VIII, 82, 106; IX, 244, 245, 303, 308.
Vârounî (liqueur), XI, 147.
Vasichtha (sage), I, 35; III, 198; VIII, 110; IX, 23.
— (législateur), VIII, 140.
— (hymne de), XI, 250.
Vasous (mânes), III, 284; XI, 222.
Vâtadhâna (caste), X, 21.
Vatsa (sage), VIII, 116.
Véda (origine), I, 23; XII, 49.
— (autorité), II, 6 sqq.
Védânta (traité), II, 160; VI, 83, 94.
Vena (roi), VII, 41; IX, 66, 67.
Vena (caste), X, 19, 49.

Vent (divinité), V, 96; VII, 4, 7; IX, 42, 303, 306; XI, 120.
Vers purificatoires. Cf. Pâvamânî.
Vente des filles, III, 51.
Vichnou (divinité), XII, 121.
Vidjanman (caste), X, 23.
Vighasa (rite), III, 285.
Vikhanas (législateur), VI, 21.
Vinasana (pays), II, 21.
Vindhya (montagne), II, 21.
Virâdj (divinité), I, 32, 33; III, 195.
Visvadjit (sacrifice), XI, 75.
Visvâmitra (sage), VII, 42; X, 108.
Visvadévas (divinités), XI, 29.
— (sacrifice aux), III, 83 sqq., 121.
Vœux, II, 28, 165, 173, 174.
Vrâtya (excommunié, cf. ce mot).
Vrichala (caste), X, 43.
Vrichalî, XI, 179.
Vyâhritis. Cf. Bhoûh.

Y

Yadjour-Véda, I, 23; IV, 124; XI, 263, 265; XII, 112.
Yakchas (divinités), I, 37; III, 196; XI, 96; XII, 47.
Yama (divinité), III, 87, 211; V, 96; VI, 61; VII, 4, 7; VIII, 86, 92; IX, 303, 307; XII, 17, 21, 22.
Yavana (peuple), X, 44.
Yodjana (mesure), XI, 133.

FIN DE L'INDEX

CHALON-SUR-SAONE, IMP. FRANÇAISE ET ORIENTALE DE L. MARCEAU

www.ingramcontent.com/pod-product-compliance
Lightning Source LLC
Chambersburg PA
CBHW050901230426
43666CB00010B/1979
* 9 7 8 2 0 1 2 5 7 7 1 8 3 *